比卡尔环礁

朗格里克环礁

乌蒂里克环礁

塔卡环礁

去往马朱罗环礁进行补给，2月4日—6日

1月29日—2月3日

杰莫岛

艾卢克环礁

梅吉特岛

驶往埃尼威托克岛，2月1日—6日

第58.4特遣大队

1月29日—31日

利基普环礁

北部攻击部队登陆
1月31日—2月1日

罗伊–纳穆尔岛

约8600人的部队

沃杰环礁

埃里库布环礁

马洛埃拉普环礁

夸贾林岛

南攻击
登陆
31日—
2日

里布岛

群

岛

奥尔环礁

纳木环礁

1月30日—2月3日

1月29日

去往马朱罗环
礁进行补给，
2月4日—6日

第58.1特遣大队

马朱罗攻击大队
海军少将H.W.希尔(H. W. Hill)
来自珍珠港的1艘巡洋舰、2艘护航航
母、2艘扫雷舰和2艘运输船。1月31
日，1个营登陆并占领该岛。守备部
队随后登陆，并将其发展成1个基地

埃林拉普拉普环礁

阿尔诺环礁

马朱罗环礁

贾卢伊特环礁

纳莫里克环礁

米利环礁

基茨浅滩

地图上的第二次世界大战

之

大 海 战

WAR AT SEA: A NAVAL ATLAS 1939-1945

〔英〕马库斯·福克纳（Marcus Faulkner）著

王志波 石 健 译

上海三联书店

地图是最重要的作战工具和展示作战的工具

　　海上战争贯穿了整个第二次世界大战，从1939年9月欧洲战争爆发一直持续到1945年9月2日，日本在美国海军"密苏里"号战列舰上正式投降。为期72个月的海军作战是迄今为止规模最大的海战，其涉及范围遍布地球上所有的海洋，从遥远的北极到南太平洋上渺小的、闻所未闻的岛屿和海岸。重要的海战，如猎杀"俾斯麦"号、中途岛战役或者发生在莱特湾的大型战役，将永远是战争史书籍的主要内容。每年都有不计其数的新书出版发行，它们大多关注于某次单独的战役、具体的战术研究或是个人回忆录；因此，有关海战更宏观的观点有时被忽视和歪曲。历史学家常常关注战争的主要冲突，根据战场、战争主线或其他主题划分战争史。而陆军和空军更倾向于按照战场或战役进行思考和作战，所以这样的划分并不会妨碍人们对陆地和空中战争的理解。

　　然而，海军更倾向于在更为广泛的范围，通常是全球范围，进行思考和行动。他们凭借其战略灵活性在浩瀚的海洋里驰骋，而且他们能出其不意地从海洋深处攻击敌人。与陆地战争相比，海战的流动性更强，前线更易渗透，交通线也更灵活。只聚焦于战役或者由舰船、飞机和士兵组建起来的大型舰队，就容易忽略各个不同战场的规模、复杂性和相互依赖性。地图凭借其能够以简明的方式将时间和空间展示出来的能力成为一种理想的媒介，本书即以地图集的形式来讲述1939年到1945年期间的海战历史。

　　本书可以以两种不同的方式来使用。首先，地图大体上是按年代顺序编排的，因此它可以完整地展现海战的历史；其次，每幅地图都是独立的，因此它也可以为那些想了解某次特定战役或某种类型行动的读者提供参考。地图在书中通常用于辅助叙述主体，但在本书中它们是核心内容。其目的是为海战提供一个综述，同时也是一种综合处理的方式；因此所有级别的战争都有战略综述、作战计划和小规模的战术行动，本书还包括所有的主要作战类型，如水面舰艇交战、航空母舰作战和两栖突击行动。

　　虽然大多数地图旁边都有一些短文提供上下文说明，但前者仍然是传递关键细节的主体。颜色可以提供另一层次的信息，同时也不影响地图本身的明确性。使用颜色和舰船符号是为了让表述更加形象，而不显得枯燥。例如，在一些战略概述中，维希法国被描述为受轴心国控制，因为它既不中立，也不可为盟国所用，而在更详细的地图中，我们将维希法国和意大利－德国控制的领土进行了严格的区分。同样，根据上下文，本书有时用不同深浅的红色来描绘盟

国的领土。对于太平洋西南部的小规模战术地图，将领土控制权划分给某一方或另一方是毫无意义的，因为许多岛屿大部分时间是无人占领的。时间是另一个重要的问题，因为不同国家的海军使用不同的时区计时，但是本书尽最大努力保证每幅地图上的时间都是一致的。同样地，即便根据很多参考资料核对战斗序列，但也并不总是能够确定在持续多日的大规模行动中哪艘舰船被安排在哪支舰队。尽管该地图集按照明确的规范进行编制，但每幅地图的详细程度仍然有所不同。舰船符号是用来显示船舶类型的，而不代表具体的某一级舰船。所有小于驱逐舰的舰船统归于护航舰。

有些地图是为人们所熟知的，而有些地图则增加了一些新的东西。今天已经出版的绝大多数海军地图都可以追溯到英国海军部制作的地图和图表，那些都是利用事件发生之后立刻记录下的史实制作的，它们构成了英国官方历史的基础，其中最重要的当属斯蒂芬·罗斯基尔的《海上战争》，同时也被用于其他战争史著作中。同样地，塞缪尔·莫里森的半官方的《第二次世界大战美国海军作战史》一书也包含了大量的地图和图表。这两个参考资料都是很宝贵的，但需要保持一定的谨慎，因为它们还是有偏差的，特别是关于轴心国的兵力和行动。所有的官方地图都需要重新诠释，在这本地图集中，这些地图和图表已经根据最新的研究成果进行了修正和改进。

我对所有帮助这个项目的人表示感谢。感谢格尔·哈尔、约翰·乔丹以及大卫·霍布斯提供的一些材料——分别是本书关于挪威战役、米尔斯克比尔港战役和印度洋战役方面的一些内容。我的同事阿雷西欧·帕塔拉诺和本·琼斯帮助我对某些地图作了额外的说明。杰弗里·麦克、勒内·巴内特、昆廷·范泽尔、卡洛斯·阿尔法罗-泽福特萨和罗杰·阿迪提在这几年里为本书提出了宝贵的意见。安德鲁·兰伯特更是在关键时刻不断地鼓励我。在西弗斯（Seaforth）出版公司，朱利安·曼纳林提供了非常有价值的指导，他见证了整本书的完成过程。最后，特别感谢彼得·威尔金森坚持为我源源不断地提供草图、笔记以及修改，并将其翻译成所需要的文字。没有他，一切都是不可能的。

马库斯·福克纳

伦敦，2012年3月

战略论述：海上战争意味着什么 ——————————

　　对于所有的陆地战争而言，即便考虑到大量的轰炸行动甚至是1945年原子弹的使用，第二次世界大战的胜果仍然是由盟国对全球海上交通线的控制奠定的。控制全球海上交通线有3个重要作用。其一，它保证了重要的盟国国家在英吉利海峡、大西洋、太平洋能够抵挡敌军的侵略；其二，它使得盟国可以集中资源，以及在相距遥远的不同战场（如白海和日本海）之间转移舰船、士兵和飞机，主要是取道地中海、南大西洋，或者巴拿马运河；最后，它使得盟国能够通过两栖突击将地面部队从西西里岛和法国运送到遥远的太平洋上的岛屿。海上力量将联合国的大联盟紧紧地联系在了一起，同时分隔开了轴心国的力量。它使得盟国能够控制世界范围内那些没有卷入战争的地区，特别是南美洲地区，这样盟国就可以获取那里生产的关键资源。这不是纯粹为了赢得海战，尽管它对于保持和发挥控制力有着至关重要的作用，其目的是保持补给线的通畅。关键的海战均是为了保证交通线。正如伟大的海军战略家朱利安·科贝特爵士（1854—1922）曾经的著述："因此，对海洋的控制，无论是出于商业目的还是军事目的，都意味着对海上交通线的控制。海上战争的目的是控制交通线，而不是像陆地战争那样，是为了占领土地。"本书的地图是包含了关键的军事行动和事件，同时也是把舰队运动、战场之间的相互关系和海上力量的总体影响呈现出来的理想媒介。

　　科贝特并不认为仅凭海上力量就能够赢得大战的胜利，它必须转化成陆地力量。这个过程在远离战斗的国家是很容易实现的，美国陆军和陆军航空队在1941年到1945年期间的创举就是实现这个过程最好的历史例证。海军战略学家们认为，海军力量的真正体现是它对陆地战争所产生的影响。这在1914年之前是非常明显的。

　　第一次世界大战（1914—1918）对科贝特的战略模式的某些方面提出了挑战，这很大程度上是由于新型空中武器和水下武器的使用，但是这并没有引起大的改变。英国和法国控制世界海洋的能力使得它们能够获得食物、原材料、工业输出等全球资源，而与此同时，通过封锁和相关的经济战争，又使得同盟国无法获得这些资源。如果观察一下1916年5月31日的日德兰海战和1917—1918年对商船的潜艇战役，我们可以发现英国从1914年8月就开始进行全球海洋的控制，

并且将这种控制一直保持到1918年11月。某些事件，比如在加里波利进行的一次失败的大型两栖行动，并没有威胁到他们对海洋控制的保持。德意志帝国不仅没能封锁英国的海上交通线，并且他们企图通过非法的和无限制的潜艇战来实现这个目的，这种行为促使美国站在英国和法国一方参战。1918年，就在德国军队在西部前线失去势头的时候，数量惊人的美国部队、武器装备和食品开始涌入法国。仿佛是为了凸显他们公海舰队的无能，德国水兵在1918年10月发生了哗变，新上台的德国政府在第二年将公海舰队的大多数军舰凿沉在斯卡帕湾。

两次大战之间的限制因素

一战后，英国、日本、美国和法国的战术家们重新审视日德兰海战，希望找到一个有"决定性作用"的结果，同时有更多的人开始研究潜艇战，制海权对于协约国的胜利所起的关键性作用依然被这些国家低估了，这些国家总是以流了多少血来评估胜利。不断攀升的新型军舰建造成本——此时的战列舰已经比1906年建造的"无畏"号战列舰大了3倍——见证了战后因1922年的一个裁军条约而匆忙结束的海军重建。美国人不愿意为规模庞大的1918计划提供经费，这促使政府牺牲掉了原计划的1918艘舰船——按照条约，其他国家也应采取类似措施。最终《华盛顿条约》限制了未来军舰的规格、每个国家能够拥有的军舰数量及其更换周期。它还强加了1个主力舰建造间歇期，而这将持续15年。一些造了一半的美国、日本战列舰被拆解，被拆解的军舰还有较为老旧的战列舰，包括很多英国无畏舰。《华盛顿条约》规定了一个比例：英国和美国分别可以拥有的军舰数量、日本可以拥有的军舰数量、法国和意大利分别可以拥有的军舰数量，其比例应为5：3：1.75。而吨位限制又将这一比例变成小规模的作战舰队：1930年，英国和美国仅有15艘主力舰，日本有9艘，法国和意大利各有5艘，其他国家1艘都没有。针对商船进行的潜艇战被宣布是非法的，但是几乎没有人会幻想这样的条款会起作用。《华盛顿条约》节省了资金、缓和了紧张局势，但是这个过程最终被证明对西方的民主造成了巨大损害。

避免海军军备竞赛迎合了不感兴趣的美国人和濒临破产的欧洲人，但这一短期成功的代价是在同时代的战略中，对海军力量进行了极不对称的削减。这很重要，因为在两次大战之间的这段时期，陆军和空军的发展在规模和力量上都是不受限制的。这就严重地挫伤了英国，因为英国人正是要靠舰队来保卫他们的全球交通线、贸易以及财产，同时也用于威慑陆地军事强国。相比之下，这样相对加强了陆地军事强国的力量，不仅仅是纳粹德国。1930年的伦敦会议进一步深化和扩大了该条约的内容，导致英国失去了保证其作为全球帝国的海上交通线所需要的海军力量，这严重地削弱了海军在英国战略中独特的威慑作用，并且损害了英国用以重建舰队的工业基础设施。

1936年，对海军军备的限制被废除。这个条约的真正后果在3年后清晰地显示了出来。英国皇家海军变得太弱了，以至于无法在1939年至1941年间抵抗新兴的德国、日本、意大利舰队来保证英国的重要利益。当战争来临时，英国和法国意识到了发展海上力量的必要性，那时他们唯一的战略优势，就是击败意大利，同时依靠马其诺防线进行坚守，并通过经济战打败纳粹德国。他们只能寄希望于欧洲战场的胜利能够威慑日本。美国开启了大规模的海军重建项目。作为罗斯福新政的一部分，该项目主要是为了将这个国家从经济衰退中解救出来，但英国和法国猜测，美国可能要参战了。他们知道，从长远的角度看，海上力量将会赢得胜利，但是他们也十分担心德国在战争开始阶段发起陆地入侵的冲击。

陆地侵略力量的核心工具是飞机。到1939年时，飞机已经由过去每小时100英里的速度、只能装载少量武器的双翼机，发展成为每小时300英里速度、全金属的、可以远距离飞行的、能够装载大量武器的单翼机。在1914年至1918年的战争中，水雷和潜艇限制了海军力量在进攻行动中的使用；将飞机纳入陆地武器装备是对海上力量在进攻行动中的角色更进一步的挑战。然而，第一次世界大战的经验却引出了新的想法和新的武器：专门建造的登陆艇、为完成对整个地面攻击任务而设计的航空母舰，以及为进行对岸炮击而改进的火炮和火箭炮系统。虽然这些发展是很重要的，但它们对于1941年至1942年间陆地和海洋战略平衡的影响被《华盛顿条约》限制，该条约大大限制了海上平台的规格和数量。而新的传感器也帮助了海军的发展；1939年，英国的反潜艇声呐系统开始服役，不久之后雷达也投入使用。此二者对于恢复海上力量的优势都有着决定性的作用。

　　海上力量所能提供的最大战略影响源于它无可置疑的控制能力，盟国在战争最初的6个月里拥有海上力量带来的优势，但是随后这一优势直到1943年年中才得以恢复。在此期间，海上力量主要作为一种防御手段发挥作用。

全球战争

　　第二次世界大战见证了海上力量在全球战略中的最终展示。盟国对海洋的控制，遭遇挑战但从未被打破，使它们可以集中资源，并彻底打败基本上被隔离开来的轴心国。

　　1939年，英国皇家海军迅速重建，但舰队规模还是太小了，仅仅只是1914年8月的那支强大舰队的影子。此外，舰队还受到老旧过时的舰艇、落后的机械和在空战中的重大弱点的限制。然而，其他国家的舰队也远远没有作好准备。它们没有发动世界大战所需的全球基地链和后勤保障设施，更不用说足够数量的熟练操作人员、舰船或声呐。意识到这个弱点之后，德国利用其有限的海军资源攻击海洋贸易以转移注意力，然后孤注一掷去冒险占领丹麦和挪威，使用陆基空中力量来保护其入侵舰队，并支援岸上的部队与英法作战。因缺乏舰载战斗机，而且防空系统效能低下，英国皇家海军在挪威战役中战败。海上力量和陆地力量之间的第一次大规模较量最终以陆基飞机的胜利而结束。第二次是德国以闪电战击败法国，这次海上力量被降级到从敦刻尔克撤走被击败的军队。但在世界上最伟大的海军面前，无论有没有空中优势，德国缺乏军舰和船舶，也就意味着无法横渡英吉利海峡。这一次，海上力量胜利了。

　　由于无法发动入侵，德国使用法国的大西洋港口开始了"大西洋战役"，然后以其为中心又发起了众多战役。偶尔会有海面和空中支援，德国潜艇试图封锁英国补给线，但盟军通过护航体系、情报破译以及武器、传感器和训练的改进，将损失保持在可控的水平。被占领的欧洲国家给英国航运力量带来了大量的补充，尤其是挪威，与此同时，效率越来越高的美国造船业也开足了马力，使德国的消耗战丧失了任何胜利的希望。

　　英国在大西洋的成功取决于对大洋海面的控制。英国本土舰队的基地位于斯卡帕湾——这里

是大西洋战役的中心点，却毫不显眼且经常被忽视。它能够阻止德国舰船开往大西洋——保卫护航船队的任务可以留给反潜部队。1940年6月，意大利参战，法国投降，这使得英国在海上面临着敌众我寡的可怕形势。首相丘吉尔迅速行动，调度本土舰队击沉或解除在米尔斯克比尔港的法国舰队的武装。这一果断的行动表明，英国将不惜一切代价确保对海洋的控制。希特勒、斯大林和罗斯福意识到英国将继续战斗。地中海舰队在塔兰托重创意大利舰队，并在马塔潘击沉3艘重型巡洋舰，英国人获得了海上控制权，他们又进一步控制了意大利占领的埃塞俄比亚和利比亚。英国军队远征希腊以及德国地面和空中部队的到达打破了战略平衡。德国空军击沉或击伤了许多英国皇家海军军舰，有效地封锁了马耳他的关键基地，并且支援了隆美尔在北非的地面进攻行动。到1942年春天，英国地中海舰队已经减少到只剩少量的巡洋舰和驱逐舰。一直等到德国空军因为"巴巴罗萨"行动而撤退，同时美国宣布参战，英国海军才得以重建。英国海军切断了德国对北非的补给线，并利用非洲周围的补给线在埃及组建军队，在这些航线上的就是著名的WS护航船队。这让英国陆军得以在阿拉曼打败隆美尔。

1942年末，美国和英国的地面部队在摩洛哥和阿尔及利亚登陆。"火炬"行动让他们与正在向西推进的英国陆军会合。美国陆军已经跨越大西洋，直接向北非的滩头阵地奔去，而这是这场战役中最令人印象深刻的长途战略转移。在激烈的海岸战斗后，将近250000人的德国军队被英国皇家海军分割包围，并被迫投降；这场灾难的规模与斯大林格勒的情况相当。在西西里岛和意大利的两栖登陆彻底打败了意大利法西斯，但没有解放意大利半岛。

到这个阶段时，战前和战时建造的军舰组成了一支新的英国皇家海军：5艘战列舰，6艘航空母舰，还有很多巡洋舰、驱逐舰和潜艇，尤其是护航舰队已经开始服役。这些对赢得大西洋战役中的交通线争夺战是至关重要的。在战争的大部分时间里，英国、加拿大和其他盟国都保证了大西洋海上通道的开放。1941年5月，"俾斯麦"号战列舰和德国的海面后勤补给被英国本土舰队摧毁，该事件被证明是关键的转折点。之后德国海军仅仅能够造成一定的威胁。美国加入战争使德国的潜艇在美国海岸取得了短暂的成功，但德国由于缺乏更多的资源，所以无法对盟国的海上交通线构成决定性的威胁。潜艇只能拖延最终必然到来的结果。1943年初，美国军队的主力准备移往欧洲。由于不愿意冒险在大西洋航线上损失大量的人员和物资，罗斯福和丘吉尔决定是时候消灭德国潜艇了。盟军对海军、空军和情报设备及训练进行改进加强后，在4月和5月对德国潜艇进行了毁灭性的打击，击沉了50多艘德军潜艇。这种从防御到进攻的突然转变是由大量新服役的军舰促成的，还有一部分军舰是从其他战场临时调派过来的。

有些舰船来自其他著名的护航路线，例如到摩尔曼斯克和阿尔汉格尔斯克的北极护航航线。在"巴巴罗萨"行动之后不久建立的北极护航船队是英国及其新的盟国——苏联之间最短和最好的联系。这些护航船队有几个主要任务，最初，它们为处于困境的苏联军队提供了重要的武器装备。英国的"飓风"战斗机帮助保卫了苏联港口，并且稳定了挪威前线；英国坦克，主要是"瓦伦丁"坦克，在1941年12月关键的莫斯科保卫战中充当了苏联坦克部队的主力。当苏联可以生产出足够的坦克和大炮时，护航船队开始运送美国的卡车、靴子、粮食、机床和燃料。护航船队还缓解了斯大林提出的尽早进攻欧洲西北部的请求。但英国皇家海军和商船队也为此付出了大量生命和舰船损失的高昂代价。护航船队要面对雄心勃勃的德国空中、水面和水下部队，这些部队的任务是为支援东线的德国陆军而进行防御。在面对人类敌人的同时，护航船队还要面对一个更强大、更无情的敌人——如山一般的海浪、大块的浮冰、狂暴的飓风以及极昼或极夜所形成的荒凉的寒冰地狱。从任何角度来看，这些对于海军持续的军事行动都是最困难的因素。

1943年5月底，邓尼茨从大西洋撤回了他的潜艇，英国人把他们的重点转移到北极地区，继续对德军施加压力，英国海军上将霍顿知道这是摧毁潜艇部队士气的关键。斯大林不再需要补给，但护航船队仍在继续运送，表面上是为了维护联盟的团结，但实际上是为了榨干和摧毁德国军队。1943年12月，德国"沙恩霍斯特"号战列巡洋舰在试图拦截一支护航船队的过程中被英国本土舰队击沉。

1944年5月，北极航线暂停运转，护航军舰被撤回，并被派往南方去承担欧洲战场上最后一次伟大的海上战略任务——攻占法国。1944年6月6日的"霸王"行动是一次大规模的两栖作战行动，当时美国、英国和加拿大军队都被部署到诺曼底，充分展示了海上力量的进攻性特点，尽管德国在这里有强大的防御。详细而全面的规划，有效的后勤保障，压倒性的火力和来自英国机场的全天候空中掩护，这一切见证了多国部队在5个海滩中的4个上取得的成功。尽管在奥马哈海滩遭受损失，但加里波利的覆辙没有重蹈。不久之后，"龙骑兵"行动使用大致相同的装备将另一支美国部队送上了法国南部海岸。

随着欧洲战场牢牢地被盟军的地面和空中部队所掌控，英国皇家海军的主要力量开始准备另一场战斗，即加入美国海军1945年在太平洋发起的战役。这与1942年春季和夏初那段黑暗的日子完全不一样了。

太平洋战争是由惊人的战略突袭开始的，日本重复其在之前的战争中惯用的手法，以一支拥有6艘航空母舰的特遣舰队于1941年12月7日袭击珍珠港。日本随后席卷东南亚和南太平洋，占领菲律宾、印度尼西亚、马来亚和缅甸。日本陆基轰炸机在马来亚海岸线外击沉了英国的主力舰"威尔士亲王"号和"反击"号。然而日本这惊人的成功暗藏着灾难的种子。对于关键的战略原材料，特别是石油、橡胶、锡、铁、铜和食品，日本严重依赖进口。日本建立起如此巨大的帝国，以至于现有的日本商船队并不能有效地开发利用，而且在最初的几次战役中也未获得额外吨位的商船。从1941年12月开始，日本商船队由于战争损耗开始收缩，海运遭受重创，而海军和陆军却需要更多的吨位来保证军事后勤。很多偏远的据点被盟军包围孤立。不要忘记从1936年到1945年，日本的主要战争是征服中国，大量的军队被部署在那里。每占领一个新的地方只是更加重了日本灾难性的过度拉伸，并使其海上交通更容易受到攻击。

随着亚洲帝国的崩塌，英国只能利用老旧的战列舰和新建造的航空母舰拼凑起一支东方舰队，这些航空母舰拥有少量宝贵的现代化飞机，但是没有经过作战训练。除此之外，没有任何其他舰艇可用。本土舰队调配不出更多的舰船；它已经在保卫新加坡时损失了两艘主力舰，剩余的舰船都用于封锁德国水面舰队和掩护大西洋与北极护航船队。随着最亲密的盟国被打败以及偷袭珍珠港的日本特遣舰队于1943年3月涌入印度洋，英国海上力量在这次战争期间的最低点到来了。幸运的是，日本人没有在这里停留很长时间；在进攻锡兰（今斯里兰卡）、突袭孟加拉湾，并击沉一些落单的军舰后，他们回到了太平洋。

日本刚刚离开，英国就发起一次两栖行动占领了法属马达加斯加，既阻止了轴心国切断为英国驻埃及军队提供补给和增援的重要护航体系的企图，也阻止了其进入南大西洋的企图。"铁甲舰"行动使德国战场和日本战场保持隔离状态。证明英国海上力量迅速恢复的东方舰队解散了；老旧战列舰为两栖作战提供火力支援；航空母舰准备驶向另一个大洋。训练有素的人员是海战中的关键海军"财产"，这样的人员在任何国家的海军中都不能说够用。

1942年6月，"铁甲舰"行动过去仅仅1个月，日本在中途岛发起一场决定性的战役，希望消灭美国航母。这个计划的复杂程度超出了必要水平，要在广阔的海洋中部署几个编队，没有相互支持的可能性，同时要仅依靠航空母舰完成两个关键任务。最初，通过航母对中途岛的攻击削弱岛上的防御。日本人设想，这会诱使美国航母从珍珠港急速赶来，先遭遇日本潜艇的伏击，再面对日本航母的攻击。美国人大胆采信不完整情报的分析，伏击并击沉了日本的4艘航母，当时日本人还在忙于第一阶段的作战。

尽管有中途岛战役，但太平洋战争又延续了好几年，胜败悬而未决。美国占领所罗门群岛发动了一场大规模的陆/海/空消耗战，慢慢消磨掉日本的战斗力，并有效地消灭了日本战前的精英舰载机飞行员。美国人也为他们的胜利付出了沉重的代价，直到1943年中期，当新的舰船，特别是"埃塞克斯"级快速航母开始服役的时候，下一轮攻势才得以开始。中途岛战役之后，美国建立了不可阻挡的海军和两栖力量，使用压倒性的机动后勤和快速航母舰队切断并占领从新几内亚群岛到菲律宾的所有关键岛屿。对马里亚纳和菲律宾的进攻迫使装备无法与美军匹敌的日本军队进行极冒险的舰队交战，美军的火力和各指挥层对主动性的灵活运用使得日本帝国海军变成一具支离破碎的残骸，既没有燃料继续航行，也没有训练有素的飞行员进行战斗。最终日本转而依赖"神风特攻队"执行自杀式作战，而这正好证明太平洋战争已经变得不对称。日本通过常规方法再也不可能赢得战争的胜利了。

到1944年晚些时候，美国人占领了岛基空军基地，此时日本本土已经进入重型轰炸机的轰炸范围。轰炸进攻以暴风雨般的突袭达到高潮，当时东京变得满目疮痍。与此同时，美国潜艇舰队歼灭了大部分没有护航的日本商船。美国人成功了，因为他们夺取了海上和空中的控制权。到1945年，美国海上力量已经摧毁了日本海上交通线，肢解了这个帝国，同时为两栖登陆征服日本铺平了道路。原子弹避免了进攻，或者说避免了使用海上力量对日本本土进行持续而漫长的封锁。太平洋战争的规模迫使美国人创造性地采用新的方式来使用海军力量，特别是采用后勤支援舰队通过直接在海上加油并补充物资的方法，扩展海军舰艇活动范围。

战时投入使用的两艘英国主力舰雄辩地印证了盟军海上力量无处不在、占据绝对优势。1939

年，曾参加过日德兰海战的英国海军舰艇"厌战"号在重建后成为地中海舰队的旗舰；1940年4月，它在挪威北部的纳尔维克峡湾深处参加了一场大战，并在玛塔潘击沉了1艘意大利巡洋舰，然后在克里特岛的轰炸中幸存了下来。在做了一段时间的东方舰队旗舰之后，"厌战"号支援萨勒诺登陆，并被1枚无线电制导炸弹击中。匆忙修补之后，并且只有3个炮塔可用，它参加了D日的诺曼底登陆作战，并于1944年11月参加了对瓦尔赫伦岛的进攻。新型战列舰"乔治五世国王"号投入服役，及时帮助击沉了德国海军"俾斯麦"号，并在欧洲战场的多次战斗中提供火力支援，随后被派遣到太平洋，它是在战争的最后一天里发射出愤怒炮火的最后一艘英国主力舰。

本地图集提供了一种全新的方式来理解全球海上战争。它们涵盖所有海上的主要事件，连同许多较小的或不为大多数人所知的事件。具有决定性的战斗将详细叙述，而概述是把它们放在更

大的战略背景中看待，然后举例说明海军力量在哪里以及怎样对岸上产生影响。作为一本着眼于盟国大战略的海洋特质的研究著作，该地图集覆盖了空中、潜艇和两栖作战，以及连接主要战场的重要护航船队。最后，本书采用真正的国际视角，涵盖所有大国海军的行动以及很多小国海军的行动。这本地图集的范围、规模和制图特点，为理解1939年到1945年之间的复杂程度深不可测的海战，提供了一种独特而有益的新方式。

安德鲁·兰伯特

全球知名海军历史学家、伦敦国王学院教授

目　录

海战，1939 年 /8

海战，1940 年

海战，1941 年

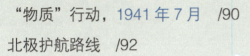

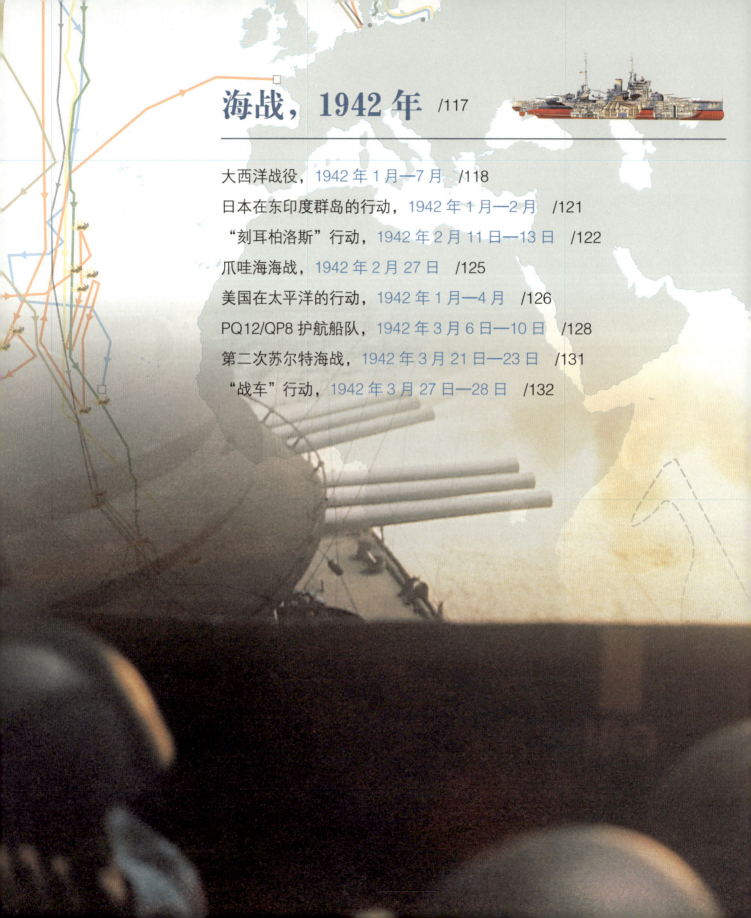

海战，1942 年 /117

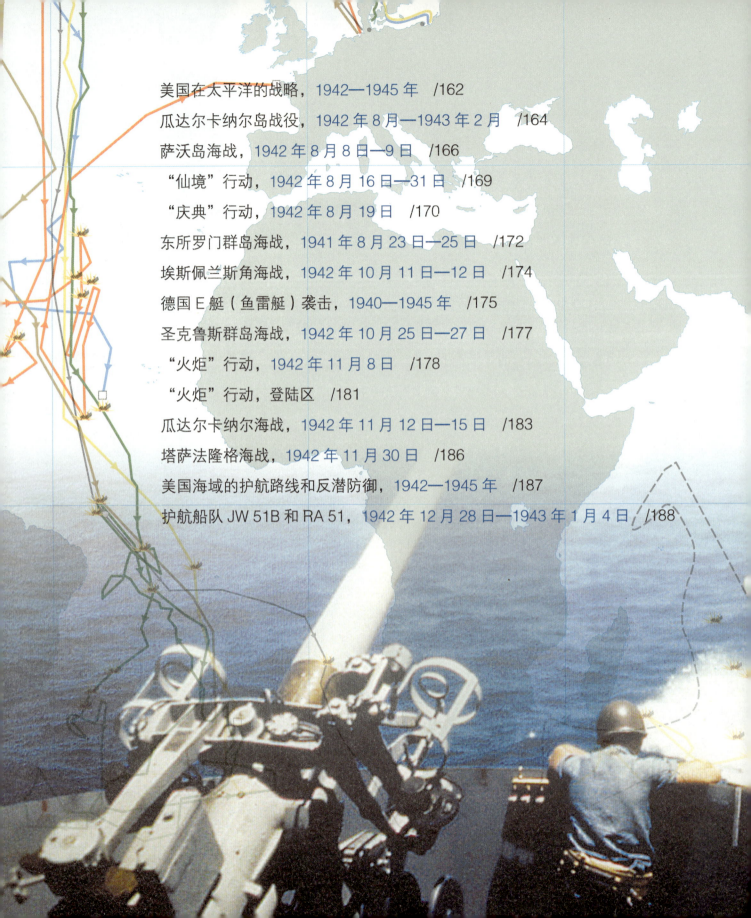

海战，1943 年

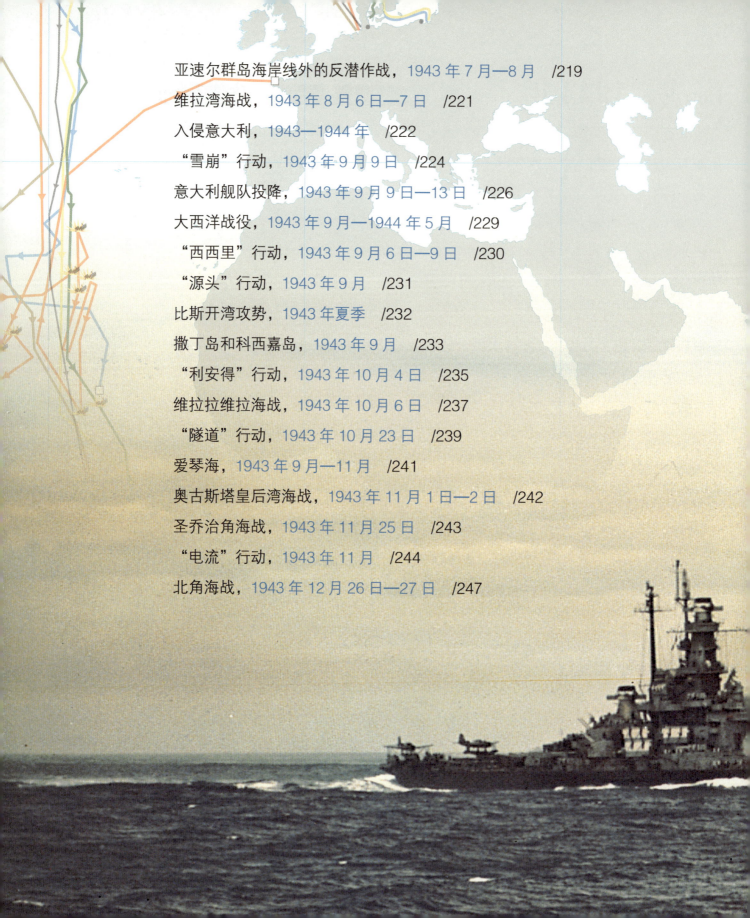

海战，1944 年 /252

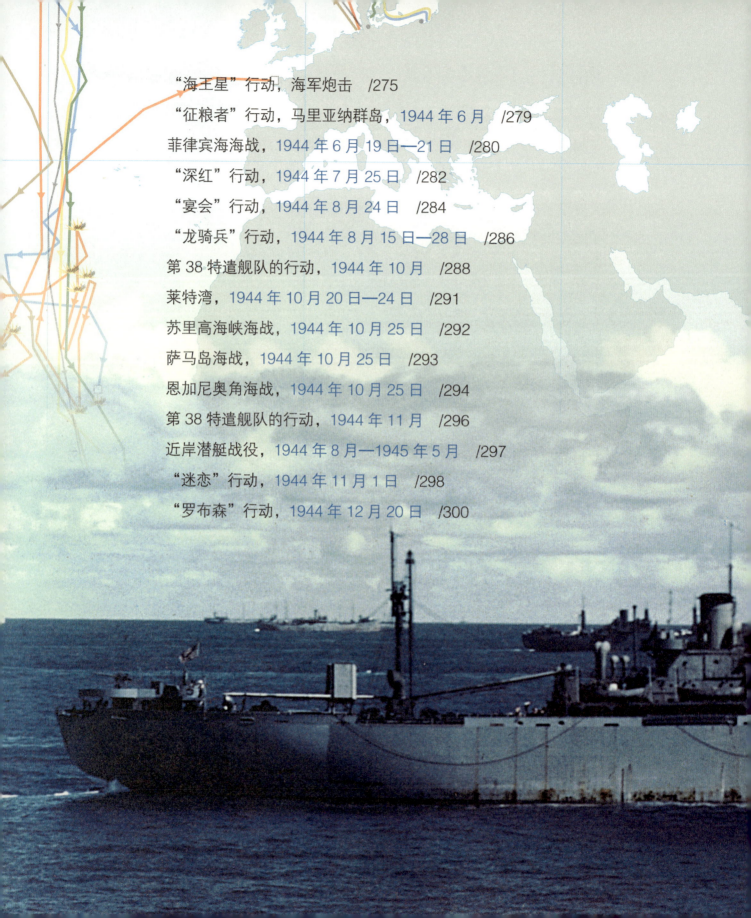

海战，1945 年  /302

地图说明

盟国舰船

英国舰船
- 战列舰 / 战列巡洋舰
- 航空母舰
- 护航航空母舰
- 巡洋舰
- 驱逐舰
- 潜艇
- 护航舰
- 水上飞机母舰
- 扫雷舰
- 布雷舰
- 炮舰
- 浅水重炮舰
- 炮艇 / 鱼雷艇
- 摩托艇

美国舰船
- 战列舰
- 航空母舰
- 护航航空母舰
- 巡洋舰
- 驱逐舰
- 潜艇
- 水上飞机供应船
- 鱼雷艇
- 护航舰

法国舰船
- 战列舰 / 战列巡洋舰
- 航空母舰
- 巡洋舰
- 驱逐舰
- 潜艇
- 鱼雷艇
- 护航舰

苏联舰船
- 战列舰
- 巡洋舰
- 驱逐舰
- 潜艇
- 扫雷舰
- 护航舰

波兰舰船
- 驱逐舰
- 潜艇
- 鱼雷艇
- 布雷舰
- 扫雷舰
- 护航舰

轴心国舰船

德国舰船
- 战列舰
- 装甲舰 / 袖珍战列舰
- 巡洋舰
- 驱逐舰
- U 艇（潜艇）
- E 艇（鱼雷艇）
- 鱼雷艇
- 扫雷舰
- 辅助巡洋舰

意大利舰船
- 战列舰
- 巡洋舰
- 驱逐舰
- 潜艇
- 鱼雷艇
- 护航艇

日本舰船
- 战列舰 / 战列巡洋舰
- 航空母舰
- 巡洋舰
- 驱逐舰
- 潜艇
- 潜艇供应船
- 水上飞机母舰
- 鱼雷艇
- 护航舰
- 辅助巡洋舰

普通舰船符号
- 护航航空母舰
- 武装商船
- 普通货船
- 普通货船
- 油轮
- 坦克登陆舰
- 步兵登陆舰
- 登陆艇
- 运兵船 – 改装的班轮
- 拖船
- 油船

圆圈表示飞机场

盟国	德国 / 意大利	日本	
			近程 / 战斗机
			中程轰炸机 / 巡逻机
			远程 / 重型轰炸机 / 巡逻机

- 弹射飞机
- 日军水上飞机基地
- 盟国水上飞机基地

- 盟国 ⎫
- 德国 / 意大利 ⎬ 潜艇 / 航标潜艇

- 盟国 ⎫
- 德国 / 意大利 ⎬ 旗舰
- 日本 ⎭

- 盟国 ⎫
- 德国 / 意大利 ⎬ 舰船俯视图
- 日本 ⎭

- 主要的海军基地 / 设施
- 海军战区司令部（美国）
- 潜艇基地
- 护航标志
- 灯塔
- 雷达
- 油料设施
- 高射炮炮位
- 火炮炮位
- 盟国空降进攻
- 德国空降进攻
- 战斗 / 交战

水雷
- 盟国
- 轴心国
- 法国
- 鱼雷攻击
- 开火
- 舰船损毁 ⎬
- 烟雾
- 舰船沉没

军事单位

XXXXX	集团军群
XXXX	集团军
XXX	军
XX	师
X	旅
III	团
II	营
I	连

军事单位类型
- 步兵
- 装甲兵
- 空降着陆和纳粹德国空军机场
- 空降兵
- 炮兵

地图中的领土颜色以及被占领颜色图例

■ 盟国 / 英国 / 美国

■ 法国

■ 中立区（参战时间为准）

■ 德国 / 意大利轴心国本土及占领区域

■ 荷兰及占领区域

■ 无人占领区（太平洋）

■ 日本本土及占领区域

■ 争议区域或交战区域

地图集缩写词

AA – 防空

ABDA – 美国 – 英国 – 荷兰 – 澳大利亚

A/C – 飞机

AMC – 武装商船巡洋舰

A/S – 反潜

BPF – 英国太平洋舰队

CAP – 空中战斗巡逻

CC – 海岸司令部（英国皇家空军）

Cdo – 突击队

CNO – 海军作战部长

D/P – 两用

HMS – 英国皇家海军舰艇 / 英国皇家海军潜艇

HMAS – 澳大利亚皇家海军舰艇

FAA – 舰队航空兵

ID – 步兵师

IJN – 日本帝国海军

KGV – "乔治五世国王"号（英国战列舰）

KM – 纳粹德国海军

Kts – 节

LCF – 高射炮登陆艇

LCG – 火炮登陆艇

LCT – 坦克登陆艇

LRDG – 远程沙漠突击队

LSI – 步兵登陆舰

LSM – 中型登陆舰

LST – 坦克登陆舰

MCAS – 海军陆战队航空站（美国）

MGB – 摩托炮艇

ML – 摩托艇

MotD – 摩托化师

MTB – 鱼雷艇

NAS – 海军航空站（美国）

OKM – 海军总司令部

PBY – "卡特琳娜"巡逻机

Pz – 装甲车

PzGr – 装甲掷弹兵

RAF – 英国皇家空军

RAAF – 澳大利亚皇家空军

RCN – 加拿大皇家海军

RCT – 团级战斗队

RM – 英国皇家海军陆战队

RMS – 皇家邮轮

RN – 英国皇家海军

RNN – 荷兰皇家海军

RV – 会合

R/V 'A' – "A"会合点

SBS – 特别舟艇部队

S/M – 潜艇

Sqn – 中队（空军飞机中队或海军分舰队）

英国皇家海军，1939 年

第二次世界大战前夕，英国拥有最强大的舰队和海军基地网络。对于英国这样依赖进口并且处于贸易系统中心的岛国来说，保持海上力量是重中之重。皇家海军的传统角色是保护海上贸易和交通线。它是当时世界上唯一一支能够进行全球作战的海军，而且能够从英联邦自治领的海军中抽调资源。

尽管自 1918 年以后，财政和政治因素导致皇家海军规模缩减，并限制了其在两次世界大战之间的发展，但是英国海军还是保持世界海军的领先地位。20 世纪 20 年代，英国海军政策偏重对付意大利和日本海军，然而 1933 年之后重新出现的德国海军威胁打乱了英国的规划并限制了可用的资源。

为了应对恶化的国际局势，英国海军快速重整军备。第一次世界大战时期的战列舰进行了现代化改装，也下了新军舰订单。到 1937 年，英国已开工建造 5 艘新战列舰，并订购了 4 艘航空母舰，在全球海军军备竞赛中处于领跑的位置。在 1939 年 9 月之前，更多各种型号的军舰已经开工建造。

英国海军被分为两大舰队和几个海外基地。其中本土舰队由第 2 战列舰中队、战列巡洋舰中队以及至少 2 艘航空母舰组成，其主要任务是从海上封锁德国。第 1 战列舰中队是地中海舰队的核心力量，其任务是对付意大利。而海外基地的主要作用是保护当地贸易，而大约一半的英国巡洋舰也是执行这一任务。

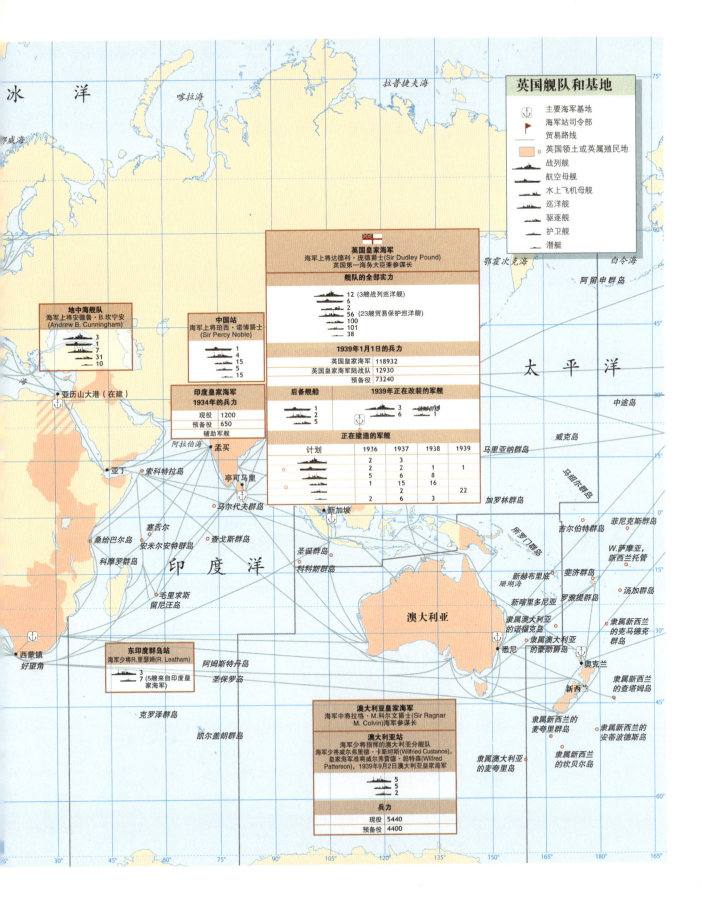

冰　洋

喀拉海

拉普捷夫海

鄂霍次克海

阿留申群岛

白令海

太　平　洋

英国舰队和基地

- ⚓ 主要海军基地
- 🚩 海军站司令部
- 贸易路线
- 英国领土或英属殖民地
- 战列舰
- 航空母舰
- 水上飞机母舰
- 巡洋舰
- 驱逐舰
- 护卫舰
- 潜艇

英国皇家海军
海军上将达德利·庞德爵士 (Sir Dudley Pound)
英国第一海务大臣兼参谋长

舰队的全部实力

	12 (3艘战列巡洋舰)
	6
	56 (23艘贸易保护巡洋舰)
	100
	101
	38

1939年1月1日的兵力

英国皇家海军	118932
英国皇家海军陆战队	12930
预备役	73240

后备舰船	1939年正在改装的军舰
1	3
2	6
5	⚓

正在建造的军舰

计划	1936	1937	1938	1939
	2	3		
	2	2	1	1
	5	1	8	
	1	15	16	
		2		22
	2	6	3	

地中海舰队
海军上将安德鲁·B.坎宁安
(Andrew B. Cunningham)

	3
	7
	31
	10

中国站
海军上将珀西·诺博爵士
(Sir Percy Noble)

	1
	4
	15
	5
	15

印度皇家海军
1934年的兵力

现役	1200
预备役	650
辅助军舰	

东印度群岛站
海军少将R.里瑟姆(R. Leatham)

	3 (5艘来自印度皇家海军)

澳大利亚皇家海军
海军中将拉格·M.科尔文爵士 (Sir Ragnar M. Colvin)海军参谋长

澳大利亚站
海军少将指挥的澳大利亚分舰队
海军少将威尔弗里德·卡斯坦斯(Wilfried Custance),
皇家海军准将威尔弗雷德·帕特森·帕特森(Wilfred Patterson), 1939年9月2日澳大利亚皇家海军

	5
	5
	2

兵力

现役	5440
预备役	4400

亚历山大港（在建）

阿拉伯海　孟买

亚丁

索科特拉岛

亭可马里

马尔代夫群岛

塞舌尔

桑给巴尔岛

安米尔安特群岛

科摩罗群岛

查戈斯群岛

圣诞岛

科科斯群岛

新加坡

印　度　洋

毛里求斯
留尼汪岛

西蒙镇
好望角

阿姆斯特丹岛

圣保罗岛

克罗泽群岛

凯尔盖朗群岛

澳大利亚

悉尼

东属澳大利亚
的诺福克岛

东属澳大利亚
的豪勋爵岛

所罗门群岛

新赫布里底
珊瑚海

新喀里多尼亚

斐济群岛

罗雅提群岛

汤加群岛

W.萨摩亚,
新西兰托管

吉尔伯特群岛

菲尼克斯群岛

马里亚纳群岛

威克岛

中途岛

马绍尔群岛

加罗林群岛

奥克兰

新西兰

东属新西兰
的克马德克
群岛

东属新西兰
的查塔姆岛

东属新西兰
的坎贝尔岛

东属新西兰
的安蒂波德斯岛

东属新西兰的
麦夸里群岛

东属澳大利亚
的麦夸里岛

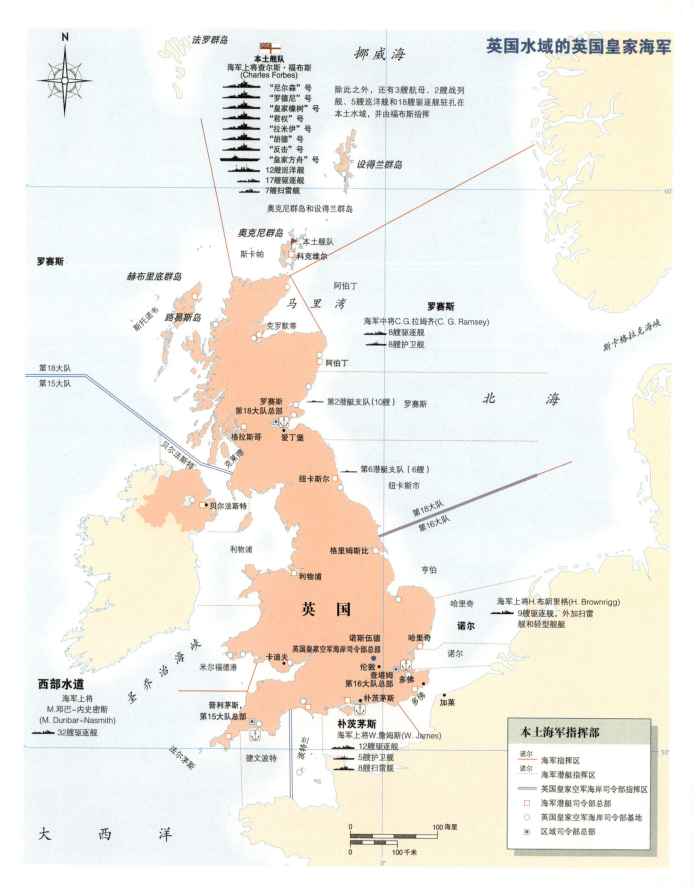

法罗群岛

挪威海

英国水域的英国皇家海军

N

本土舰队
海军上将查尔斯·福布斯
(Charles Forbes)

"尼尔森"号
"罗德尼"号
"皇家橡树"号
"君权"号
"拉米伊"号
"胡德"号
"反击"号
"皇家方舟"号
12艘巡洋舰
17艘驱逐舰
7艘扫雷舰

除此之外,还有3艘航母、2艘战列
舰、5艘巡洋舰和18艘驱逐舰驻扎在
本土水域,并由福布斯指挥

设得兰群岛

斯卡格拉克海峡

60°

奥克尼群岛和设得兰群岛

奥克尼群岛

斯卡帕 · 本土舰队
· 科克维尔

罗赛斯

赫布里底群岛

斯托诺韦

路易斯岛

克罗默蒂

阿伯丁

马里湾

罗赛斯
海军中将C.G.拉姆齐(C. G. Ramsey)
8艘驱逐舰
8艘护卫舰

北 海

第18大队
第15大队

阿伯丁

罗赛斯
第18大队总部
格拉斯哥 · 爱丁堡

第2潜艇支队(10艘)

罗赛斯

克莱德

贝尔法斯特

纽卡斯尔

第6潜艇支队(6艘)

纽卡斯市

第18大队
第16大队

贝尔法斯特

利物浦

格里姆斯比

亨伯

哈里奇

海军上将H.布朗里格(H. Brownrigg)
9艘驱逐舰,外加扫雷
舰和轻型舰艇

利物浦

英 国

诺斯伍德
英国皇家空军海岸司令部总部

诺尔

哈里奇

卡迪夫

伦敦 · 查塔姆
第16大队总部 多佛

诺尔

米尔福德港

朴茨茅斯

多佛

加莱

西部水道
海军上将
M.邓巴-内史密斯
(M. Dunbar-Nasmith)
32艘驱逐舰

普利茅斯,
第15大队总部

朴茨茅斯
海军上将W.詹姆斯(W. James)
12艘驱逐舰
5艘护卫舰
8艘扫雷舰

50°

多佛治海峡

德文波特

法尔茅斯

大 西 洋

0°

本土海军指挥部	
诺尔	海军指挥区
诺尔	海军潜艇指挥区
	英国皇家空军海岸司令部指挥区
□	海军潜艇司令部总部
○	英国皇家空军海岸司令部基地
▣	区域司令部总部

0   100 海里

0   100 千米

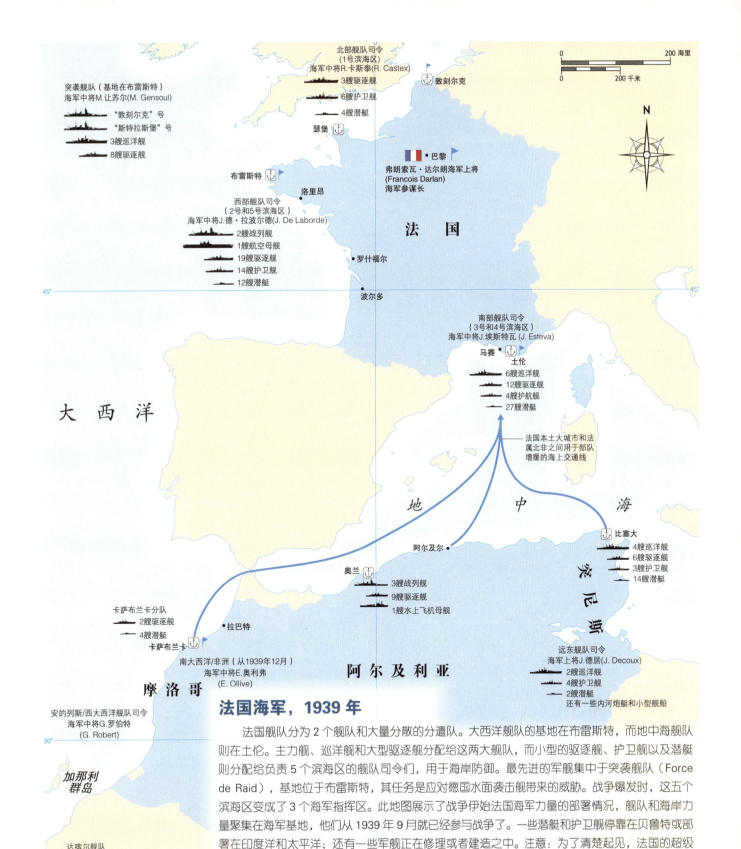

突袭舰队（基地在布雷斯特）
海军中将M.让苏尔(M. Gensoul)
　　"敦刻尔克"号
　　"斯特拉斯堡"号
　　3艘巡洋舰
　　8艘驱逐舰

北部舰队司令
（1号滨海区）
海军中将R.卡斯泰(R. Castex)
　　3艘驱逐舰
　　6艘护卫舰
　　4艘潜艇

敦刻尔克

瑟堡

巴黎
弗朗索瓦·达尔朗海军上将
(Francois Darlan)
海军参谋长

布雷斯特

洛里昂

西部舰队司令
（2号和5号滨海区）
海军中将J.德·拉波尔德(J. De Laborde)
　　2艘战列舰
　　1艘航空母舰
　　19艘驱逐舰
　　14艘护卫舰
　　12艘潜艇

法 国

罗什福尔

波尔多

南部舰队司令
（3号和4号滨海区）
海军中将J.埃斯特瓦 (J. Esteva)

马赛　土伦
　　6艘巡洋舰
　　12艘驱逐舰
　　4艘护航舰
　　27艘潜艇

法国本土大城市和法
属北非之间用于部队
增援的海上交通线

大 西 洋

地 中 海

比塞大
　　4艘巡洋舰
　　6艘驱逐舰
　　3艘护卫舰
　　14艘潜艇

阿尔及尔

奥兰
　　3艘战列舰
　　9艘驱逐舰
　　1艘水上飞机母舰

突 尼 斯

卡萨布兰卡分队
　　2艘驱逐舰
　　4艘潜艇

拉巴特

卡萨布兰卡

摩 洛 哥

南大西洋/非洲（从1939年12月）
海军中将E.奥利弗
(E. Ollive)

阿 尔 及 利 亚

远东舰队司令
海军上将J.德居(J. Decoux)
　　2艘巡洋舰
　　4艘护卫舰
　　2艘潜艇
还有一些内河炮艇和小型舰船

安的列斯/西大西洋舰队司令
海军中将G.罗伯特
(G. Robert)

加那利
群岛

达喀尔舰队
　　4艘巡洋舰
从大西洋舰队中抽调给非洲舰队司令

法国海军，1939 年

　　法国舰队分为 2 个舰队和大量分散的分遣队。大西洋舰队的基地在布雷斯特，而地中海舰队则在土伦。主力舰、巡洋舰和大型驱逐舰分配给这两大舰队，而小型的驱逐舰、护卫舰以及潜艇则分配给负责 5 个滨海区的舰队司令们，用于海岸防御。最先进的军舰集中于突袭舰队（Force de Raid），基地位于布雷斯特，其任务是应对德国水面袭击舰带来的威胁。战争爆发时，这五个滨海区变成了 3 个海军指挥区。此地图展示了战争伊始法国海军力量的部署情况，舰队和海岸力量聚集在海军基地，他们从 1939 年 9 月就已经参与战争了。一些潜艇和护卫舰停靠在贝鲁特或部署在印度洋和太平洋；还有一些军舰正在修理或者建造之中。注意：为了清楚起见，法国的超级驱逐舰，大型驱逐舰以及舰队鱼雷艇都被称为驱逐舰；护卫舰包括轻型的鱼雷艇和炮舰。

德国海军，1939 年

　　德国海军在第一次世界大战期间曾是世界上第 2 大的海军力量。然而，凡尔赛条约只允许德国拥有小型和老式军舰，而且缺少资金也意味着德国海军甚至无法维护其获准拥有的装备水平一般的舰队。1933 年过后，德国的政治和经济情况出现了变化，但来自陆军和新创建的空军的竞争，以及较小的工业基地和原材料的不足都阻碍、限制了海军重新武装的进度和规模。德国虽然是大陆国家，但要依靠海上通道来进口原材料和出口工业品。高品质的瑞典铁矿石是至关重要的进口产品，但很容易被敌方海军舰队截断。

　　纳粹德国海军的组织机构非常复杂，并且在战争初期经历了一系列的变动。该地图展示了战争爆发前夕德国军舰的部署情况及其简化结构。许多军舰还在建造中，如"俾斯麦"号和"提尔皮茨"号战列舰。海疆控制权分给了 2 个海军站，即北海和波罗的海，并以负责进行作战的各个海军集群司令部作为补充。舰队本身按照舰船类型而不是地理位置分配组成，并且同时向军区司令官以及柏林的海军参谋部汇报。

铁矿石航线

← 通向德国的商船航线

军力和组织

"沙恩霍斯特"号
"格奈森瑙"号
3艘装甲舰
3艘巡洋舰
10艘驱逐舰
6艘鱼雷艇
18艘潜艇

2艘老式战列舰
4艘巡洋舰
39艘潜艇

扫雷舰、轻型舰艇以及驱逐舰的前进基地

驱逐舰

11艘驱逐舰
5艘鱼雷艇

扫雷舰

OKM（海军总司令部）
海军上将埃里希·雷德尔（Erich Raeder）

北海海军集群司令部
（威廉港）
海军上将阿尔弗雷德·扎尔韦希特尔
（Alfred Saalwächter）

舰队司令部
海军上将赫尔曼·伯姆（Herman Boehm）
［10月由海军中将W.马沙尔（W. Marshall）取代］
-装甲舰/巡洋舰（马沙尔）
-侦察舰队［海军少将G.吕特晏斯（G. Lütjens）］
-潜艇（海军上校邓尼茨）

波罗的海海军集群司令部（基尔）
海军大将康拉德·阿布莱希特
（Conrad Albrecht）

0 ————— 100 海里
0 ————— 100 千米

意大利皇家海军

两次世界大战之间的时间里，意大利在地中海的主要对手是法国，因为两国都想保护各自在巴尔干半岛、中东和北非的利益。意大利皇家海军的主要任务是保护其漫长的海岸线，防止法国进入第勒尼安海和爱奥尼亚海，并且守卫通往北非和爱琴海的航线。主力舰队在地中海中部活动，而轻型舰艇、海军航空部队和潜艇则在海岸线东部和西部攻击敌方交通线。1935年的阿比西尼亚危机清楚地表明，英国人将站在法国人一边，并且在未来的战争中，英国皇家海军将成为意大利海军的对手。从1936年开始，意大利海军经费增加，订购新式战列舰和完成老式战列舰的改装。尽管拥有大量的新军舰，意大利皇家海军在1940年还远没有为战争做好准备。

司令部和主要兵力的部署，1940年6月

N

威尼斯
亚得里亚海上部
海军中将F.萨沃亚 (F. Di Savoia)
4艘鱼雷艇

第勒尼安海上部
海军中将A.萨沃亚-奥斯塔
(A. Di Savoia–Aosta)
10艘鱼雷艇
27艘潜艇

热那亚

拉斯佩齐亚

意 大 利

潜艇舰队
海军中将M.法兰戈拉
(M. Falangola)
作战控制权覆盖意大利全部潜艇部队

厄尔巴岛

罗马

海军上将多梅尼科·卡瓦格纳里
(Domenico Cavagnari)参谋长
[1940年12月被海军上将阿图罗·里卡迪
(Arturo Riccardi)取代]

拉马达莱纳
8艘鱼雷艇

亚 得 里 亚 海

亚得里亚海下部和爱奥尼亚海
（塔兰托和布林迪西）
海军中将A.帕赛迪 (A. Pasetti)
2艘巡洋舰
6艘驱逐舰
4艘鱼雷艇
25艘潜艇

第勒尼安海下部
海军中将W.皮尼 (W. Pini)
6艘鱼雷艇
9艘潜艇

那不勒斯

布林迪西

塔兰托

撒 丁 岛

卡利亚里
8艘潜艇

第 勒 尼 安 海

第1舰队/海军中队
海军中将I.坎皮奥尼 (I. Campioni)
"朱利奥·凯斯"号
"加富尔伯爵"号
"利托里奥"号和"维托里奥·维内托"号
未达到全面作战能力
"安德烈亚·多里亚"号和"卡约·杜伊利奥"号
仍在进行改装
12艘巡洋舰
基地在墨西拿和的黎波里
24艘驱逐舰

第2舰队/海军中队
海军中将R.帕尔迪尼
(R. Paldini)
7艘巡洋舰
16艘驱逐舰

维博瓦伦蒂亚

墨西拿

爱 奥 尼 亚 海

利比亚海军司令部
（班加西和托布鲁克）
海军少将B.布里沃内西 (B. Brivonesi)
4艘驱逐舰
4艘鱼雷艇
10艘潜艇

阿尔巴尼亚海军司令部
海军少将图尔 (Tur)
没有分配主要兵力

爱琴海军司令部（莱罗斯岛）
海军少将L.比安凯里 (L. Bianchieri)
2艘驱逐舰
4艘鱼雷艇
8艘潜艇

巴勒莫
21艘鱼雷艇
18艘潜艇

雷焦

西 西 里 岛

杰拉

锡拉库萨
阿沃拉

东非海军司令部（马萨瓦）
海军少将巴尔萨摩 (Balsamo)
7艘驱逐舰
1艘护卫舰
2艘鱼雷艇
8艘潜艇

潘泰莱里亚岛

利卡塔

地
中
海

100 海里
100 千米

海战，1939 年

1939 年 9 月，盟军的海上优势远远超过德国。英国和法国海军加在一起的装备远远超过德国海军的力量——尽管此时德国海军有多艘军舰尚未完工。德国不利的地缘战略位置加剧了其海上的劣势，但是德国可能在波罗的海占有优势，因为波兰人选择将他们的现代化驱逐舰开往英国。盟国的海上控制权不可动摇，保护海上交通线就成了海军作战的重点，而德国人试图用他们的水面袭击舰和潜艇阻断海上交通线。入侵波兰前夕，纳粹德国海军部署了 2 艘装甲舰和 14 艘潜艇，期望发动全面战争。英国人损失的第 1 艘舰船是"雅典娜"号班轮，在宣战仅仅几个小时之后，它就被 1 艘潜艇击沉在爱尔兰西北海域。英国皇家海军执行的首批任务之一是保护英吉利海峡的安全，并为把英国远征军运到法国的航运护航。从 9 月 9 日开始，运兵船和补给船频繁横渡英吉利海峡，并且没有受到敌人的干扰。整个 1939 年，盟国的海军部队不断从偏远的海军站撤离，并向大西洋和地中海聚集。它们以更小的作战单位部署，而不再以大规模编队的形式，从而覆盖更广阔的海域。

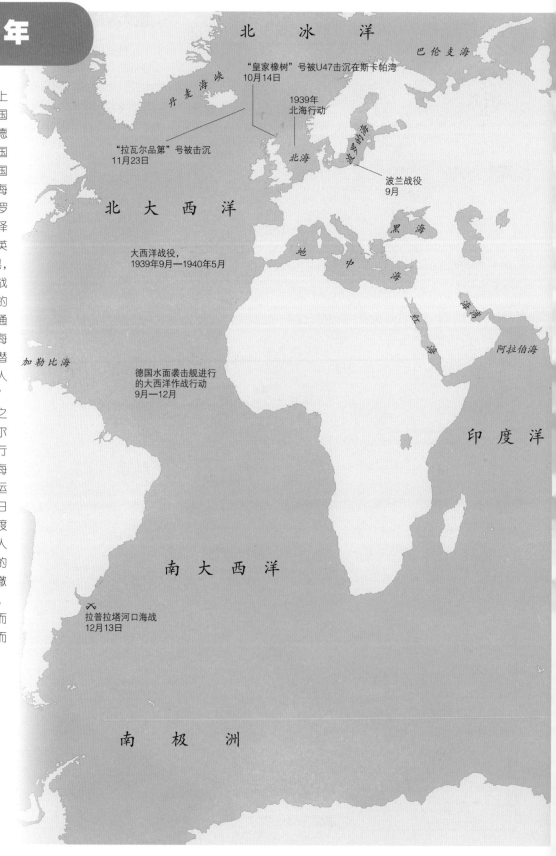

北 冰 洋

巴伦支海

丹麦海峡

"皇家橡树"号被U47击沉在斯卡帕湾
10月14日

1939年
北海行动

"拉瓦尔品第"号被击沉
11月23日

北海

波罗的海

波兰战役
9月

北 大 西 洋

黑 海

地 中 海

大西洋战役，
1939年9月—1940年5月

红 海

华
海

阿拉伯海

加勒比海

德国水面袭击舰进行
的大西洋作战行动
9月—12月

印 度 洋

南 大 西 洋

拉普拉塔河口海战
12月13日

南 极 洲

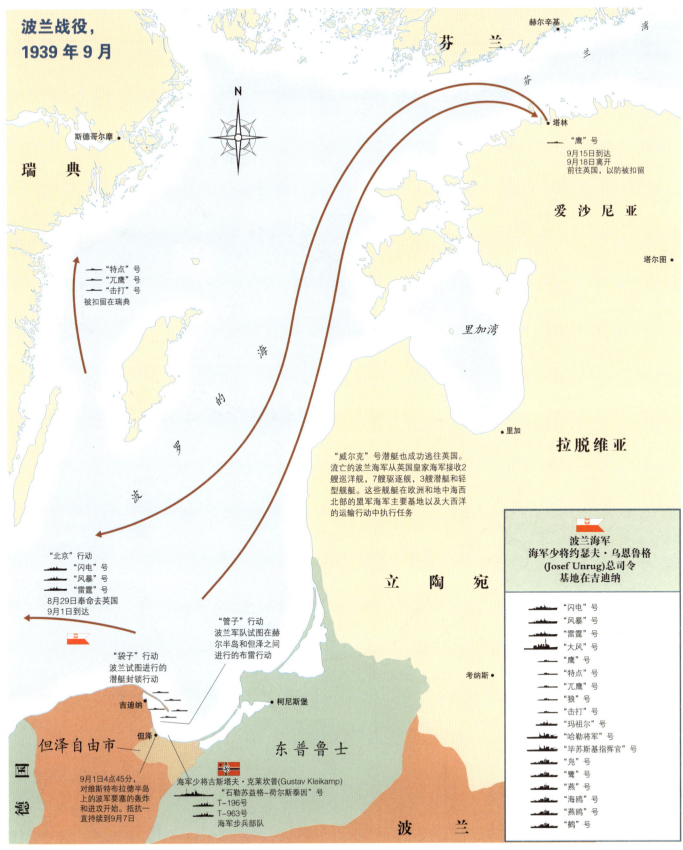

波兰战役，1939年9月

N

芬兰

赫尔辛基

芬兰湾

斯德哥尔摩

瑞典

爱沙尼亚

塔林

"鹰"号
9月15日到达
9月18日离开
前往英国，以防被扣留

塔尔图

"特点"号
"兀鹰"号
"击打"号
被扣留在瑞典

里加湾

波
罗
的
海

里加

拉脱维亚

"威尔克"号潜艇也成功逃往英国。
流亡的波兰海军从英国皇家海军接收2
艘巡洋舰，7艘驱逐舰，3艘潜艇和轻
型舰艇。这些舰艇在欧洲和地中海西
北部的盟军海军主要基地以及大西洋
的运输行动中执行任务

立陶宛

考纳斯

"北京"行动
"闪电"号
"风暴"号
"雷霆"号
8月29日奉命去英国
9月1日到达

"管子"行动
波兰军队试图在赫
尔半岛和但泽之间
进行的布雷行动

柯尼斯堡

"袋子"行动
波兰试图进行的
潜艇封锁行动

吉迪纳

东普鲁士

但泽自由市

但泽

德
国

9月1日4点45分，
对维斯特布拉德半岛
上的波军要塞的轰炸
和进攻开始。抵抗一
直持续到9月7日

海军少将古斯塔夫·克莱坎普(Gustav Kleikamp)
"石勒苏益格-荷尔斯泰因"号
T-196号
T-963号
海军步兵部队

波兰

波兰海军
海军少将约瑟夫·乌恩鲁格
(Josef Unrug)总司令
基地在吉迪纳

"闪电"号
"风暴"号
"雷霆"号
"大风"号
"鹰"号
"特点"号
"兀鹰"号
"狼"号
"击打"号
"玛祖尔"号
"哈勒将军"号
"毕苏斯基指挥官"号
"凫"号
"鹭"号
"燕"号
"海鸥"号
"燕鸥"号
"鹤"号

北海，1939—1940 年

英国对德战争策略的一个关键要素是通过封锁来削弱德国的经济和维持军事行动的能力。英国在 1939 年 9 月进行的作战行动沿用了第一次世界大战期间积累起来的经验，即远程封锁，依靠战时停泊在斯卡帕湾的本土舰队封锁北海的出入口。巡洋舰和辅助巡洋舰巡逻将截断德国的航运。纳粹海军被有效地遏制在北海，而多佛海峡则由水雷区和轻型舰艇来守卫。

双方在战争一爆发就宣称布置了防御性水雷区来保护自己的海岸线，随后即开始了进攻性的布雷。尽管最初有 1 支英国舰队在挪威海岸线外巡逻，同时还对北海东部进行了多次高速水面巡逻，但最初的作战行动主要是由潜艇完成的。这是由于水雷和飞机的存在，几乎没有派遣水面舰队向南作战的必要。最初有 18 艘潜艇可用，但是重新部署之后，到 1940 年春季时，该数量增加到近 30 艘。然而，政治上和作战上的约束使得这些作战行动的影响非常有限。

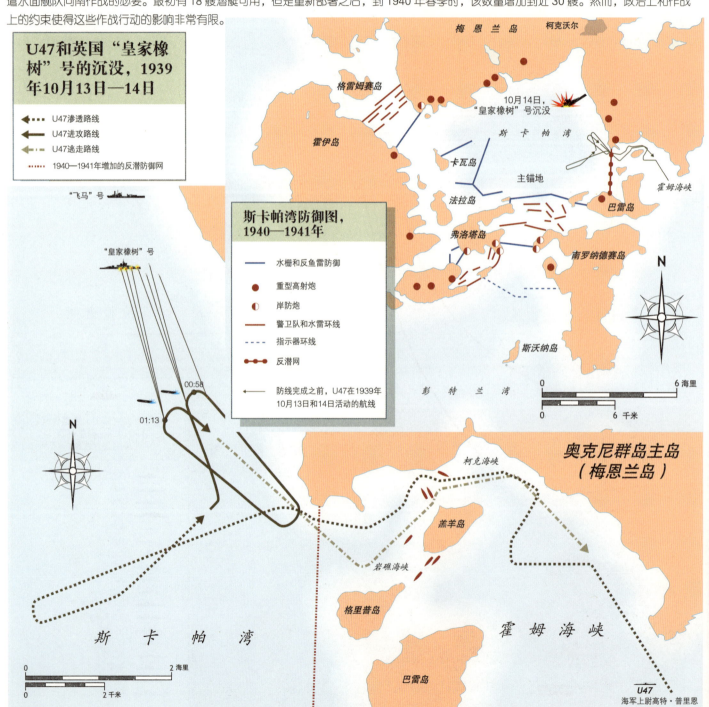

U47 和英国"皇家橡树"号的沉没，1939 年 10 月 13 日—14 日

- U47 渗透路线
- U47 进攻路线
- U47 逃走路线
- 1940—1941 年增加的反潜防御网

斯卡帕湾防御图，1940—1941 年

- 水栅和反鱼雷防御
- 重型高射炮
- 岸防炮
- 警卫队和水雷环线
- 指示器环线
- 反潜网
- 防线完成之前，U47 在 1939 年 10 月 13 日和 14 日活动的航线

梅恩兰岛　柯克沃尔

格雷姆赛岛

霍伊岛

卡瓦岛

10月14日，"皇家橡树"号沉没

斯卡帕湾

主锚地

法拉岛

霍姆海峡

巴雷岛

弗洛塔岛

南罗纳德赛岛

斯沃纳岛

彭特兰湾

0　　6 海里

0　　6 千米

"飞马"号

"皇家橡树"号

00:58

01:13

N

奥克尼群岛主岛（梅恩兰岛）

柯克海峡

羔羊岛

岩礁海峡

格里普岛

斯 卡 帕 湾

霍 姆 海 峡

巴雷岛

0　　2 海里

0　　2 千米

U47
海军上尉高特·普里恩

德国人过于依赖潜艇和水雷的组合来攻击英国的沿海航运。12月，纳粹德国海军一支由巡洋舰和驱逐舰组成的舰队企图在泰恩河外布设水雷，但是在返航途中因遭受潜艇攻击而损失惨重。双方都针对对方锚地进行了代价高昂却收效甚微的空袭。然而，德国 U47 号潜艇于 10 月取得了一次重要的胜利，它在斯卡帕湾锚地击沉了"皇家橡树"号战列舰。斯卡帕湾的防御工作进展缓慢，德国人通过空中侦察意识到了这一点。尽管"皇家橡树"号非常老旧，但是有 833 人丧生，再加上不久之前英国"勇敢"号航空母舰被击沉在爱尔兰海岸线外，所以宣传效果非常明显。

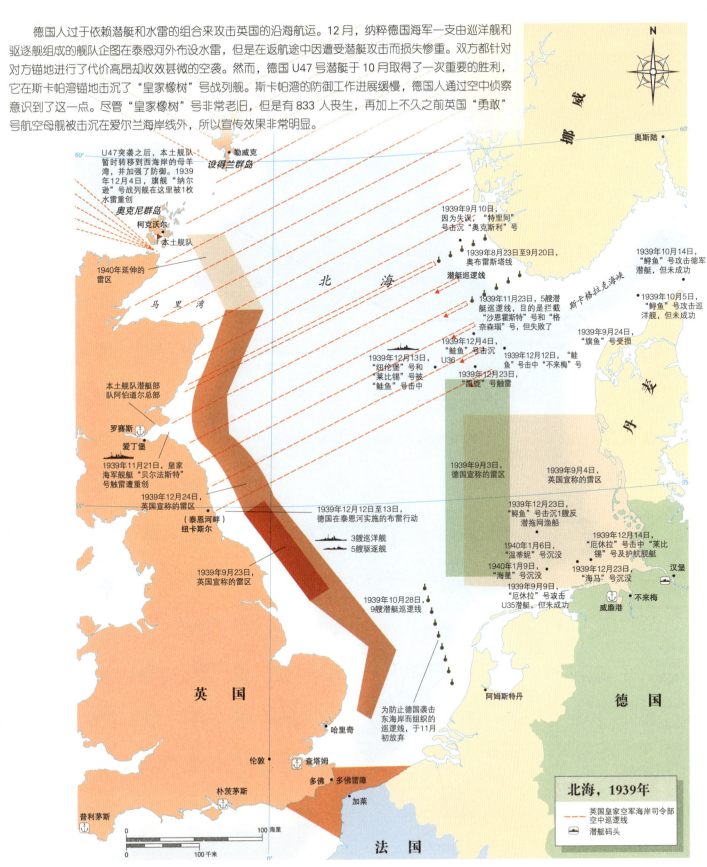

U47突袭之后，本土舰队暂时转移到西海岸的母羊湾，并加强了防御。1939年12月4日，旗舰"纳尔逊"号战列舰在这里被1枚水雷重创

勒威克
设得兰群岛

奥斯陆

挪威

1940年延伸的雷区

奥克尼群岛
柯克沃尔
本土舰队

马里湾

本土舰队潜艇部队阿伯道尔总部

罗赛斯
爱丁堡

1939年11月21日，皇家海军舰艇"贝尔法斯特"号触雷遭重创

1939年12月24日，英国宣称的雷区

（泰恩河畔）
纽卡斯尔

1939年9月23日，英国宣称的雷区

1939年12月12日至13日，德国在泰恩河实施的布雷行动

3艘巡洋舰
5艘驱逐舰

1939年10月28日，9艘潜艇巡逻线

为防止德国袭击东海岸而组织的巡逻线，于11月初放弃

哈里奇

伦敦

查塔姆

多佛
多佛雷障

朴茨茅斯

加莱

普利茅斯

法国

北海

潜艇巡逻线

1939年9月10日，因为失误，"特里同"号击沉"奥克斯利"号

1939年8月23日至9月20日，奥布雷斯塔线

1939年11月23日，5艘潜艇巡逻线，目的是拦截"沙恩霍斯特"号和"格奈森瑙"号，但失败了

1939年12月13日，"纽伦堡"号和"莱比锡"号被"鲑鱼"号击中

1939年12月4日，"鲑鱼"号击沉 U36

斯卡格拉克海峡

1939年10月14日，"鲟鱼"号攻击德军潜艇，但未成功

1939年10月5日，"鲟鱼"号攻击巡洋舰，但未成功

1939年9月24日，"旗鱼"号受损

1939年12月12日，"鲑鱼"号击中"不来梅"号

1939年12月23日，"凯旋"号触雷

1939年9月3日，德国宣称的雷区

1939年9月4日，英国宣称的雷区

丹麦

1939年12月23日，"鲟鱼"号击沉1艘反潜拖网渔船

1940年1月6日，"温蒂妮"号沉没

1940年1月9日，"海星"号沉没

1939年9月9日，"厄休拉"号攻击 U35潜艇，但未成功

1939年12月14日，"厄休拉"号击中"莱比锡"号及护航舰艇

1939年12月23日，"海马"号沉没

汉堡

不来梅

威廉港

德国

阿姆斯特丹

北海，1939年

英国皇家空军海岸司令部空中巡逻线
潜艇码头

0 ——— 100 海里
0 ——— 100 千米

11

大西洋战役，1939 年 9 月—1940 年 5 月

　　大西洋战役是战争史上跨越地域最广、持续时间最长、最复杂、最激烈的战役之一。大西洋战役在 1940 年 9 月 3 日以"雅典娜"号被击沉拉开序幕，一直延续到战争的最后一天——1945 年 5 月 8 日最后 1 艘商船和潜艇被击沉。战争刚爆发，英国即引进了护航系统，因为该系统能减少袭击舰在浩瀚的海洋中找到商船的机会，从而以最有效的方式使用有限的护航力量。虽然到 1945 年时，潜艇击沉了 3000 多艘船，但是在战争初期，德国潜艇数量有限，再加上盟国的反潜防御和潜艇接近商船的路线漫长且危险，因而人们最初不认为潜艇是主要威胁。在战争第一阶段被击沉的大多数盟国商船是因为它们没有在护航船队中，但损失还是可以忍受的。事实上，到

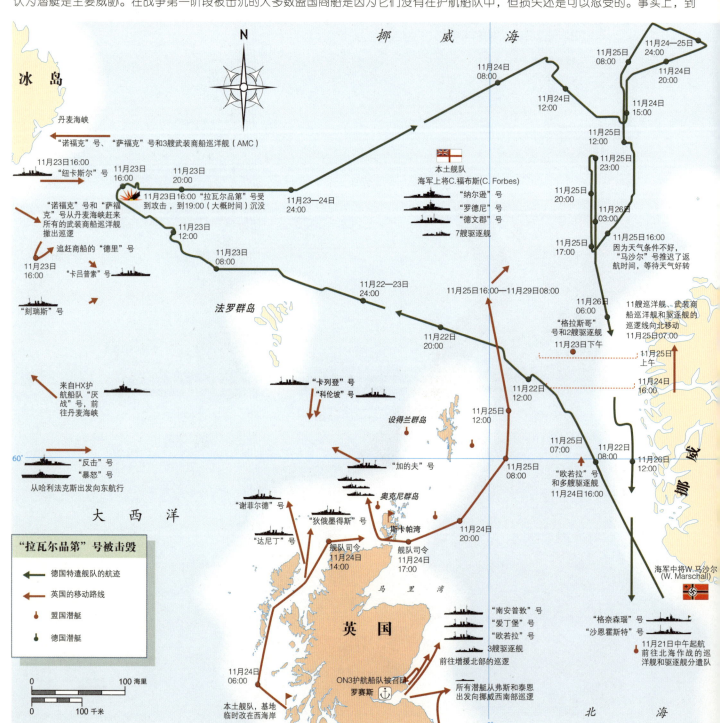

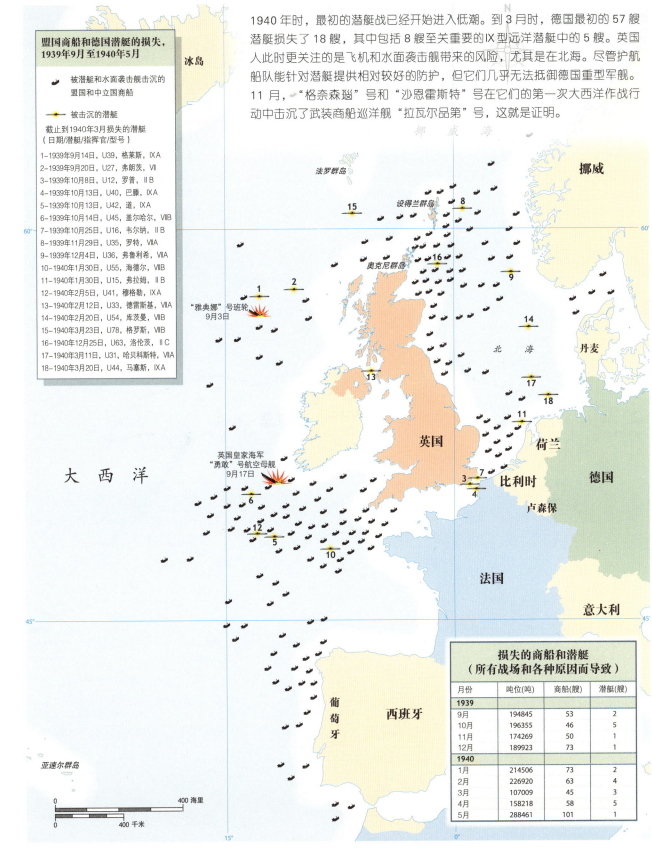

1940 年时，最初的潜艇战已经开始进入低潮。到 3 月时，德国最初的 57 艘潜艇损失了 18 艘，其中包括 8 艘至关重要的 IX 型远洋潜艇中的 5 艘。英国人此时更关注的是飞机和水面袭击舰带来的风险，尤其是在北海。尽管护航船队能针对潜艇提供相对较好的防护，但它们几乎无法抵御德国重型军舰。11 月，"格奈森瑙"号和"沙恩霍斯特"号在它们的第一次大西洋作战行动中击沉了武装商船巡洋舰"拉瓦尔品第"号，这就是证明。

盟国商船和德国潜艇的损失，
1939年9月至1940年5月

🚢 被潜艇和水面袭击舰击沉的盟国和中立国商船

⚓ 被击沉的潜艇

截止到1940年3月损失的潜艇
（日期/潜艇/指挥官/型号）

1-1939年9月14日, U39, 格莱斯, IXA
2-1939年9月20日, U27, 弗朗茨, VII
3-1939年10月8日, U12, 罗普, IIB
4-1939年10月13日, U40, 巴滕, IXA
5-1939年10月13日, U42, 道, IXA
6-1939年10月14日, U45, 盖尔哈尔, VIIB
7-1939年10月25日, U16, 韦尔纳, IIB
8-1939年11月29日, U35, 罗特, VIIA
9-1939年12月4日, U36, 弗鲁利希, VIIA
10-1940年1月30日, U55, 海德尔, VIIB
11-1940年1月30日, U15, 弗拉姆, IIB
12-1940年2月5日, U41, 穆格勒, IXA
13-1940年2月12日, U33, 德雷斯基, VIIA
14-1940年2月20日, U54, 库茨曼, VIIB
15-1940年3月23日, U78, 格罗斯, VIIB
16-1940年12月25日, U63, 洛伦茨, IIC
17-1940年3月11日, U31, 哈贝科斯特, VIIA
18-1940年3月20日, U44, 马塞斯, IXA

损失的商船和潜艇
（所有战场和各种原因而导致）

月份	吨位(吨)	商船(艘)	潜艇(艘)
1939			
9月	194845	53	2
10月	196355	46	5
11月	174269	50	1
12月	189923	73	1
1940			
1月	214506	73	2
2月	226920	63	4
3月	107009	45	3
4月	158218	58	5
5月	288461	101	1

冰岛

挪威

挪 威 海

法罗群岛

设得兰群岛

奥克尼群岛

北 海

丹麦

荷兰

德国

卢森保

比利时

英国

"雅典娜"号班轮
9月3日

英国皇家海军
"勇敢"号航空母舰
9月17日

大 西 洋

法国

意大利

西班牙

葡萄牙

亚速尔群岛

丹麦

0   400 海里
0   400 千米

德国水面袭击舰进行的大西洋作战行动，1939 年

8月下旬，两艘德军装甲舰，"施佩伯爵海军上将"号和"德意志"号离开德国，分别去大西洋中部和北部执行任务。这两艘军舰在20世纪30年代初设计和建造时，海洋商船袭击还不是主要的需求，但它们持久的续航性能，加上足以打败巡洋舰的火力和超过大多数主力舰的速度，使它们成为执行这一任务的理想选择。当潜艇在英国附近活动时，装甲舰的目标是袭扰和摧毁出海的商船。德国人希望在盟国的船队护航系统到位之前，通过突然袭击来攻击盟国的航运。然而，直到9月下旬，希特勒才授权这些舰船参与商船袭击战。

直到10月1日在"施佩伯爵海军上将"号的第一次袭击中幸存下来的人在巴西沿海被救起之后，英国人才开始警惕正在海上作战的德国水面袭击舰。直到当月更晚些时候，他们才知道"德意志"号的存在。英国人的直接回应就是组建了8个对抗德国袭击舰的猎杀大队，同时命令本土舰队为往返于英国和加拿大新斯科舍省哈利法克斯之间的大西洋船队护航。水面袭击舰在战争中的成功不能只看它们击沉的舰船数量。与潜艇的成就相比，水面袭击舰在数量上稍逊一筹，但它们对盟国海上交通线和海军力量分配造成了巨大的影响。

德国海军上校汉斯·朗斯多夫指挥"施佩伯爵海军上将"号前往南大西洋，以猎杀没有保护的盟国商船，但在非洲南部海域一无所获，于是在12月驶向南美洲航线。英国海军准将亨利·哈伍德与朗斯多夫进行了一次未分胜负的拉普拉塔河口海战。"施佩伯爵海军上将"号最终在蒙得维的亚海岸线外被德军自行凿沉。

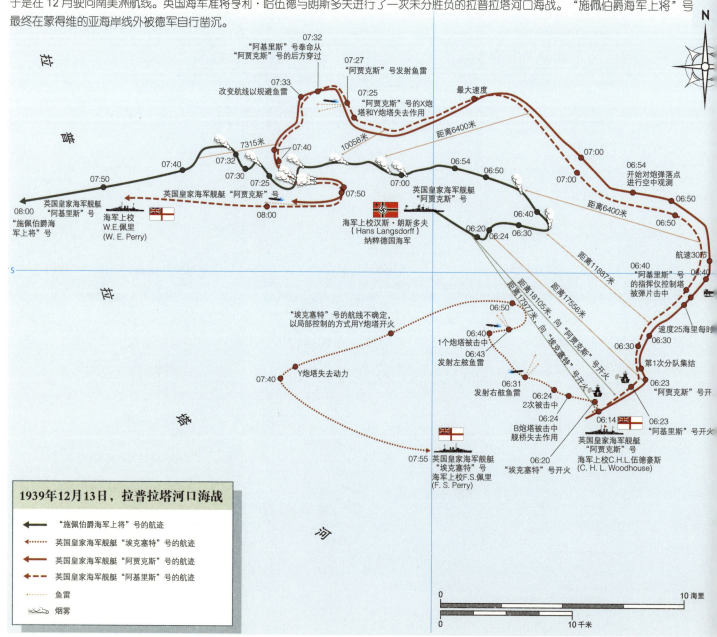

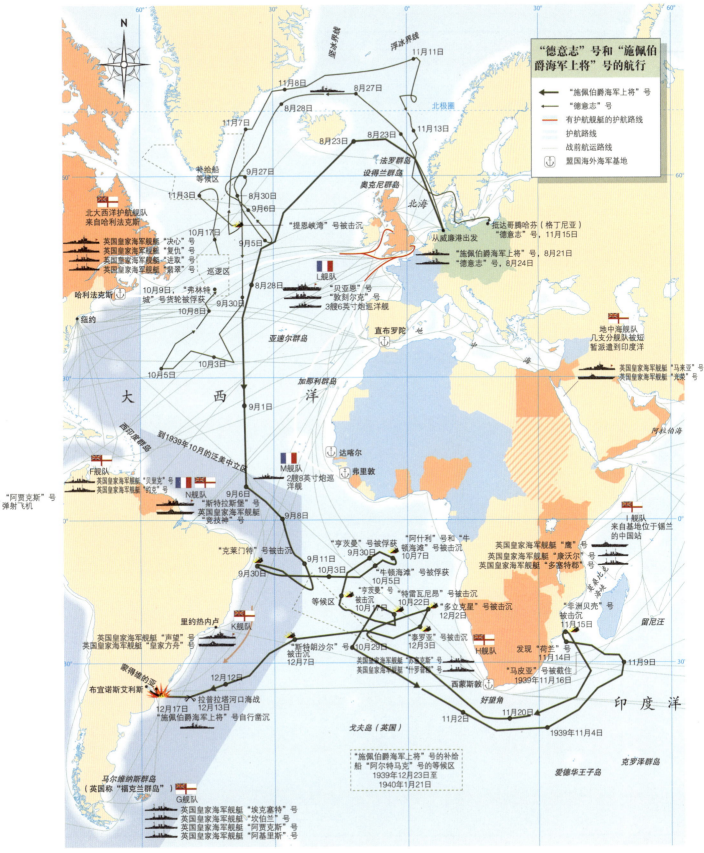

"德意志"号和"施佩伯爵海军上将"号的航行

- ◄─── "施佩伯爵海军上将"号
- ◄─── "德意志"号
- ─── 有护航舰艇的护航路线
- ─── 护航路线
- ─── 战前航运路线
- ⚓ 盟国海外海军基地

11月11日
浮冰界线
坚冰界线
11月8日
8月27日
北极圈
北海界线
8月28日
11月7日
11月13日
8月23日
8月23日
补给船等候区
9月27日
法罗群岛
设得兰群岛
奥克尼群岛
11月3日
8月30日
9月6日
北海
从威廉港出发
抵达哥滕哈芬(格丁尼亚)
"德意志"号,11月15日
10月17日
"提恩峡湾"号被击沉
"施佩伯爵海军上将"号,8月21日
"德意志"号,8月24日
9月5日

北大西洋护航舰队来自哈利法克斯
英国皇家海军舰艇"决心"号
英国皇家海军舰艇"复仇"号
英国皇家海军舰艇"进取"号
英国皇家海军舰艇"翡翠"号

10月9日,"弗林特城"号货轮被俘获
巡逻区
8月28日
L舰队
"贝亚恩"号
"敦刻尔克"号
3艘6英寸炮巡洋舰
直布罗陀
地中海舰队
几支分舰队被短暂派遣至印度洋

哈利法克斯
9月30日
10月8日

纽约

亚速尔群岛

英国皇家海军舰艇"马来亚"号
英国皇家海军舰艇"光荣"号

大
西
洋
加那利群岛

10月3日
10月5日

9月1日

阿拉伯海

到1939年10月的泛美中立区

M舰队
2艘8英寸炮巡洋舰
达喀尔
弗里敦

西印度群岛

F舰队
英国皇家海军舰艇"贝里克"号
英国皇家海军舰艇"约克"号

N舰队
"斯特拉斯堡"号
英国皇家海军舰艇"竞技神"号

"阿贾克斯"号弹射飞机

9月6日

9月8日

I舰队
来自基地位于锡兰的中国站

"克莱门特"号被击沉
9月30日

"亨茨曼"号被俘获
9月30日
"阿什利"号和"牛顿海滩"号被击沉
10月7日

英国皇家海军舰艇"鹰"号
英国皇家海军舰艇"康沃尔"号
英国皇家海军舰艇"多塞特郡"号

9月11日
10月3日
"牛顿海滩"号被俘获
10月5日

等候区
"亨茨曼"号被击沉
10月17日
"特雷瓦尼昂"号被击沉
10月22日
"多立克星"号被击沉
12月2日

"非洲贝壳"号被击沉
11月15日

里约热内卢
K舰队
英国皇家海军舰艇"声望"号
英国皇家海军舰艇"皇家方舟"号

"斯特朗沙尔"号被击沉
12月7日
10月29日
"泰罗亚"号被击沉
12月3日

H舰队

留尼汪

发现"荷兰"号
11月14日

"马皮亚"号被截住
1939年11月16日

11月9日

英国皇家海军舰艇"苏塞克斯"号
英国皇家海军舰艇"什罗普郡"号

蒙得维的亚
布宜诺斯艾利斯
12月12日
拉普拉塔河口海战
12月13日
"施佩伯爵海军上将"号自行凿沉
12月17日

好望角
西蒙斯敦
11月2日
11月20日
1939年11月4日

印度洋

戈夫岛(英国)

克罗泽群岛

"施佩伯爵海军上将"号的补给船"阿尔特马克"号的等候区
1939年12月23日至
1940年1月21日

爱德华王子岛

马尔维纳斯群岛
(英国称"福克兰群岛")

G舰队
英国皇家海军舰艇"埃克塞特"号
英国皇家海军舰艇"坎伯兰"号
英国皇家海军舰艇"阿贾克斯"号
英国皇家海军舰艇"阿基里斯"号

15

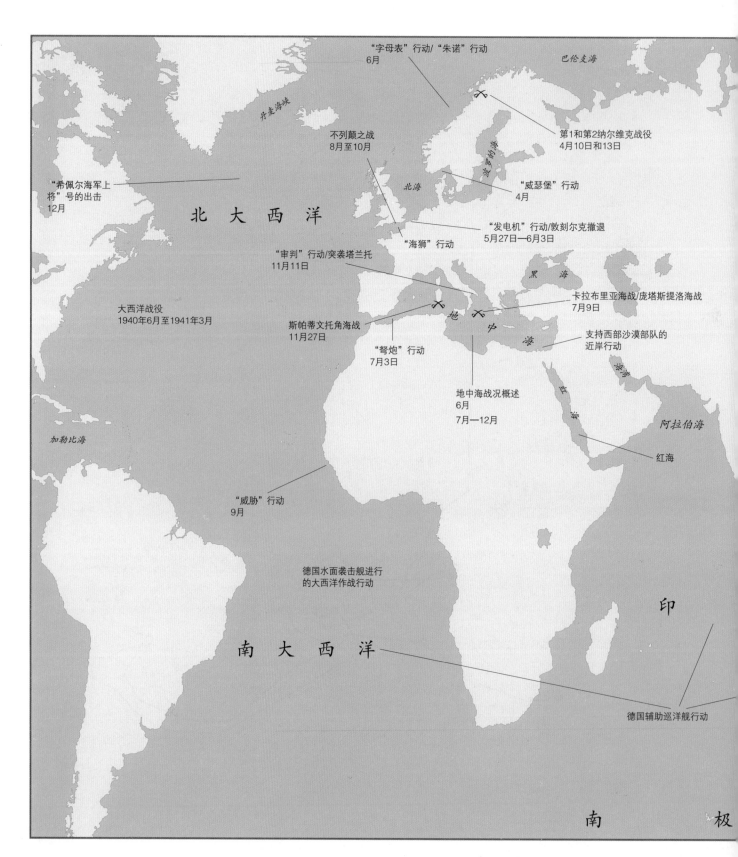

"字母表"行动/"朱诺"行动
6月

巴伦支海

第1和第2纳尔维克战役
4月10日和13日

丹麦海峡

不列颠之战
8月至10月

波罗的海

"威瑟堡"行动
4月

"希佩尔海军上将"号的出击
12月

北海

北 大 西 洋

"发电机"行动/敦刻尔克撤退
5月27日—6月3日

"海狮"行动

"审判"行动/突袭塔兰托
11月11日

黑 海

卡拉布里亚海战/庞塔斯提洛海战
7月9日

大西洋战役
1940年6月至1941年3月

斯帕蒂文托角海战
11月27日

地
中
海

支持西部沙漠部队的
近岸行动

"弩炮"行动
7月3日

加勒比海

地中海战况概述
6月
7月—12月

阿拉伯海

红海

"威胁"行动
9月

德国水面袭击舰进行
的大西洋作战行动

印

南 大 西 洋

南 极

德国辅助巡洋舰行动

16

海战，1940 年

海上战争在 1940 年经历了一次深刻的转变。1940 年年初，盟军几乎完全夺得了制海权，并有效阻止了德国对海上交通线的初期攻击。商船损失在可接受的水平，而德国人却已经损失了相当数量的前线潜艇。作战行动局限于英伦三岛周围的水域和北海，但到早春的时候，由于德国准备进行"威瑟堡"行动，海上作战行动已经大为减少。

入侵挪威、前去支援挪威人的盟国远征军被击败，再加上法国在夏初战败，大大改变了德国的地缘战略位置。现在，德国在英国两翼有了基地，其海军力量投送可以深入大西洋。由于英国皇家海军把两次世界大战之间的战略重点放在了本土水域内的贸易保护上，皇家海军现在缺乏充分的资源来保护远洋海上航线的安全。

意大利于 6 月 10 日的宣战意味着在地中海开辟了一个新战场。英国皇家海军可以对付德意海军联盟，因为英国在战前制定的战争规划就是基于一场要同时对付两个敌国的战争。然而，法国的意外崩溃给相对现代化的法国舰队的命运制造了一个问题。必须防止德国俘获在非洲港口避难的法国舰队，因为如果它落入德国手中，轴心国将会有足够的海军力量去挑战英国的制海权。法国在非洲北部和西部的基地还将使轴心国舰队拥有更多进入大西洋中部和南部的航线。因此，摧毁法国舰队，尤其是其主力舰，成为英国在夏季的主要任务。

与此同时，入侵英国本土的"海狮"行动也是英国近一个半世纪以来所面临的最严重的威胁。不列颠之战的结果，英国东南部的空战，英国皇家海军在南部港口聚集巡洋舰、驱逐舰和轻型舰艇，这些因素导致德国人推迟了入侵英国的一切企图。相反，德国开始对不列颠群岛进行海空封锁，企图通过饥饿迫使英国投降。在整个秋天，封锁强度增加，德国调集了更多的水面袭击舰、辅助巡洋舰和可用的潜艇对英国的护航航线发起攻击。

在地中海，多次舰队交战和小规模作战行动贯穿了整个夏季和秋季，双方都试图保护自己的补给线，同时阻断对手的补给线。

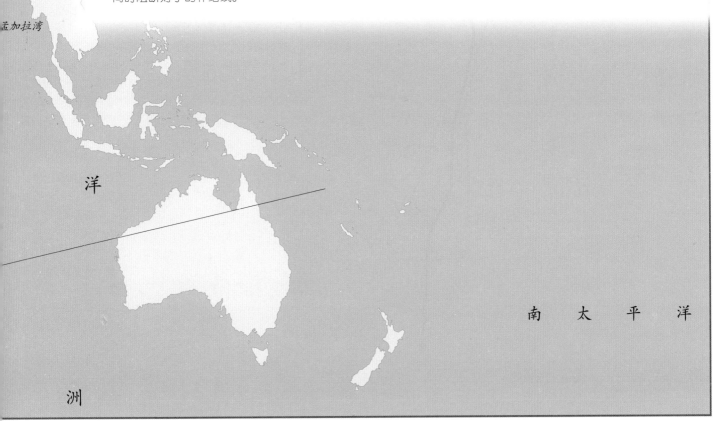

孟加拉湾

洋

南 太 平 洋

洲

**第5编队突袭奥斯陆
1940年4月9日**

福尼布
机场

奥斯陆

阿斯可霍门岛

"布吕歇尔"号被击沉

卡霍门岛

科帕

奥斯卡博格

德勒巴克

"布吕歇尔"号
"埃姆登"号
"吕佐夫"号
"海鸥"号
R18, R19

费尔特
维特

"阿尔法"号
"福鲁"号
索恩

"秃鹰"号,
R17, R21

"信天翁"号,
"劳Ⅶ"号

莫斯

霍尔滕

R20, R24

R22, R23

拉欧岛

腓特烈斯塔

波莱内

"农场"号

"极点Ⅲ"号

N

0   10海里

0   10千米

奥斯陆峡湾

"威瑟堡"行动，德国入侵挪威，1940年4月7日—10日

在战争开始的几个月里，英国政府一直在努力寻找一个切断德国的铁矿石供应，同时保持挪威中立而且不给德国人占领这个国家留下借口的办法。最终，这被证明是不可能的，因为当冬季航运开始的时候，德国舰船利用得到保护的挪威近海（陆地和外岛之间的内海海域），使之几乎不可能被阻断。这样进攻行动确有必要了。

纳粹德国海军早就想摆脱北海，或者称"湿三角区"，于是计划在1940年1月发起占领挪威和丹麦的行动。双方的计划同时进行，并且也都没有注意对方的计划。英国计划布设水雷，特别是在通往纳尔维克港的航线。为了应对德国可能对挪威发起的报复行动，英国派出一支远征军占领纳尔维克地区，并且保卫南部极为重要的斯塔万格港的安全。"威瑟堡"行动的规模和大胆让英国人大吃一惊。面对盟国海军压倒性的制海权优势，德国人选择在宽阔的战线上同时占领挪威和丹麦的要地，这涉及11次独立的登陆行动和大量的伞降行动。

正当英国的驱逐舰和布雷舰执行"威尔弗瑞德"行动时，即4月7日发起的布雷行动，情报表明德国正在进行一次重大行动。英国人误以为这又将是一次突破进入大西洋的行动，因此放弃了R4登陆行动，并出动本土舰队掩护进入大西洋的通道，当德国人的意图渐渐清晰的时候，拦截德国入侵舰队为时已晚。尽管德国军队在开始阶段成功占领了大多数目标，但其海军的损失也是巨大的，特别是新的重型巡洋舰"布吕歇尔"号在奥斯陆峡湾被击沉。在奥福特峡湾（位于纳尔维克沿岸）的两次海战中，参加行动的德国海军被消灭，登陆的德国军队则处于危险境地，因为前来援助挪威守军的盟军增援部队于4月14日抵达。

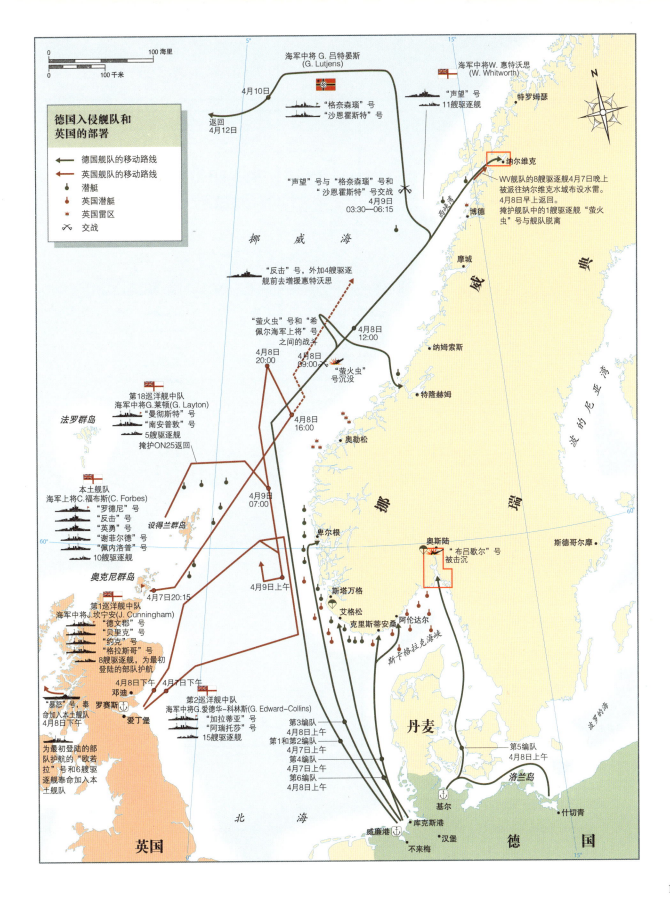

德国入侵舰队和
英国的部署

— 德国舰队的移动路线
— 英国舰队的移动路线
🔱 潜艇
🔱 英国潜艇
❋ 英国雷区
⚔ 交战

海军中将 G. 吕特晏斯
(G. Lutjens)

4月10日
返回
4月12日

"格奈森瑙"号
"沙恩霍斯特"号

海军中将W. 惠特沃思
(W. Whitworth)

"声望"号
11艘驱逐舰

特罗姆瑟

"声望"号与"格奈森瑙"号和
"沙恩霍斯特"号交战
4月9日
03:30—06:15

挪 威 海

"反击"号,外加4艘驱逐
舰前去增援惠特沃思

"萤火虫"号和"希
佩尔海军上将"号
之间的战斗

4月8日
20:00

4月8日
09:00

"萤火虫"
号沉没

4月8日
12:00

4月8日
16:00

第18巡洋舰中队
海军中将G.莱顿(G. Layton)
"曼彻斯特"号
"南安普敦"号
5艘驱逐舰
掩护ON25返回

法罗群岛

本土舰队
海军上将C.福布斯(C. Forbes)
"罗德尼"号
"反击"号
"英勇"号
"谢菲尔德"号
"佩内洛普"号
10艘驱逐舰

设得兰群岛

4月9日
07:00

4月9日上午

奥克尼群岛

第1巡洋舰中队
海军中将J.坎宁安(J. Cunningham)
"德文郡"号
"贝里克"号
"约克"号
"格拉斯哥"号
8艘驱逐舰,为最初
登陆的部队护航

4月7日20:15

"暴怒"号,奉
命加入本土舰队
4月8日下午

邓迪

罗赛斯

爱丁堡

4月8日下午   4月7日下午

第2巡洋舰中队
海军中将G.爱德华-科林斯(G. Edward-Collins)
"加拉蒂亚"号
"阿瑞托莎"号
15艘驱逐舰

为最初登陆的部
队护航的"欧若
拉"号和6艘驱
逐舰奉命加入本
土舰队

WV舰队的8艘驱逐舰4月7日晚上
被派往纳尔维克水域布设水雷。
4月8日早上返回。
掩护舰队中的1艘驱逐舰"萤火
虫"号与舰队脱离

纳尔维克

博德

摩城

纳姆索斯

特隆赫姆

奥勒松

挪   威

瑞   典

波
的
尼
亚
湾

斯德哥尔摩

奥斯陆   "布吕歇尔"号
被击沉

奥尔根

斯塔万格

艾格松

克里斯蒂安桑   阿伦达尔

斯卡格拉克海峡

第3编队
4月8日上午
第1和第2编队
4月7日上午
第4编队
4月7日上午
第6编队
4月8日上午

第5编队
4月8日上午

洛兰岛

什切青

丹麦

基尔

库克斯港

威廉港

汉堡

不来梅

北   海

英   国

德   国

0   100 海里
0   100 千米

5°   15°   15°

N

60°   60°

波罗的海

19

1940年4月10日，第1次纳尔维克海战

德国海军入侵舰队

掩护舰队
海军中将G.吕特曼斯(G. Lütjens)
　"格奈森瑙"号
　"沙恩霍斯特"号

第1编队–纳尔维克
海军准将F.邦特
(F. Bonte)
　10艘驱逐舰
　2艘油船
　3艘运输船
　2000名陆军官兵

第2编队–特隆赫姆
海军上校H.海耶(H. Heye)
　"希佩尔"号
　4艘驱逐舰
　2艘油船
　3艘运输船
　1700名陆军官兵

第3编队–卑尔根
海军少将H.施蒙特
(H. Schmundt)
　"科隆"号
　"柯尼斯堡"号
　2艘鱼雷艇
　1艘油船
　3艘运输船
　外加鱼雷艇
　以及辅助舰艇
　1900名陆军官兵

第4编队–克里斯蒂安桑
海军上校F.里夫(F. Rieve)
　"卡尔斯鲁厄"号
　3艘鱼雷艇
　1艘油船
　4艘运输船
　外加鱼雷艇
　以及辅助舰艇
　1100名陆军官兵

第5编队–奥斯陆
海军少将O.库梅茨(O. Kummetz)
　"布吕歇尔"号
　"埃姆登"号
　"吕佐夫"号
　(以前的"德意志"号)
　3艘鱼雷艇
　2艘油船
　5艘运输船
　外加辅助舰艇
　2000名陆军官兵

第6编队–艾格松
海军少将K.托马(K. Thoma)
　4艘扫雷舰
　3艘运输船（前往斯塔万格）
　150名陆军官兵（前往艾格松）

此外，第7到第11编队的任务是守住丹麦周围的阵位。潜艇舰队则被分成8个编队，支援入侵行动。北海海域的海军舰队作战指挥权属于西部海军集群司令部，而在卡特加特海峡和奥斯陆沿岸作战的舰队则由东部海军集群司令部指挥。

海军上校B.沃伯顿–李
(B. Warburton–Lee)
　"勇敢"号
　"猎人"号
　"热刺"号
　"浩劫"号
　"敌忾"号

切尔德岛

拉姆内斯　00:
"勇敢"号
"猎人"号
"热刺"号
哈姆内斯
"浩劫"号
"敌忾"号

巴尔海峡

巴尔岛

0　　　　　4 海里

0　　　　4 千米

"海德坎普"号
"蒂勒"号
"勒德尔"号
"吕德曼"号
"库恩"号

到 5 月底时，德国控制那威中部和南部以及盟军在法国西北部的崩溃，使得盟军在北部剩余的阵地岌岌可危。在 5 月 28 日纳尔维克被占领后，盟军开始进行拆毁工作，以防止这些设施被德国人使用，剩余 25000 名盟军士兵及其装备的撤离工作于 6 月 2 日开始。第 1 支运兵船队在 6 月 6 日起航，第 2 支运兵船队于 2 天后在"皇家方舟"号和"光荣"号的掩护下起航。与此同时，纳粹德国海军发起了"朱诺"行动，以支援纳尔维克附近的德国军队。"希佩尔海军上将"号及其护航的驱逐舰在 6 月 8 日返航特隆赫姆加油而成功击沉了一些独自航行的英国运输船。当天下午，"格奈森瑙"号和"沙恩霍斯特"号遭遇并击沉了"光荣"号及其伴航的 2 艘驱逐舰——这几艘英国军舰航行在第 2 支撤离船队的前面。

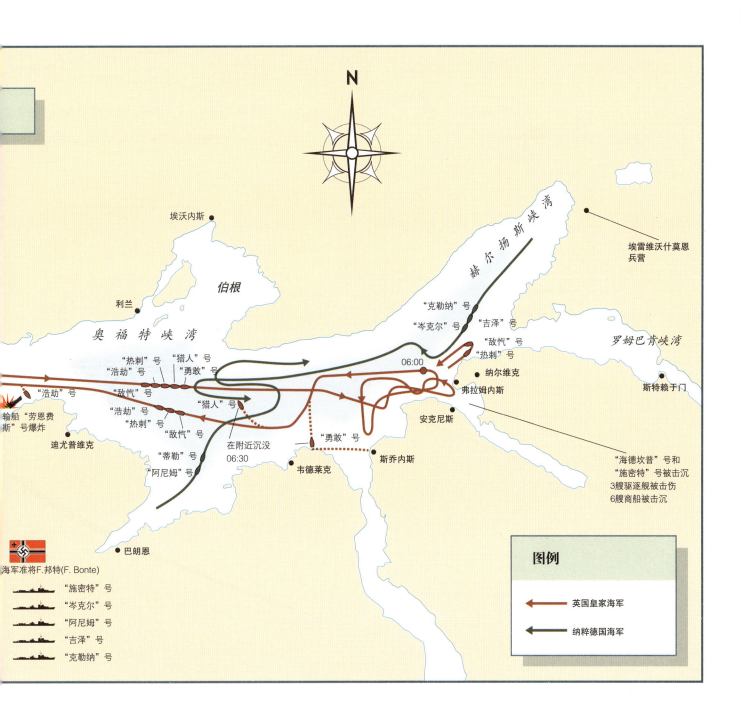

N

埃沃内斯

伯根

利兰

奥福特峡湾

赫尔扬斯峡湾

埃雷维沃什莫恩兵营

罗姆巴肯峡湾

"克勒纳"号
"岑克尔"号
"吉泽"号

"敌忾"号
"热刺"号

纳尔维克

斯特赖于门

"热刺"号 "猎人"号
"浩劫"号 "勇敢"号

"敌忾"号

06:00

弗拉姆内斯

"浩劫"号

输船"劳恩费斯"号爆炸

"浩劫"号
"热刺"号

"猎人"号

"敌忾"号

"蒂勒"号

"阿尼姆"号

在附近沉没
06:30

安克尼斯

"勇敢"号

迪尤普维克

韦德莱克

斯乔内斯

"海德坎普"号和
"施密特"号被击沉
3艘驱逐舰被击伤
6艘商船被击沉

巴朗恩

海军准将F.邦特(F. Bonte)

"施密特"号
"岑克尔"号
"阿尼姆"号
"吉泽"号
"克勒纳"号

图例

英国皇家海军

纳粹德国海军

21

第2次纳尔维克战役，1940年4月13日

图例

英国皇家海军

纳粹德国海军

德国驱逐舰沉没的位置

B舰队
海军中将W.惠特沃思
(W. Whitworth)

"厌战"号
"贝都因"号
"哥萨克"号
"旁遮普"号
"爱斯基摩"号
"金伯利"号
"英雄"号
"伊卡洛斯"号
"护林人"号
"猎狐犬"号

切尔德岛

利兰

U25

切尔德海峡

拉姆内斯

U45

哈姆内斯

巴尔海峡

R18，R19

巴尔岛

B舰队

13:00

"厌战"

"库恩"号

"克勒纳"号

奥

迪尤普维克

12:00

从英国皇家海军"光荣"
号航空母舰上起飞的"剑
鱼"TSR（鱼雷攻击/观
察/侦察机）

巴朗恩

0   4 海里

0   4 千米

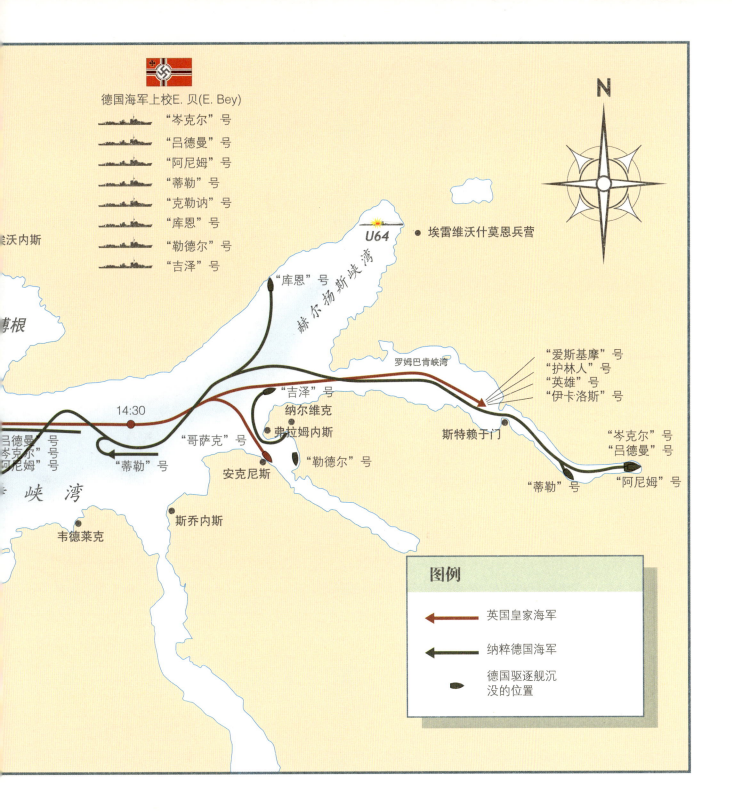

德国海军上校E. 贝(E. Bey)

"岑克尔"号
"吕德曼"号
"阿尼姆"号
"蒂勒"号
"克勒讷"号
"库恩"号
"勒德尔"号
"吉泽"号

N

埃雷维沃什莫恩兵营

U64

赫尔扬斯峡湾

"库恩"号

罗姆巴肯峡湾

"爱斯基摩"号
"护林人"号
"英雄"号
"伊卡洛斯"号

14:30

"吉泽"号
纳尔维克
弗拉姆内斯

斯特赖于门

"岑克尔"号
"吕德曼"号

泰沃内斯

博根

"吕德曼"号
"岑克尔"号
"阿尼姆"号

"哥萨克"号

"蒂勒"号

安克尼斯

"勒德尔"号

"蒂勒"号

"阿尼姆"号

峡湾

斯乔内斯

韦德莱克

图例

英国皇家海军

纳粹德国海军

德国驱逐舰沉
没的位置

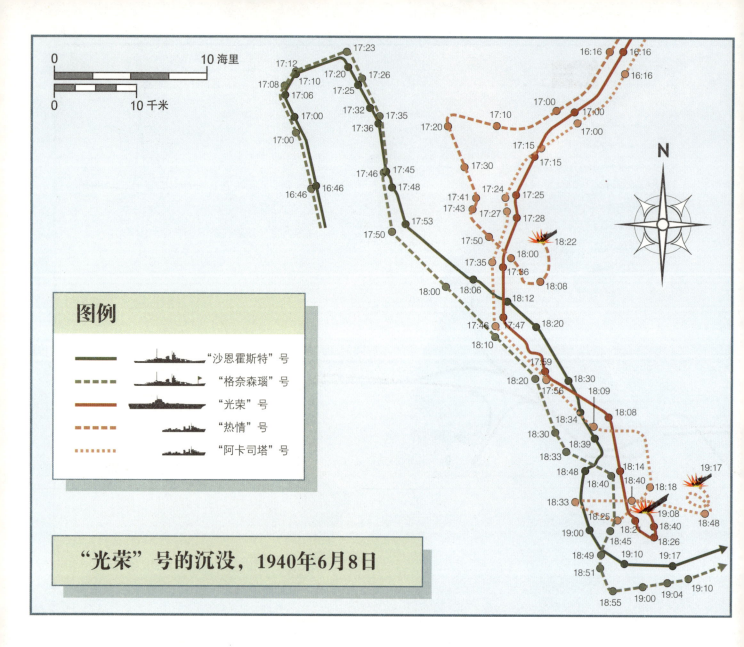

图例

——		"沙恩霍斯特"号
- - -		"格奈森瑙"号
——		"光荣"号
- - -		"热情"号
····		"阿卡司塔"号

"光荣"号的沉没，1940年6月8日

0   10 海里

0   10 千米

N

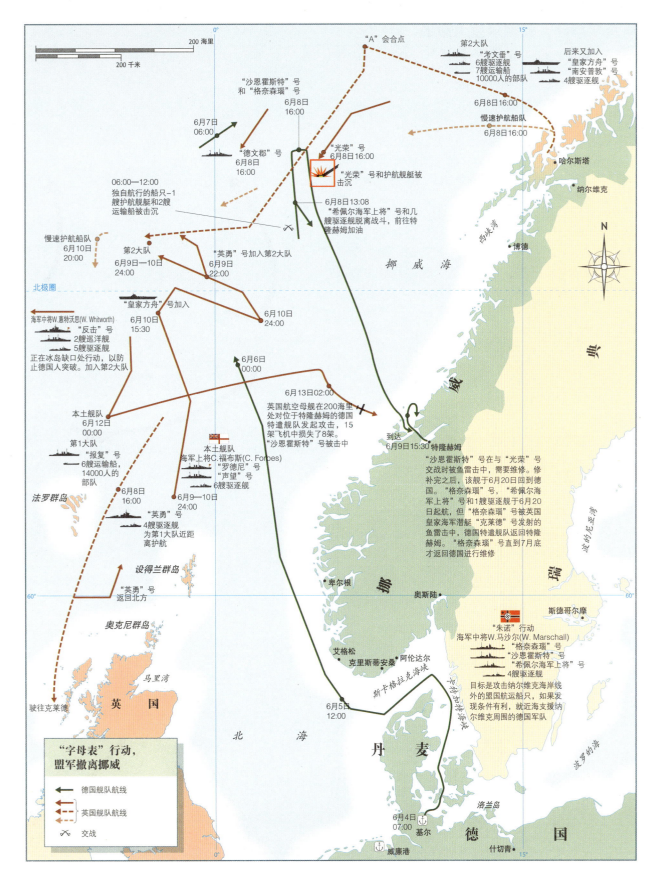

"A"会合点

第2大队
"考文垂"号
6艘驱逐舰
7艘运输船
10000人的部队

后来又加入
"皇家方舟"号
"南安普敦"号
4艘驱逐舰

"沙恩霍斯特"号
和"格奈森瑙"号
6月8日
16:00

6月7日
06:00

"德文郡"号
6月8日
16:00

"光荣"号
6月8日 16:00

6月8日16:00

慢速护航船队
6月8日16:00

哈尔斯塔

纳尔维克

"光荣"号和护航舰艇被击沉

06:00—12:00
独自航行的船只—1艘护航舰艇和2艘运输船被击沉

6月8日13:08
"希佩尔海军上将"号和几艘驱逐舰脱离战斗,前往特隆赫姆加油

挪 威 海

西峡湾

博德

慢速护航船队
6月10日
20:00

第2大队
6月9日—10日
24:00

"英勇"号加入第2大队
6月9日
22:00

北极圈

海军中将W.惠特沃思(W. Whitworth)
"反击"号
2艘巡洋舰
5艘驱逐舰
正在冰岛缺口处行动,以防止德国人突破。加入第2大队

"皇家方舟"号加入
6月10日
15:30

6月10日
24:00

6月6日
00:00

6月13日02:00
英国航空母舰在200海里处对位于特隆赫姆的德国特遣舰队发起攻击,15架飞机中损失了8架。"沙恩霍斯特"号被击中

到达
6月9日15:30 特隆赫姆

本土舰队
6月12日
00:00

第1大队
"报复"号
6艘运输船,
14000人的部队

法罗群岛

6月8日
16:00

本土舰队
海军上将C.福布斯(C. Forbes)
"罗德尼"号
"声望"号
6艘驱逐舰

6月9日—10日
24:00

"英勇"号
4艘驱逐舰
为第1大队近距离护航

"沙恩霍斯特"号在与"光荣"号交战时被鱼雷击中,需要维修。修补完之后,该舰于6月20日回到德国。"格奈森瑙"号,"希佩尔海军上将"号和1艘驱逐舰于6月20日起航,但"格奈森瑙"号被英国皇家海军潜艇"克莱德"号发射的鱼雷击中,德国特遣舰队返回特隆赫姆。"格奈森瑙"号直到7月底才返回德国进行维修。

设得兰群岛

"英勇"号
返回北方

奥克尼群岛

卡特加特海峡

卑尔根

挪
威

奥斯陆

斯德哥尔摩

瑞

典

波的尼亚湾

"朱诺"行动
海军中将W.马沙尔(W. Marschall)
"格奈森瑙"号
"沙恩霍斯特"号
"希佩尔海军上将"号
4艘驱逐舰

目标是攻击纳尔维克海岸线外的盟国航运船只,如果发现条件有利,就近海支援纳尔维克周围的德国军队

马里湾

英 国

艾格松
克里斯蒂安桑
阿伦达尔

斯卡格拉克海峡

驶往克莱德

北 海

丹 麦

6月5日
12:00

6月4日
07:00
基尔

德 国

洛兰岛

波罗的海

什切青

威廉港

"字母表"行动,
盟军撤离挪威

德国舰队航线
英国舰队航线
交战

25

"发电机"行动，敦刻尔克大撤退，1940 年 5 月 27 日—6 月 3 日

在敌人控制的海岸线上撤走一支军队是最为复杂和危险的海军行动之一。在最为脆弱的登船撤离阶段，保持军队的凝聚力需要详细的计划以及海空控制，尤其是在被打败之后困在一个逐渐缩减的滩头堡的情况下。两栖撤退的方法是很罕见的，然而在一年之内，英国皇家海军进行了 4 次这样的军事行动，分别在挪威、法国、希腊和克里特岛。其中的敦刻尔克撤退是整场战争中最为特别、最具决定性的一次战役。

按照"黄色方案"，德国从 5 月 10 日开始进攻法国和低地国家，到 5 月 20 日时，先头部队已经到达阿布维尔港附近的英吉利海峡。此举将英国远征军、3 个法国集团军和比利时军队装进了布洛涅和比利时东部边境之间的口袋中。位于法国东北部的盟军阵地明显薄弱，而同一天，英国远征军的撤退计划开始执行，由海军上将柏特伦·拉姆齐爵士在多佛指挥。在德国进攻的前几个星期里，盟国海军已经提供了支援，拆毁了港口设施，并在荷兰和比利时的海岸进行了一些撤退行动。而现在重点转移到了法国布洛涅港、加莱港和敦刻尔克周围的防御阵地。驱逐舰带来了更多的英军，以破坏港口和从城镇中撤离盟国人员。然而，盟军的阵地无法维持：布洛涅和加莱的守军分别于 5 月 25 日和 27 日投降。

5 月 24 日到 27 日之间，德国停止了对敦刻尔克附近大部分盟军的进攻，这使得敦刻尔克周边的防御力量得以重组。撤退计划——"发电机"行动于 5 月 26 日开始，第 2 天，第一批部队成功撤出。盟国抱着有限的期望，猜测最多只有 45000 名士兵能在德国空中和地面的猛烈攻击下撤出。最初，撤退只在敦刻尔克港进行，但效果甚微。为了提高效率，部队直接从防波堤登船，同时大量小型船只的到来也帮助部队快速离开海滩。

敦刻尔克之后，又进行了进一步的撤退。"单车"行动中包括对勒阿弗尔港口部分设施的摧毁，"天线"行动进一步将盟军部队和平民从英吉利海峡和大西洋港口撤出。在一次撤退中，"兰开斯特里亚"号班轮被击沉，导致近 4000 人死亡，这是英国航海史上单次损失最大的一次灾难。

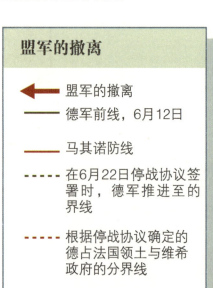

盟军的撤离

← 盟军的撤离

── 德军前线，6 月 12 日

── 马其诺防线

---- 在 6 月 22 日停战协议签署时，德军推进至的界线

---- 根据停战协议确定的德占法国领土与维希政府的分界线

多佛

加莱

敦刻尔克

布洛涅

海   峡

阿布维尔

比   利   时

50°

"单车"行动
6月10日

勒阿弗尔

11000人的盟
军部队撤离

占   领   区

兰斯

巴黎

法

国

第戎

45°

维希政府

维希

0   100 海里

0   100 千米

40°

5°

5°

0°

0°

敦刻尔克周边防线

外防线，5月30日—31日

内防线，6月2日

水淹区域

N

马洛海滩

西防波堤
防波堤（东防波堤）
聚伊德科特
沙丘暗堡

德姆比克凯奇防波堤
（导航堤）
前港
马洛莱浴场

罗桑达埃勒

马尔迪克要塞
滨海圣波勒
敦刻尔克

莱夫兰克乌克

马尔迪克
佩提特德桑特
库德凯尔克-布朗什
泰泰盖姆
于克斯姆

格朗德桑特
路易要塞
盖勒古克

XX 68
库德凯尔克
雪地圣母院
XX 46
XX 42

瓦利耶尔要塞

斯皮凯
奥米耶
瓦尔姆

贝尔格
XX 214

法
国

XX 9
XX 20

布赖海滩

拉佩里海滩

科克赛德浴场

拉帕恩浴场

布赖–迪讷浴场

布赖–迪讷

吉费尔德

阿丁刻尔克

科克赛德

乌勒本

纽波特

XX
4

XX
256

XX
3

弗尔讷

莫埃尔

水淹区域

布尔斯坎普

XX
56

莱莫埃尔

XX
50

胡特姆

XX
1

XX
216

翁斯科特

比　　利　　时

XX
14

XX
18

0　　　　　　　　　　　　　　　4 海里

0　　　　　　　　　　　　　　　4 千米

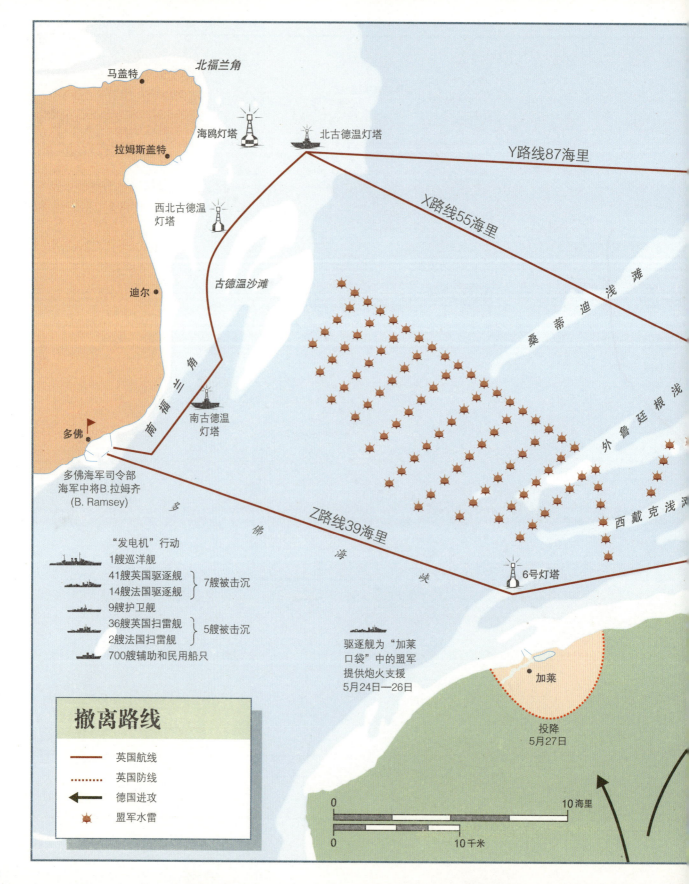

北福兰角

马盖特

拉姆斯盖特

海鸥灯塔

北古德温灯塔

Y路线87海里

西北古德温灯塔

X路线55海里

桑蒂迪浅滩

古德温沙滩

迪尔

南福兰角

南古德温灯塔

外鲁廷根浅滩

多佛

多佛海军司令部
海军中将B.拉姆齐
(B. Ramsey)

多佛海峡

Z路线39海里

西戴克浅滩

6号灯塔

"发电机"行动

1艘巡洋舰

41艘英国驱逐舰 } 7艘被击沉
14艘法国驱逐舰

9艘护卫舰

36艘英国扫雷舰 } 5艘被击沉
2艘法国扫雷舰

700艘辅助和民用船只

驱逐舰为"加莱
口袋"中的盟军
提供炮火支援
5月24日—26日

加莱

投降
5月27日

撤离路线

—— 英国航线

····· 英国防线

◄— 德国进攻

✹ 盟军水雷

0   10海里

0   10千米

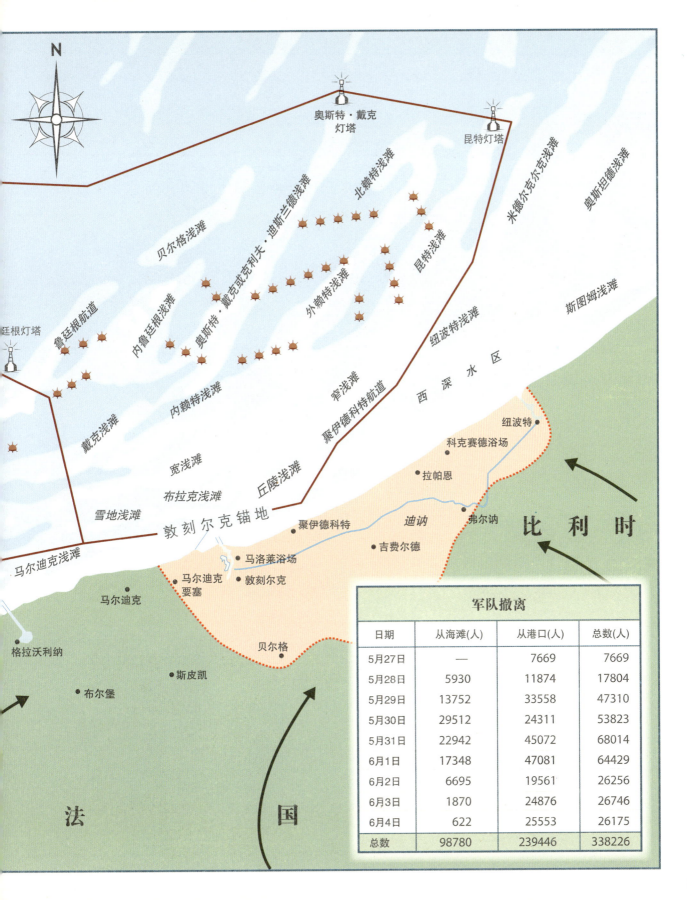

军队撤离			
日期	从海滩(人)	从港口(人)	总数(人)
5月27日	—	7669	7669
5月28日	5930	11874	17804
5月29日	13752	33558	47310
5月30日	29512	24311	53823
5月31日	22942	45072	68014
6月1日	17348	47081	64429
6月2日	6695	19561	26256
6月3日	1870	24876	26746
6月4日	622	25553	26175
总数	98780	239446	338226

战争前夕的形势

- ······· 英国的海上航线
- — — — 意大利的海上航线
- ⚓ 主要海军基地
- 🟦 法国
- 🟩 轴心国
- 🟧 英国
- 🟨 中立国

德 国 匈

南斯拉

法 国

热那亚

拉斯佩齐亚
"卡约·杜利奥"号
(正在改装)
13
18

的里雅斯特
"安德烈亚·多利亚"号(正在改装)
6
4

土伦
4
19
15
马赛

科西嘉岛

罗马 🇮🇹 "加富尔"号
"朱利奥·凯撒"号
"维托里奥·维内托"号(正在磨合)

"利托里奥"号(正在磨合)
4
4
14
11
那不勒斯

撒丁岛

第 勒 尼 安 海

巴塞罗那

西 班 牙

马略卡岛

梅诺卡岛

伊维萨岛

巴 利 阿 里 群 岛

卡利亚里
8
19

特拉帕尼
巴勒莫
西西里岛
墨西拿
7
16

3
18

比塞大
邦角

锡拉库萨
12
17

两 西 里 海 峡

潘泰莱里亚岛
帕塞罗角
1
6

"决心"号
"皇家方舟"号
(H舰队)
9

直布罗陀

西 属 摩 洛 哥

阿尔及尔
3
6
3

奥兰
"敦刻尔克"号
"斯特拉斯堡"号
"布列塔尼"号
"普罗旺斯"号
3
10
6
—

苏塞

3

盖尔甘奈

突 尼 斯

马耳他 ⚓

摩 洛 哥

阿 尔 及 利 亚

的黎波里

4

利
比

海路距离，以海里为单位			
亚历山大港到马耳他		**马耳他到帕塞罗角**	
" 的黎波里	865	" 的黎波里	190
" 班加西	540	" 班加西	360
" 托布鲁克	300	" 塔兰托	325
" 塞得港	150	" 苏达港	485
" 海法	290	" 托布鲁克	535
" 苏达港	420	" 塞得港	935
" 雅典	510	邦角到西西里岛	80
" 直布罗陀	1850		

32

地中海海军局势，1940 年 6 月

直到 1940 年春天，地中海局势总体保持平静。法国和英国在战前制定的计划认为，意大利会在战争伊始就站在德国一方加入欧洲战局。实际上，直到 1939 年意大利还没作好战争准备。从海军的角度看，意大利无法动摇英法的霸主地位。地中海是一个复杂的海上战场，更是一个利益冲突的焦点。对于英国，它是至关重要的海上交通动脉，因为大英帝国与印度和远东的主要贸易都由此通过，而不必绕道更远的好望角。3 个战略性基地，直布罗陀、马耳他和亚历山大港，保障了经由苏伊士运河和红海通往大西洋和印度洋的通道。从历史上看，马耳他曾是地中海舰队的母港，但是由于它距离意大利空军基地太近，防御水平又差，英国人最终决定发展亚历山大港作为海军基地。然而，基础设施从 1939 年才开始建设，远未完工。

对于法国，地中海至关重要，因为它连接了法国本土和它最重要的殖民地——法属北非。在战争中，非洲部队的增援和补给在法国整体战略中发挥着重要作用。尽管法国本土和法属非洲之间的航路很短，但法属非洲与意大利基地也很近，再加上许多意大利军舰具有航程短、航速快的特点以及意大利庞大的潜艇部队规模，这对法国构成了严重的威胁。对于位于地中海中央的意大利，重建地中海帝国被视为成为强国的重要一步。它在非洲北部和东部殖民地的财富通过海路连接，最近一次体现是 1939年 4 月，意大利军队占领了阿尔巴尼亚。

1939 年 9 月，战争爆发后，地中海的盟军海军力量略有缩减，因为舰队被派去增援北非以及大西洋反袭击舰大队。这是因为地中海局势当时还很平静，并且出入口掌握在盟军手中，因此被认为相对安全，这里也被用于训练新服役的舰船和船员。盟国将地中海分为两个部分。法国负责西半部分，英国则负责东半部分。

1940 年 3 月，驶往利比亚的意大利运兵船增多，4 月，盟国的注意力被德国入侵挪威的事件转移，地中海中部的海军活动开始增多。首个防御性雷场布设在阿尔巴尼亚海岸线外。局势在整个春天变得越来越紧张，盟国也逐渐增强了其海军力量。经过现代化改装的战列舰"厌战"号，刚刚在纳尔维克打了胜仗，便于 4 月底到达并成为地中海舰队的旗舰。作为局势逐渐恶化的标志，英国航运在 4 月 27 日被命令停止航行通过地中海，并改航好望角。

黑海

保加利亚

尔巴尼亚
(1939年4月
意大利占领)

希腊

爱琴海

尼亚海

雅典

爱琴海
2
4
8

莱罗斯岛

多德卡尼斯群岛
(属意大利)

罗德岛

苏达湾

克里特岛

德尔纳

8
9

班加西

托布鲁克

亚历山大港

塞得港

苏伊士运河

开罗

地中海舰队

海军上将安德鲁·B.坎宁安(Andrew B. Cunningham)

"厌战"号
"拉米伊"号
"君权"号
"马来亚"号
"鹰"号
6
21
6

附属的法国舰队
"洛林"号
3

意大利
7
1
2
8

英国
4
4
5

亚

200 海里

200 千米

埃   及

红海

30°

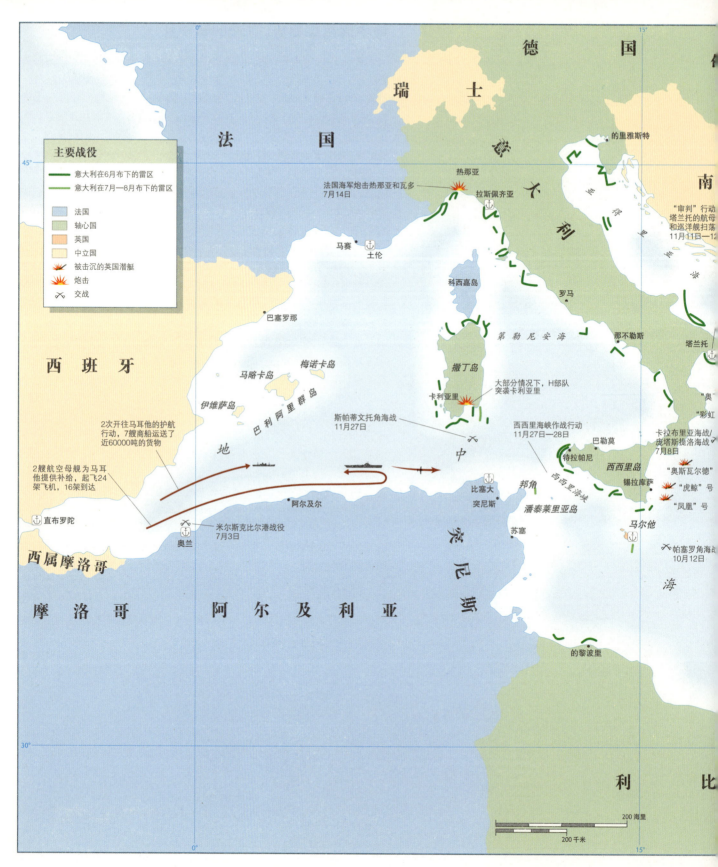

地中海，1940 年 7 月—12 月

地中海海战围绕英国（从东到西）和意大利（从北到南）的海上交通线展开。这片海域长而狭窄，再加上有很多咽喉要地，因而补给船队无法像在大西洋和太平洋战场那样避开与敌军接触。多数大规模交战都是围绕着一方或双方护航船队的航线展开的。英国不打算派遣普通的护航船队去中东以及更远的地方，因为地中海中部和东部有大量的意大利空军基地。面对数量众多的意大利飞机和潜艇，航速缓慢的商船难以存活。盟国航运只好选择一条更长的路线，绕道好望角，这使得运输时间增加了好几个星期。从盟国的角度看，在整个战争的大背景下，地中海战役的重要性在于削弱轴心国对海上航线的威胁，从而释放出宝贵的商船航运吨位。

意大利在 6 月 10 日参战后，盟军立刻对其发起进攻。尽管这期间德国进攻法国的第二阶段已经开始，但是法国海军仍然对意大利北部进行了多次炮击，并与英国人一起攻击利比亚海岸上的意大利军队。实际上，6 月 22 日法国与德国签订停战协议之后，给英国人造成最大威胁的是法国舰队，而非意大利舰队。法国在亚历山大港部署的分舰队——X 舰队被解除武装，而位于奥兰的法国主力舰队则遭到攻击，以防其落入德国人之手。

尽管马耳他已经不是英国地中海舰队的主要基地，但它依然非常重要，因为可以在此利用飞机和潜艇阻断意大利与非洲之间的补给线。保住马耳他成了英国军事行动的重点，每次向这个岛屿提供补给对西部海盆的 H 舰队、东部的地中海舰队和马耳他的海空力量来说都是一次复杂的行动编排。整个 1940 年，英国发起了一次进攻战役，海军上将安德鲁·坎宁安试图抓住一切机会与意大利舰队交战。目标是打败意大利舰队并对意大利实施经济封锁，由于意大利非常依赖进口，并且公路和铁路交通线都是沿着海岸线建造的，因而经济封锁会对其造成很大影响。

意大利人预料到了这一策略，他们布下了大量的防御性水雷，并将海军集中到几个关键区域。这样做的部分原因在于意大利的这些措施，部分原因在于地中海的条件不适合潜艇行动，英国在这里损失了大量舰船。10 月 28 日，意大利入侵希腊，这开辟了一个新的战场，使得英国可以用希腊的基地。在两周之内，意大利的进攻停了下来，该战役成为资源的沉重负担。为了消除意大利作战舰队构成的威胁，英国皇家海军对位于塔兰托的意大利重要海军基地实施了一次冒险却非常成功的航母攻击行动。到年底的时候，英国人通过 4 场重要战役重新掌握了地中海的控制权，再加上奥康纳将军在西部沙漠打败了意大利第 10 集团军，以及希腊战场陷入僵局，意大利处于战败的边缘。

罗马尼亚

拉夫

保加利亚

英国皇家海军炮击法罗拉
12月19日

意大利入侵希腊和希腊反击
10月至11月

希腊

爱琴海

雅典

莱罗斯岛

多德卡尼斯群岛
（属意大利）

罗德岛

斯帕达角海战
7月19日

苏达湾

克里特岛

苏达湾被英国人开发成前进基地
10月至11月

埃斯佩罗护航行动
6月28日

"三角"号

"俄耳甫斯"号

德尔纳

班加西

托布鲁克

皇家海军的轰炸和近海中队的行动
意大利人向前推进
9月

英国人进攻
1940年12月至1941年2月

亚历山大港

塞得港

苏伊士运河

开罗

亚

埃

及

红海

30°

"弩炮"行动，米尔斯克比尔港战役，1940年7月3日

法国海军在6月22日停战协议生效之前开始将军舰从法国转移到非洲港口。英国得到法军总司令海军上将让·弗朗索瓦·达尔朗的保证，法国舰队不会转交给德国，但是他和他所加入的维希政府都不被人们所信任。法国军舰落入德军手中，这样巨大的危险无法忽视。这些军舰被分散到了英国或者英国控制的港口（像亚历山大港），或者法国在非洲或贝鲁特的殖民地港口。在其中，最为强大的军舰集结是在米尔斯克比尔港的海军基地。为了弥补因为失去法国盟友而在地中海西部和大西洋出现的力量损失，英国海军部决定在直布罗陀组建H舰队，由海军上将詹姆斯·萨默维尔率领。H舰队由新旧舰船组成，直接向海军部汇报，而不向亚历山大港的坎宁安汇报。

英国计划在7月3日同时解除法国舰队的大部分力量。萨默维尔的命令是说服法国海军上将马塞尔·让苏尔把军舰交给英国，否则就摧毁它们。让苏尔拒绝了英国人最初递交的最后通牒和当天下午的进一步要求。同时，来自"皇家方舟"号的飞机在港口入口布雷。萨默维尔别无选择，命令在下午5:55开火，不久之后，"布列塔尼"号战列舰遭受致命伤，"敦刻尔克"号和"普罗旺斯"号也被击伤。然而，在烟雾的掩护下，"斯特拉斯堡"号和一些驱逐舰得以逃脱。尽管萨默维尔进行了追击，并发起两轮空袭，"斯特拉斯堡"号还是逃脱了H舰队的攻击，并在第二天到达土伦。不同于英军几乎可以忽略的损失，法国大约损失了1300名水兵，并且7月6日的又一次航母攻击重创了"敦刻尔克"号。

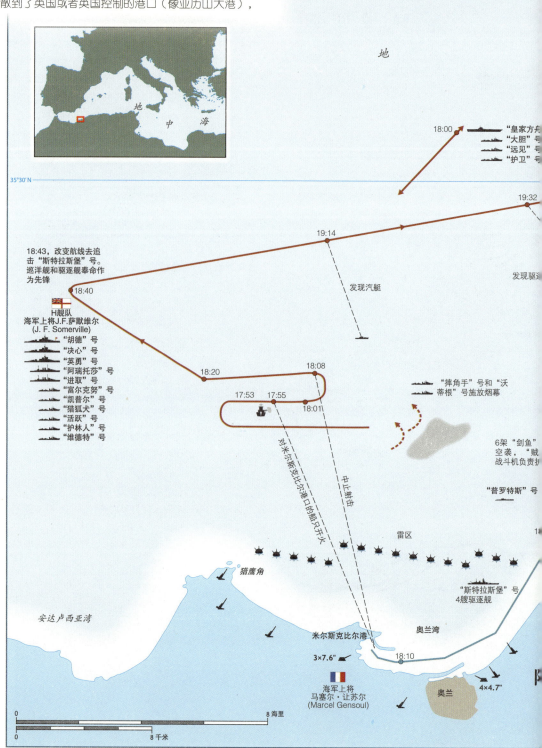

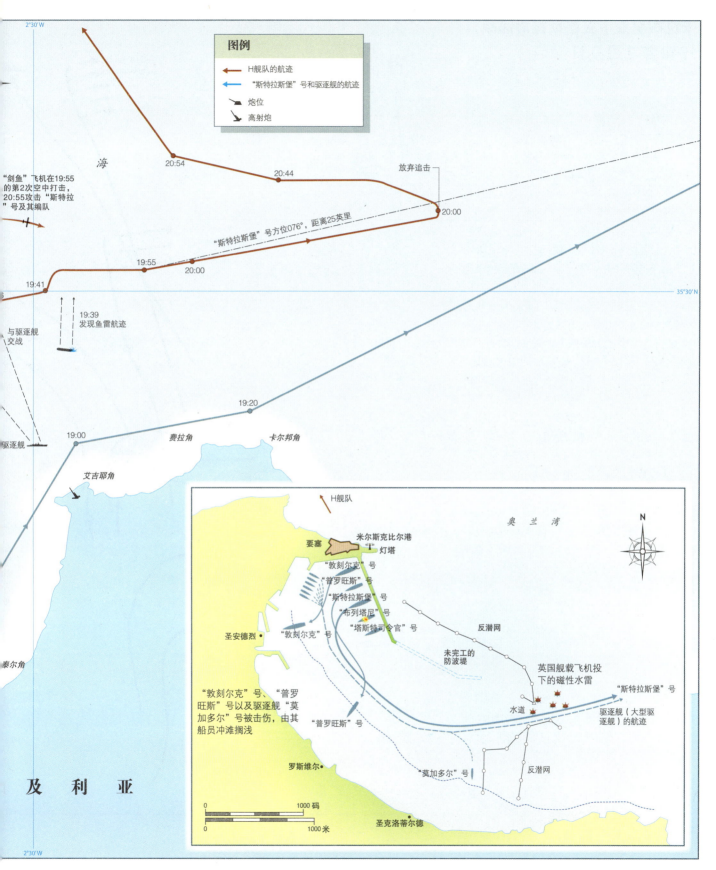

图例

H舰队的航迹

"斯特拉斯堡"号和驱逐舰的航迹

炮位

高射炮

"剑鱼"飞机在19:55
的第2次空中打击，
20:55攻击"斯特拉
斯"号及其编队

海

20:54

20:44

放弃追击

20:00

"斯特拉斯堡"号方位076°，距离25英里

19:55

20:00

35°30'N

19:41

与驱逐舰
交战

19:39
发现鱼雷航迹

驱逐舰

19:20

19:00

费拉角

卡尔邦角

艾吉耶角

及 利 亚

泰尔角

H舰队

奥 兰 湾

要塞

米尔斯克比尔港

灯塔

"敦刻尔克"号

"普罗旺斯"号

"斯特拉斯堡"号

"布列塔尼"号

"塔斯特司令官"号

反潜网

圣安德烈

"敦刻尔克"号

未完工的
防波堤

英国舰载飞机投
下的磁性水雷

"敦刻尔克"号、"普罗
旺斯"号以及驱逐舰"莫
加多尔"号被击伤，由其
船员冲滩搁浅

"普罗旺斯"号

"斯特拉斯堡"号

水道

驱逐舰（大型驱
逐舰）的航迹

罗斯维尔

"莫加多尔"号

反潜网

0   1000 码

0   1000 米

圣克洛蒂尔德

卡拉布里亚 / 庞塔斯提洛海战，1940 年 7 月 9 日

卡拉布里亚海战，也被英国人称为卡拉布里亚海岸线外的作战行动，意大利人则称之为庞塔斯提洛海战，是英国皇家海军和意大利皇家海军在地中海进行的首次大规模舰队交战。7 月初，海军上将安德鲁·坎宁安起草了一个计划（MA5），让他的舰队冲进地中海中部，以掩护两支护航船队从马耳他驶往亚历山大港。他的目的是通过撤离非必要的人员和商船，试探意大利，如果可能的话，与之交战。同时，意大利计划派一支船队将坦克和备用物资运到北非，为了保证这些重要补给的运达，海军中将康皮翁尼奉命用作战舰队为其提供掩护。意大利船队在 7 月 6 日离开那不勒斯，第 2 天在西西里得到增援，同时康皮翁尼指挥舰队从塔兰托向南航行。英国人当晚晚些时候离开亚历山大港，7 月 8 日，双方舰队都在地中海中部集结。

坎宁安在早上从一份潜艇发回的报告中了解到意大利的行动。从托布鲁克起飞的意大利飞机一整天都在轰炸向西推进的英国人，尽管康皮翁尼在下午早些时候才稍微了解到这支英国舰队的兵力。他转向东来直面英国人，试图保护护航船队，但到了晚上，他接到命令不要在夜间进行交战，并且要求他返回保护意大利本土。通过信号情报和空中侦察，坎宁安设法在意大利舰队边缘游荡。在这个过程中，英国舰队的队形有些分散，因为不够现代化的"马来亚"号和"君权"号无法跟上舰队。英国人发动的空袭未能造成伤害，但在意大利舰队开始集结的时候给他们制造了混乱。

主要的战列舰交战在极远的距离之外展开，下午 3 点 45 分，"朱利奥·凯撒"号向 24000 码之外的"厌战"号进行了一次齐射，揭开了战幕。下午 3 点 59 分，"厌战"号命中"朱利奥·凯撒"号，并给其造成重创，这促使康皮翁尼下令在烟雾和驱逐舰攻击的掩护下撤退。坎宁安继续追击，甚至已经目视看到意大利大陆，冒着尽管毫无效果但却逐渐增多的意大利陆基飞机空袭，一直到晚上 7 点 30 分。英国船队在马耳他码头装货之前，英国人于 7 月 10 日对奥古斯塔发起了一次空袭，并于 11 日到 15 日将船队护航至亚历山大港。

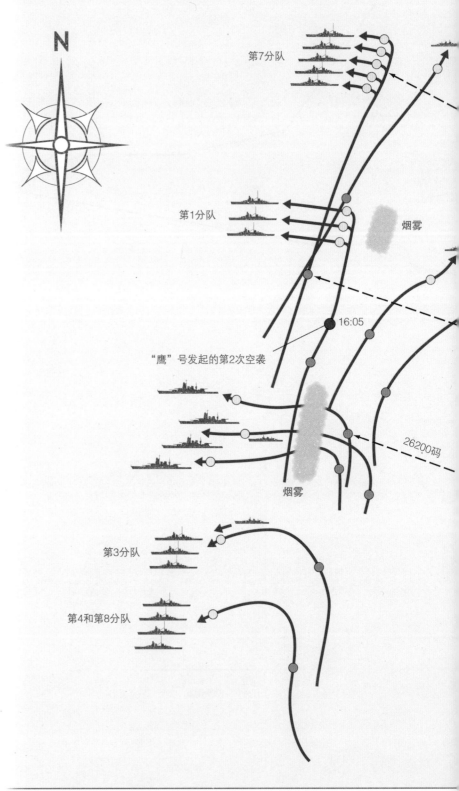

N

第7分队

第1分队

烟雾

16:05

"鹰"号发起的第2次空袭

26200码

烟雾

第3分队

第4和第8分队

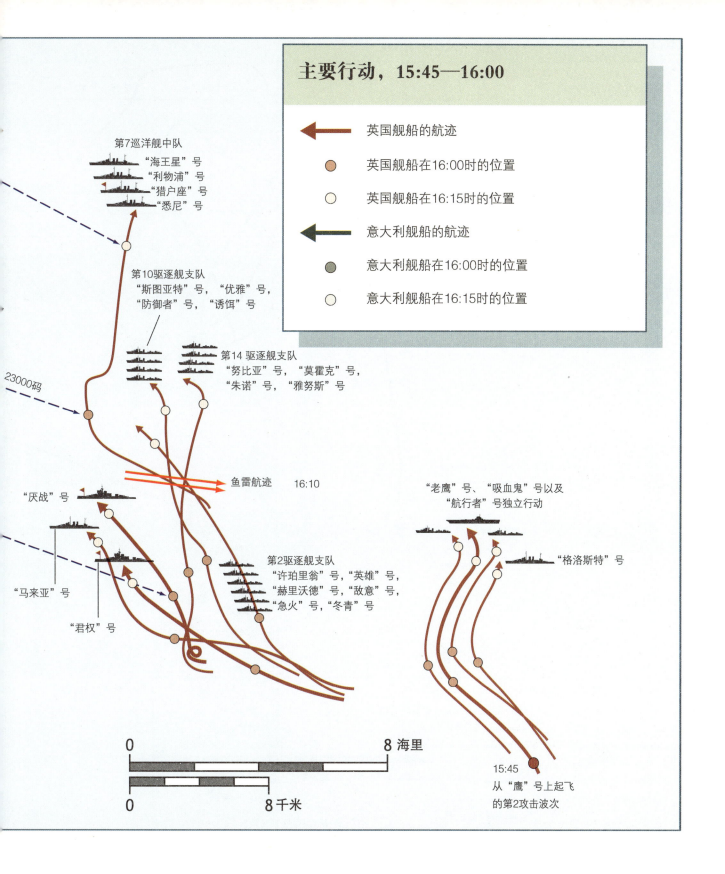

主要行动，15:45—16:00

英国舰船的航迹
英国舰船在16:00时的位置
英国舰船在16:15时的位置
意大利舰船的航迹
意大利舰船在16:00时的位置
意大利舰船在16:15时的位置

第7巡洋舰中队
"海王星"号
"利物浦"号
"猎户座"号
"悉尼"号

第10驱逐舰支队
"斯图亚特"号，"优雅"号，
"防御者"号，"诱饵"号

第14 驱逐舰支队
"努比亚"号，"莫霍克"号，
"朱诺"号，"雅努斯"号

23000码

鱼雷航迹　16:10

"老鹰"号、"吸血鬼"号以及
"航行者"号独立行动

"厌战"号

"格洛斯特"号

"马来亚"号

第2驱逐舰支队
"许珀里翁"号，"英雄"号，
"赫里沃德"号，"敌意"号，
"急火"号，"冬青"号

"君权"号

0　　　　　　　　　　　8 海里

0　　　　　　　　8 千米

15:45
从"鹰"号上起飞
的第2攻击波次

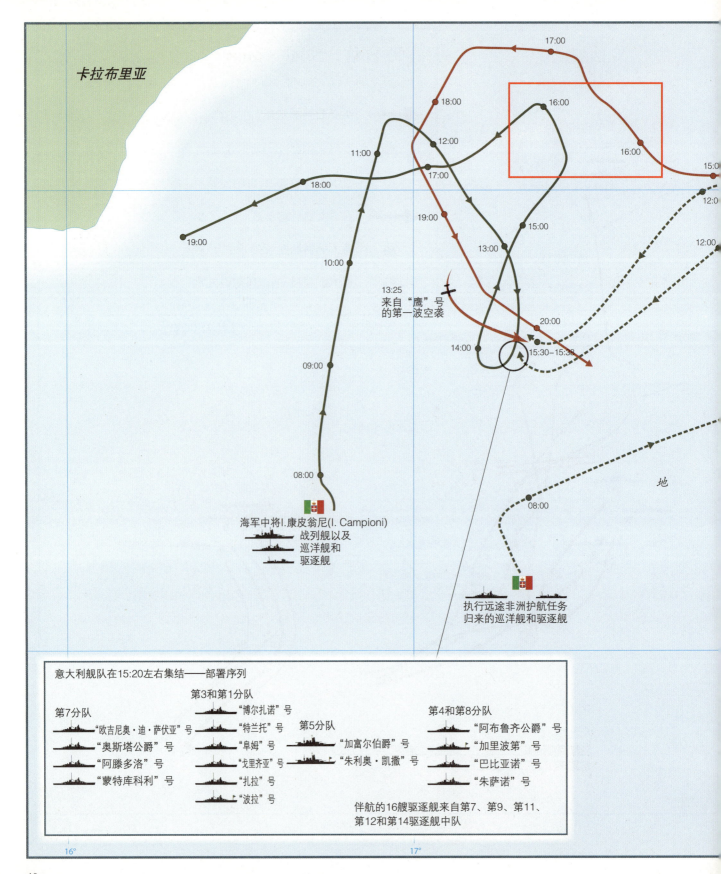

卡拉布里亚

17:00

16:00

18:00

12:00

11:00

17:00

18:00

19:00

15:00

19:00

13:00

10:00

13:25
来自"鹰"号
的第一波空袭

20:00

09:00

14:00

15:30－15:38

地

08:00

08:00

海军中将I.康皮翁尼(I. Campioni)
战列舰以及
巡洋舰和
驱逐舰

执行远途非洲护航任务
归来的巡洋舰和驱逐舰

意大利舰队在15:20左右集结——部署序列

第7分队
"欧吉尼奥·迪·萨伏亚"号
"奥斯塔公爵"号
"阿滕多洛"号
"蒙特库科利"号

第3和第1分队
"博尔扎诺"号
"特兰托"号
"阜姆"号
"戈里齐亚"号
"扎拉"号
"波拉"号

第5分队
"加富尔伯爵"号
"朱利奥·凯撒"号

第4和第8分队
"阿布鲁齐公爵"号
"加里波第"号
"巴比亚诺"号
"朱萨诺"号

伴航的16艘驱逐舰来自第7、第9、第11、
第12和第14驱逐舰中队

16°

17°

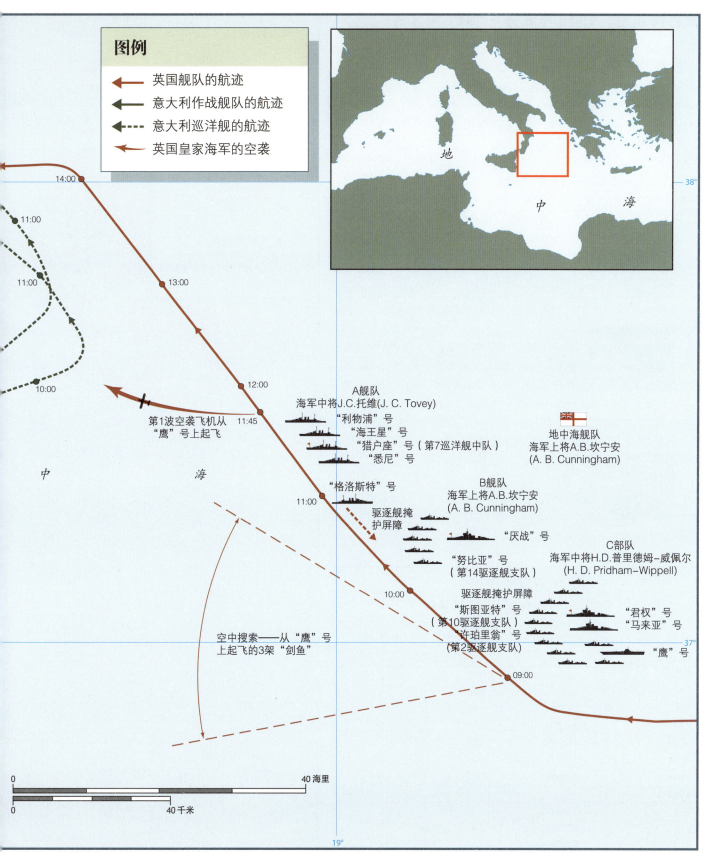

图例

英国舰队的航迹
意大利作战舰队的航迹
意大利巡洋舰的航迹
英国皇家海军的空袭

14:00

11:00

11:00

11:00

13:00

10:00

12:00

11:45
第1波空袭飞机从
"鹰"号上起飞

地　　海

A舰队
海军中将J.C.托维(J. C. Tovey)
"利物浦"号
"海王星"号
"猎户座"号（第7巡洋舰中队）
"悉尼"号

地中海舰队
海军上将A.B.坎宁安
(A. B. Cunningham)

"格洛斯特"号

11:00

驱逐舰掩
护屏障

B舰队
海军上将A.B.坎宁安
(A. B. Cunningham)

中　　　海

"厌战"号

"努比亚"号
（第14驱逐舰支队）

C部队
海军中将H.D.普里德姆-威佩尔
(H. D. Pridham-Wippell)

10:00

驱逐舰掩护屏障
"斯图亚特"号
（第10驱逐舰支队）
"许珀里翁"号
（第2驱逐舰支队）

"君权"号
"马来亚"号

空中搜索——从"鹰"号
上起飞的3架"剑鱼"

"鹰"号

09:00

0   40 海里

0   40 千米

38°

37°

19°

41

大西洋战役，1940 年 6 月—1941 年 3 月

法国的战败从根本上改变了大西洋战役。由于挪威为纳粹德国海军提供了通往大洋的通道，法国的大西洋海岸为纳粹德国海军袭击英国海上补给线提供了完美的位置。7 月，德国潜艇开始使用法国港口进行补给，这使得它们的巡逻时间增加了五分之一，并使它们能够到更远的海域作战。当英国皇家海军撤回许多原本在大西洋的护航舰艇来抵挡可能的德国入侵的时候，德国潜艇发现了大量没有护航的船只，6 月至 10 月这段时间被德国人称为第一个"欢乐时光"。在四个月的时间里，潜艇击沉 274 艘船只，而飞机、水雷和水面袭击舰一共才击沉了 266 艘。在法国和挪威的基地之间巡逻飞行的纳粹德国空军 FW200 飞机也击沉了很多船只，因为这些飞机的航程范围超出了英国人的空中掩护，而大部分船只缺乏足够的空中防御能力。事实上，到春天的这一阶段战争是最危险的一段时间，因为德国人采用了多种不同方式攻击和消耗英国的资源。在飞机和潜艇的攻击下，德国只用了很少的资源即取得了成功。在任何时候，前线只有 6 到 8 艘潜艇，每个月大约只进行 20 次到 25 次巡逻。随着时间的推移，更多的潜艇开始服役。但其效率不断下降，因为经验丰富的潜艇艇员不断损失，盟军防御系统却在不断改进。

在北美航线，护航船队通常包括 15 至 30 艘船，分为快速和慢速两个系列。来自塞拉利昂的护航船队的船只数量与此相近，而来自直布罗陀的护航船队则比这要少。大多数船队在它们的航程中是没有护航的。最多只有 1 艘武装商船巡洋舰可能会提供一些保护，以抵御德国辅助巡洋舰的攻击，但它们在军舰面前则很脆弱。反潜护航舰队只在英国周围的海域活动，而这个护航覆盖面只是慢慢地向西扩。当英国和加拿大的造船厂开始建造更多的护航舰艇时，英国用基地驻扎权换取了 50 艘老旧的美国驱逐舰。英国皇家空军海岸司令部也分配到了更多的资源，但飞机的数量及航程在 1940 年是有限的。1941 年 2 月，英国部署了更多的飞机和舰船，并在冰岛建立了空军基地和加油设施。西部水道司令部——负责保护海上贸易——迁至利物浦，以便在大西洋战役中更好地协调海军、空军、情报以及民间资源。

损失的商船和潜艇 （所有战场和各种原因而导致）			
月份	吨位(吨)	商船(艘)	潜艇(艘)
1940			
6月	585496	140	0
7月	386913	105	2
8月	397229	92	3
9月	448621	100	2
10月	442985	103	1
11月	385715	97	2
12月	349568	82	0
1941			
1月	320240	76	0
2月	403393	102	0
3月	529706	139	6

主要护航路线

— 来英的护航路线
--- 离英的护航路线
····· 海岸护航路线
● 被击沉的商船
◆ 被飞机击沉的商船
▮ 被击沉的潜艇
　 盟军的空中掩护
圣卢西亚 在英国领土上建立的美国基地

《驱逐舰换基地协议》
1940 年 9 月 2 日
英国同意美国有权在多个英国领地上建立海军和空军基地，以换取美国 50 艘第一次世界大战时代的驱逐舰

挪威海

特隆赫姆

丹麦海峡

1940年5月
英国军队占领冰岛并
建立空军和海军基地。
来自冰岛的空中
掩护是非常有限的

雷克雅未克

水面反潜护航
1940年10月

水面反潜护航的界线
1940年7月

OB/英国-北大西洋
离英护航船队，各船将分散
驶往北美或弗里敦。驶往直
布罗陀的舰船则将组成OG
护航船队

法罗群岛

卑尔根

设得兰群岛

奥克尼群岛

北海

战列舰或武装商船巡洋舰
为向东航行的船队护航的
通常界线

拉布拉多海

哈利法克斯-英国（利物浦）
1939年9月开始，成为主要的北
大西洋船队系列。在SC护航船队引
入后，HX护航船队主要由更快速
的商船组成

伦敦德里

贝尔法
斯特

利物浦

米尔福
德港

伦敦

朴茨茅斯

圣约翰

巴黎

SC/悉尼-英国（利物浦）
从1940年8月开始，主要由驶
往英国的慢速商船组成。
后来该系列的护航船队也从
哈利法克斯起航

布雷斯特

洛里昂

圣纳泽尔

拉罗谢尔

比斯开湾

波尔多

大 西 洋

亚速尔群岛

直布罗陀

HX/百慕大- 哈利法克斯
从1940年5月开始，主要由
来自加勒比海的油船组成，
将加入HX护航船队

OG-英国-直布罗陀
HG-直布罗陀-英国
从1939年9月开始

马德拉群岛

加那利群岛

美中立区（1939年10月建立）

佛得角群岛

塞拉利昂
弗里敦

SL/弗里敦-英国
从1939年9月开始

43

"海狮"行动

德国军队几乎没有两栖作战的经验，因此，尽管刚刚在法国获得了彻底的胜利，进攻英国看起来仍是一个相当大的挑战。第一次世界大战中只进行了一次此类军事行动，两次世界大战之间，也只进行了少量营级规模的登陆演习。入侵挪威很大程度上是一次海上行动，但是它的成功依赖于奇袭，而无法与两栖突击相提并论。横渡英吉利海峡，即便在多佛海峡最窄处，对德国人而言也是一个几乎无法解决的难题。

当7月下旬德国陆军最初考虑对英国进行入侵行动，并开始为此进行军事训练时，他们设想在整个南部宽阔的海岸正面登陆。负责横渡海峡的纳粹德国海军表示反对。陆军部队及其物资的运输需求，即使减少重型装备，仍然远远超过了从被占领的欧洲西北部和从德国渔业与内河船队所能调来的可用航运量。此外，法国的所有港口的容量，加上比利时和荷兰的，仍不足以容纳德国准备入侵英国的舰队。临时组织的力量远远不够理想，因为大部分船只航速较低且不是为军事行动设计的，而部队在横渡海峡时很容易受到空军或海军的攻击。调集力量所必需的时间也很长，据估计，9月中旬是进行登陆作战行动的最早时间。8月下旬，德国陆军和海军达成了一个新的入侵计划，该计划将入侵集中在英格兰东南部，所需的最初攻击波规模更小。

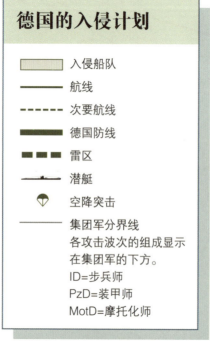

德国的入侵计划

- ▭ 入侵船队
- ── 航线
- ---- 次要航线
- ▬ 德国防线
- ▰▰▰ 雷区
- ⚓ 潜艇
- ⛉ 空降突击
- ── 集团军分界线
  各攻击波次的组成显示在集团军的下方。
  ID=步兵师
  PzD=装甲师
  MotD=摩托化师

德国海军运输力量（9月中旬）

1. 运输舰队B（指挥官是冯·费舍尔）－6艘扫雷舰，8艘R艇，26艘渔船，57艘商船，114艘驳船，16艘摩托艇。

2. 运输舰队C（指挥官是克莱坎普）－6艘扫雷舰，10艘R艇，38艘渔船，57艘商船，114艘驳船，14艘摩托艇。

3. 运输舰队D（指挥官是林德瑙）－7艘扫雷舰，8艘R艇，24艘渔船，大约150艘驳船。

4. 运输舰队E（指挥官是舒艾伦）－8艘R艇，25艘渔船，50艘商船，100艘驳船，200艘摩托艇，100艘游艇。

辅助舰艇（扫雷舰，R艇，渔船）也将运输部队。此外，还有拖船和驳船运输轻型火炮和高射炮。

布里斯托尔

英

南安普敦

朴茨茅斯

莱姆里吉斯

英   吉

瑟堡

10艘VII型潜艇，在英吉利海峡西部

XXXX
6

赖歇瑙(Reichenau)
第1波次－3个步兵

在最初的计划中，英国西部也有一个登陆区。船只的缺乏导致这一登陆区不切实际，并于9月中旬被放弃

圣马洛

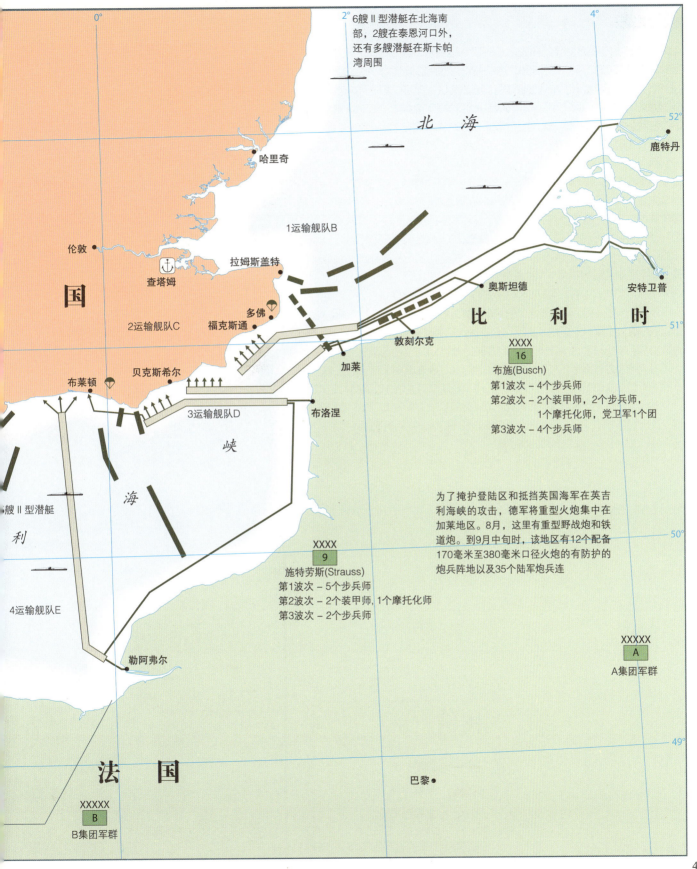

6艘II型潜艇在北海南部，2艘在泰恩河口外，还有多艘潜艇在斯卡帕湾周围

北 海

哈里奇

伦敦

查塔姆

拉姆斯盖特

1运输舰队B

多佛

2运输舰队C

福克斯通

加莱

敦刻尔克

奥斯坦德

安特卫普

鹿特丹

比 利 时

布莱顿

贝克斯希尔

3运输舰队D

布洛涅

峡

海

利

6艘II型潜艇

4运输舰队E

勒阿弗尔

XXXX
16
布施(Busch)
第1波次 – 4个步兵师
第2波次 – 2个装甲师，2个步兵师，
　　　　　1个摩托化师，党卫军1个团
第3波次 – 4个步兵师

为了掩护登陆区和抵挡英国海军在英吉利海峡的攻击，德军将重型火炮集中在加莱地区。8月，这里有重型野战炮和铁道炮。到9月中旬时，该地区有12个配备170毫米至380毫米口径火炮的有防护的炮兵阵地以及35个陆军炮兵连

XXXX
9
施特劳斯(Strauss)
第1波次 – 5个步兵师
第2波次 – 2个装甲师，1个摩托化师
第3波次 – 2个步兵师

XXXXX
A
A集团军群

法 国

巴黎

XXXXX
B
B集团军群

0°

2°

4°

52°

51°

50°

49°

45

不列颠之战

　　纳粹德国海军无法用其水面舰队支援任何入侵行动，因为挪威战役之后，其残存的军舰大都在维修。整个德国海军只剩一艘可以使用的重型巡洋舰"希佩尔海军上将"号，还有3艘较为老旧的轻型巡洋舰，但普遍认为它们不适于远海作战行动。在入侵期间，"希佩尔海军上将"号将被派往大西洋去分散英国皇家海军的兵力，在横渡英吉利海峡时，只有潜艇和防御性雷区来保护一长串的驳船和其他船只。在这种情势下，德国人需要在进行任何入侵行动之前对英吉利海峡东端取得绝对的控制。

　　从7月中旬开始，纳粹德国空军加强对英吉利海峡护航船队的袭击，试图耗尽英国皇家空军战斗机力量。英国人依赖于这些沿海船队，因为在任何时间内把这些货物贸易转移到铁路运输上都是不可行的。这些早期的攻击不是一个连贯战略的一部分，而希特勒直到8月初才直接命令纳粹德国空军摧毁英国皇家空军。强化的空中战役的第一阶段开始于8月12日，先是空袭英国沿岸机场，随后向内陆推进，最终从9月开始轰炸城市。

　　陆军在敦刻尔克战败后，英国的反入侵准备依赖于维持空中和海上的控制权。突然入侵是最令人担心的问题，德国人已经在挪威取得了突袭的成功，英国皇家海军将数百只小艇编组成一支辅助巡逻队，在空中侦察的配合下，对可能的入侵路线进行持续监视。英国人估计，只要他们有24小时的预警，本土舰队就可以干预进来。英国人不打算把主力舰集结在英吉利海峡，因为这将导致德国水面袭击舰溜进北大西洋，而是将巡洋舰和驱逐舰派到了南部。即便是在东南部上空的空战最为激烈的时候，英国人也没有仅限于扮演防御者的角色；英国皇家空军轰炸机司令部和海岸司令部与英国皇家海军一起，沿着法国海岸攻击德国航运，并证明德国人并没有掌握发动入侵行动所必需的英吉利海峡控制权。

图例

── 沿岸护航

✸ 轰炸

⚓ 主要海军基地

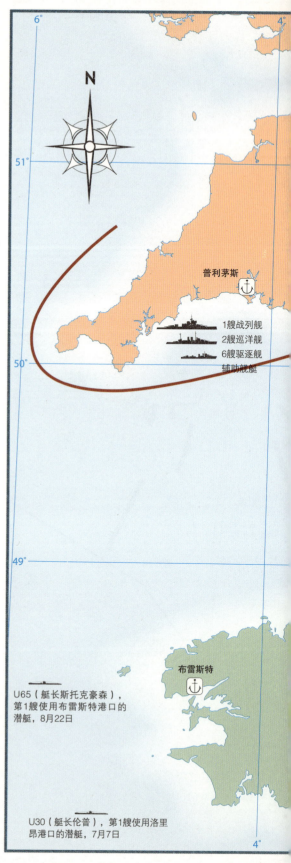

普利茅斯

1艘战列舰
2艘巡洋舰
6艘驱逐舰
辅助舰艇

U65（艇长斯托克豪森），第1艘使用布雷斯特港口的潜艇，8月22日

布雷斯特

U30（艇长伦普），第1艘使用洛里昂港口的潜艇，7月7日

英 国

伦敦 ●

查塔姆 ⚓

拉姆斯盖特 ●

多佛 ●

福克斯通 ●

加莱 ●

布洛涅 ●

...家海军反入侵舰队
...数量，实际军力在7月
...10月期间不断变化

南安普敦 ●

朴茨茅斯 ⚓

布莱顿 ●

贝克斯希尔 ●

...克塞特 ●

莱姆里吉斯 ●

1艘巡洋舰
16艘驱逐舰
辅助舰艇

英 吉 利 海 峡

不列颠战役的第1阶段，即7月10日到8月11日，纳粹德国海军攻击了英国沿岸护航船队，以试探英国的防御

英国皇家海军舰艇"复仇"号
"媒介"行动

瑟堡 ⚓

勒阿弗尔 ●

9月，英国皇家空军轰炸机司令部攻击了英吉利海峡中集结在奥斯坦德和布洛涅之间各个港口内的入侵船只。到9月21日，大约240艘驳船、商船和拖船被击沉或重创

10月10日到11日，英国皇家海军和英国皇家空军联合轰炸了瑟堡港内的入侵船只。3艘巡洋舰和12艘驱逐舰也参与其中，或者说是提供掩护

圣马洛 ●

法 国

...洛里昂 ●

| 0 | | 50 海里 |
| 0 | | 50 千米 |

"威胁"行动，1940年9月

在米尔斯克比尔港进行"弩炮"行动的同时，英国也采取措施消灭在英国港口、亚历山大港和法属西非达喀尔的法国舰队。作为海军基地，达喀尔拥有一个足以容纳12艘舰船的设防港口和严加保护的锚泊区域，位置极佳，能够干预大西洋中部的航运。停战协议签订之后，维希法国当局控制了达喀尔，但是即将在布雷斯特完工的法国战列舰"黎塞留"号6月23日的到来才是最让英国人担心的事情。7月初，一支小型舰队，包括"竞技神"号航母和2艘巡洋舰，开始封锁达喀尔，7月7日，维希政府收到了最后通牒，被要求将"黎塞留"号和其他军舰交给英国或者进行非军事化处置。被拒绝后，英国人当晚用装载深水炸弹的汽艇对这艘法国战列舰发动攻击，并在第二天早上动用6架"剑鱼"鱼雷轰炸机发起空袭。除了给"黎塞留"号造成一些轻微损伤，其他一无所获，随后英国人撤退了。

问题仍然没有得到解决，8月初，"自由法国"运动的夏尔·戴高乐将军提议发起一场战役将维希军队从塞内加尔驱除出去。丘吉尔同意这个计划，8月31日，一支由大约7000名英国和"自由法国"士兵组成的远征军离开英国。然而，这次军事行动是基于少得可怜的情报和认为殖民地会更倾向于支持"自由法国"的错误假设。由H舰队（由本土舰队的部分舰船组成）、M舰队以及来自非洲西海岸的大西洋贸易护航船队的部分舰船提供海上掩护。远征军向南航行的同时，来自土伦的1个法国海军中队，包括3艘巡洋舰和3艘大型驱逐舰，于9月11日通过直布罗陀海峡前往达喀尔。英国海军部和当地英国舰队之间的混乱导致了这种情况的发生，此外，H舰队被削减到只剩下"声望"号战列巡洋舰和几艘驱逐舰，其他舰船都赶往弗里敦了。

法国舰队的到达对"威胁"行动构成了威胁，因为这对达喀尔的维希军队来说是个激励。9月18日，3艘法国巡洋舰向南航行前往加蓬

10°

M舰队

在9月11日通过直布罗陀海峡，并避开英国皇家海军"声望"号的巡逻之后，法国舰队绕过卡萨布兰卡，抵达喀尔。

• 圣路易

法国舰队
"乔治·莱格"号
"光荣"号
"蒙卡姆"号
"恶毒"号
"空想"号
"鲁莽"号

佛得角   ⚓ 达喀尔

15°

9月12日

9月12日

"威胁"行动部队
海军中将J.H.D.坎宁安
(J.H.D. Cunningham)

"德文郡"号
2艘法国护卫舰
MP船队
6艘运兵船，搭载英国和"自由法国"士兵
MS船队
5艘商船跟在后面，运载物资

巴瑟斯特   冈 比 亚

几 内 亚

英国巡洋舰巡逻，
9月15日—19日

法 属 西 非

9月18日
"乔治·莱格"号、"光荣"号和"蒙卡姆"号向南航行，前往利伯维尔与"普里毛居特"号会合。

9月19日
"光荣"号发生故障，在澳大利亚皇家海军舰艇"澳大利亚"号的"护送"下退回卡萨布兰卡。"乔治·莱格"号和"蒙卡姆"号则被追逐返回达喀尔。

9月19日—21日
参与"威胁"行动的部队从弗里敦出发，行动从9月22日开始。

9月13日

M舰队
由H舰队和本土舰队的部分舰船组成
"巴勒姆"号
"决心"号
"皇家方舟"号
10艘驱逐舰

9月14日

塞 拉 利 昂

⚓ 弗里敦 M舰队和MP船队于9月14日抵达。
MS船队于9月15日抵达。

巡洋舰舰队
"德文郡"号
"坎伯兰"号
"澳大利亚"号
"康沃尔"号
"德里"号
"龙"号

N

利 比 里 亚

5°

的利伯维尔，去与第4艘巡洋舰和1艘油船会合。这一行动失败了，法国海军"光荣"号巡洋舰因故障抛锚，随后被澳大利亚皇家海军"澳大利亚"号巡洋舰"护送"至卡萨布兰卡，而"乔治·莱格"号和"蒙卡姆"号则在英国皇家海军"坎伯兰"号巡洋舰的跟踪下回到达喀尔。与此同时，盟军乘船从弗里敦出发，并于9月23日早上抵达达喀尔海岸线外。早已经没有任何突然性了，因此计划是先把"自由法国"军队送上岸，并尝试达成政治和解。如果维希军队抵抗，英国军舰将炮击他们的阵地，而英国–"自由法国"联军将进行登陆。在此次事件中，戴高乐无法登陆，9月24日，英国的舰船和飞机轰炸了海岸炮兵阵地和停泊的军舰。糟糕的能见度极大地降低了进攻的效果，因此盟军决定在第2天再次发起进攻。在第2轮炮击中，"决心"号在上午9时02分被"贝弗济耶"号潜艇发射的2枚鱼雷击中，这迫使"决心"号退出战斗。海岸炮兵阵地的2发炮弹仅对"巴勒姆"号造成了轻微的损伤。鉴于遭到激烈抵抗，盟军于当天下午早些时候决定放弃这次行动，并返回弗里敦。维希军队损失了1艘驱逐舰和2艘潜艇。

法国舰船于9月18日在几内亚湾遭到"康沃尔"号和"德里"号拦截，并在这一海域被"围绕护卫"至9月26日。

图例

"普里毛居特"号
"塔恩"号

盟军的航迹
维希法军的航迹

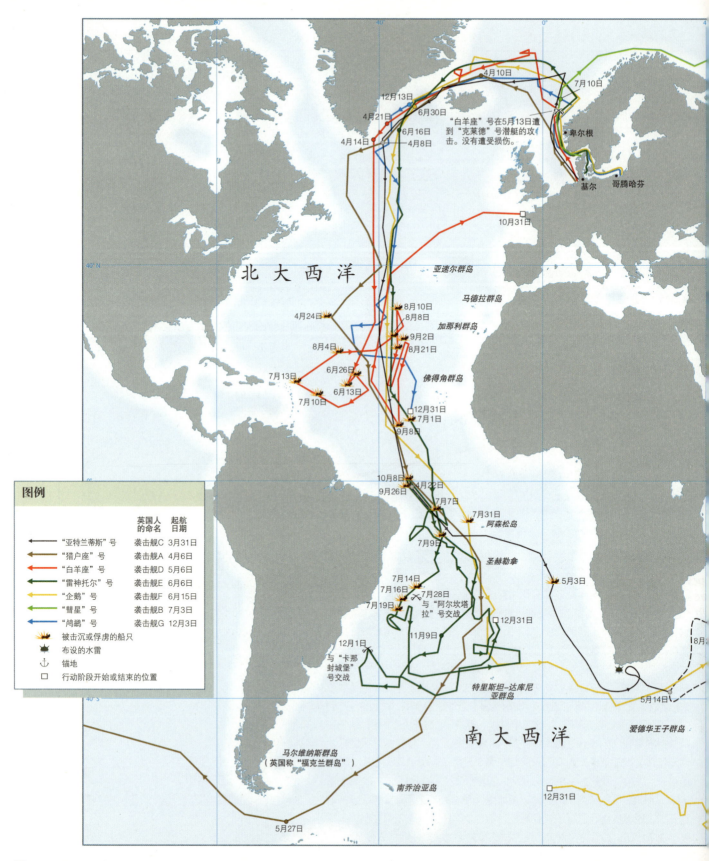

图例

	英国人 的命名	起航 日期
"亚特兰蒂斯"号	袭击舰C	3月31日
"猎户座"号	袭击舰A	4月6日
"白羊座"号	袭击舰D	5月6日
"雷神托尔"号	袭击舰E	6月6日
"企鹅"号	袭击舰F	6月15日
"彗星"号	袭击舰B	7月3日
"鸬鹚"号	袭击舰G	12月3日

被击沉或俘虏的船只
布设的水雷
锚地
行动阶段开始或结束的位置

北大西洋

亚速尔群岛
马德拉群岛
加那利群岛
佛得角群岛

卑尔根
基尔　哥腾哈芬

"白羊座"号在5月13日遭到"克莱德"号潜艇的攻击。没有遭受损伤。

4月10日
7月10日
12月13日
6月30日
4月21日
6月16日
4月14日　4月8日
10月31日

4月24日
8月10日
8月8日
9月2日
8月4日
8月21日
7月13日
6月26日
6月13日
7月10日
12月31日
7月1日
9月8日

10月8日
9月26日　4月22日
7月7日
7月31日　阿森松岛
7月9日
圣赫勒拿
5月3日
7月14日
7月16日　7月28日　与"阿尔坎塔拉"号交战
7月19日
12月31日
11月9日
12月1日
与"卡那封城堡"号交战
特里斯坦-达库尼亚群岛
爱德华王子群岛
5月14日
8月

南大西洋

马尔维纳斯群岛
（英国称"福克兰群岛"）
南乔治亚群岛
12月31日
5月27日

50

德国辅助巡洋舰行动，1940 年

　　纳粹德国海军首次制定使用辅助巡洋舰的计划是在 20 世纪 30 年代中期。第一次世界大战的经验表明，大型、高速的客轮不合适用作商船袭击舰，因为它们消耗太多的燃料，并且很容易被识别。相反，相对不那么不显眼、速度适中、续航时间长、7000 ~ 8000 吨排水量的货轮被选中改装成辅助巡洋舰。在战争爆发前，第一批 6 艘货轮被征用并在海军造船厂中改装，3 艘在 1939 年投入服役，另外 3 艘于 1940 年初投入服役。它们装备 6 到 8 门 15 厘米口径火炮、鱼雷发射管、轻型火炮、水上飞机和水雷。第 1 批舰船在入侵挪威时离开德国，为了维持它们在海上长时间行动——"猎户座"号的巡航持续了 510 天——广泛的补给船网络是必要的。辅助巡洋舰的目的是击沉盟军的商船和在外海造成混乱与困惑，分散削弱本来就很有限的盟军力量。直到 5 月，当在南非海岸线外发现水雷时，英国才意识到至少有 1 艘德国辅助巡洋舰在海上行动。与 1939 年不同，现在没有足够的力量在外海组建猎杀队，英国唯一能做的就是为最有价值的远洋船队提供护航，例如运兵船队。德国舰船的航迹覆盖面巨大，并在世界各大洋中活动；因此在不到 1 年的时间里，战争已经成为真正的全球冲突。到 1940 年底，辅助巡洋舰共造成了 54 艘商船的损失，累计达 366644 吨。

苏联破冰船"卡冈诺维奇"号强行破冰开出的通道

160°

40° N

拉莫特雷克环礁
9月30日
12月31日　10月14日

埃林拉普拉普环礁
□ 12月31日

太 平 洋

瑞鲁
12月8日

12月6日

5月14日—12月14日
"亚特兰蒂斯"号的巡航区
11月9日　11月10日
11月11日
7月11日
7月13日
10月22日

8月14日
9月10日　10月7日

毛里求斯
留尼汪
9月9日　6月10日

印 度 洋

斐济

8月16日

9月12日
8月2日　9月20日
27日　9月16日
11月30日
11月21日
11月18日
11月20日
9月9日

6月19日

6月18日

11月27日

8月20日

40° S

罗泽群岛

凯尔盖朗群岛
1940年12月14日—1941年1月11日

10月22日

支援西部沙漠部队的海军作战行动，1940 年 12 月—1941 年 1 月

9月，意大利第10集团军穿过埃及边境，推进到西迪·巴拉尼以东，之后在那里构筑防御工事。在埃及的英国军队数量有限，总计大约为2个师，组建为西部沙漠部队。在接下来的两年中，沙漠战的特点是态势易变，双方经常长距离地推进或撤退。海军在英国这边的贡献是双重的。首先由于沙漠中基础设施非常有限，随着部署的部队增多，通过海上把补给运输到更为接近意大利前线的地方的能力变得更为重要。其次，由于军队依赖海上的物资补给，攻击意大利人在昔兰尼加西部的巴迪亚、托布鲁克或班加西的港口，会影响其在沙漠的作战行动。盟国海军第一次炮击意大利阵地发生在6月21日，当时3艘英国巡洋舰、1艘法国战列舰和4艘驱逐舰炮击了巴迪亚。两个月后，3艘战列舰和1艘巡洋舰对港口进行了猛烈炮击。7月，英国皇家空军和英国皇家海军舰队航空兵（FAA）的飞机开始对利比亚海岸的意大利航运进行攻击作战。

9月，2艘炮艇，"蚜虫"号和"瓢虫"号，与几艘驱逐舰组成的W舰队，打击意大利的沿海补给线。在"罗盘"行动的前几天中，它们进行了多次炮击行动，当第一阶段的行动在12月18日结束时，海军将补给（特别是水）运送到了塞卢姆。进攻的第二阶段于1941年1月3日开始，地中海舰队的一部分被派来支援陆军，而后者在两天之后占领了巴迪亚。当战斗迅速向东转移时，1个海军中队也沿海岸移动，尽管遭受着意大利人的空袭，盟军的补给仍然经由班加西运送进来了。

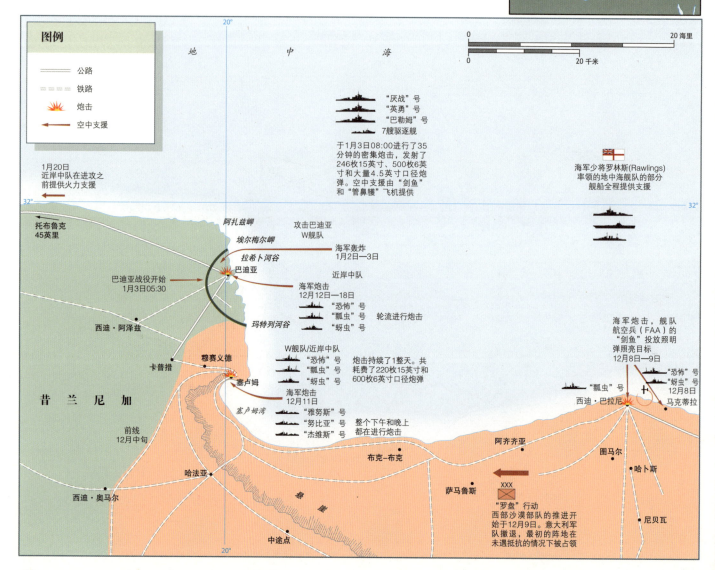

52

红海，1940 年 6 月—1941 年 4 月

意大利在马萨瓦的基地是打击盟军通过红海前往苏伊士的补给线的理想位置，英国在地中海东部的形势取决于这条补给线。与此同时，阿比西尼亚，以及驻守在那里的 25 万意大利军队，也被切断了增援或补给，因为意大利在红海的海军力量逊于英国。当战争进行到 1940 年 6 月 10 日时，意大利潜艇出海巡逻，由于英国已经组织了护航船队，意大利人没有发现商船，却在几天之内损失了 8 艘潜艇中的 4 艘。尽管意大利军队夺取了苏丹和肯尼亚的一些边陲小镇，并在 8 月占领了英属索马里，但他们没有更进一步，而是进入防御状态。同时，英国增援部队到达北部和南部。

到 1941 年时，很明显，意大利在这一地区的存在只是令人讨厌的麻烦，而不是可怕的威胁。2 月，意大利辅助巡洋舰"拉姆布 I"号出航 7 天后，在马尔代夫海岸线外被新西兰巡洋舰"利安得"号拦截并投降。到此阶段，英国在有限的航母空袭和巡洋舰炮击的支持下，正在重新夺回他们在非洲之角失去的领地。3 月，夺回阿比西尼亚的主攻开始，4 月初，意大利海军行动的短暂爆发给英国造成了一定的损失。当英国人于 4 月 6 日推进到马萨瓦的时候，那里剩余的意大利海军舰船和商船，吨位合计约为 150000 吨，全部被凿沉了。尽管英国人直到 6 月才夺取意大利最后一块阵地阿萨布，但从此时起，红海已经不再是战场了。

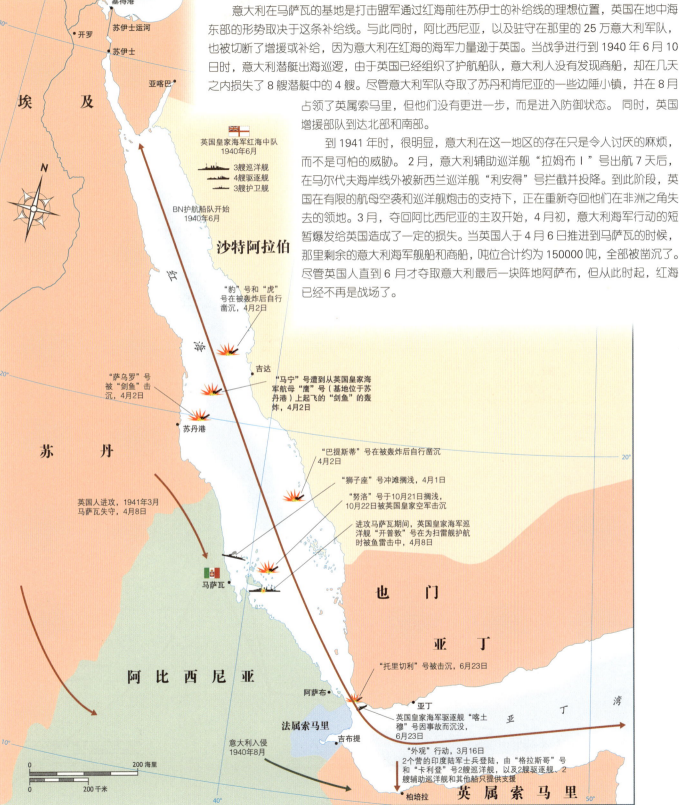

"审判"行动，突袭塔兰托，1940年11月11日

对位于塔兰托基地的意大利舰队进行航母空袭的想法可追溯到1935年。在战争初期，海军上将坎宁安缺乏进行这种作战行动的手段，因为"鹰"号仅能搭载一支小规模的飞行大队。8月，现代化的装甲航母"光辉"号的到来大大提升了地中海舰队的打击能力，同时在马耳他部署的英国皇家空军远程侦察机为侦察意大利在塔兰托的防御提供了手段。该行动计划在10月21日开始实施，然而，"光辉"号上的一场小火灾迫使计划延期，并且意大利在10月28日入侵希腊也改变了地中海的形势。

对塔兰托的空袭（"审判"行动）成为在整个地中海进行的一系列护航和增援行动的一部分。"MB8"行动包括4支护航船队，前2支船队分别是在爱琴海和马耳他之间往返，第3支是1艘战列舰、2艘巡洋舰和几艘驱逐舰从直布罗陀驶往亚历山大港，第4支是将增援部队运送到克里特岛苏达湾新建立的前进基地。为掩护这一行动，坎宁安指挥舰队的大部分舰船进入地中海中部，然后在同一时间对塔兰托发动空袭，并使用一支巡洋舰与驱逐舰混编的舰队攻击奥特朗托海峡中的意大利航运。由于燃油泄漏，"鹰"号没有参战，而是将其飞机转移到了"光辉"号上。

作战行动于11月4日开始，增援部队驶往希腊，而主力舰队则在两天后出海。在地中海西部的H舰队还炮击了撒丁岛上的卡利亚里。11月11日早晨，舰队的各个分舰队在马耳他海岸线外集结，准备进行关键阶段的行动。向北的航行按照计划顺利进行，在最后阶段，航母和护航舰艇脱离战斗舰队，高速驶往舰载机起飞的位置。这是一个平静的夜晚，天空中有四分之三的月亮，空袭行动被组织成两波，中间相隔1个小时。尽管意大利人已经加强了塔兰托的防空，但他们仅仅成功击落2架空袭的"剑鱼"。虽然计划在第二天晚上再进行一次空袭，但由于恶劣的天气取消了这个计划，英国舰队于11月14日回到亚历山大港。

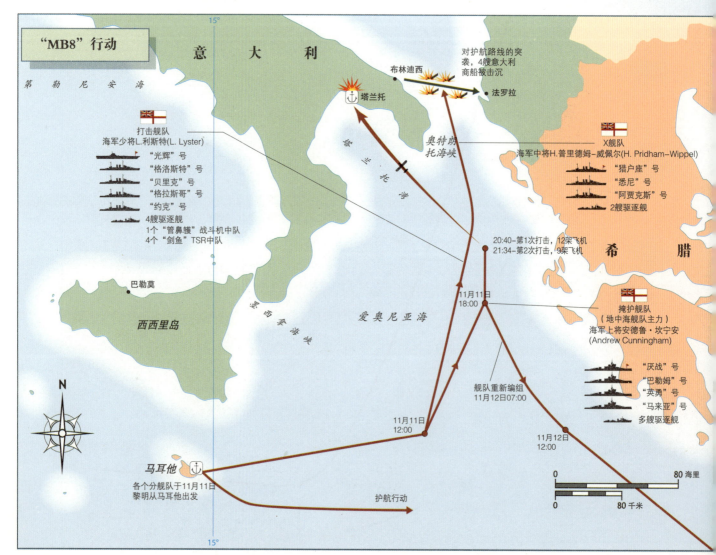

54

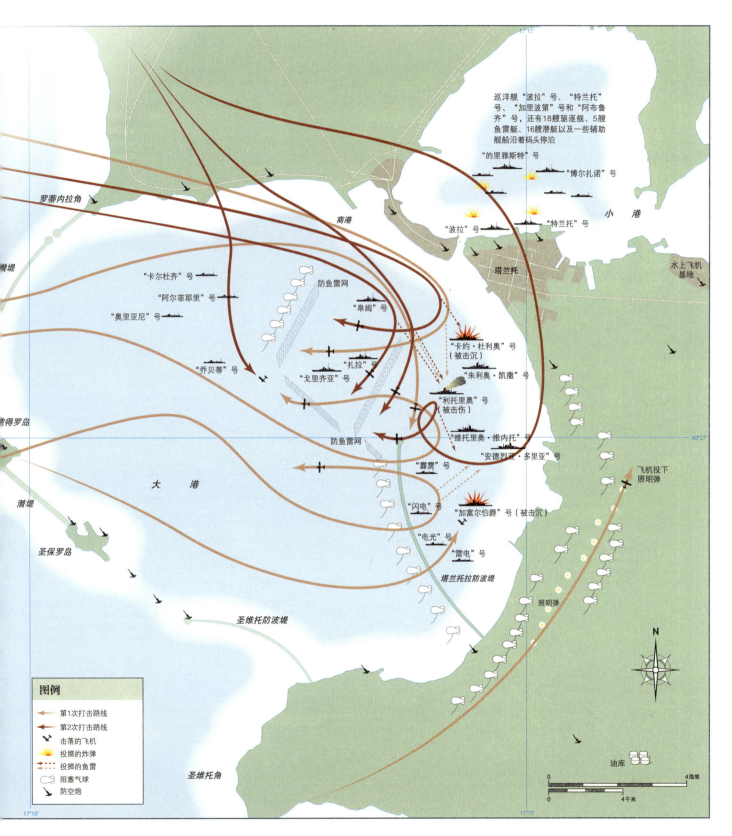

巡洋舰"波拉"号、"特兰托"号、"加里波第"号和"阿布鲁齐"号,还有18艘驱逐舰、5艘鱼雷艇、16艘潜艇以及一些辅助舰船沿着码头停泊

"的里雅斯特"号

"博尔扎诺"号

小 港

罗蒂内拉角

商港

水上飞机基地

"波拉"号   "特兰托"号

塔兰托

"卡尔杜齐"号

"阿尔菲耶里"号   防鱼雷网

"奥里亚尼"号   "阜姆"号

"卡约·杜利奥"号(被击沉)

"乔贝蒂"号   "扎拉"号   "朱利奥·凯撒"号

"戈里齐亚"号   "利托里奥"号(被击伤)

防鱼雷网   "维托里奥·维内托"号

圣彼得罗岛   "安德烈亚·多里亚"号

"霹雳"号

潜堤   "闪电"号   "加富尔伯爵"号(被击沉)   飞机投下照明弹

大 港   "电光"号

圣保罗岛   "雷电"号

塔兰托拉防波堤

照明弹

圣维托防波堤   油库

圣维托角

图例

N

第1次打击路线

第2次打击路线

击落的飞机

投掷的炸弹

投掷的鱼雷

阻塞气球

防空炮

0   4海里

0   4千米

55

斯帕蒂文托角战役，1940 年 11 月 27 日

在突袭塔兰托之后，英国人认为运行一支横跨地中海的快速护航船队的条件已经成熟，并在此过程中重新分配整个战场的兵力。"衣领"行动主要包括 3 艘商船，2 艘驶往马耳他，1 艘驶往亚历山大港，此外，巡洋舰"曼彻斯特"号和"南安普敦"号将运送埃及所需的英国皇家空军人员。老战列舰"拉米伊"号和巡洋舰"贝里克"号、"纽卡斯尔"号也将利用这个机会从东方过来。与此同时，在东部海盆，海军上将坎宁安将掩护一支补给船队前往克里特岛的苏达港，并对外围的意大利阵地实施航母打击。

意大利人想拦截驶往马耳他的护航船队，尽管他们知道 H 舰队已经离开直布罗陀，而他们也没有发现护航船队。海军上将康皮翁尼率领 2 艘战列舰从那不勒斯起航，其他舰船则在撒丁岛以南与之会合。上午 10 点 15 分，"博尔扎诺"号的水上飞机发现 H 舰队，康皮翁尼决定向南航行，希望在 2 支英国舰队会合之前与之交战。意大利人打算在来自撒丁岛的空中掩护下进行作战，但是这个企图一整天都没能成功。海军中将萨默维尔准确地知道意大利舰队的兵力和位置，但是在与 D 舰队会合之前，他在数量上一直处于劣势。如果 D 舰队距离意大利人稍远而距离 H 舰队更近，一旦英国舰队会合，意大利人就会调头向北。中午之前，康皮翁尼收到关于由 2 艘或 3 艘主力舰和 1 艘航空母舰组成的大型英国编队的报告，随后他下令撤退。一场追逐战主要在双方的巡洋舰分舰队之间展开。下午 1 点，2 艘意大利战列舰加入战斗，迫使英国巡洋舰撤往"声望"号和"拉米伊"号的方向。康皮翁尼没有选择发挥自己的兵力优势，因为"皇家方舟"号的飞机在空战中掌握了制空权，而他的舰队遭受了多次空袭。康皮翁尼撤退，萨默维尔也选择不进行追击，因为他的目标是保护护航船队。这场战役的结果之一是康皮翁尼被撤职，这场战役被意大利人称为"托伊拉达角战役"。

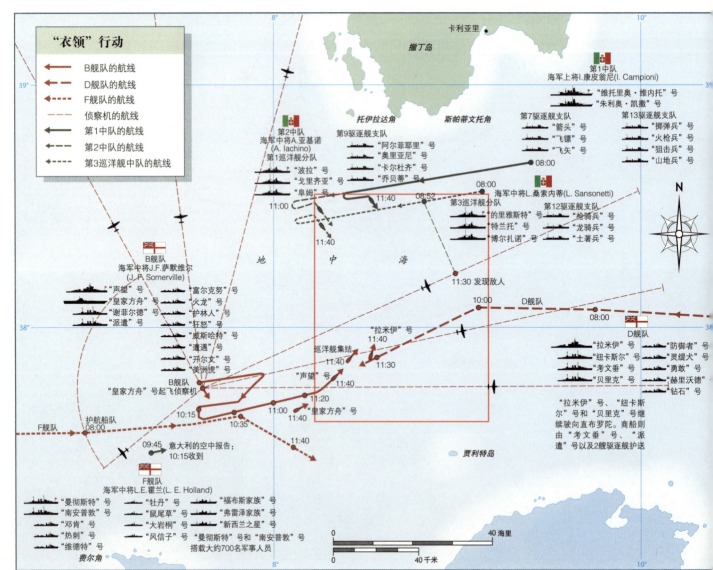

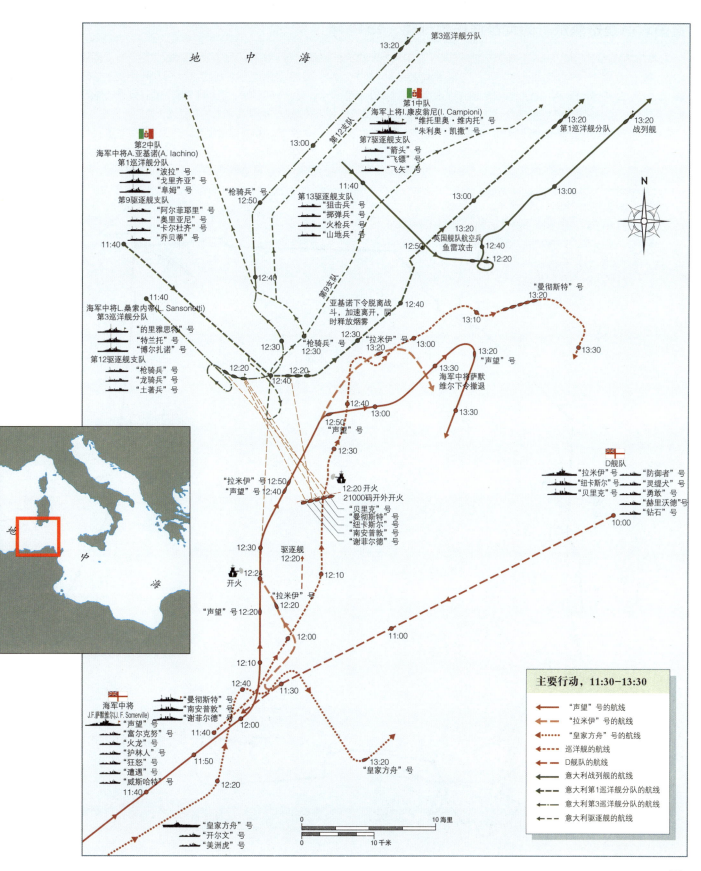

地　中　海

第3巡洋舰分队
13:20

第1中队
海军上将I.康皮翁尼(I. Campioni)
"维托里奥·维内托"号
"朱利奥·凯撒"号

第2中队
海军中将A.亚基诺(A. Iachino)
第1巡洋舰分队
"波拉"号
"戈里齐亚"号
"阜姆"号
第9驱逐舰支队
"阿尔菲耶里"号
"奥里亚尼"号
"卡尔杜齐"号
"乔贝蒂"号
11:40

第7驱逐舰支队
"箭头"号
"飞镖"号
"飞矢"号

第13驱逐舰支队
"狙击兵"号
"掷弹兵"号
"火枪兵"号
"山地兵"号

第12支队

第9支队

13:00

11:40

"枪骑兵"号
12:50

11:40

13:20
第1巡洋舰分队

13:20
战列舰

13:20

13:00

13:00

英国舰队航空兵
鱼雷攻击
12:50

13:20
12:40
12:20

海军中将L.桑索内蒂(L. Sansonetti)
第3巡洋舰分队
"的里雅思特"号
"特兰托"号
"博尔扎诺"号
第12驱逐舰支队
"枪骑兵"号
"龙骑兵"号
"土著兵"号

12:40

12:30

12:20

12:20
12:40

"枪骑兵"号
12:30

"枪骑兵"号
12:30

"拉米伊"号
13:20

13:00

亚基诺下令脱离战斗，加速离开，同时释放烟雾
12:40

12:40

13:00

13:20
"声望"号

13:30
海军中将萨默维尔下令撤退

13:30

"曼彻斯特"号
13:20

13:10

13:30

N

12:40

12:50
"声望"号

12:30

"拉米伊"号 12:50
"声望"号 12:40

12:20 开火
21000码开外开火
"贝里克"号
"曼彻斯特"号
"纽卡斯尔"号
"南安普敦"号
"谢菲尔德"号

D舰队
"拉卡斯尔"号　"防御者"号
"纽卡斯尔"号　"灵缇犬"号
"贝里克"号　　"勇敢"号
　　　　　　　"赫里沃德"号
　　　　　　　"钻石"号

10:00

12:30

开火 12:24

驱逐舰
12:20

12:10

"拉米伊"号
12:20

"声望"号 12:20

12:00

11:00

12:10

12:40

11:30

海军中将J.F.萨默维尔(J. F. Somerville)
"曼彻斯特"号
"南安普敦"号
"谢菲尔德"号
"声望"号
"富尔克努"号
"火龙"号
"护林人"号
"狂怒"号
"遭遇"号
"威斯哈特"号
11:40

11:40

12:00

11:50

12:20

13:20
"皇家方舟"号

0　　　　　　　　10海里

0　　　　　　　　10千米

"皇家方舟"号
"开尔文"号
"美洲虎"号

主要行动，11:30-13:30

→ "声望"号的航线
⊳--- "拉米伊"号的航线
⊳···· "皇家方舟"号的航线
⊲···· 巡洋舰的航线
⊲--- D舰队的航线
→ 意大利战列舰的航线
⊲--- 意大利第1巡洋舰分队的航线
⊲-·- 意大利第3巡洋舰分队的航线
⊲--- 意大利驱逐舰的航线

57

德国水面袭击舰进行的大西洋作战行动，1940 年

　　纳粹德国海军利用其水面袭击舰打击英国在大西洋的补给线能力的行动推迟到了秋天，因为在挪威战役之后，很多重型舰艇需要改装或大修。首先出动的是"舍尔海军上将"号。它试图悄悄地突入大西洋，然后出其不意地攻击哈利法克斯 - 不列颠路线上的护航船队。目的是造成北大西洋护航系统混乱，继而攻击南大西洋和印度洋的航运。该舰装甲较薄、航速中等，这意味着它只有在别无选择的情况下才会与英国军舰交战。由于德国人已经知道有一支护航船队在 × 月 × 日离开哈利法克斯，"舍尔海军上将"号舰长克朗克海军上校打算在 11 月 3 日前后拦截它。恶劣的天气阻挡了视线，直到 11 月 5 日下午晚些时候，HX-84 护航船队才遭到攻击。护航船队被打散，护航的武装商船巡洋舰"杰维斯湾"号和 5 艘舰船（约 55000 吨）被击沉。取得这个胜利后，"舍尔海军上将"号立即调头向南，以躲避英国人不可避免将派出的巡逻舰艇。英国本土舰队确实出海了，但那时"舍尔海军上将"号早已经离开了。将近两个星期，直到 11 月 17 日，整个北大西洋护航

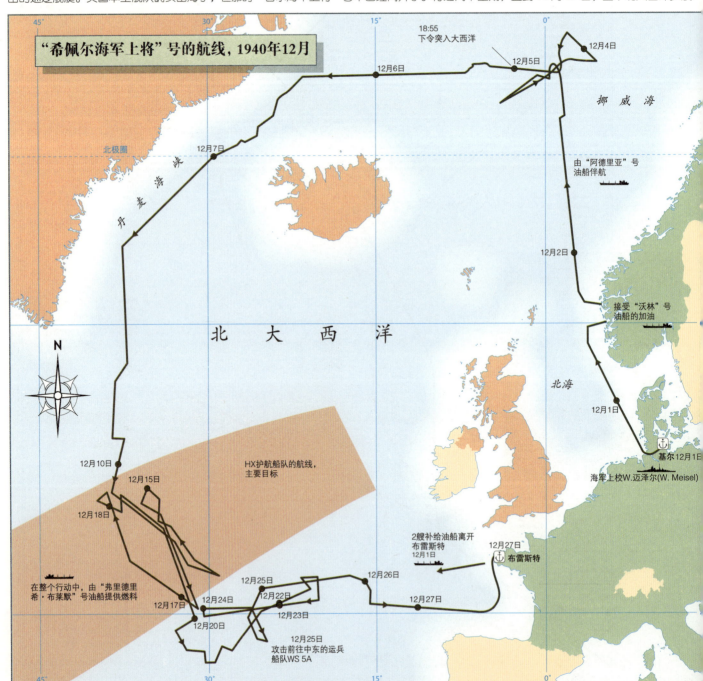

系统停止运转。在它剩下的航行中——这也是德国军舰在战争期间航行时间最长的一次，"舍尔海军上将"号继续在南部海域行动，补给由其补给船"诺德马克"号提供，偶尔也会与其他辅助巡洋舰一起行动。在这里，只会发现单独航行的舰船，而非护航船队。

重型巡洋舰"希佩尔海军上将"号是第2艘在大西洋行动的军舰，但其规范却有很大的不同。"希佩尔海军上将"号速度更快、装甲更厚，因此能够与英国巡洋舰交战。然而，它的高油耗和较小的作战半径意味着它无法航行到距离油船600海里以外的海域作战。这是一个严重的限制。在12月的严酷天气中，它对其主要目标——HX护航路线，取得的战果少得可怜。它在12月底转移到南部航线的目的是把英国人的注意力引离北部，因为接下来的几艘水面袭击舰将很快到达北部。除了与一支受到严密保护的运兵船队发生小规模战斗，它几乎没有取得其他战果。

HX-84护航船队由38艘舰船组成。
损毁的舰船是：
"杰维斯湾"号
"比弗福德"号
"弗雷斯诺城"号
"特雷韦拉德"号
"迈丹"号
"肯班黑德"号

浮冰界线
挪威海
坚冰界线
10月30日
10月31日
3月28日
3月27日
丹麦海峡
3月29日
10月29日
3月30日
10月28日
北海
北大西洋
11月1日
3月25日
从哥腾哈芬（格丁尼亚）出发
3月23日
11月5日
返回基尔
1941年4月1日
10月23日
11月3日
海军上校T.克朗克
(T. Krancke)
11月7日
航行持续161天，航程46419海里。
击沉16艘船（合计110000吨），
俘获2艘（合计15000吨）。
3月21日
12月6日
11月9日
12月9日
11月20日
11月30日
"霍巴特港"号
11月25日
12月3日
11月28日
"部落人"号
11月23日
3月19日
12月1日
地中海
11月12日—16日
11月29日
从"欧罗费尔德"号和"诺德马克"号油船获得补给
12月11日
3月16日
3月14/15日
12月18日
英国货轮"杜克萨"号被俘获
阿拉伯海
英国油轮"英国拥护者"号被俘获
"格里戈里奥斯"号
2月21日
2月19日
2月20日
"兰道·潘让"号
2月14日—17日
2月23日
12月21日
1月17日
1月15日
"巴讷费尔德"号
3月13日
"斯坦帕克"号
2月13日
1月22日
1月12日
1月4日
2月25日
1月6日
1月10日
3月11日
2月11日
莫桑比克海峡
12月27日—1月2日
12月25/26日
1月24日—26日
与袭击舰"雷神托尔"号和油船"诺德马克"号一起行动
3月6日
1月30日
2月8日
2月6日
2月27日
2月1日
好望角
2月4日
3月4日
3月1日
印度洋
南大西洋

"舍尔海军上将"号，
1940年10月—1941年4月
→ 出航
····► 返航
⛴ 沉没的舰船

59

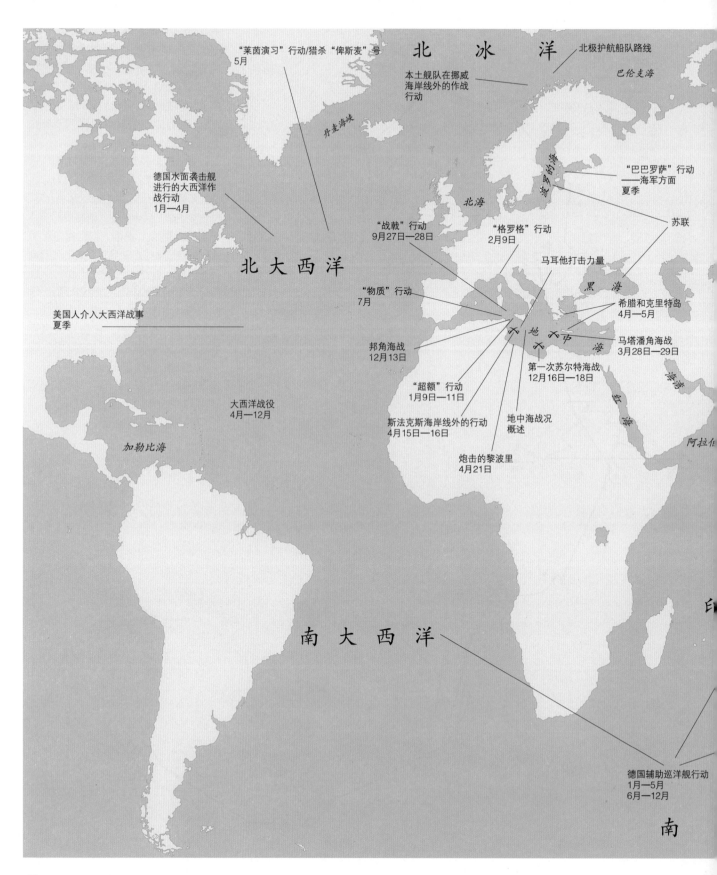

"莱茵演习"行动/猎杀"俾斯麦"号
5月

北 冰 洋

北极护航船队路线

巴伦支海

本土舰队在挪威
海岸线外的作战
行动

丹麦海峡

德国水面袭击舰
进行的大西洋作
战行动
1月—4月

波罗的海

"巴巴罗萨"行动
——海军方面
夏季

北海

"战戟"行动
9月27日—28日

"格罗格"行动
2月9日

苏联

北 大 西 洋

马耳他打击力量

"物质"行动
7月

黑 海

美国人介入大西洋战事
夏季

希腊和克里特岛
4月—5月

地中海

邦角海战
12月13日

马塔潘角海战
3月28日—29日

大西洋战役
4月—12月

"超额"行动
1月9日—11日

第一次苏尔特海战
12月16日—18日

红海

加勒比海

斯法克斯海岸线外的行动
4月15日—16日

地中海战况
概述

阿拉伯

炮击的黎波里
4月21日

印

南 大 西 洋

德国辅助巡洋舰行动
1月—5月
6月—12月

南

海战，1941 年

在这一年，这场战争由欧洲战争（以及欧洲周边地区的战事）转变为全球冲突，而英国发现自己处于弱势，尽管在 1940 年初秋已经阻止了德国人的入侵。即便如此，英国仍拥有强大的工业实力，并且正处于重建和扩大其军事力量的过程之中。各英联邦自治领也在扩张武装力量、发展工业产能，并将重点转向战时生产，它们与大英帝国的其他领地一起提供原材料和农产品，以维持英国的生存。大英帝国的长期强盛依赖其保持海上交通线开放和物资补给流动的能力。建立船队护航舰队和沿着周边区域构建一个空军和海军基地网络来守住大西洋战场是英国优先考虑的。没有人预料到远洋贸易保护战役会是这么大的规模，而快速扩张的加拿大海军力量最终将在这个战场上发挥至关重要的作用。美国人的逐步参与也影响着这一年的战役发展。

德国企图封锁英国未遂，但也几乎对这个阶段的战争产生了严重影响。然而，德国人在大西洋战役中能够从水面袭击舰、潜艇和飞机的相互支援中获益之前，在东方与苏联的战争开始将德国人在其他战场上的资源抽取过去。地中海也出现了同样的形势。德国军队的到来防止了意大利人的溃败，并把英国人推回到地中海的尽头，保住马耳他成了英国军事行动的中心，而且远甚于 1940 年。当纳粹德国空军将部分部队转移到东线时，英国人的形势稍有改善。

总的来说，英国人坚持住了，但是在这个过程中，皇家海军遭受了相当大的损失。英国可以应对德国和意大利海军的威胁，但由于英国从远东地区的撤军，并且未能加强对该地区的控制，使日本得以作好进攻准备，以夺取英国、荷兰和美国在该地区的领地。一支由 2 艘英国主力舰组成的舰队被派到新加坡，但这几乎形不成威慑，而这一年美国人对日本人进一步施加外交和经济压力，但军队建设却进展缓慢。当日本人随后在 12 月初发动进攻后，盟军很快就被迫进入防御状态。

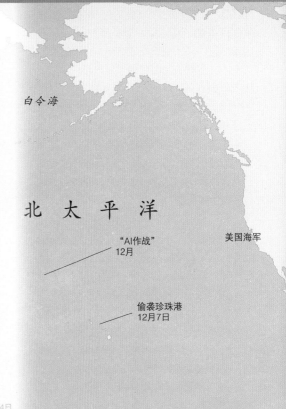

白令海

北 太 平 洋

美国海军

"AI作战"
12月

偷袭珍珠港
12月7日

菲律宾战役
12月

威克岛陷落
12月21日—24日

日本人的进攻
1941年12月—1942年4月

日军入侵马来亚和Z舰队
的覆灭
12月6日—10日

度 洋

南 太 平 洋

极 洲

地中海，1941 年

1940 年，意大利军队在地中海战场的失败因为德军的到来而抵消。德军以非洲军团和第 10 航空军的形式参战，后者是纳粹德国空军专门组建的一支海上打击力量；在当年的第一次大规模作战行动——"超额"行动中，纳粹德国空军相比于意大利人的优势就显现出来了。然而，轴心国并没有绝对的空中优势，意大利与德国之间经常出现的分歧和军种间的争斗阻碍了其空中力量发挥全部潜力。除了没有高性能的单引擎岸基飞机的航程优势，英国海军航空兵的作战效能仍然是很高的。这就是 3 月意大利在马塔潘角失败的原因之一。

保持海上交通线开放和物资补给流动，仍然是双方海军作战行动的焦点，而所有的重要作战行动都是从护航行动发展而来。德国入侵希腊，紧接着是进攻克里特岛，将焦点从地中海中部转移到爱琴海。尽管遭受了沉重损失，但是英国皇家海军成功营救了相当大一部分盟军远征军。轴心国控制了爱琴海，特别是在克里特岛和北非海岸的空军基地，这导致英国人面临的处境更加复杂。为了防止轴心国军队利用维希法国控制的黎巴嫩和叙利亚，并借此从另一个方向威胁到苏伊士运河，盟军在 6 月和 7 月进攻并击败了维希军队。然而，总体而言，从 6 月到 10 月，地中海东部相对平静，主要是因为德国专注于 6 月 22 日开始的入侵苏联行动。

在地中海中部，马耳他的处境相对安全，经常有运送增援的飞机飞进来，以及两支护航船队在不遭受较大损失的情况下抵达该岛。这就使得马耳他可以作为基地使用，飞

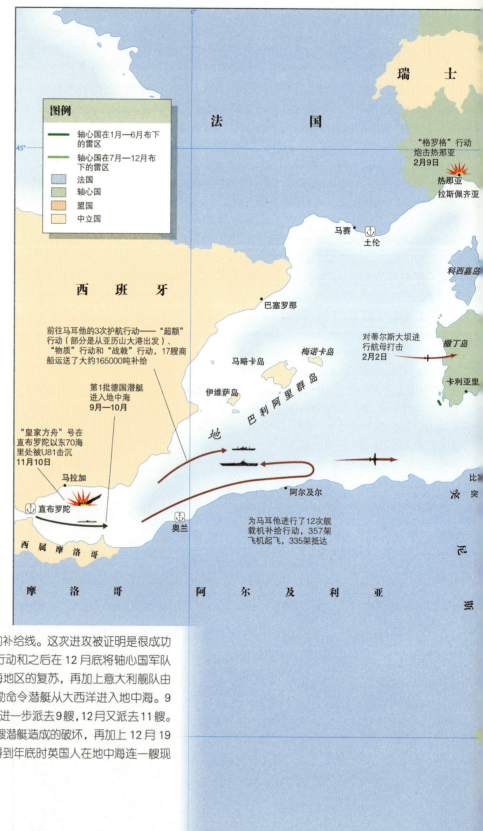

轴心国在1月—6月布下的雷区
轴心国在7月—12月布下的雷区
法国
轴心国
盟国
中立国

瑞 士

法 国

"格罗格"行动炮击热那亚 2月9日

热那亚
拉斯佩齐亚

马赛
土伦

科西嘉岛

西 班 牙

巴塞罗那

对蒂尔斯大坝进行航母打击 2月2日

撒丁岛

梅诺卡岛

前往马耳他的3次护航行动——"超额"行动（部分是从亚历山大港出发）、"物质"行动和"战戟"行动，17艘商船运送了大约165000吨补给

马略卡岛

卡利亚里

伊维萨岛

巴利阿里群岛

第1批德国潜艇进入地中海 9月—10月

地

"皇家方舟"号在直布罗陀以东70海里处被U81击沉 11月10日

比

马拉加

阿尔及尔

直布罗陀

奥兰

为马耳他进行了12次舰载机补给行动，357架飞机起飞，335架抵达

西属摩洛哥

摩 洛 哥

阿 尔 及 利 亚

机、潜艇甚至水面舰队可以借此打击轴心国的补给线。这次进攻被证明是很成功的，并为奥金莱克将军发动"十字军"进攻行动和之后在 12 月底将轴心国军队赶出西部沙漠创造了条件。英国力量在地中海地区的复苏，再加上意大利舰队由于燃料短缺而逐步丧失机动能力，导致希特勒命令潜艇从大西洋进入地中海。9月和 10 月共有 6 艘潜艇被派往地中海，11 月又进一步派去 9 艘，12 月又派去 11 艘。尽管还有 6 艘潜艇未能进入地中海，但这 26 艘潜艇造成的破坏，再加上 12 月 19日意大利人大胆地进攻亚历山大港，已经使得到年底时英国人在地中海连一艘现代化的航空母舰或一个战列舰中队都没有了。

国

匈 牙 利

罗 马 尼 亚

"25"行动
入侵南斯拉夫
4月6日

南 斯 拉 夫

·的里雅斯特

保 加 利 亚

"玛莉塔"行动
入侵希腊
4月6日

罗马

那不勒斯

塔兰托

阿尔巴尼亚

希 腊

爱 琴 海

土 耳 其

雅典

"水星"行动
入侵克里特岛
5月20日

英国人突袭意大利人占据的卡斯特洛
里佐岛。目的是建立前进基地，但意
大利人的防守太严密了
2月25日—28日

莱罗斯岛

巴勒莫

特拉帕尼

西西里岛

锡拉库萨

"贝塔/杜伊斯堡护
航"行动——K舰队
11月9日

第一次苏尔特海战
12月17日

马塔潘角海战
3月28日

多德卡尼斯群岛
（意属）

罗德岛

马耳他

意大利小艇对苏达湾的突
袭击沉了英国皇家海军巡
洋舰"约克"号

塞浦路斯

在斯法克斯海岸线
外的作战行动
4月16日

盖尔甘奈群岛

"马里查护航"行
动——K舰队
11月24日

从希腊和克里特岛撤离
4月—5月

克里特岛

苏达湾

支援夺取维希法国占领
的黎巴嫩和叙利亚的盟
国海军行动

"曼托瓦尼护航"行动——K舰队
12月1日

海

英国皇家海军战列舰"巴勒姆"号
被U331击沉
11月25日

的黎波里

炮击的黎波里
4月21日

德尔纳

班加西

托布鲁克

在被围期间，近岸中队支援
托布鲁克要塞
4月—11月

"十字军"行动
11月—12月

亚历山大港

塞得港

苏伊士运河

开罗

中

隆美尔的第1次进攻
3月—5月

利 比 亚

12月19日，意大利突袭亚历山大港
"伊丽莎白女王"号
"英勇"号
"杰维斯"号和1艘
挪威油船严重受损

埃 及

0 _____ 200 海里

0 _____ 200 千米

红 海

63

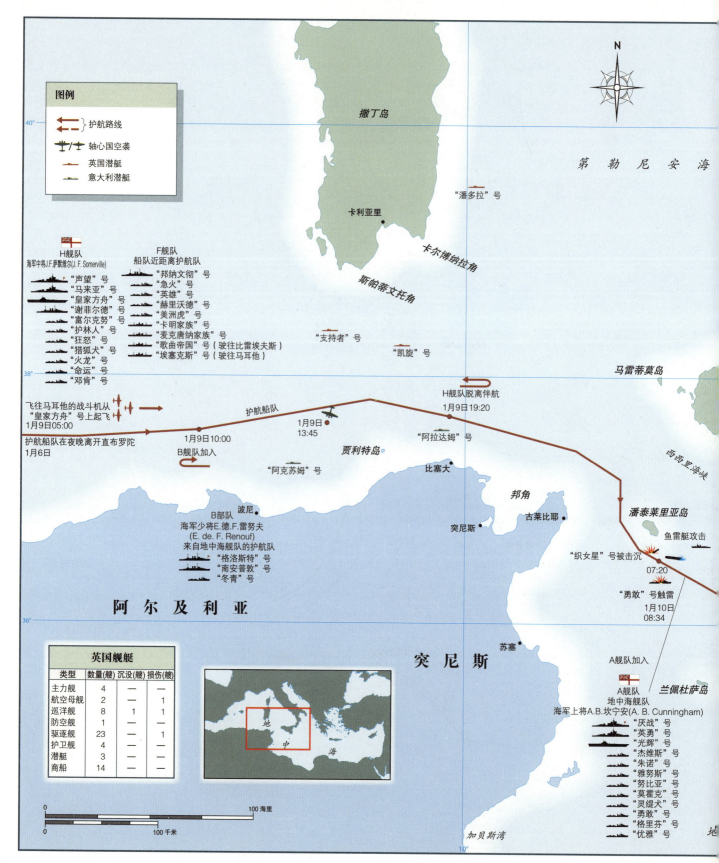

图例

- → 护航路线
- ✈/✈ 轴心国空袭
- — 英国潜艇
- — 意大利潜艇

撒丁岛

第 勒 尼 安 海

"潘多拉"号

卡利亚里

卡尔博纳拉角

斯帕蒂文托角

马雷蒂莫岛

H舰队
海军中将J.F.萨默维尔(J. F. Somerville)
- "声望"号
- "马来亚"号
- "皇家方舟"号
- "谢菲尔德"号
- "富尔克努"号
- "护林人"号
- "狂怒"号
- "猎狐犬"号
- "火龙"号
- "命运"号
- "邓肯"号

F舰队
船队近距离护航队
- "邦纳文彻"号
- "急火"号
- "英雄"号
- "赫里沃德"号
- "美洲虎"号
- "卡明家族"号
- "麦克唐纳家族"号
- "歌曲帝国"号（驶往比雷埃夫斯）
- "埃塞克斯"号（驶往马耳他）

"支持者"号

"凯旋"号

飞往马耳他的战斗机从
"皇家方舟"号上起飞
1月9日05:00

护航船队
1月9日
13:45

H舰队脱离伴航
1月9日19:20

护航船队在夜晚离开直布罗陀
1月6日

1月9日10:00
B舰队加入

"阿拉达姆"号

西 西 里 海 峡

贾利特岛

"阿克苏姆"号

比塞大

邦角

古莱比耶

潘泰莱里亚岛

B部队
海军少将E.德.F.雷努夫
(E. de. F. Renouf)
来自地中海舰队的护航队
- "格洛斯特"号
- "南安普敦"号
- "冬青"号

波尼

突尼斯

鱼雷艇攻击

"织女星"号被击沉
07:20

"勇敢"号触雷
1月10日
08:34

阿 尔 及 利 亚

苏塞

突 尼 斯

A舰队加入

英国舰艇			
类型	数量(艘)	沉没(艘)	损伤(艘)
主力舰	4	—	—
航空母舰	2	—	—
巡洋舰	8	1	1
防空舰	1	—	—
驱逐舰	23	—	1
护卫舰	4	—	—
潜艇	3	—	—
商船	14	—	—

地中海

A舰队
地中海舰队
海军上将A.B.坎宁安(A. B. Cunningham)
- "厌战"号
- "英勇"号
- "光辉"号
- "杰维斯"号
- "朱诺"号
- "雅努斯"号
- "努比亚"号
- "莫霍克"号
- "灵缇犬"号
- "勇敢"号
- "格里芬"号
- "优雅"号

兰佩杜萨岛

0   100 海里

0   100 千米

加贝斯湾

"超额"行动，1941 年 1 月 9 日—11 日

为了帮助希腊军队在阿尔巴尼亚前线与意大利人作战，英国人发起了"超额"行动，将补给从西部横渡地中海运来。护航船队本身包括 4 艘舰船，3 艘驶往比雷埃夫斯，为希腊军队运送补给，还有 1 艘装载军用设备和补给驶往马耳他。为了掩护这些舰船，几乎需要动用英国人在地中海的全部力量，而海军上将坎宁安利用舰队的移动来确保另外 3 个小型护航船队从东部往来于马耳他的通道的畅通。该计划要求 H 舰队提供到西西里海峡的掩护，而坎宁安的另 1 支分遣舰队，B 舰队，将为通过海峡提供额外的掩护。一旦通过，坎宁安和地中海舰队将为护航船队的东半部分航程提供远程掩护，而其他舰队则为护航船队的各分队提供近距离保护。该行动也标志着德国军队第一次出现在地中海。12 月，第一批纳粹德国空军的到达稳定了趋于崩溃的意大利军队。其中最重要的是第 10 航空军，这是一支从挪威调过来的专门的海上打击部队，装备有 Me 110 远程战斗机、Ju 87 俯冲轰炸机和能够携带鱼雷的 Ju 88 中型轰炸机。

1 月 6 日，萨默维尔离开直布罗陀，第 2 天坎宁安离开亚历山大港，直到 1 月 10 日凌晨，计划均进展顺利。1 艘意大利鱼雷艇在潘泰莱里亚岛以南的攻击行动被击退，但"织女星"号被击沉了。中午刚过，在马耳他以西约 55 海里处，空袭强度增加，事实证明 Ju 87 的空袭非常有效。"光辉"号被击中 6 次，其飞行甲板损毁；遭受如此损伤，英国人决定将它送到马耳他进行维修。虽然 14 艘商船全部毫发无损地通过了，但是 B 舰队在第 2 天遭到了猛烈攻击，"南安普敦"号损失掉了。因此英国人总共损失了 1 艘巡洋舰，另有 1 艘巡洋舰和 1 艘驱逐舰遭受重创。纳粹德国空军的到来终结了英国人在地中海的霸权，而"光辉"号的缺阵也阻碍了后续作战行动的进行，即对意大利人在爱琴海的航运的扫荡。

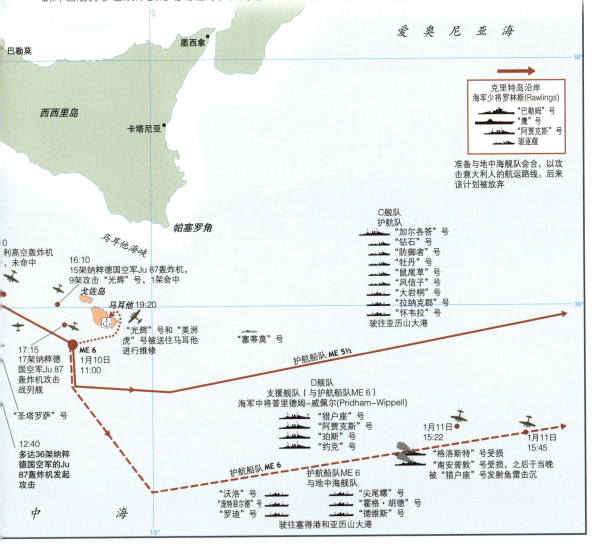

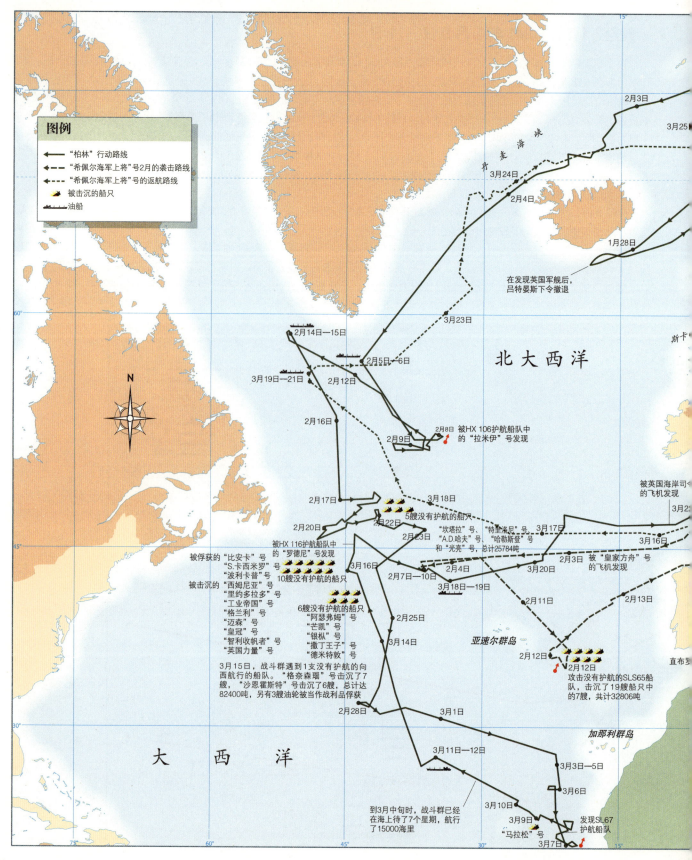

图例

— "柏林"行动路线
◄-- "希佩尔海军上将"号2月的袭击路线
◄--- "希佩尔海军上将"号的返航路线
被击沉的船只
油船

北 大 西 洋

丹麦海峡

2月3日
3月25日
3月24日
3月23日
2月4日
1月28日

在发现英国军舰后，
吕特晏斯下令撤退

斯卡

2月14日—15日
2月5日—6日
3月19日—21日
2月12日
2月16日
2月9日

2月8日 被HX 106护航船队中
的"拉米伊"号发现

2月17日
3月18日
5艘没有护航的船只

被英国海岸司令部
的飞机发现
3月

2月20日
2月22日
2月23日
"坎塔拉"号、"特里洛尼"号
"A.D.哈夫"号、"哈勒斯登"号
和"光亮"号，总计25784吨
3月17日
3月16日
3月18日—19日

被HX 116护航船队中
的"罗德尼"号发现
3月16日
2月7日—10日
2月4日
3月20日
2月3日 被"皇家方舟"号
的飞机发现

被俘获的"比安卡"号
"S.卡西米罗"号
"波利卡普"号
被击沉的"西姆尼亚"号
"里约多拉多"号
"工业帝国"号
"格兰利"号
"迈森"号
"皇冠"号
"智利收帆者"号
"英国力量"号

10艘没有护航的船只

6艘没有护航的船只
"阿瑟弗姆"号
"芒凯"号
"银枞"号
"撒丁王子"号
"德米特敦"号
2月25日
3月14日
2月11日
2月13日

亚速尔群岛

2月12日
2月12日

攻击没有护航的SLS65船
队，击沉了19艘船只中
的7艘，共计32806吨

直布罗

3月15日，战斗群遇到1支没有护航的向
西航行的船队。"格奈森瑙"号击沉了7
艘，"沙恩霍斯特"号击沉了6艘，总计达
82400吨，另有3艘油轮被当作战利品俘获

2月28日
3月1日

大 西 洋

3月11日—12日

加那利群岛

3月3日—5日
3月6日

到3月中旬时，战斗群已经
在海上待了7个星期，航行
了15000海里
3月10日
3月9日
"马拉松"号

发现SL67
护航船队
3月7日

1月30日
2月2日

挪威海

1月29日
1月27日

北极圈

3月26日　1月26日

3月26日

1月25日

北海

"希佩尔海军上将"号
中午抵达基尔

1月22日　3月28日

"柏林"行动
海军上将刚瑟·吕特晏斯
（Günther Lütjens）

"格奈森瑙"号–海军上校费恩(Fein)
"沙恩霍斯特"号–海军上校霍夫曼
(Hoffmann)

"希佩尔海军上将"号
海军上校迈泽尔（Meisel）

1月14日

德国水面袭击舰进行的大西洋作战行动，1941 年 1 月—3 月

下一阶段的纳粹德国海军水面袭击舰战役于 12 月 28 日开始，这时"格奈森瑙"号和"沙恩霍斯特"号离开基尔前往北大西洋。由于"沙恩霍斯特"号在挪威海岸线外遭受损伤，导致行动被迫推迟，而其他各舰也返回基尔维修。在延误了 3 个星期之后，"柏林"行动于 1 月 22 日开始进行。其目标是北大西洋护航船队，特别是那些满载物资驶往英国的船队。7 艘油船被派去支援这些战列巡洋舰。作为配合，"希佩尔海军上将"号从布雷斯特出发，独自攻击直布罗陀和塞拉利昂护航路线，对其造成破坏，从而将英国人的注意力引离北大西洋。德国海军上将吕特晏斯行动谨慎，由于雷达发现了英国军舰的存在，而且也缺乏有关英国本土舰队是否仍在斯卡帕湾的情报，他放弃了最初的突破计划。尽管吕特晏斯指挥着到当时为止最为强大的德国海军中队进入大西洋，但还是要避免与同等兵力的英国舰队正面交锋。即便是 2 艘德国 12 英寸炮战列巡洋舰遇到 1 艘英国 15 英寸炮战列舰，但考虑到可能是多艘英国老式战列舰在为船队护航，德国军舰仍会调头离开。当 2 月 8 日德国人发现 HX106 护航船队的时候，这一幕就发生了。

与此同时，"希佩尔海军上将"号在信号情报和 U37 的引导下驶向一支护航船队，并于 2 月 12 日早上成功与之接触。在 2 个小时内通过舰炮和鱼雷攻击击沉了 7 艘船只之后，该舰驶往布雷斯特。吕特晏斯继续沿着 HX 路线搜索，几乎到达纽芬兰，他希望在这里更容易发现护航船队。然而这里并没有发现盟国航运，在海上搜索了 4 个星期之后，结果令人失望。第 1 批胜果是一些独自航行的船只。在接到"希佩尔海军上将"号直到 3 月的第 2 个星期再继续进行作战行动的消息后，吕特晏斯决定将他的作战区域向南转移。这可能会迫使一些没有得到保护的船队投降，并通过转移盟军注意力来为"希佩尔海军上将"号提供掩护。潜艇的报告将他引向一支 SL 护航船队，但是 1 艘英国战列舰和其他舰艇的存在阻止了他发动攻击。

在近两个月的海上航行之后，各舰不仅需要维修，而且还需要为 4 月底与下一批从德国赶来的水面袭击舰配合作战好准备。"希佩尔海军上将"号离开布雷斯特的日期也被延误，这样，吕特晏斯决定对北大西洋航线进行最后一次攻击。为了增加与盟国商船相遇的机会，他使用了 2 艘刚刚为其进行了补给的辅助舰艇与他的战列巡洋舰一起组成松散的线型编队。这使其可以覆盖 120 海里的正面，向北扫荡。在 3 月 14 日至 16 日，相当数量的商船被毁，直到"罗德尼"号战列舰的出现才结束了这次攻击行动。在已经取得了一定程度的胜利的情况下，吕特晏斯决定驶往布雷斯特。

结果，"希佩尔海军上将"号未再参与商船袭击行动。这时，"舍尔海军上将"号就要结束其为期 5 个月的作战行动了，并准备返回德国进行大修。为此，它必须通过北大西洋的一个咽喉要点。最初想法是"希佩尔海军上将"号和"舍尔海军上将"号一起突破，这个不切实际的想法被放弃了，因为前者续航能力有限而后者最高航速较低。为了避免将英国人的注意力吸引到北大西洋和"舍尔海军上将"号的航线上，德国海军上校迈泽尔不打算让"希佩尔海军上将"号与任何盟军舰艇交战。在通过丹麦海峡时，他们发现了 2 艘英国巡洋舰，尽管本来可以用鱼雷攻击其中 1 艘，但是迈泽尔克制住了。余下的旅程平安无事。部分原因在于英国人已经通过信号情报得到了德国人可能进行突破的警报，并将注意力都集中到了西部。"舍尔海军上将"号也发现了几艘英国巡洋舰，但是避开了它们，并于几天后抵达基尔。

"格罗格"行动，炮击热那亚，1941年2月9日

　　1月，情报显示一支大规模的意大利远征军正在热那亚集结，英国海军部命令海军上将萨默维尔指挥H舰队去炮击该港。萨默维尔的计划是先对撒丁岛中部的蒂尔索河上的水电站大坝进行航母打击，以转移意大利人对真正的炮击行动的注意力。由于H舰队已经多次袭击卡利亚里，意大利人将会认为这次也是类似的袭击，而不会预料到英国人会向北冲向热那亚。1月31日，"纠察"行动开始进行，2月2日清晨，8架"剑鱼"鱼雷轰炸机攻击了大坝。尽管精心谋划，但是这次袭击并不成功，而且有1架飞机被击落。随后H舰队继续北上，驶向第2个也是主要目标，但由于迅速恶化的天气，萨默维尔决定放弃这次行动并返回直布罗陀。

　　2月6日，H舰队起航进行第2次攻击。意大利海军知道H舰队已经离开直布罗陀，但他们以为这又是一次将飞机飞到马耳他的行动，可能会打击撒丁岛或者袭击利古里亚海岸。2月8日下午7:00，意大利海军上将亚基诺率领作战舰队从拉斯佩齐亚出发，并与一支从墨西拿北上的巡洋舰中队会合，意大利人猜测英国人会对撒丁岛进行袭击。因此，H舰队的意图仍未被发现，并实现了彻底的出其不意。这次袭击分为两个部分。"皇家方舟"号对里窝那的炼油厂进行空袭，并在拉斯佩齐亚港布雷。在热那亚，"马来亚"号炮击了船坞，"声望"号和"谢菲尔德"号则攻击了安萨尔多造船厂。"皇家方舟"号上的3架"剑鱼"提供火炮弹着点校准。共计消耗273发15英寸、782发6英寸和400发4.5英寸口径炮弹。4艘商船被击沉，18艘受损，但在塔兰托突袭之后在干船坞中修理的"卡约·杜利奥"号战列舰却没有受损。城市本身也遭到破坏。亚基诺立即调头北上，尽管起飞了侦察机进行空中搜索，但是英国人在未被发现的情况下逃脱了。在亚基诺错误地追逐一支法国护航船队的过程中，2架意大利侦察机被击落。

法

西 班 牙

· 巴塞罗那

H舰队
海军上将詹姆斯·萨默维尔 (James Somerville)
"声望"号
"马来亚"号
"皇家方舟"号
"谢菲尔德"号
10艘驱逐舰

参加"格罗格"行动的舰艇离开直布罗陀
2月6日

日落
2月8日18

2月6日08:18

参加"纠察"行动的舰艇离开直布罗陀
1月31日

梅诺卡

· 帕尔马
马略卡岛

伊维萨岛

地

0　　　　　　　100 海里

0　　　　　　　100 千米

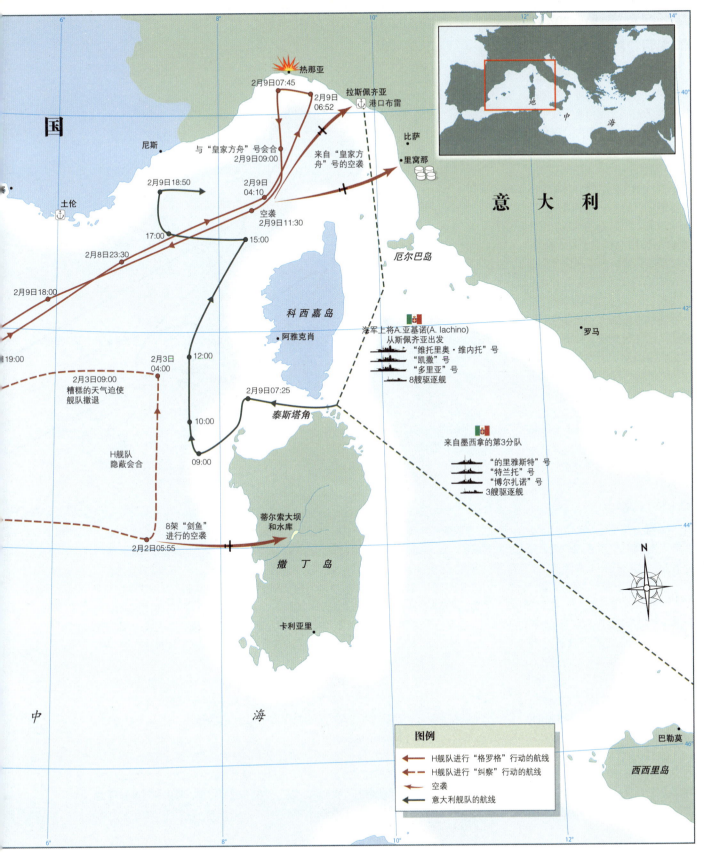

法 国

尼斯

土伦

热那亚
2月9日07:45

拉斯佩齐亚
2月9日
06:52
港口布雷

与"皇家方舟"号会合
2月9日09:00

来自"皇家方舟"号的空袭

比萨

里窝那

意 大 利

2月9日18:50

2月9日
04:10

空袭
2月9日11:30

2月9日18:00

2月8日23:30

17:00

15:00

厄尔巴岛

科 西 嘉 岛

阿雅克肖

罗马

海军上将A.亚基诺(A. Iachino)
从斯佩齐亚出发

"维托里奥·维内托"号
"凯撒"号
"多里亚"号
8艘驱逐舰

2月3日
04:00

2月3日09:00
糟糕的天气迫使
舰队撤退

12:00

2月9日07:25

泰斯塔角

来自墨西拿的第3分队

"的里雅斯特"号
"特兰托"号
"博尔扎诺"号
3艘驱逐舰

H舰队
隐蔽会合

10:00

09:00

蒂尔索大坝
和水库

19:00

8架"剑鱼"
进行的空袭

2月2日05:55

撒 丁 岛

N

卡利亚里

巴勒莫

中 海

西西里岛

图例

H舰队进行"格罗格"行动的航线
H舰队进行"纠察"行动的航线
空袭
意大利舰队的航线

马塔潘角海战，1941
年3月28日—29日

对于意大利人而言，拦截从埃及来的运送部队和补给的船队不仅是诱人的，而且鉴于阿尔巴尼亚－希腊边境的僵局，这也是必要的。德国人也期盼意大利人在爱琴海能够更加积极。3月中旬，新任舰队司令，意大利海军中将亚基诺提议对希腊护航路线进行一次袭击。为克里特岛海岸线外的舰队提供空中掩护是一个问题，最终德国和意大利的联合行动计划失败了。3月27日早上6点，亚基诺已经将他的舰队集结在意大利南部海岸线外，但是他能够奇袭英国人且英国人只有1艘战列舰可用的基本假设是错误的。由于对纳粹德国空军空中交通密码的"超级"（Ultra）破译而预先得到了警报，英国海军上将坎宁安知道意大利人的袭击近在眼前。海军中将普里德姆－威佩尔于3月27日早上率领B舰队离开比雷埃夫斯，而坎宁安于下午7:00离开亚历山大港。

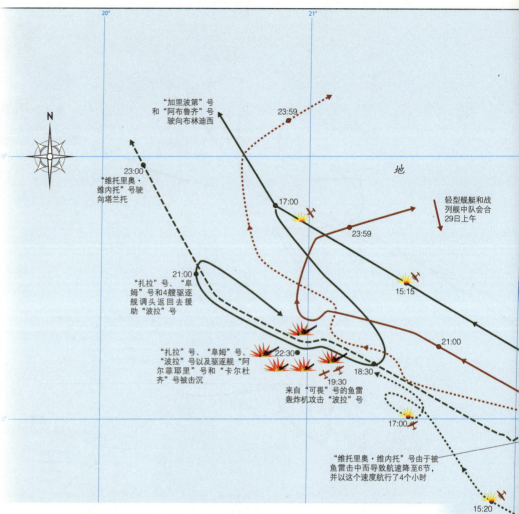

×月×日早上，意大利人分3个中队在克里特岛以南部署开来，上午8:00，"的里雅斯特"号所在分队发现了英国B舰队，并在不久之后开火。交战在最大射程上就展开了，双方都试图将对方引向己方战列舰。上午10:55，"维托里奥·维内托"号进入射程并开火，促使B舰队释放烟雾并撤退。飞机的出现证实了海上有1艘英国航母，亚基诺在上午11:40转向西北。

坎宁安开始追击，但是亚基诺拥有明显的速度优势：28节对21节。然而，坎宁安相信自己的舰队在更好的训练和雷达的帮助下，可以在夜间交战中取得胜利，他发动了多次空袭，试图减缓意大利人的速度。下午3:20，5架舰载机和从希腊起飞的3架英国皇家空军"布伦海姆"轰炸机的空袭击伤了"维托里奥·维内托"号，显著减慢了其速度。这使得B舰队得以接近，但是仍在海平面以外。整个下午，亚基诺收到的有关英国舰队的位置和兵力的报告是相互矛盾的，而他推断的英国人位置比英国人的实际位置要远。

晚上8:00左右，"波拉"号被1枚空投鱼雷击中而停了下来，晚上8:18，亚基诺命令海军中将卡塔尼奥返回提供援助，而后者在晚上9:06开始实施援助。晚上8:15左右，"阿贾克斯"号和"猎户座"号发现了在海中动弹不得的"波拉"号，并引导战列舰驶向目标。晚上10:25，英国军舰已经接近到距离意大利巡洋舰4000码以内，2分钟后在近距离平射射程开火。在7分钟内，意大利巡洋舰被打成了燃烧的残骸，随后，2艘驱逐舰也被击沉了。

为了防止分散开来的英国舰队在战斗中被友方火力误伤，坎宁安调转向东，因此剩余的意大利舰船得以逃脱。当3月29日早上英国人完成编队重整时，距离意大利人已经太远了，坎宁安下令返回亚历山大港。意大利人的损失为2303人死亡、1411人被俘，而马塔潘角海战对意大利皇家海军的士气造成了严重的不利影响。在二战余下的岁月里，意大利舰队只在地中海中部狭窄的航道上活动，因为这一区域有来自欧洲和非洲基地的空中掩护。

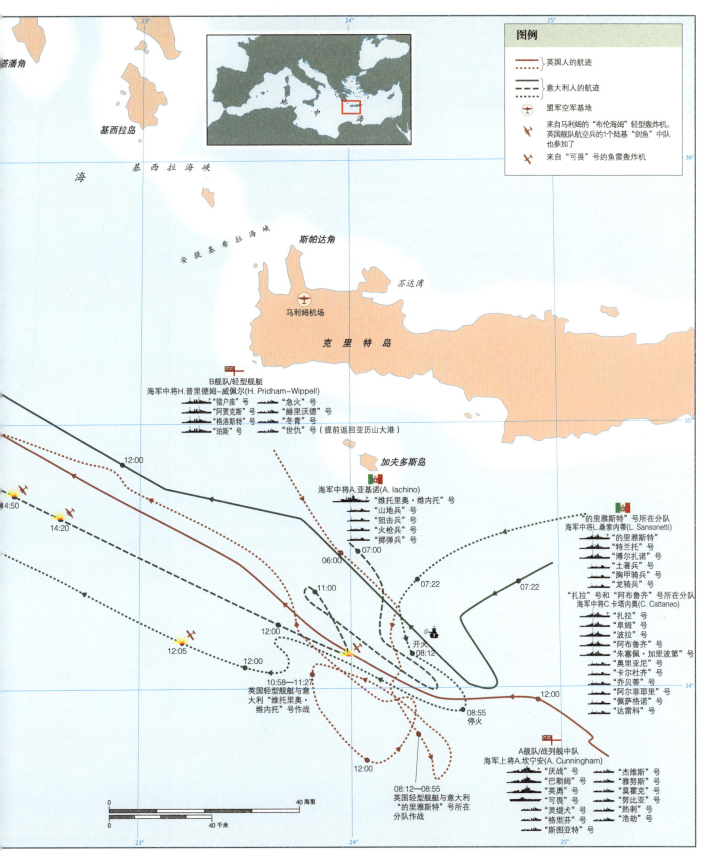

图例

⎱ 英国人的航迹	
⎰ 意大利人的航迹	
⚓	盟军空军基地
✈	来自马利姆的"布伦海姆"轻型轰炸机。英国舰队航空兵的1个陆基"剑鱼"中队也参加了
✈	来自"可畏"号的鱼雷轰炸机

塔潘角

基西拉岛

地 中 海

基西拉海峡

海

安提基奇拉海峡

斯帕达角

苏达湾

马利姆机场

克 里 特 岛

B舰队/轻型舰艇
海军中将H.普里德姆-威佩尔(H. Pridham-Wippell)

"猎户座"号	"急火"号
"阿贾克斯"号	"赫里沃德"号
"格洛斯特"号	"冬青"号
"珀斯"号	"世仇"号（提前返回亚历山大港）

加夫多斯岛

海军中将A.亚基诺(A. Iachino)

"维托里奥·维内托"号
"山地兵"号
"狙击兵"号
"火枪兵"号
"掷弹兵"号

12:00

4:50

14:20

06:00

07:00

11:00

12:00

12:05

12:00

07:22

07:22

开火
08:12

"的里雅斯特"号所在分队
海军中将L.桑索内蒂(L. Sansonetti)

"的里雅斯特"号
"特兰托"号
"博尔扎诺"号
"土著兵"号
"胸甲骑兵"号
"龙骑兵"号

"扎拉"号和"阿布鲁齐"号所在分队
海军中将C.卡塔内奥(C. Cattaneo)

"扎拉"号
"阜姆"号
"波拉"号
"阿布鲁齐"号
"朱塞佩·加里波第"号
"奥里亚尼"号
"卡尔杜齐"号
"乔贝蒂"号
"阿尔菲耶里"号
"佩萨格诺"号
"达雷科"号

10:58—11:27
英国轻型舰艇与意大利"维托里奥·维内托"号作战

08:55
停火

12:00

12:00

A舰队/战列舰中队
海军上将A.坎宁安(A. Cunningham)

"厌战"号	"杰维斯"号
"巴勒姆"号	"雅努斯"号
"英勇"号	"莫霍克"号
"可畏"号	"努比亚"号
"灵缇犬"号	"热刺"号
"格里芬"号	"浩劫"号
"斯图亚特"号	

08:12—08:55
英国轻型舰艇与意大利"的里雅斯特"号所在分队作战

0 _____ 40 海里
0 _____ 40 千米

71

在斯法克斯海岸线外的战斗，1941年4月15日—16日

　　为了阻止补给源源不断地流向在利比亚的轴心国军队——他们正在将西部沙漠中的盟军逐回，英国海军上将坎宁安命令海军上校菲利普·麦克指挥的第14驱逐舰支队于4月10日从克里特岛转移至马耳他。他们将和以马耳他为基地的潜艇一起攻击轴心国在西侧航线上的补给船队。该航线在西西里岛海峡的最窄点穿过地中海，并利用法属突尼斯海岸线作为掩护。麦克的舰队于4月11日抵达马耳他，然后马上开始进行进攻性巡逻。白天，它们在来自马耳他的战斗机的掩护下行动，夜晚则沿着护航路线行动。前2次巡逻毫无收获。4月15日下午6时，1架"马里兰"轻型轰炸机发现了一支由5艘舰船组成的船队和3艘为其护航的驱逐舰。麦克制定了拦截路线，在抵达盖尔甘奈群岛以外海域时调头向北，迎击这支护航船队。经过1个小时毫无收获的搜索之后，马克认为他错失了护航船队，只有返回向南搜索才能发现它。意大利指挥官知道该区域有一支英国舰队，但是没有想到它会从船艉方向靠近。快到下午2点的时候，这支护航船队被发现了，20分钟后，英国驱逐舰在2000码的距离上开火。在这场近距离交战中，双方一直打到距离近至50码，整支护航船队都被击沉了，而英国"莫霍克"号也被击沉。轴心国的确切损失仍然未知，但是人员损失可能高达1800人，另有1217人被救起。这次损失的还有350名德国士兵、300辆汽车和3500吨物资。

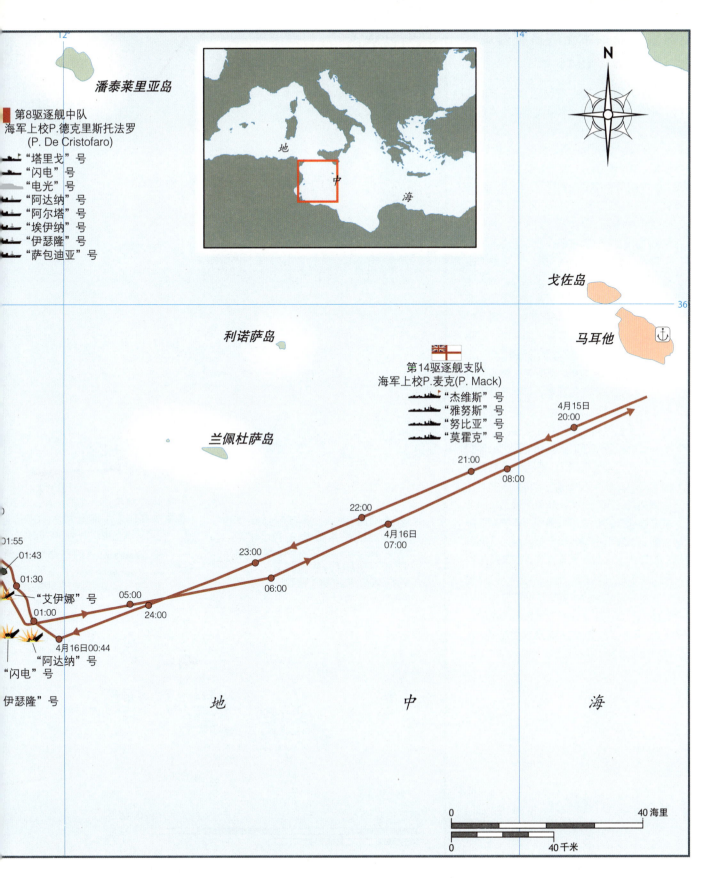

潘泰莱里亚岛

■ 第8驱逐舰中队
海军上校P.德克里斯托法罗
(P. De Cristofaro)

"塔里戈"号
"闪电"号
"电光"号
"阿达纳"号
"阿尔塔"号
"埃伊纳"号
"伊瑟隆"号
"萨包迪亚"号

戈佐岛

马耳他

利诺萨岛

第14驱逐舰支队
海军上校P.麦克(P. Mack)
"杰维斯"号
"雅努斯"号
"努比亚"号
"莫霍克"号

4月15日
20:00

兰佩杜萨岛

21:00

08:00

22:00

4月16日
07:00

23:00

06:00

01:55

01:43

05:00

01:30

"艾伊娜"号

24:00

01:00

4月16日00:44

"阿达纳"号

"闪电"号

"伊瑟隆"号

地　中　海

0   40 海里

0   40 千米

英国皇家海军本土舰队在挪威水域的行动，1941 年

  1940 年的战败之后，英国在西北欧发起进攻行动的能力非常有限。尽管丘吉尔希望通过秘密组织和突击队的行动点燃欧洲，但是本土防御、大西洋和地中海的重要性更高。到 1940 年下半年，情况很明显，需要一些小规模的突袭来为未来的两栖作战积累经验。挪威海岸线在夜晚时间很长的冬季几个月里基本上不设防，是理想的突袭地点。1941 年 3 月 4 日，盟军对罗弗敦群岛进行了一次突袭，因为这里足够偏远，不会吸引德国人太多的注意，而当地的鱼油工业也使得这一计划具有一些战略目的。一支英国 – 挪威联合部队摧毁了当地的工业设施和 19350 吨的船舶，而自身毫无损失。"阔剑"行动的军事意义不大，但它是一场胜仗，它使希特勒开始担忧盟军会对挪威发动入侵。

  在德国入侵苏联之后，苏联要求英国进行作战行动，以转移德国的注意力。英国海军部命令极不情愿的海军上将托维动用本土舰队的航母去打击在希尔克内斯和佩萨莫的德国航运和军队，以减轻苏军在北极前线的压力。事实证明，"EF"行动是失败的，因为它给德国造成的损失很小，而失去突然性和德国人的严密防守导致英国海军航空大队遭受严重伤亡。英国人曾考虑把斯匹茨卑尔根岛用作掩护北极护航船队的海军舰队的基地，但是经过仔细观察之后，那里的条件似乎太荒凉了。取而代之的是，8 月进行了一次远征，派一支加拿大部队登陆（"护手"行动）并摧毁采矿设施并撤离居住在那里的苏联矿工。对罗弗敦群岛的第二次突袭于 12 月进行，但只要德国人掌握着空中优势，就不可能取得长久的结果。

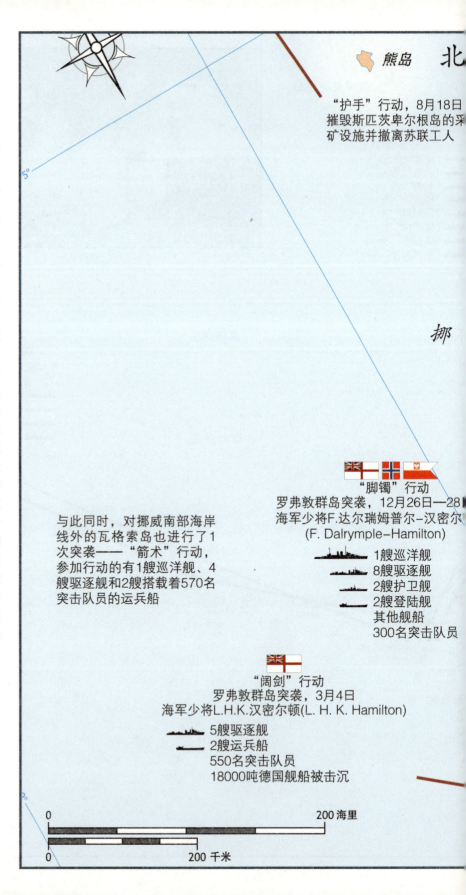

熊岛　北

"护手"行动，8 月 18 日
摧毁斯匹茨卑尔根岛的采矿设施并撤离苏联工人

挪

"脚镯"行动
罗弗敦群岛突袭，12 月 26 日——28 日
海军少将 F. 达尔瑞姆普尔–汉密尔顿
(F. Dalrymple-Hamilton)

- 1 艘巡洋舰
- 8 艘驱逐舰
- 2 艘护卫舰
- 2 艘登陆舰
  其他舰船
  300 名突击队员

与此同时，对挪威南部海岸线外的瓦格索岛也进行了 1 次突袭——"箭术"行动，参加行动的有 1 艘巡洋舰、4 艘驱逐舰和 2 艘搭载着 570 名突击队员的运兵船

"阔剑"行动
罗弗敦群岛突袭，3 月 4 日
海军少将 L.H.K. 汉密尔顿(L. H. K. Hamilton)

- 5 艘驱逐舰
- 2 艘运兵船
  550 名突击队员
  18000 吨德国舰船被击沉

0　　　　　　　　　　　　200 海里

0　　　　　　　　　　　　200 千米

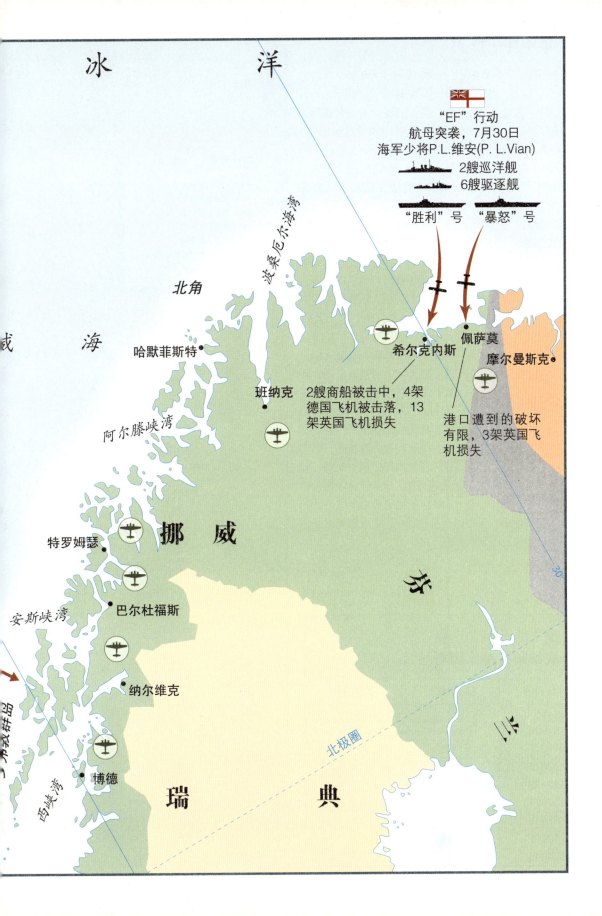

冰　　　洋

北角

波桑厄尔海湾

哈默菲斯特

班纳克

特罗姆瑟

巴尔杜福斯

挪　威

芬

纳尔维克

博德

瑞　　典

阿尔滕峡湾

安斯峡湾

西峡湾

"EF"行动
航母突袭，7月30日
海军少将P.L.维安(P. L.Vian)
2艘巡洋舰
6艘驱逐舰
"胜利"号　"暴怒"号

希尔克内斯

佩萨莫

摩尔曼斯克

2艘商船被击中，4架
德国飞机被击落，13
架英国飞机损失

港口遭到的破坏
有限，3架英国飞
机损失

北极圈

30

75

大西洋战役，1941 年 4 月—12 月

　　虽然德国人在4月击沉的盟国船只数量创下了纪录，但在战役的第3个阶段可以看到他们的胜果开始减少了。以前，德国人的进攻依靠多种不同的攻击方式，然而在整个1941年，潜艇成为主要武器。"俾斯麦"号被击沉后，纳粹德国海军的水面舰队再也无法扮演积极的角色了，辅助巡洋舰的作战转移到南大西洋和印度洋。在苏德战争开始后，纳粹德国空军越来越多地撤出大西洋战役。尽管从4月开始纳粹德国海军手头可用于作战的潜艇数量显著增加了，但是收获的成果却减少了。此前在大西洋每损失1艘潜艇可以换取击沉150000吨的盟国舰船，而现在这个数字下降到1艘潜艇换取75000吨的盟国舰船。

　　德国人的胜果下降有很多原因，其中英国人对参与贸易保护的海军和空军装备的重组是至关重要的。英国组建了固定的护航大队，它们为船队护航的区域也向西扩大。到4月时，护航舰艇定期在冰岛加油，进一步扩大了它们的活动范围。5月，英国人要求加拿大人将作战范围扩大到加拿大海岸区域以外，6月，第一批船队获得了跨大西洋的护航。为了扩大护航规模，需要能力更强的护航舰船，那些从1940年底就已订购的舰船此时也开始交付使用了。雷达、短程语音无线电设备和更好的反潜武器等新装备也提高了护航舰艇作战协调和击毁U型潜艇的能力。加拿大皇家空军得到了一些"卡特琳娜"水上飞机，扩大了加拿大空军基地所能提供的空中掩护的范围，尽管它仍然是有限的。向东航行的船队规模也增加到50至60艘舰船，以更有效地利用数量仍然有限的护航舰船，规模更大的护航船队有效地降低了遭遇潜艇的概率——潜艇也散布得很稀疏了。信号情报也使护航船队得以在危险区域周围改变航线。

　　潜艇无法参与在大西洋东部对得到更好保护的船队进行的海面攻击，因而不得不在大西洋中部和非洲海岸线外行动，驶向这些区域增加了航渡时间，导致潜艇在阵位上的时间减少。但是在盟军力量薄弱的区域，潜艇仍能取得一些胜果，在5月被潜艇击沉的58艘舰船中，有32艘是在弗里敦海岸线外，那里几乎没有反潜力量。美国人越来越多地干预也产生了影响，之后随着潜艇逐渐转移到地中海和北冰洋，大西洋战役在秋季停滞下来。

损失的商船和潜艇 （所有战场和各种原因而导致）			
月份	吨位(吨)	船只(艘)	潜艇(艘)
1941年			
4月	687901	195	2
5月	511042	139	1
6月	432025	109	4
7月	120975	43	1
8月	130699	41	3
9月	285942	84	2
10月	218289	51	2
11月	104640	35	5

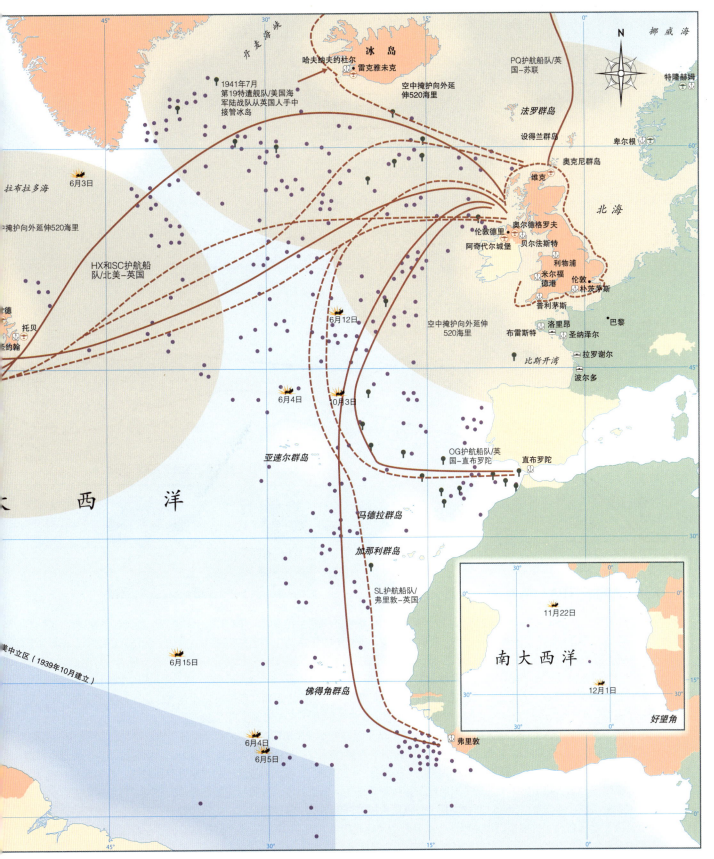

哥麦海峡

冰岛

哈夫纳夫约杜尔

雷克雅未克

空中掩护向外延伸520海里

PQ护航船队/英国–苏联

特隆赫姆

法罗群岛

设得兰群岛

卑尔根

奥克尼群岛

维克

北海

1941年7月第19特遣舰队/美国海军陆战队从英国人手中接管冰岛

拉布拉多海

6月3日

空中掩护向外延伸520海里

奥尔德格罗夫

伦敦德里

阿奇代尔城堡

贝尔法斯特

利物浦

米尔福

德港

伦敦

朴茨茅斯

普利茅斯

HX和SC护航船队/北美–英国

托贝

圣约翰

空中掩护向外延伸520海里

6月12日

洛里昂

巴黎

布雷斯特

圣纳泽尔

拉罗谢尔

波尔多

比斯开湾

6月4日

10月3日

亚速尔群岛

大 西 洋

OG护航船队/英国–直布罗陀

直布罗陀

马德拉群岛

加那利群岛

SL护航船队/弗里敦–英国

美中立区（1939年10月建立）

6月15日

南 大 西 洋

11月22日

12月1日

好望角

佛得角群岛

6月4日

6月5日

弗里敦

77

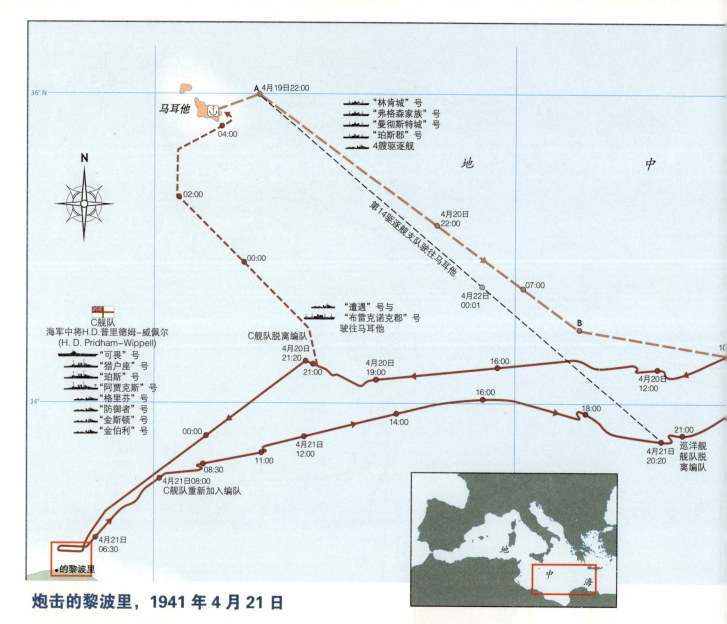

炮击的黎波里，1941 年 4 月 21 日

　　埃德温·隆美尔将军在 3 月 24 日发动进攻之后，盟军在西部沙漠的阵地全线崩溃，隆美尔重新夺回意大利人在冬季丢失的领地。到 4 月 14 日时，轴心国军队已经穿过埃及边境，并将 1 支较大规模的盟军部队包围在托布鲁克。再加上德国入侵希腊，局势引起了伦敦的极大担忧。4 月 15 日，海军上将坎宁安奉命采取有力的措施来阻止形势进一步恶化。实际上，他已经向马耳他派出了更多的驱逐舰，这些驱逐舰将在夜间阻截斯法克斯海岸线外的轴心国补给的行动中证明自身的价值。北非的轴心国军队易受攻击，因为的黎波里是其运送补给的唯一主要港口。此港口最多可容纳 24 艘船，并且这里还有大型的石油和汽油仓库。在盟军这边，昔兰尼加机场的丢失削弱了英国阻断轴心国补给的能力，但无论如何，此时都需要一次更为直接的行动。

　　丘吉尔想通过凿沉"巴勒姆"号战列舰和 1 艘巡洋舰的办法来阻塞的黎波里港口航道，但坎宁安并不愿意牺牲宝贵的舰船。相反，他提出在 4 月 21 日用地中海舰队炮击港口。这将是一场大规模的作战行动，涉及到地中海舰队的大部分舰船，借此机会向马耳他运送补给，从马耳他带出大量船只，并将护航船队驶往克里特岛。4 月 18 日，舰队从亚历山大港驶往克里特岛，途中还有一些军舰加入。在实际的炮击之前，英国皇家空军的"威灵顿"和英国海军舰队航空兵的"剑鱼"将轰炸港口，来自"可畏"号的飞机投下照明弹，并为舰船提供火炮弹着点校准。战列舰和"格洛斯特"号炮击基础设施类的目标，而驱逐舰则攻击港口中的舰船。实际结果令人失望，因为烟雾遮挡了大多数炮击目标——此次炮击大约耗费了 500 发 15 英寸和 1500 发较小口径的炮弹。然而，这次作战行动确实出乎意大利人的意料，所以几乎没有遭遇敌方的空中反击。

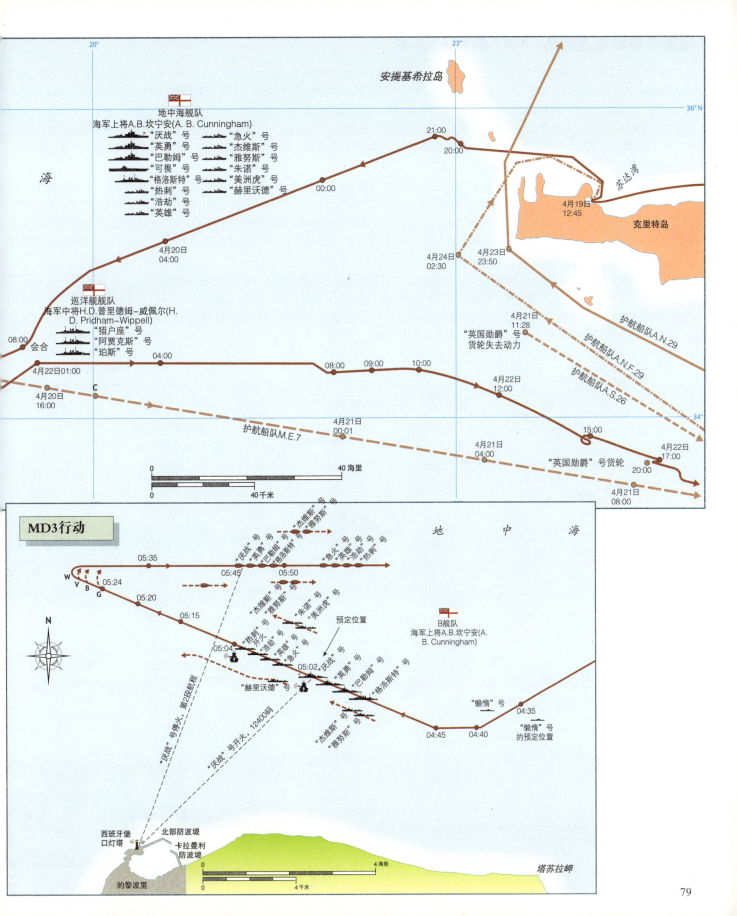

安提基希拉岛

地中海舰队
海军上将A.B.坎宁安(A. B. Cunningham)

"沃战"号	"急火"号
"英勇"号	"杰维斯"号
"巴勒姆"号	"雅努斯"号
"可畏"号	"朱诺"号
"格洛斯特"号	"美洲虎"号
"热刺"号	"赫里沃德"号
"浩劫"号	
"英雄"号	

海

21:00
20:00

00:00

苏达湾

4月19日
12:45

克里特岛

4月20日
04:00

4月24日
02:30

4月23日
23:50

巡洋舰舰队
海军中将H.D.普里德姆-威佩尔(H. D. Pridham-Wippell)

"猎户座"号
"阿贾克斯"号
"珀斯"号

08:00
会合

04:00

4月21日
11:28
"英国勋爵"号
货轮失去动力

护航船队A.N.29

护航船队A.N.F.29

护航船队A.S.26

4月22日01:00

08:00 09:00 10:00

4月22日
12:00

4月20日
16:00

C

护航船队M.E.7

4月21日
00:01

4月21日
04:00

15:00

"英国勋爵"号货轮

4月22日
17:00

20:00

4月21日
08:00

0 ———————— 40 海里

0 ———————— 40 千米

MD3行动

05:35

"沃战"号 "英勇"号 "巴勒姆"号 "格洛斯特"号 "杰维斯"号 "雅努斯"号 "急火"号 "英雄"号 "浩劫"号 "热刺"号

地 中 海

W V B G 05:24

05:20

05:45

05:50

"杰维斯"号 "雅努斯"号

"朱诺"号 "美洲虎"号

05:15

N

05:04
"热刺"号
开火

"浩劫"号 "英雄"号 "急火"号

预定位置

05:02 "沃战"号

"赫里沃德"号

"英勇"号 "巴勒姆"号 "格洛斯特"号

B舰队
海军上将A.B.坎宁安(A. B. Cunningham)

"沃战"号德火,第2段航程

"杰维斯"号 "雅努斯"号

"懒惰"号

04:35

"沃战"号开火, 12400吗

04:45 04:40

"懒惰"号
的预定位置

西班牙堡
口灯塔

北部防波堤

卡拉曼利
防波堤

的黎波里

0 ———— 4 海里

0 ———— 4 千米

塔苏拉岬

79

撤离希腊和克里特岛，1941年4月—5月

盟军刚完成在希腊的集结（"光彩"行动），就需要为撤离做准备。德国人在希腊北部的快速推进意味着战役开始10天后，亚历山大港的英国指挥官们就启动了"恶魔"行动，4月17日，海军少将贝利－格罗曼抵达比雷埃夫斯港组织撤离。问题非常多，因为德国人掌握着制空权，而英国、澳大利亚和新西兰军队散布在整个希腊南部。比雷埃夫斯港口很大程度上也无法使用，因为德国人在4月6日的一次空袭击中了载有爆炸物的"弗雷泽家族"号，导致了毁灭性的爆炸。"恶魔"行动本应于4月28日开始，但是4月21日希腊投降加速了时间表。在4月24日至5月1日，盟军士兵于夜间从9个不同地点直接从海滩撤离。英国共损失了2艘驱逐舰和5艘商船。此外，希腊海军损失了多艘驱逐舰，3艘荷兰船只和23艘希腊船只也被击沉。

此后，战争的焦点转移到克里特岛，那里的大部分士兵都是从希腊撤离过来的。英国皇家海军的任务是阻止轴心国的海上入侵和维持岛上盟军士兵的补给。在5月15日至19日，地中海舰队被编成4个分舰队，对通往克里特岛的水道进行夜间扫荡（不是所有分舰队都一直在阵位上）。德国人的进攻于5月20日上午8点开始——对克里特岛的多处要点进行了空降突击，德国人的制空权对英国人的海军行动而言是一个严重阻碍。虽然一支德国突击船队在5月21日至22日夜间的"卢波护航"行动中被摧毁，但是德国人的进攻规模仍导致英国人在5月26日下令撤离。

英国海军损失惨重。3艘巡洋舰被击沉，3艘严重受损，3艘轻微受损。6艘驱逐舰损失，7艘受损。此外，"厌战"号、"英勇"号和"可畏"号所需的维修只能在地中海之外进行。海军人员伤亡总计为2011人，其中大部分是死亡。32000名士兵中有16500人被疏散到埃及。4月24日至6月2日，盟国损失46艘商船，合计137934吨。3月至6月，在希腊水域损失的商船总计达102艘。

图例

- 被击沉的英国军舰
- 被击沉的英国运输船
- 盟军撤离点
- 德国前进路线

"玛莉塔"行动，德国入侵希腊4月6日—30日

"恶魔"行动

希腊的盟军部队撤离
4月24日至5月1日
此次行动共有50732名士兵登船，少量士兵和平民随后到达

0 —— 40 海里
0 —— 40 千米

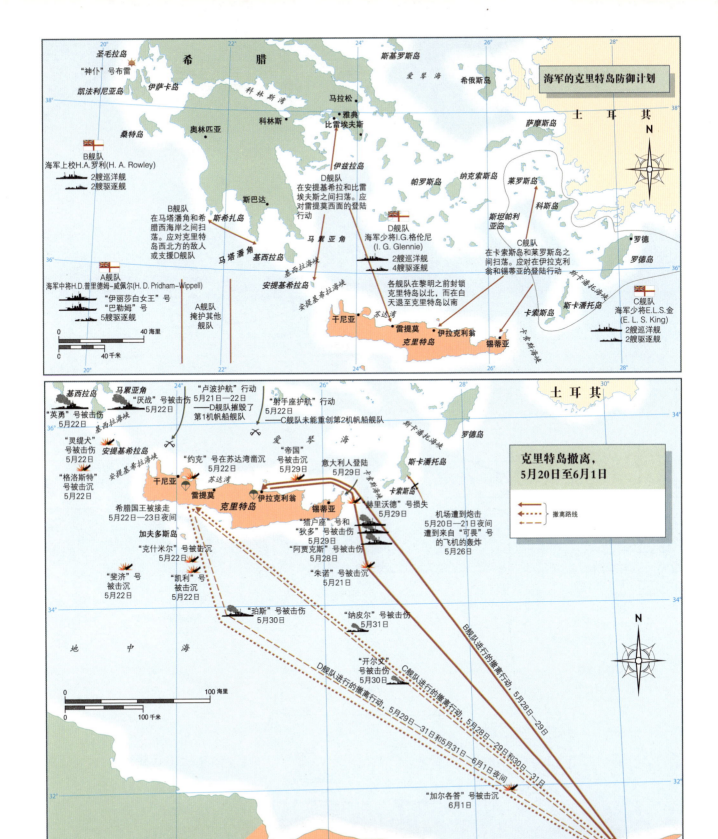

海军的克里特岛防御计划

圣毛拉岛
"神仆"号布雷
凯法利尼亚岛
伊萨卡岛

希 腊

科林斯湾

斯基罗斯岛
爱琴海
希俄斯岛
萨摩斯岛

土 耳 其

N

马拉松
雅典
比雷埃夫斯
科林斯

伊兹拉岛

帕罗斯岛
纳克索斯岛
莱罗斯岛
科斯岛

斯坦帕利亚岛

桑特岛

奥林匹亚

B舰队
海军上校H.A.罗利(H. A. Rowley)
2艘巡洋舰
2艘驱逐舰

斯巴达

斯希扎岛

B舰队
在马塔潘角和希腊西海岸之间扫荡。应对克里特岛西北方的敌人或支援D舰队

马塔潘角
基西拉岛

基西拉海峡

D舰队
在安提基希拉和比雷埃夫斯之间扫荡。应对雷提莫西面的登陆行动

马累亚角

D舰队
海军少将I.G.格伦尼
(I. G. Glennie)
2艘巡洋舰
4艘驱逐舰

C舰队
在卡索斯岛和莱罗斯岛之间扫荡。应对在伊拉克利翁和锡蒂亚的登陆行动

罗德
罗德岛

A舰队
海军中将H.D.普里德姆-威佩尔(H. D. Pridham-Wippell)
"伊丽莎白女王"号
"巴勒姆"号
5艘驱逐舰

A舰队
掩护其他
舰队

安提基希拉
安提基希拉海峡

各舰队在黎明之前封锁克里特岛以北，而在白天退至克里特岛以南

苏达湾

干尼亚

雷提莫
克里特岛

伊拉克利翁
锡蒂亚

卡索斯岛
斯卡潘托斯岛

卡索斯海峡

斯卡潘托岛
斯卡潘托斯岛

C舰队
海军少将E.L.S.金
(E. L. S. King)
2艘巡洋舰
2艘驱逐舰

0 ____ 40 海里
0 ____ 40 千米

基西拉岛
马累亚角
"英勇"号被击伤
5月22日
"厌战"号被击伤
5月22日

基西拉海峡

"灵缇犬"号被击伤
5月22日
安提基希拉
"格洛斯特"号被击沉
5月22日

安提基希拉海峡

"卢波护航"行动
5月21日—22日
D舰队摧毁了第1机帆船舰队

"射手座护航"行动
5月22日
C舰队未能重创第2机帆船舰队

爱琴海

斯卡潘托斯岛
罗德岛

土 耳 其

克里特岛撤离，
5月20日至6月1日

撤离路线

"约克"号在苏达湾凿沉
5月22日
干尼亚
苏达湾

"帝国"号被击沉
5月29日

意大利人登陆
5月29日

卡索斯海峡
卡索斯岛

斯卡潘托斯岛

希腊国王被接走
5月22日—23日夜间

雷提莫
克里特岛
伊拉克利翁
锡蒂亚

"赫里沃德"号损失
5月29日

机场遭到炮击
5月20日—21日夜间
遭到来自"可畏"号的飞机的轰炸
5月26日

加夫多斯岛
"克什米尔"号被击沉
5月22日

"猎户座"号和"狄多"号被击伤
5月29日
"阿贾克斯"号被击伤
5月28日

"斐济"号被击沉
5月22日

"凯利"号被击沉
5月22日

"朱诺"号被击沉
5月21日

地 中 海

"珀斯"号被击伤
5月30日

"纳皮尔"号被击伤
5月31日

B舰队进行的撤离行动，5月28日—29日

D舰队进行的撤离行动，5月29日—31日和5月31日—6月1日夜间

C舰队进行的撤离行动，5月28日—29日和30日—31日

"开尔文"号被击伤
5月30日

"加尔各答"号被击沉
6月1日

N

0 ____ 100 海里
0 ____ 100 千米

埃 及

亚历山大港

81

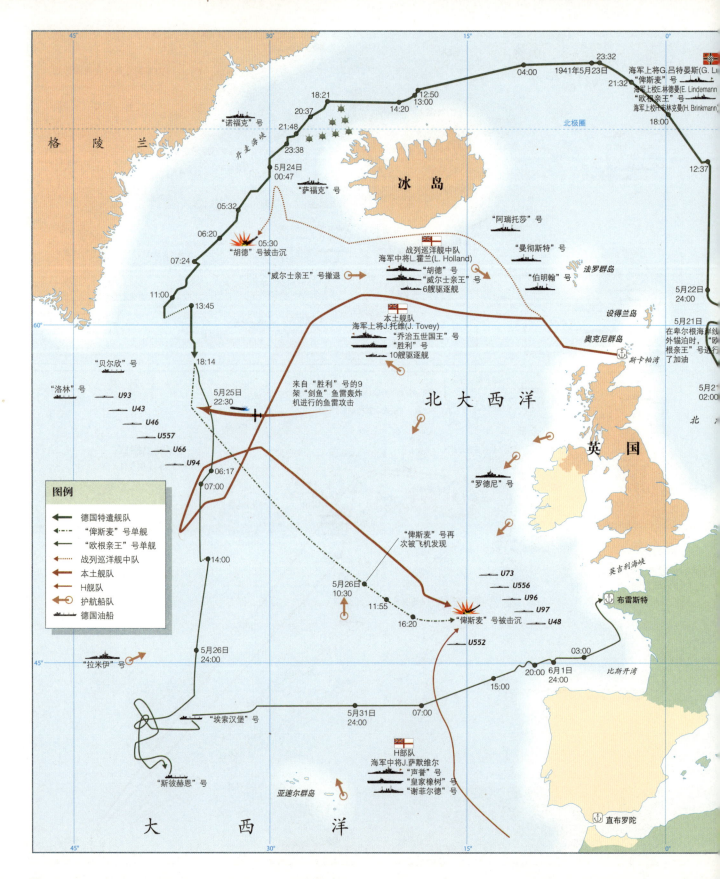

海军上将G.吕特晏斯(G. Lu
"俾斯麦"号
海军上校E.林德曼(E. Lindemann
"欧根亲王"号
海军上校H.布林克曼(H. Brinkmann'

23:32
04:00　1941年5月23日
21:32
18:00

12:37

北极圈

格 陵 兰

"诺福克"号
18:21
20:37
21:48
23:38
5月24日
00:47
"萨福克"号

冰 岛

"阿瑞托莎"号
"曼彻斯特"号
法罗群岛
"伯明翰"号

5月22日
24:00

设得兰岛

05:32
06:20
07:24
11:00
13:45

05:30 "胡德"号被击沉

"威尔士亲王"号撤退

战列巡洋舰中队
海军中将L.霍兰(L. Holland)
"胡德"号
"威尔士亲王"号
6艘驱逐舰

奥克尼群岛
斯卡帕湾

5月21日
在卓尔根海岸线
外锚泊时,"欧
根亲王"号进行
了加油

本土舰队
海军上将J.托维(J. Tovey)
"乔治五世国王"号
"胜利"号
10艘驱逐舰

北 大 西 洋

18:14

5月25日
22:30

来自"胜利"号的9
架"剑鱼"鱼雷轰炸
机进行的鱼雷攻击

英 国

"贝尔欣"号
"洛林"号
U93
U43
U46
U557
U66
U94
06:17
07:00

北

5月2
02:0

图例
德国特遣舰队
"俾斯麦"号单舰
"欧根亲王"号单舰
战列巡洋舰中队
本土舰队
H舰队
护航船队
德国油船

"罗德尼"号

英吉利海峡

14:00

"俾斯麦"号再
次被飞机发现

5月26日
10:30
11:55
16:20

U73
U556
U96
U97
U48

布雷斯特

"俾斯麦"号被击沉
U552

03:00

5月26日
24:00

"拉米伊"号

15:00

07:00
5月31日
24:00

20:00
6月1日
24:00

比斯开湾

"埃索汉堡"号

"斯彼赫恩"号

亚速尔群岛

H部队
海军中将J.萨默维尔(J. Somerville)
"声誉"号
"皇家橡树"号
"谢菲尔德"号

直布罗陀

大　西　洋

82

击沉"俾斯麦"号，5月27日

"乔治五世国王"号
10:45

"罗德尼"号
海军上校F.达尔林普尔–汉密尔顿(F. Dalrymple-Hamilton)

5月27日08:00

"乔治五世国王"号
海军上校W.帕特森
(W. Patterson)

开火
08:47

开火
08:48

10:30

"罗德尼"号
10:23

10:22
停火

"诺福克"号
10:00

"俾斯麦"号被击沉
5月27日10:36

10:25
发射鱼雷

"多塞特郡"号

09:40

"俾斯麦"号
5月27日
08:00

09:30

"俾斯麦"号开火

0   10 海里

0   10 千米

N

波罗的海

从哥腾哈芬（格
丁尼亚）起航

5月18日
21:30

德　国

丹麦海峡海战，5月24日

"萨福克"号所在
方位（9英里）

05:35

05:53

"欧根亲王"号
"俾斯麦"号
第1次齐射，
26500码

"诺福克"号
05:35

最后1次齐射，
14000码

350° 26英里

018° 10英里

"胡德"号被击沉
06:00

05:55

"威尔士亲王"号
5月24日
05:30

"胡德"号

航向280°

第5次齐射，来
自"俾斯麦"号

06:06

06:10

航向300°

航向240°
28节

05:35

05:38

06:15

06:33

06:27

06:20

06:24

06:40

06:50

"威尔士亲王"号

N

0   5 海里

0   5 千米

"莱茵演习"行动，1941年5月18日—27日

　　"俾斯麦"号战列舰在5月突破进入大西洋，至此水面袭击舰战役达到高潮。基于对之前作战行动的分析，纳粹德国海军认为如果两个战列舰大队同时在大西洋进行作战行动，英国的护航系统可能会被逼到崩溃点。英国人将没有足够的主力舰来应对这一规模的袭击。2艘现代化的德国15英寸炮战列舰便足以打破一支护航船队所可能拥有的任何保护。然而，根本没有舰艇可以用于这样一场行动。"提尔皮茨"号尚未做好战斗准备，所以"俾斯麦"号不得不与"欧根亲王"号一起出航。"欧根亲王"号与"希佩尔海军上将"号的设计相同，并不适合大西洋的作战行动。更重要的是，"沙恩霍斯特"号在布雷斯特受损导致并没有第2支战列舰大队参加行动。然而，纳粹德国海军进行这次作战行动的决定必须要在此时距离入侵苏联已经不足4个星期的背景下看待。与之前的作战行动不同，德国人无法指望出其不意，因为英国人在德国舰船离开北海时就已经知道这次行动了。由于"俾斯麦"号构成的巨大威胁，所有可用的英国舰艇都参加了随后的猎杀行动——"俾斯麦"号在一场仅仅8分钟的海上交战中击沉了英国最著名的战列巡洋舰"胡德"号，这证明了它有多么危险。

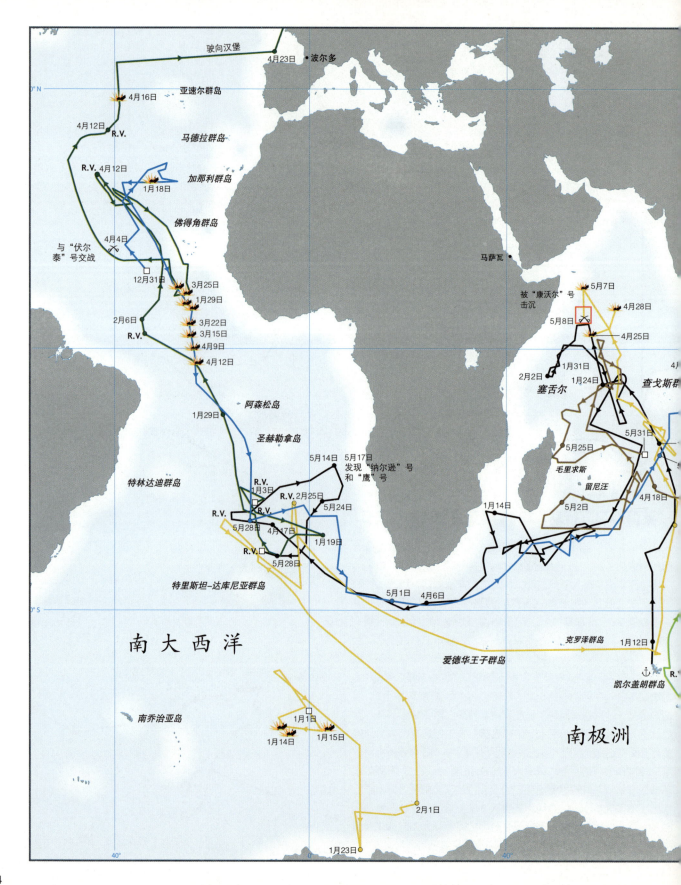

駛向漢堡　　　　　　4月23日　波爾多
亚速尔群岛
4月16日
4月12日
R.V.
马德拉群岛
R.V. 4月12日
1月18日　加那利群岛
佛得角群岛
与"伏尔
泰"号交战　4月4日
12月31日
3月25日
1月29日
2月6日
3月22日
R.V.　　3月15日
4月9日
4月12日
阿森松岛
1月29日
圣赫勒拿岛
特林达迪群岛
发现"纳尔逊"号
5月14日 5月17日 和"鹰"号
R.V.
1月3日
R.V. 2月25日
R.V.　R.V.
5月28日 4月17日 5月24日
R.V.　　1月19日
5月28日
特里斯坦-达库尼亚群岛
5月1日　4月6日
被"康沃尔"号
击沉　5月7日
5月8日　4月28日
4月25日
1月31日
2月2日　1月24日　查戈斯群
塞舌尔
5月31日
5月25日
毛里求斯　　4月18日
留尼汪
5月2日
1月14日
克罗泽群岛　1月12日
南大西洋
爱德华王子群岛
凯尔盖朗群岛　R.V.
南乔治亚岛
1月1日
1月14日　1月15日
南极洲
2月1日
1月23日

84

德国辅助巡洋舰行动，1941 年 1 月—5 月

在 1941 年第 1 季度，德国辅助巡洋舰到达成功的顶峰。水面袭击舰在北大西洋作战，辅助巡洋舰专注于南大西洋和印度洋作战。然而，各舰的表现有很大差异。部分是各舰的狩猎场不同的反映，部分是运气的缘故。"猎户座"号和"彗星"号在南太平洋很少发现目标，因为在 1940 年德国发动袭击后盟国已经加强了该地区航运的保护措施。1 月，"企鹅"号在南极洲海岸线外成功袭击了几乎没有保护的挪威捕鲸船队；事实证明"雷神托尔"号是一艘幸运舰，它在 1940 年 2 次遭遇英国武装商船巡洋舰，并且还击败了武装薄弱的"伏尔泰"号。

德国人的策略是在每个大洋部署 2 艘或 3 艘舰艇作战。它们持续不断地转移，有时在各大洋之间互换，以制造混乱和对扰乱盟国航运发挥最大的影响。为了使这些舰艇在海上持续航行，必须付出大量的后勤努力。在 1939 年至 1941 年，39 艘商船和油船被用来为水面袭击舰和辅助巡洋舰提供补给。此外，22 艘被俘获的盟国舰船也被用作支援船。5 月 8 日，"康沃尔"号巡洋舰赶上了"企鹅"号，后者在其雷达上发现了英国军舰，为避免交战而调转航向。"康沃尔"号紧随其后并在当天下午将其击沉。"企鹅"号的航行持续了大约 10 个月，其间它已经俘获或击沉船只 28 艘。意大利辅助巡洋舰"拉姆布 I"号于 2 月 2 日从马萨瓦起航，但是于 2 月 27 日被新西兰巡洋舰"利安得"号击毁。

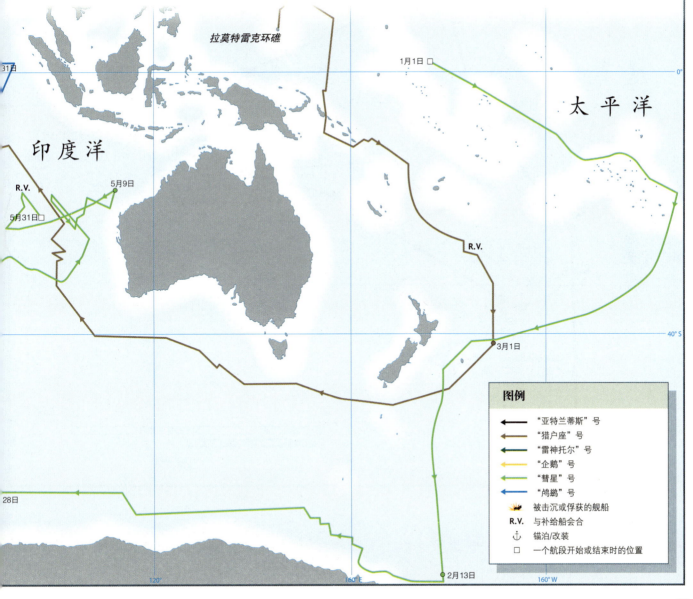

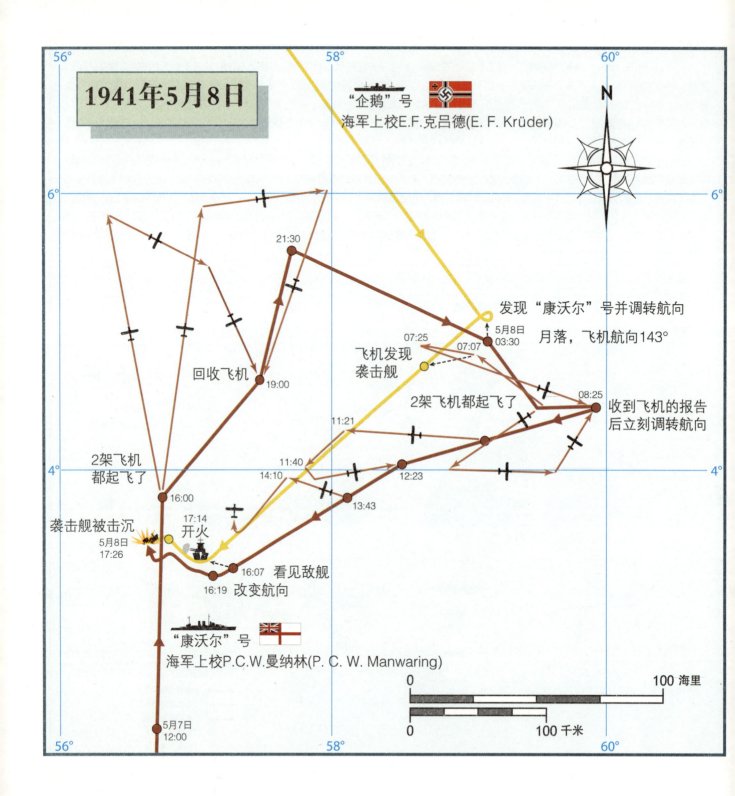

1941年5月8日

"企鹅"号
海军上校E.F.克吕德(E. F. Krüder)

N

发现"康沃尔"号并调转航向
月落,飞机航向143°

5月8日
03:30

07:25
07:07

飞机发现
袭击舰

21:30

回收飞机
19:00

2架飞机都起飞了

11:21

收到飞机的报告
后立刻调转航向
08:25

2架飞机
都起飞了

16:00

11:40
14:10
12:23
13:43

袭击舰被击沉
5月8日
17:26

17:14
开火

16:07 看见敌舰
16:19 改变航向

"康沃尔"号
海军上校P.C.W.曼纳林(P. C. W. Manwaring)

5月7日
12:00

0   100 海里

0   100 千米

苏联，1941 年

　　从历史上看，俄罗斯海军一直面临地理分隔的问题，其 3 个主力舰队分别位于波罗的海、黑海和太平洋。每支舰队进入公海均受到限制的事实使得情况更加复杂。在波罗的海，冰山和敌人对芬兰湾海岸线的控制可能使波罗的海舰队无法机动。达达尼尔海峡控制着进入黑海的通道，而日本则看守着俄国人进入太平洋的通道。在两次世界大战之间，苏联海军力量被大大削弱，部分是由于第一次世界大战的失败，部分原因是革命及随后内战的影响——因此其重点放在苏联红军（陆军）的现代化上。直到 1933 年才有更多的资源投入海军建设，但重点是轻型舰艇和扩大潜艇部队。海军的作用是防御性的，并且海军战略集中在整合水面舰艇、潜艇、水雷战、海军航空兵以及海岸炮兵

黑海舰队

敖德萨

亚速海

苏 联

克里米亚

诺沃罗西斯克

塞瓦斯托波尔

黑 海

波季

巴统

海军中将 F.S.奥克佳布里斯基
(F. S. Oktyabrsky)

1 艘战列舰（过时的）

5 艘巡洋舰

17 艘驱逐舰

14 艘扫雷舰/布雷舰

44 艘潜艇

143 架攻击机、167 架侦察机和 315 架战斗机

波罗的海舰队

维堡

芬 兰

图尔库

根据 1940 年 3 月 12 日签署的《莫斯科和平协定》，芬兰不得不割让芬兰湾中的岛屿，并将汉科半岛租给苏联 30 年作为军事基地

赫尔辛基

波卡拉

汉科

喀琅施塔得

列宁格勒

海军中将 V.F.特里布茨
（V.F.Tributs）

2 艘战列舰（过时的）

2 艘巡洋舰

23 艘驱逐舰

34 艘扫雷舰/布雷舰

71 艘潜艇

183 架攻击机、159 架侦察机和 367 架战斗机

苏 联

麝岛

芬 兰

塔林　爱沙尼亚

帕尔迪斯基

1939 年 10 月，苏联与波罗的海诸国缔结互助条约。在爱沙尼亚，苏联人获得了塔林和帕尔迪斯基的使用权，帕尔迪斯基的小型港口将被建设成大型不冻港的海军基地。1940 年 8 月，爱沙尼亚并入苏联

波罗的海

达哥岛

N

0　　　　　　　80 海里

0　　　　　　　80 千米

北方舰队

1937年5月11日在北方区舰队基础上建立

巴伦支海

霍多瓦里卡

摩尔曼斯克

科拉半岛

白海

阿尔汉格尔

苏 联

海军上将A.G.戈洛夫科
(A. G. Golovko)
10艘驱逐舰
3艘扫雷舰/布雷舰
15艘潜艇
11架攻击机、56架侦
察机和49架战斗机

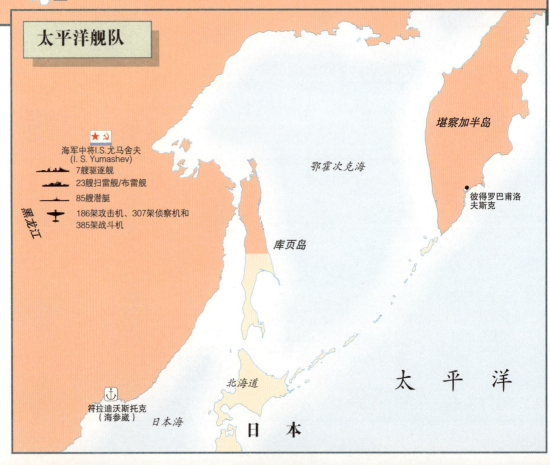

太平洋舰队

来保护滨海地区。苏联海事部门努力发展必要的海军力量，而很多技术必须依赖进口。1937年以后，斯大林将重点转向建设一支远洋舰队，但是当时战争的爆发导致其几乎没有进展，并且在斯大林的清洗运动中很多海军高层将领被处死进一步削弱了海军的效用。占领波罗的海诸国改善了苏联的地缘战略地位，因为它获得了不冻港的使用权。

1941年6月22日，德国军队开始入侵苏联，而在波罗的海，"巴巴罗萨"行动的海军方面是有限的并且处于次要地位。纳粹德国海军专注于大西

海军中将I.S.尤马舍夫
(I. S. Yumashev)
7艘驱逐舰
23艘扫雷舰/布雷舰
85艘潜艇
186架攻击机、307架侦察机和385架战斗机

黑龙江

鄂霍次克海

堪察加半岛

彼得罗巴甫洛夫斯克

库页岛

北海道

符拉迪沃斯托克
（海参崴）

日本海

日 本

太 平 洋

洋，而它在东方的角色是防御性的。表面上看，苏联人拥有一支更占优势的舰队，所以德国人在入侵之前开始布设雷区以保护推进方向的侧翼。苏联没有进入波罗的海发动进攻行动，到 7 月时，已经推进至波罗的海诸国的德国军队开始通过海上进行补给。8 月下半月，德国军队攻击并占领了塔林，迫使苏联海军退回至喀琅施塔得。苏联波罗的海舰队唯一且最重要的活动是组织多次海上撤离，而清除西爱沙尼亚群岛和芬兰湾其他岛屿上的苏联军队，则是当年秋天轴心国海军占领波罗的海的主要任务。为了掩护 9 月中旬的登陆行动，德国海军将"提尔皮茨"号战列舰、"舍尔海军上将"号重型巡洋舰和所有可用的轻型巡洋舰与驱逐舰都调集过来，以防被波罗的海舰队突袭。

这些岛屿被占领后，德国和芬兰海军部队的重点放在依靠广泛的雷区和其他障碍将苏联海军压制在芬兰湾东端。法国海岸、爱琴海以及后来的黑海都需要轻型舰艇，这使得德国的海军资源被拉伸得薄弱，几乎没得可用了。直到 1944 年战斗都局限在芬兰湾。由于途经芬兰领土对于开拓北极战线非常重要，而且一支德国远征军正在芬兰作战，所以保卫海上交通线和为航运护航成为最重要的海军任务。

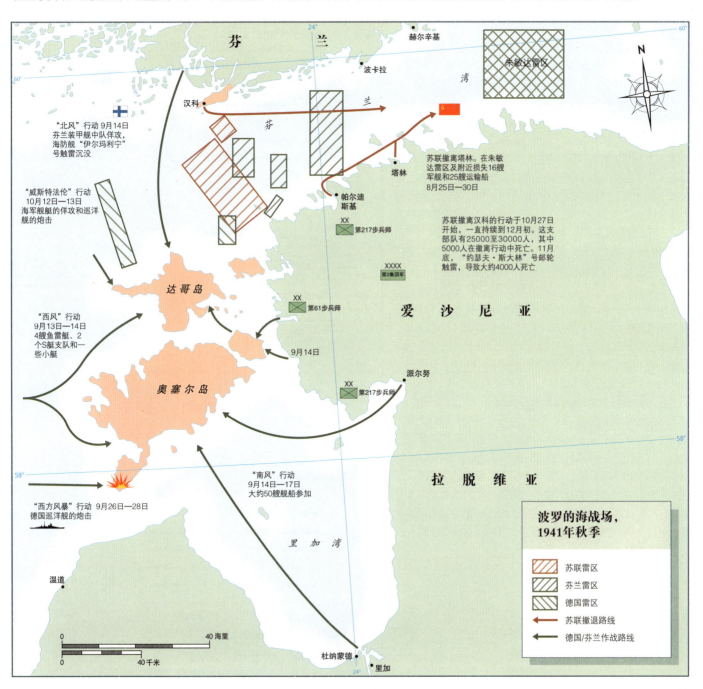

"物质"行动，1941年7月

　　1941年春天发生在地中海东部海盆的许多事件对马耳他的补给产生了深远的影响。克里特岛和北非海岸的轴心国空军基地，再加上从希腊和克里特岛撤离后地中海舰队处于严重耗损的状态，导致从东面对马耳他进行补给的可能性被排除了。取而代之的是，萨默维尔海军上将和H舰队将负责掩护急需的补给。其目的是组织一支由6艘运输船和一艘运兵船组成的船队驶往马耳他（GM1），与此同时，掩护1支由7艘空载的运输船组成的船队从马耳他驶往直布罗陀（MG1）。船队搭载了大约5000名士兵作为马耳他驻军的增援，但是在"伦斯特"号运兵船搁浅在阿尔赫西拉斯湾之后，其中约1000名士兵仍留在直布罗陀。相比于1月的"超额"行动，英国人可以稍微更大程度地依赖马耳他和直布罗陀的空中支援。与此同时，德国空军已将其大多数部队东移，大约200架意大利飞机部署在撒丁岛和西西里岛。

　　H舰队在掩护船队到达海峡后调头，并在撒丁岛西南方游荡，而X舰队则带领船队到达马耳他，并带领另一支船队回程。为了在西西里海峡给船队提供严密的保护，赛弗雷特海军少将的大部分舰船也被从英国派来。为了避免过早被轴心国的情报机构发现，像往常一样，军舰分批陆续离开直布罗陀，而运输船则在7月20日至21日的夜间悄悄溜过海峡。一个新的特征是增加了1艘油船，并于7月22日为赛弗雷特的驱逐舰加油，以提高其续航力。各艘舰艇于7月23日上午8点左右会合，而正是在此时意大利人意识到了这次行动。在上午9:45大约15架意大利水平轰炸机和鱼雷轰炸机进行的第1次攻击中，"曼彻斯特"号巡洋舰被击伤失去动力（之后奉命返回直布罗陀），"大胆"号驱逐舰被击沉。这一情况发生在"皇家方舟"号已经升空了一支由11架"管鼻鹱"战斗机组成的战斗空中巡逻队——其中3架被击落。

　　在随后的几次空袭中，又录得多枚近失弹；"火龙"号被击伤失去动力，并被"埃里奇"号拖回直布罗陀。夜间，意大利鱼雷艇攻击了护航船队，成功地击伤"悉尼之星"号并使其失去动力——尽管它最终在澳大利亚驱逐舰"内斯特"号的帮助下到达马耳他。7月24日清晨，护航船队解散，而巡洋舰则继续将其搭载的分遣队士兵送上岸。MG1船队于7月23日早上在只有1艘驱逐舰护航的情况下从马耳他起航。尽管遭到了多次空袭，但是该船队的所有船只都于7月28日到达直布罗陀。

北极护航路线

6月22日德国发动入侵后，温斯顿·丘吉尔宣布英国将向苏联提供武器和物资。防止苏联崩溃并维持红军的补给对于拖垮德国军队是至关重要的。从英国到苏联有2条补给路线（尽管美国参战后，经由太平洋的第3条路线也投入使用）。第1条是经由北冰洋到达白海的摩尔曼斯克港或阿尔汉格尔斯克港。虽然这条直航路线更短，但气候条件恶劣，尤其是在冬天，而且航线在德国位于挪威的多个空军基地的作战范围内。第2路线更为漫长，绕好望角之后驶往波斯湾，然后再经过1000英里的路程穿过伊朗进入高加索地区。北极航线是东线战场的第一个关键阶段的主要航线，第一支护航船队于8月起航，由于最初的补给来自英国库存，所以船队在利物浦编组。后来运送美国补给物资的护航船队则在冰岛集结。1941年，护航船队遭遇的阻拦很少，因为德国军队都集中在其他战场，300000吨物资中的大多数都运达目的地。在漫长的冬季中，坚冰迫使护航路线向南偏移，几乎连续的黑暗在一定程度上弥补了护航保护的不足。

驶往苏联的护航船队，1941年				
日期	名称	出航的船只（船）	损失的船只（船）	目的地
8月	"苦行僧"	7	—	阿尔汉格尔斯克
9月至10月	PQ.1	10	—	阿尔汉格尔斯克
9月至10月	QP.1	14	—	斯卡帕
10月	PQ.2	6	—	阿尔汉格尔斯克
11月	QP.2	12	—	斯卡帕
11月	PQ.3	8	—	阿尔汉格尔斯克
11月	PQ.4	8	—	阿尔汉格尔斯克
11月至12月	PQ.5	7	—	阿尔汉格尔斯克
11月至12月	QP.3	8	—	斯卡帕和冰岛
12月	PQ.6	7	—	摩尔曼斯克
12月至1月	PQ.7	2	1	格雷米克哈
12月至1月	PQ.7B	9	—	摩尔曼斯克
12月至1月	QP.4	11	—	冰岛

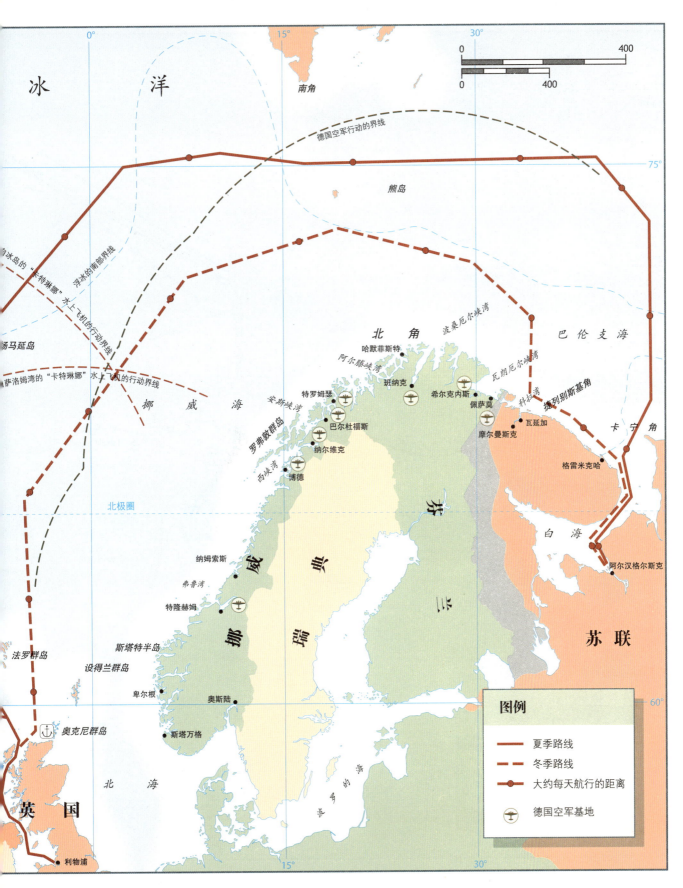

冰　　　洋

南角

德国空军行动的界线

熊岛

与冰岛的"卡特琳娜"水上飞机的行动界线

浮冰的南部界线

水上飞机的行动界线

扬马延岛

萨洛姆湾的"卡特琳娜"水上飞机的行动界线

北　　角

挪　威　海

波桑尼尔峡湾

巴伦支海

哈默菲斯特

阿尔滕峡湾

瓦朗厄尔峡湾

科拉湾

捷列别斯基角

特罗姆瑟

安斯峡湾

罗弗敦群岛

巴尔杜福斯

班纳克

希尔克内斯

佩萨莫

瓦延加

卡宁角

纳尔维克

摩尔曼斯克

格雷米克哈

西峡湾

博德

北　极　圈

白　海

法罗群岛

阿尔汉格尔斯克

奥克尼群岛

纳姆索斯

弗鲁湾

苏　联

特隆赫姆

斯塔特半岛

设得兰群岛

卑尔根

奥斯陆

斯塔万格

北　海

波多的海

英　国

利物浦

图例

夏季路线

冬季路线

大约每天航行的距离

德国空军基地

93

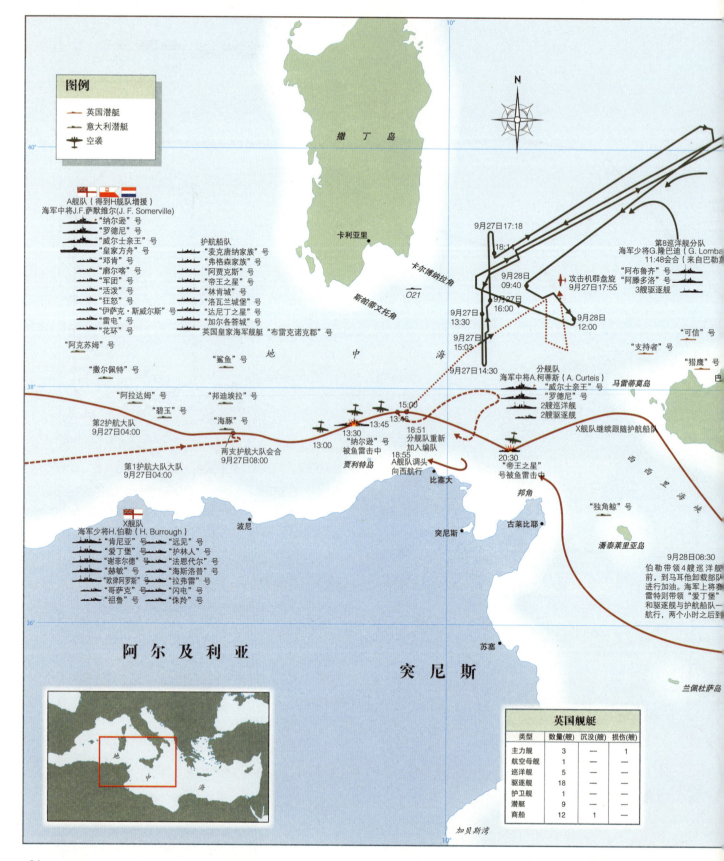

"战戟" 行动，1941 年 9 月 27 日 —28 日

尽管"战戟"行动采用了与上次"物质"行动类似的护航方式，但它是战争期间进行的规模最大的一次，9 艘货船运送了大约 81000 吨军用和民用物资以及 2600 名士兵。其集结的护航舰队也是规模最大的之一，包括 2 艘从本土舰队调来的战列舰。海军上将萨默维尔将用主力舰提供掩护，直到船队到达西西里海峡，之后海军少将伯勒将会接管，一支由巡洋舰和驱逐舰组成的庞大舰队会把运输船护送到马耳他。刚刚抵达港口的远程战斗机将从马耳他起飞提供空中掩护，并对意大利在撒丁岛和西西里岛的机场进行空袭。为了保证一定程度的突然性，萨默维尔的舰队分批离开直布罗陀。运输船则是作为从英国返回直布罗陀的一支更大规模的护航船队的一部分，并继续穿过直布罗陀海峡，目的是所有舰船尽量在最后时刻进行编组，以保证意大利人对这次行动的实质一无所知。

意大利人已经侦察到更多英国主力舰的存在，在地中海东部地区的活动也增加了，便猜测英国人计划对意大利沿岸进行炮击或空袭。9 月 26 日上午，1 架意大利水上飞机发现了萨默维尔的舰艇，意大利舰队已经进入高度戒备状态，其目的是集结在撒丁岛以南海域，从那里可以向南或向北进行作战行动。海军上将亚基诺在 9 月 27 日凌晨 1 点离开那不勒斯，得到的命令是只有在数量上具有优势时才进行交战。到中午时，情况很明显了，这是一支驶往马耳他的护航船队，但是意大利人以为只有 1 艘战列舰为其护航。由于撒丁岛的战斗机抵达时间较晚，导致意大利人的第一轮空袭被推迟了，之后遭遇了英国人严密的高射炮火和舰载雷达引导的"管鼻燕"战斗机的拦截。1 枚鱼雷击中了"纳尔逊"号，使其航速下降到 15 节。

下午 2 点，亚基诺让自己的舰队作好战斗准备，然而在 30 分钟后他调头北上，因为在阴天的情况下，他的空中掩护没有到来，而遭到英国航母攻击似乎是现实可能。而萨默维尔则派海军中将柯蒂斯脱离编队，试图诱使意大利人参战。到下午 5 点时，很明显意大利人在北方过远的地方，于是柯蒂斯返回护航船队。不久之后，护航船队抵达海峡，并分为几支舰队进行最后阶段的行动。伯勒带领护航船队从西西里岛一侧穿过海峡，因为意大利人更有可能认为英国人会从突尼斯一侧穿过。"赫尔迈厄尼"号巡洋舰被派去炮击潘泰莱里亚岛上的机场。上午 6:15，来自马耳他的第 1 架飞机临空，除了"帝王之星"号损失之外，船队其他船只毫发无损地抵达目的地。双方在作战行动中部署的大量潜艇几乎未对行动结果产生影响。

15°

那不勒斯

意大利

意大利舰队
中将 A. 亚基诺（A. Iachino）
"利托里奥"号
"维托里奥·维内托"号
7 艘驱逐舰

第 3 巡洋舰分队
将 B. 贝里旺尼西（B. Brivonesi）
10:40 会合（来自塔兰托）
"特兰托"号
"的里雅斯特"号
"戈里齐亚"号
4 艘驱逐舰

斯特龙博利岛

"至上"号

"正直"号

墨西拿

"不败"号

西西里岛

卡塔尼亚

"乌苏拉"号

帕塞罗角

马耳他海峡

戈佐岛

马耳他

X 舰队离开马耳他
9 月 28 日夜晚

6 日至 27 日，3 艘运
分别从马耳他起航
"墨尔本之星"号
"查默斯港"号
"比勒陀利亚城"号

15°

0 ——————————— 100 海里

0 ——————————— 100 千米

德国辅助巡洋舰行动，1941年6月—12月

1941年上半年，被德国辅助巡洋舰击沉的船只达到39艘，这一数字在当年下半年下降到6艘（另外1艘被俘获）。海上的4艘德国水面袭击舰中的2艘被击沉，另2艘成功返回。降低德军成功率的一个最为重要的因素就是盟国增加了对护航船队的使用。被护航的船队从未遭到辅助巡洋舰的袭击。第二个因素是当年夏季对德国在大西洋的补给网络进行的系统性破坏，这一度限制了潜艇和辅助巡洋舰的作战行动。

"鸬鹚"号，第2批袭击舰的首舰，已经于6月进入孟加拉湾，打算在印度以南海域通往马德拉斯的航线上布设水雷。但是这一情况并未发生，相反，它的舰长选择继续前进，先到达爪哇岛海域，再横穿印度洋到马达加斯加海岸线外作战。在5个月内，它只击沉了3艘商船，所以在接受完1艘来自日本的补给船的补给之后，舰长下令前往澳大利亚水域。11月19日，"鸬鹚"号在澳大利亚海岸线外大约150海里处遭遇了澳大利亚巡洋舰"悉尼"号。"悉尼"号径直驶向这艘伪装成荷兰货船的德国袭击舰，要求它证明身份，并接近至相距不到1英里。德国舰长知道他无法逃避战斗，便试图用火炮和鱼雷的突然攻击来击败这艘澳大利亚巡洋舰。10分钟内，2艘舰船都使对方遭受了致命损伤，30分钟内，它们都失去控制，漂离对方。"悉尼"号在海平面上消失，它的645名船员全部丧生，而在"鸬鹚"号的船员中，317人幸存并被俘。这次战役，再加上"雷神托尔"号以前参加过的3次遭遇战，证明了在适当的情况下突袭，辅助巡洋舰也可以造成相当大的破坏。3天后，"亚特兰蒂斯"号，最成功的袭击舰之一，在大西洋中部被击沉。

96

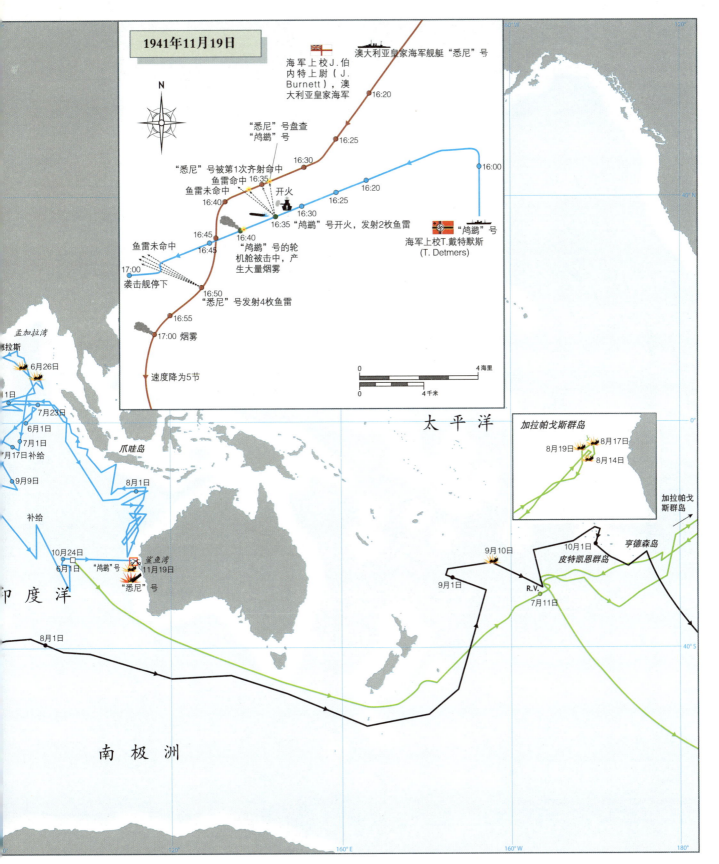

1941年11月19日

澳大利亚皇家海军舰艇"悉尼"号

海军上校 J.伯内特上尉（J. Burnett），澳大利亚皇家海军

"悉尼"号盘查"鸬鹚"号

"悉尼"号被第1次齐射命中
鱼雷命中 16:35
鱼雷未命中
16:40
开火
16:30

16:35 "鸬鹚"号开火，发射2枚鱼雷
16:30
16:25
16:20
16:00

"鸬鹚"号
海军上校T.戴特默斯
(T. Detmers)

鱼雷未命中
16:45
16:45
"鸬鹚"号的轮机舱被击中，产生大量烟雾

17:00
袭击舰停下
16:50
"悉尼"号发射4枚鱼雷
16:55
17:00 烟雾

速度降为5节

0 ___ 4海里
0 ___ 4千米

太 平 洋

加拉帕戈斯群岛

8月17日
8月19日
8月14日

加拉帕戈斯群岛

孟加拉湾
噶拉斯
6月26日
7月23日
6月1日
7月1日
7月17日补给
9月9日

爪哇岛

8月1日

补给

10月24日
6月1日
"鸬鹚"号
鲨鱼湾
11月19日
"悉尼"号

印 度 洋

9月10日

10月1日
亨德森岛
皮特凯恩群岛

9月1日

R.V.
7月11日

8月1日

南 极 洲

97

图例

⚓ 主要海军基地
⚓ 次要基地或设施
12 海军军区

太 平 洋

太平洋舰队
海军上将哈斯本·E.金梅尔(Husband E. Kimmel)
战斗舰队
9艘战列舰（2艘正在改装或大修）
3艘航空母舰
8艘巡洋舰（加1艘处于后备状态）
49艘驱逐舰（加8艘被改装成了布雷舰）
侦察舰队
12艘巡洋舰
1艘驱逐舰
24艘潜艇
大约100架海上巡逻飞机

亚洲舰队
海军上将托马斯·C.哈特(Thomas C. Hart)
1艘巡洋舰＋来自太平洋舰队的1或2艘
13艘驱逐舰＋1艘驱逐舰勤务舰
29艘潜艇＋3艘潜艇勤务舰
炮艇
扫雷舰
油船
辅助舰船

中途岛

威克岛

甲米地
16

关岛

珍珠港 夏威夷群岛
14

西雅图

美 国

旧金山

圣迭戈

1940年5月
太平洋舰队从圣迭戈前移至珍珠港，而后者当时还没有完全发展成一个大型海军基地

西雅图 13

旧金山 12

圣迭戈 11

芝加哥 9

费城 4

纽约 5

波士顿 1

诺福克 6

海军上将哈罗德·R.斯塔克(Harold R. Stark)
海军作战部长（CNO）

海军上将欧内斯特·J.金
从1941年12月18日开始担任美国舰队总司令（COMINCH），于1942年3月29日接任海军作战部长，而斯塔克则成为美国驻欧洲海军司令

新奥尔良 8

杰克逊维尔 7

墨西哥湾

阿真舍

大西洋舰队
海军上将欧内斯特·J.金(Ernest J. King)
6艘战列舰（加2艘正在磨合）
4艘航空母舰
13艘巡洋舰
99艘驱逐舰
58艘潜艇

百慕大群岛

太 平 洋

大 西 洋

大西洋中队成立于1938年9月，当战争在欧洲爆发后，其规模逐步扩大。1939年，它只有3艘老旧的战列舰、1艘航母和几艘驱逐舰。它在1940年11月更名为巡逻舰队。1941年2月，整个美国海军进行重组，大西洋舰队和太平洋舰队组建起来，与亚洲舰队并列。1艘航空母舰和3艘战列舰被调派过来。在大西洋舰队中，还组建了1支支援舰队，最初包括3个驱逐舰中队和4个海上巡逻中队

加勒比海

10

巴拿马运河

巴尔博亚
15

美国海军，1941 年

战争期间，美国海军成为世界上最大的海军，进行了大幅扩张，远远超过任何战前的计划。其兵力从 1940 年 7 月的 157986 名官兵增加至 1945 年 8 月的 3334454 人。美国船厂建造了将近 1000 艘军舰、成千上万的两栖舰艇和船只以及大约 5600 万吨商船。出于政治和财政的考虑，在两次世界大战之间的大多数时间里，美国并没有维持一支规模与 1922 年的《华盛顿条约》和 1930 年的《伦敦条约》相符的海军，其舰队的核心是第一次世界大战期间建造的战列舰，只进行了一些现代化改装来提升它们的效能。航空母舰的发展有条不紊地向前推进，虽然比英国皇家海军的速度略慢，但是从巡洋舰数量、现代化驱逐舰和潜艇来看，美国人已经落后了。由于国际环境在 20 世纪 30 年代进一步恶化，更多的资源投入海军重整军备，1938 年，美国海军的规模超出了当时已经失效的条约限制近四分之一。

美国人的注意力主要放在太平洋，日本帝国海军被视为最有可能的敌人，大部分舰队驻扎在西海岸的圣迭戈。关于与日本的战争，美国的"橙色战争计划"预见到美国舰队将横渡太平洋去救援菲律宾并击败日本舰队。在辽阔的太平洋上，空中侦察和固守的岛屿基地是至关重要的。战争在欧洲爆发后，美国海军进行中立巡逻，旨在让战争远离美国水域并保护西半球的航运。法国沦陷后，《两洋海军法案》得以通过，法案将海军规模增加三分之二以应对德国现在对大西洋构成的威胁。整个 1941 年，美国对大西洋战役的干预有所增加，因为美国海军逐渐为根据"租借法案"提供的补给提供了更大程度的保护。

8月7日，第16特遣舰队将战斗机和支援部队卸载上岸，以防卫冰岛。巡逻飞机紧随其后

第19特遣舰队登陆
美国海军陆战队第1旅
大约4000人的部队
7月8日

9月4日，U652潜艇向美国军舰"基尔"号开火

冰岛

英 国

6月20日，美国军舰"德克萨斯"号被U203潜艇跟踪

10月31日，美国军舰"鲁本·詹姆斯"号被U552潜艇击沉

10月17日，美国军舰"卡尼"号被U568潜艇发射的鱼雷击伤

阿真舍

从9月开始，美国海军为西大西洋的船队提供护航

哈利法克斯

波士顿

大 西 洋

百慕大

4月18日，中立区向东扩展到西经26°。美国军队登陆后，冰岛及其水域均包含在中立区中

美国介入大西洋，1941年夏季

1939年9月，中立巡逻被组织起来

泛美中立区

5月21日，"罗宾·摩尔"号货轮被U60潜艇击沉

马耳他打击力量，1941 年

马耳他位于地中海的正中央，且在意大利到北非的两条主要护航路线上，是攻击轴心国为沙漠战争送去的补给的理想基地。意大利从参战开始就派出空军轰炸该岛，这也证实了战前关于马耳他用作海军基地过于脆弱的担忧。在整个 1940 年里，军舰只在这里短暂停留，而地中海舰队的潜艇被分成位于亚历山大港的第 1 支队和位于直布罗陀的规模较小的第 8 支队。从亚历山大港到主要作战区域的遥远距离削弱了盟军潜艇的效用，而在 1941 年，马耳他被越来越多地用作攻击轴心国航运以及盟军进行护航行动的前进基地。9 月，马耳他的舰船被编组第 10 支队，当月就击沉了超过 65000 吨的轴心国航运。

该岛的海上空袭能力最初仅限于 1 个中队的舰队航空兵"剑鱼"、皇家空军"马里兰"巡逻机和几架"威灵顿"轰炸机。1941 年 4 月，英国人决定将北海的"布伦海姆"轰炸机部署到马耳他，以加强打击力量。通常情况，装备雷达的"剑鱼"（以及后来的"大青花鱼"）和"布伦海姆"分别使用鱼雷和炸弹攻击航运，而"威灵顿"则轰炸轴心国港口（主要是的黎波里）。初夏，当西西里岛上的大部分德国空军部队重新部署到地中海东部之后，意大利人未能保持住空袭力度。到 10 月的时候，英国认为在马耳他驻扎一支水面打击力量的条件已经成熟，以补充飞机和潜艇的效用。K 舰队，在规模相当的 B 舰队的增援下，对轴心国补给流的影响是立竿见影的。

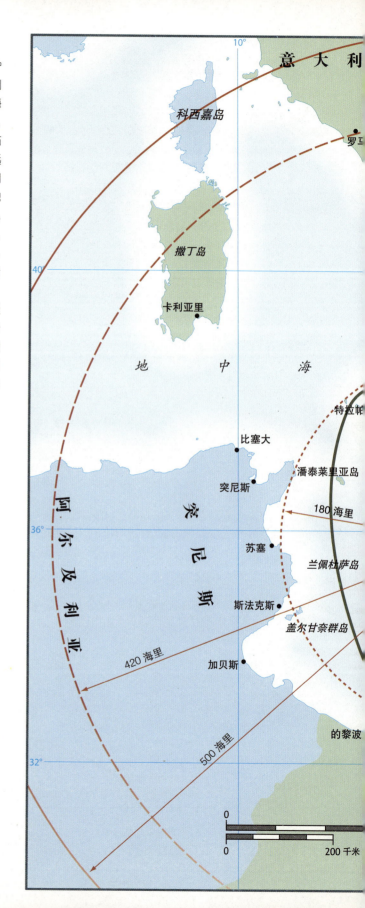

图例

── 通常的轴心国护航路线

┄┄ 携带1枚1500磅鱼雷的"剑鱼"TSR的作战半径。

─ ─ 携带4500磅炸弹的"威灵顿"Ⅰ型轰炸机的作战半径。当载弹量减少到1000磅时,这一数字增加到900海里。

── 携带1枚1500磅鱼雷或1000磅炸弹的"布伦海姆"Ⅳ型轰炸机的作战半径。

那不勒斯

巴里

塔兰托 ⚓

布林迪西

1941年4月之前,英国的飞机可以从希腊的基地起飞作战

雅典

科林斯

比雷埃夫斯

莫

墨西拿

西西里岛

奥古斯塔

锡拉库萨

纳瓦里诺

⚓ **马耳他** 🇬🇧

K舰队,10月至12月
上校W.G.阿格纽(W. G. Agnew)

2艘巡洋舰
2艘驱逐舰

队,11月至12月

2艘巡洋舰
2艘驱逐舰

第10潜艇支队
大约9月
海军上校G.W.G.辛普森
(G. W. G. Simpson)

◎ 空军大队
规模和组成有所变化,8月的时候是:

✈ 20架"布伦海姆"
✈ 12架"威灵顿"
✈ 20架"剑鱼"TSR
✈ 10架"马里兰"
✈ 8架"英俊战士"
✈ 75架"飓风"

130海里

德尔纳

班加西

托布鲁克

斯

米苏拉塔

0海里

苏尔特

利 比 亚

阿格海拉

日本帝国海军，1941 年

　　日本海军的大部分力量都集中在联合舰队，这是日本海军战时的舰队组织。由于1931年的"九一八"事变，日本创建了一个永久性的参谋机构，而在1937年日本侵华战争全面爆发后，联合舰队被置于大本营的指挥之下。舰队被分开并分派到不同的地理区域，根据各自特定的任务，不同舰队的规模和构成有很大的差异。主力舰留在日本本土水域，第6舰队的潜艇被分配到太平洋中部作为抵挡美国舰队向日本推进的一道屏障，并在美国人向西进行决战之前消耗其力量。为了支持水面舰队，日本帝国海军拥有一支规模庞大、装备精良、训练有素的航空力量，到1941年底，其拥有约3000架飞机，其中1800架是一流的。这些飞机被组织成航空舰队；1941年4月，第1航空舰队成立，通过将飞机和航空母舰组合在同一支部队中，这是到当时为止集成度最高的海空力量。

图例

⚓ 主要海军基地

⚓ 次要基地

✈ 主要空军基地

横须贺–海军军区

舞鹤

吴市
吴市

佐世保　佐世保

联合舰队
海军上将山本五十六
(Isoroku Yamamoto)

3艘战列舰
3艘水上飞机
2艘巡洋舰
12艘护卫舰
14艘潜艇

第1舰队
海军中将高须四郎(S. Takas

8艘战列舰
8艘巡洋舰
28艘驱逐舰

中国舰队区域
海军中将古贺峰一
(M. Koga)

控制了侵略中国大陆的所有海军部队—特种登陆部队，航空部队和基地

第3舰队　基地位于中国台湾
海军中将高桥伊望(S. Takahashi)

4艘巡洋舰
8艘驱逐舰
4艘鱼雷艇
4艘潜艇

第2舰队
海军中将近藤信竹(N. Kondo)

15艘巡洋舰
35艘驱逐舰
基地位于中国海南三亚

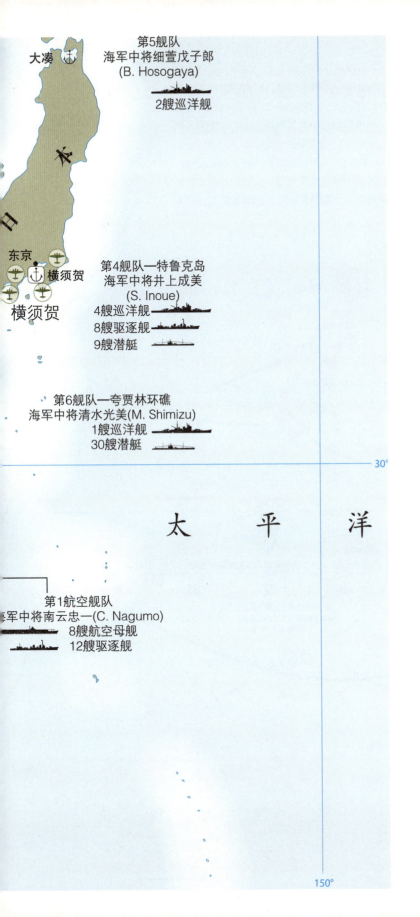

第5舰队
海军中将细萱戊子郎
(B. Hosogaya)

2艘巡洋舰

大凑

日本

东京

横须贺

横须贺

第4舰队—特鲁克岛
海军中将井上成美
(S. Inoue)
4艘巡洋舰
8艘驱逐舰
9艘潜艇

第6舰队—夸贾林环礁
海军中将清水光美(M. Shimizu)
1艘巡洋舰
30艘潜艇

30°

太 平 洋

第1航空舰队
海军中将南云忠一(C. Nagumo)
8艘航空母舰
12艘驱逐舰

150°

日本的进攻，1941年12月—1942年5月

尽管日本与西方列强的关系在20世纪30年代后期已经恶化——是由于日本对中国的侵略，但是直到1941年9月日本才决定将侵略扩大到东南亚。从战略上讲，日本面临着一个棘手问题，尽管日本长期以来将美国视为该地区的主要对手，但它此时已经陷入了与中国的一场旷日持久的大陆战争，与苏联也偶尔发生冲突。日本不希望与美国在一场长期战争中比拼经济和军事力量，更不具备抵抗英美联盟的实力。然而，德国在1940年的胜利使日本得以控制法属中南半岛，并且迫使英国人减少其在该地区的部队。

美国的回应是冻结日本资产，实施一系列的禁运以迫使日本在中国结束战争，并使其经济陷入停顿。因此，日本试图夺取英属和荷属东印度群岛的自然资源。首先，要消灭珍珠港的美国太平洋舰队。同时对菲律宾和马来亚的入侵也将开始，随后是占领东印度群岛的行动。最后，将建立一个横贯南太平洋的基地网络，作为外围防御圈。

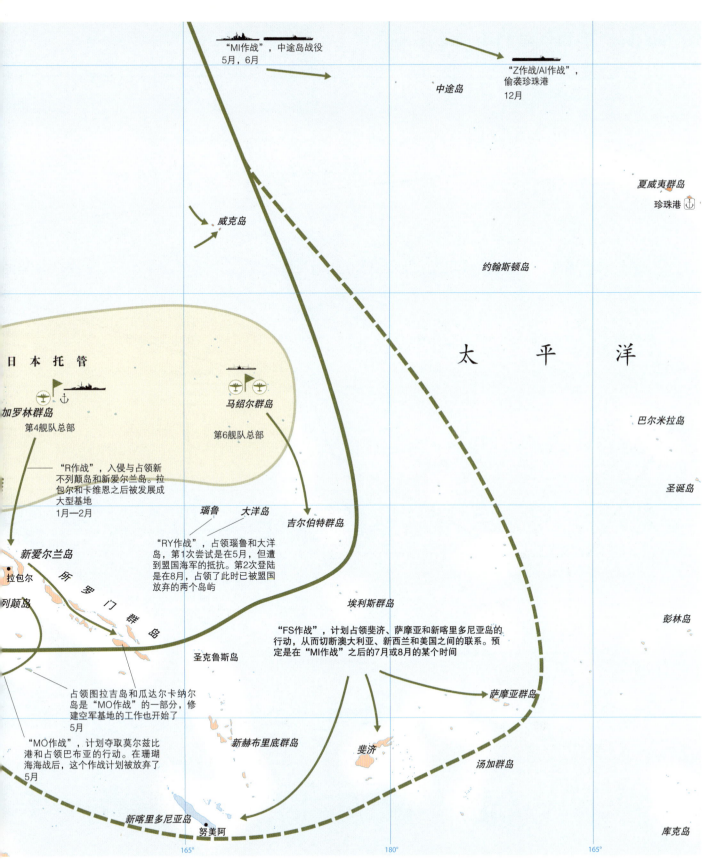

"MI作战"，中途岛战役
5月，6月

"Z作战/AI作战"，
偷袭珍珠港
12月

中途岛

夏威夷群岛

珍珠港

约翰斯顿岛

威克岛

太 平 洋

日 本 托 管

巴尔米拉岛

加罗林群岛
第4舰队总部

马绍尔群岛
第6舰队总部

圣诞岛

"R作战"，入侵与占领新
不列颠岛和新爱尔兰岛。拉
包尔和卡维恩之后被发展成
大型基地
1月—2月

瑙鲁　　大洋岛

吉尔伯特群岛

彭林岛

新爱尔兰岛

"RY作战"，占领瑙鲁和大洋
岛，第1次尝试是在5月，但遭
到盟国海军的抵抗。第2次登陆
是在8月，占领了此时已被盟国
放弃的两个岛屿

拉包尔

所
罗
门
群
岛

列颠岛

埃利斯群岛

"FS作战"，计划占领斐济、萨摩亚和新喀里多尼亚岛的
行动，从而切断澳大利亚、新西兰和美国之间的联系。预
定是在"MI作战"之后的7月或8月的某个时间

圣克鲁斯岛

萨摩亚群岛

占领图拉吉岛和瓜达尔卡纳尔
岛是"MO作战"的一部分，修
建空军基地的工作也开始了
5月

新赫布里底群岛

斐济

汤加群岛

"MO作战"，计划夺取莫尔兹比
港和占领巴布亚的行动。在珊瑚
海战后，这个作战计划被放弃了
5月

新喀里多尼亚岛

努美阿

库克岛

165°　　　　　　　　　　180°　　　　　　　　　　165°

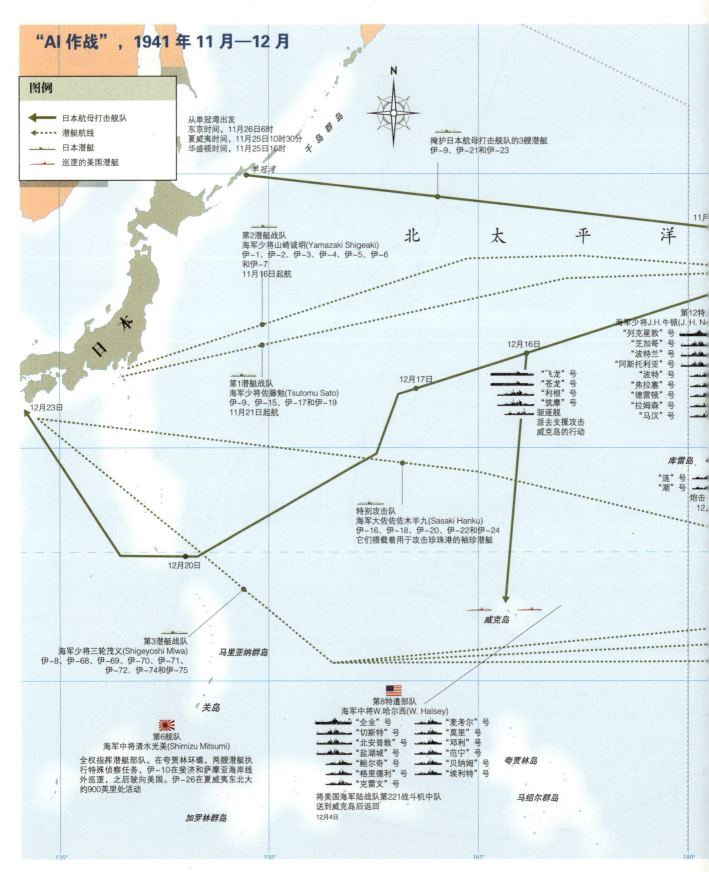

"AI 作战"，1941 年 11 月—12 月

图例

- 日本航母打击舰队
- 潜艇航线
- 日本潜艇
- 巡逻的美国潜艇

从单冠湾出发
东京时间，11月26日6时
夏威夷时间，11月25日10时30分
华盛顿时间，11月25日16时

掩护日本航母打击舰队的3艘潜艇
伊-9、伊-21和伊-23

第2潜艇战队
海军少将山崎诚明(Yamazaki Shigeaki)
伊-1、伊-2、伊-3、伊-4、伊-5、伊-6
和伊-7
11月16日起航

第1潜艇战队
海军少将佐藤勉(Tsutomu Sato)
伊-9、伊-15、伊-17和伊-19
11月21日起航

北　太　平　洋

千岛群岛

单冠湾

日　本

11月

第12特
海军少将J.H.牛顿(J. H. N
"列克星敦"号
"芝加哥"号
"波特兰"号
"阿斯托利亚"号
"波特"号
"弗拉塞"号
"德雷顿"号
"拉姆森"号
"马汉"号

库雷岛

"涟"号
"潮"号
炮击
12.

12月16日

12月17日

"飞龙"号
"苍龙"号
"利根"号
"筑摩"号
驱逐舰
派去支援攻击
威克岛的行动

12月23日

12月20日

特别攻击队
海军大佐佐佐木半九(Sasaki Hanku)
伊-16、伊-18、伊-20、伊-22和伊-24
它们搭载着用于攻击珍珠港的袖珍潜艇

威克岛

第3潜艇战队
海军少将三轮茂义(Shigeyoshi Miwa)
伊-8、伊-68、伊-69、伊-70、伊-71、
伊-72、伊-74和伊-75

马里亚纳群岛

关岛

第6舰队
海军中将清水光美(Shimizu Mitsumi)

全权指挥潜艇部队。在夸贾林环礁，两艘潜艇执
行特殊侦察任务，伊-10在斐济和萨摩亚海岸线
外巡逻，之后驶向美国。伊-26在夏威夷东北大
约900英里处活动

加罗林群岛

第8特遣部队
海军中将W.哈尔西(W. Halsey)
"企业"号　　　"麦考尔"号
"切斯特"号　　"莫里"号
"北安普敦"号　"邓利"号
"盐湖城"号　　"范宁"号
"鲍尔奇"号　　"贝纳姆"号
"格里德利"号　"埃利特"号
"克雷文"号

将美国海军陆战队第221战斗机中队
送到威克岛后返回
12月4日

夸贾林岛

马绍尔群岛

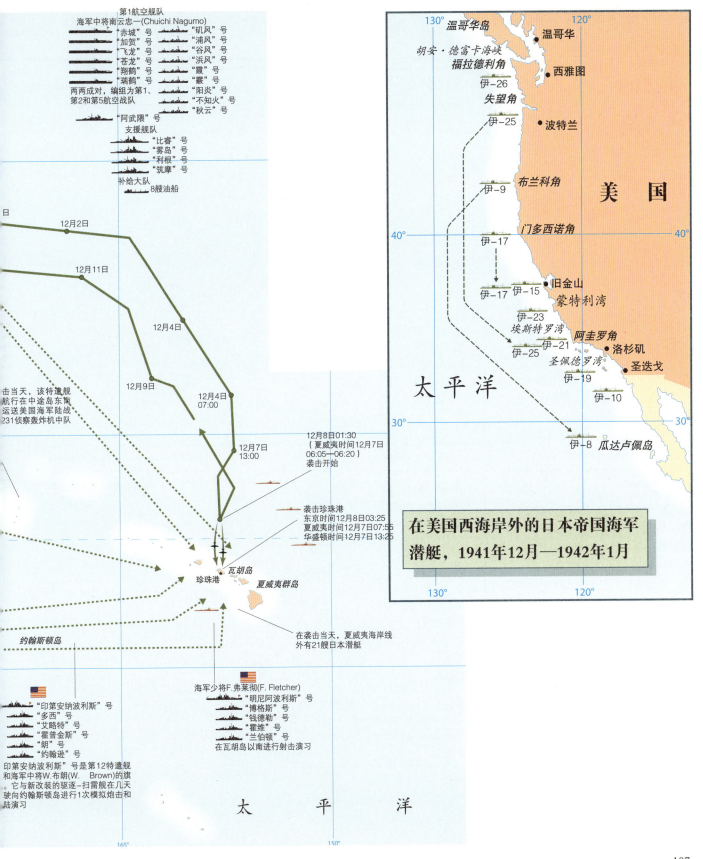

第1航空舰队
海军中将南云忠一(Chuichi Nagumo)
"赤城"号   "矶风"号
"加贺"号   "浦风"号
"飞龙"号   "谷风"号
"苍龙"号   "浜风"号
"翔鹤"号   "霞"号
"瑞鹤"号   "霰"号
两两成对，编组为第1、"阳炎"号
第2和第5航空战队 "不知火"号
"阿武隈"号   "秋云"号
支援舰队
"比睿"号
"雾岛"号
"利根"号
"筑摩"号
补给大队
8艘油船

12月2日
12月11日
12月4日
12月9日
12月4日 07:00

击当天，该特遣舰
航行在中途岛东南
运送美国海军陆战
231侦察轰炸机中队

12月7日 13:00

12月8日01:30
（夏威夷时间12月7日
06:05—06:20）
袭击开始

袭击珍珠港
东京时间12月8日03:25
夏威夷时间12月7日07:55
华盛顿时间12月7日13:25

珍珠港   瓦胡岛
夏威夷群岛

约翰斯顿岛

在袭击当天，夏威夷海岸线
外有21艘日本潜艇

🇺🇸
"印第安纳波利斯"号
"多西"号
"艾略特"号
"霍普金斯"号
"朗"号
"约翰逊"号

🇺🇸 海军少将F.弗莱彻(F. Fletcher)
"明尼阿波利斯"号
"博格斯"号
"钱德勒"号
"霍维"号
"兰伯顿"号
在瓦胡岛以南进行射击演习

"印第安纳波利斯"号是第12特遣舰
和海军中将W.布朗(W. Brown)的旗
。它与新改装的驱逐-扫雷舰在几天
驶向约翰斯顿岛进行1次模拟炮击和
陆演习

太 平 洋

温哥华岛   温哥华
胡安·德富卡海峡   西雅图
福拉德利角
伊-26
失望角
伊-25   波特兰
布兰科角
伊-9
美 国
门多西诺角
伊-17
伊-17   旧金山
伊-15   蒙特利湾
伊-23
埃斯特罗湾   阿圭罗角
伊-25   伊-21   洛杉矶
圣佩德罗湾   圣迭戈
伊-19
太 平 洋   伊-10
伊-8   瓜达卢佩岛

在美国西海岸外的日本帝国海军
潜艇，1941年12月—1942年1月

太 平 洋

偷袭珍珠港，1941 年 12 月 7 日

日本突袭珍珠港的第 1 波袭击于夏威夷时间上午 6 点至 6 点 15 分发起，由海军中佐渊田美津雄率领的 183 架飞机进行。其目标是攻击美国作战舰队，并尽可能多地破坏停在地面的战斗机以确保目标区域的制空权。袭击以对位于卡内奥林的美国海军航空站的攻击为开端，而珍珠港本身遭到的袭击则是从 7 时 55 分开始。确保突然性是至关重要的，因为携带着为能在港口浅水区使用而特别改装的鱼雷的九七式鱼雷轰炸机速度很慢，很容易被防空火力击毁。主力舰是优先目标：巡洋舰和驱逐舰一般未遭到攻击。美国舰队遭受的大部分损失都是由第 1 波突袭造成的。第 2 波进攻派出了 167 架飞机，早上 7 点左右出发，目标是珍珠港和它的两个机场。当飞机于 9 时 15 分抵达目标上空时，防空火力的水平和协调程度已经提高了，袭击在 10 时结束。由于担心剩下的美国飞机可能会攻击日本航空母舰，海军中将南云忠一选择放弃第 3 波袭击，向西高速撤退。

美国的伤亡数字是 2403 人死亡，1178 人受伤，还有 188 架飞机被毁，159 架严重受损；仅剩 43 架还能使用。相应地，以卡内奥赫为基地的 PBY "卡特琳娜" 海上巡逻机遭受的损失最为严重，36 架飞机中 27 架被毁，3 架受损，只有 3 架因袭击时在外巡逻而毫发无损。日本损失了 29 架飞机。日本袖珍潜艇同步发起的进攻没有取得任何实质性战果，且其中 4 艘被击沉。尽管美国太平洋舰队的战列舰遭受了很大的损失，但日本人的胜利并不彻底，因为基地本身遭受的破坏有限；维修设施和车间仍在运转，并且立即开始了对受损军舰的修复。至关重要的是，分散在基地周围的太平洋舰队燃料库没有受到影响。如果这些被摧毁的话，那么美国舰队将丧失机动性。潜艇基地及其船只也未受攻击，它们和航空母舰一起成为反击日本的最初手段。

图例

→ A6M零式战斗机

→ D3A九九式俯冲轰炸机

→ B5N九七式鱼雷/水平
轰炸机

NAS 美国海军航空站

MCAS 美国海军陆战队航空站

其他由美国陆军航空队维护的
航空基地

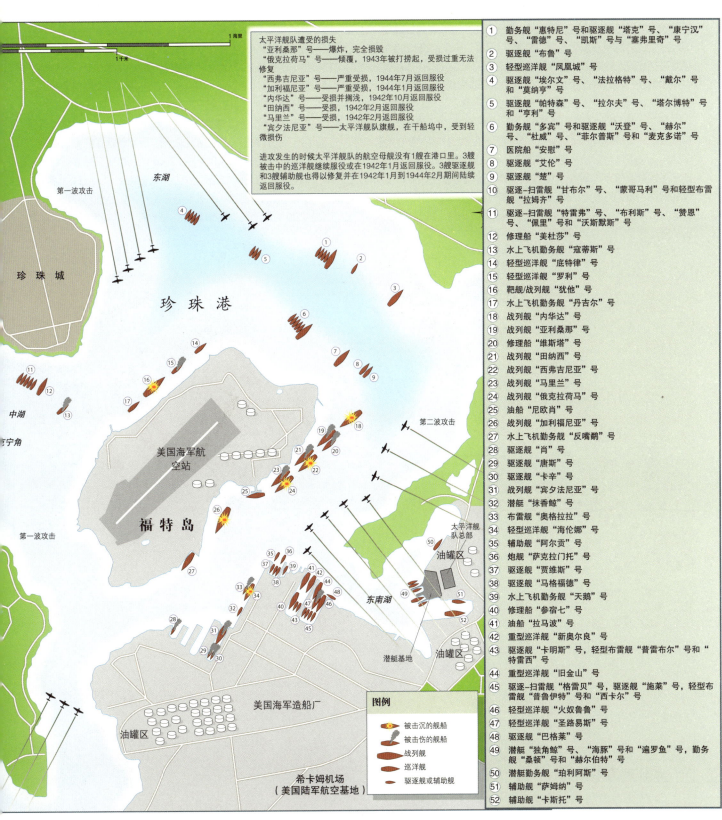

太平洋舰队遭受的损失

"亚利桑那"号——爆炸，完全损毁
"俄克拉荷马"号——倾覆，1943年被打捞起，受损过重无法修复
"西弗吉尼亚"号——严重受损，1944年7月返回服役
"加利福尼亚"号——严重受损，1944年1月返回服役
"内华达"号——受损并搁浅，1942年10月返回服役
"田纳西"号——受损，1942年2月返回服役
"马里兰"号——受损，1942年2月返回服役
"宾夕法尼亚"号——太平洋舰队旗舰，在干船坞中，受到轻微损伤

进攻发生的时候太平洋舰队的航空母舰没有1艘在港口里。3艘被击中的巡洋舰继续服役或在1942年1月返回服役。3艘驱逐舰和3艘辅助舰也得以修复并在1942年1月到1944年2月期间陆续返回服役。

1	勤务舰"惠特尼"号和驱逐舰"塔克"号、"康宁汉"号、"雷德"号、"凯斯"号与"塞弗里奇"号
2	驱逐舰"布鲁"号
3	轻型巡洋舰"凤凰城"号
4	驱逐舰"埃尔文"号、"法拉格特"号、"戴尔"号和"莫纳亨"号
5	驱逐舰"帕特森"号、"拉尔夫"号、"塔尔博特"号和"亨利"号
6	勤务舰"多宾"号和驱逐舰"沃登"号、"赫尔"号、"杜威"号、"菲尔普斯"号和"麦克多诺"号
7	医院船"安慰"号
8	驱逐舰"艾伦"号
9	驱逐舰"楚"号
10	驱逐-扫雷舰"甘布尔"号、"蒙哥马利"号和轻型布雷舰"拉姆齐"号
11	驱逐-扫雷舰"特雷弗"号、"布利斯"号、"赞恩"号、"佩里"号和"沃斯默斯"号
12	修理船"美杜莎"号
13	水上飞机勤务舰"寇蒂斯"号
14	轻型巡洋舰"底特律"号
15	轻型巡洋舰"罗利"号
16	靶舰/战列舰"犹他"号
17	水上飞机勤务舰"丹吉尔"号
18	战列舰"内华达"号
19	战列舰"亚利桑那"号
20	修理船"维斯塔"号
21	战列舰"田纳西"号
22	战列舰"西弗吉尼亚"号
23	战列舰"马里兰"号
24	战列舰"俄克拉荷马"号
25	油船"尼欧肖"号
26	战列舰"加利福尼亚"号
27	水上飞机勤务舰"反嘴鹬"号
28	驱逐舰"肖"号
29	驱逐舰"唐斯"号
30	驱逐舰"卡辛"号
31	战列舰"宾夕法尼亚"号
32	潜艇"抹香鲸"号
33	布雷舰"奥格拉拉"号
34	轻型巡洋舰"海伦娜"号
35	辅助舰"阿尔贡"号
36	炮舰"萨克拉门托"号
37	驱逐舰"贾维斯"号
38	驱逐舰"马格福德"号
39	水上飞机勤务舰"天鹅"号
40	修理船"参宿七"号
41	油船"拉马波"号
42	重型巡洋舰"新奥尔良"号
43	驱逐舰"卡明斯"号，轻型布雷舰"普雷布尔"号和"特雷西"号
44	重型巡洋舰"旧金山"号
45	驱逐-扫雷舰"格雷贝"号，驱逐舰"施莱"号，轻型布雷舰"普鲁伊特"号和"西卡尔"号
46	轻型巡洋舰"火奴鲁鲁"号
47	轻型巡洋舰"圣路易斯"号
48	驱逐舰"巴格莱"号
49	潜艇"独角鲸"号、"海豚"号和"遍罗鱼"号，勤务舰"桑顿"号和"赫尔伯特"号
50	潜艇勤务舰"珀利阿斯"号
51	辅助舰"萨姆纳"号
52	辅助舰"卡斯托"号

日本入侵马来亚，1941 年 12 月 6 日—10 日

　　10 月，温斯顿·丘吉尔指示英国海军部派遣一支主力舰舰队到新加坡，以威慑日本任何扩张进入马来亚和荷属东印度群岛的企图。尽管战前的新加坡战略已经提出将大部分战列舰舰队派遣到远东，但是现在可用的只有战列舰"威尔士亲王"号和战列巡洋舰"反击"号，以及伴航的 4 艘驱逐舰。原本计划将"不屈"号航空母舰也派过去，但是该舰在牙买加海岸线外磨合时搁浅了，需要送到弗吉尼亚州诺福克进行修理。当海军上将菲利普斯的舰队于 12 月 2 日抵达新加坡时，战争的爆发已经迫在眉睫。"反击"号被派往达尔文，但是当空中侦察发现日本运输船和军舰正在中南半岛海岸线外向南航行时，该舰又被召回了。12 月 7 日，1 架英国皇家空军的侦察机再次发现了日本舰队，但在其发送回位置信息之前就被击落了。菲利普斯在 12 月 8 日下午离开新加坡，希望在日本登陆之前拦截这些运输船。

　　下午 1 点 45 分，日本潜艇伊–65 发现向北航行的英国军舰，这时日本人才第一次察觉到 Z 舰队。4 个小时后，日本巡逻机也发现了这支舰队；突袭的时机已经失去，菲利普斯在晚上 8 点 15 分调头向南。午夜时分，他们收到未经证实的报告称日本军队正在关丹登陆，该地位于 Z 舰队此时所在位置的南方。菲利普斯没有直接驶向新加坡，而是转向西南，并于 12 月 10 日上午 8 点抵达马来海岸。很快就清楚了这里没有日本军队，但是菲利普斯在那里逗留了 2 个小时，而在上午 10 点 15 分，1 架日本侦察机发现了英国舰队。即使在这个时候，菲利普斯仍没有打破无线电静默去请求来自新加坡的空中掩护。1 个小时后，日军第 22 航空战队的水平轰炸机和鱼雷轰炸机发起了协同攻击，"反击"号在下午 12 点 33 分被击沉，随后"威尔士亲王"号在下午 1 点 30 分被击沉。随着 2 艘主力舰的覆灭，整个盟军远东防御战略崩溃了。

新加坡海军基地，1941 年

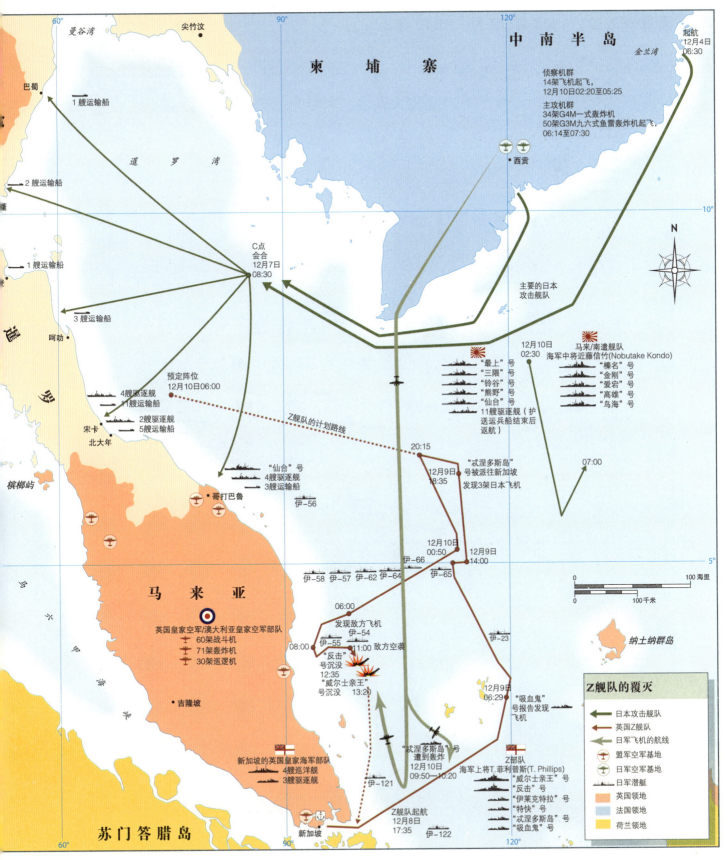

曼谷湾
尖竹汶

束埔寨

中南半岛
金兰湾
起航
12月4日
06:30

巴蜀

1艘运输船

侦察机群，
14架飞机起飞，
12月10日02:20至05:25
主攻机群
34架G4M一式轰炸机
50架G3M九六式鱼雷轰炸机起飞，
06:14至07:30

暹罗湾

2艘运输船

西贡

1艘运输船

C点
会合
12月7日
08:30

3艘运输船

主要的日本
攻击舰队

呵叻

预定阵位
12月10日06:00

4艘驱逐舰
11艘运输船

12月10日
02:30
马来/南遣舰队
海军中将近藤信竹(Nobutake Kondo)

"最上"号
"三隈"号
"铃谷"号
"熊野"号
"仙台"号
11艘驱逐舰（护
送运兵船结束后
返航）

"榛名"号
"金刚"号
"爱宕"号
"高雄"号
"鸟海"号

Z舰队的计划路线

宋卡
北大年

2艘驱逐舰
5艘运输船

"仙台"号
4艘驱逐舰
3艘运输船
伊-56

07:00

槟榔屿

晋打巴鲁

20:15

"忒涅多斯岛"
号被派往新加坡
发现3架日本飞机

12月9日
18:35

马来亚

英国皇家空军/澳大利亚皇家空军部队
60架战斗机
71架轰炸机
30架巡逻机

12月10日
00:50

伊-66

12月9日
14:00

伊-58 伊-57 伊-62 伊-64 伊-65

纳土纳群岛

吉隆坡

06:00
发现敌方飞机
08:00 伊-55

伊-54

11:00 敌方空袭
"反击"
号沉没
12:35
"威尔士亲王"
号沉没 13:20

伊-23

0   100 海里

0   100 千米

12月9日
06:29
"吸血鬼"
号报告发现
飞机

新加坡的英国皇家海军部队
4艘巡洋舰
3艘驱逐舰

"忒涅多斯岛"号
遭到轰炸
12月10日
09:50～10:20

Z部队
海军上将T.菲利普斯(T. Phillips)

伊-121

苏门答腊岛

Z舰队起航
12月8日
17:35

新加坡

伊-122

"威尔士亲王"号
"反击"号
"伊莱克特拉"号
"特快"号
"忒涅多斯岛"号
"吸血鬼"号

Z舰队的覆灭

日本攻击舰队
英国Z舰队
日军飞机的航线
盟军空军基地
日军空军基地
日军潜艇
英国领地
法国领地
荷兰领地

111

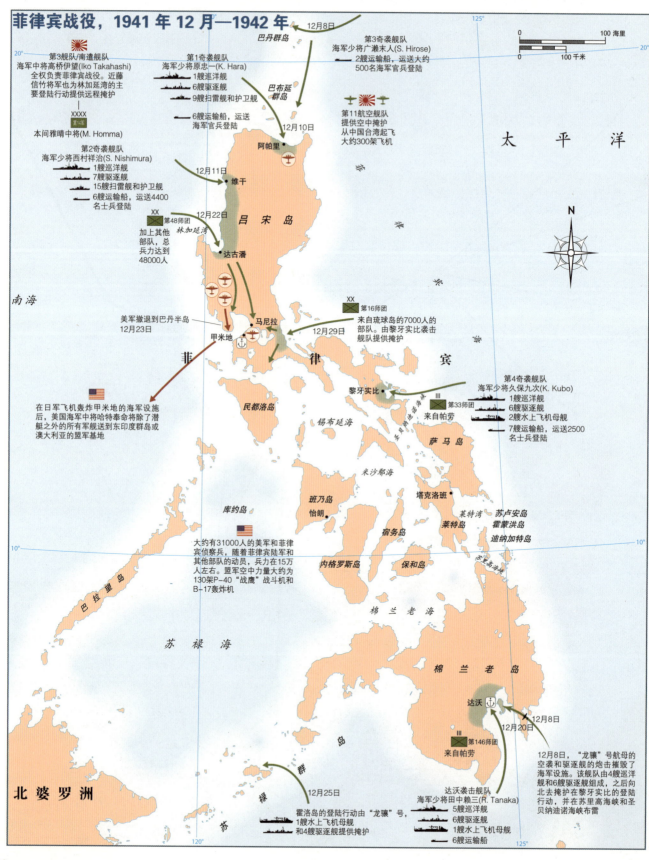

菲律宾战役，1941年12月—1942年

12月8日

巴丹群岛

第3舰队/南遣舰队
海军中将高桥伊望(Iko Takahashi)
全权负责菲律宾战役。近藤
信竹将军也为林加延湾的主
要登陆行动提供远程掩护

XXXX
本间雅晴中将(M. Homma)

第2奇袭舰队
海军少将西村祥治(S. Nishimura)
1艘巡洋舰
7艘驱逐舰
15艘扫雷舰和护卫舰
6艘运输船，运送4400
名士兵登陆

XX 第48师团
加上其他
部队，总
兵力达到
48000人

第1奇袭舰队
海军少将原忠一(K. Hara)
1艘巡洋舰
6艘驱逐舰
9艘扫雷舰和护卫舰
6艘运输船，运送
海军官兵登陆

第3奇袭舰队
海军少将广濑末人(S. Hirose)
2艘运输船，运送大约
500名海军官兵登陆

第11航空舰队
提供空中掩护
从中国台湾起飞
大约300架飞机

太 平 洋

N

巴布延群岛

阿帕里

12月10日

12月11日

维干

吕 宋 岛

林加延湾

12月22日

达古潘

美军撤退到巴丹半岛
12月23日

甲米地

马尼拉

在日军飞机轰炸甲米地的海军设施
后，美国海军中将哈特奉命将除了潜
艇之外的所有军舰送到东印度群岛或
澳大利亚的盟军基地

菲 律

民都洛岛

12月29日

XX 第16师团
来自琉球岛的7000人的
部队。由黎牙实比袭击
舰队提供掩护

宾

黎牙实比

III 第33师团
来自帕劳

第4奇袭舰队
海军少将久保九次(K. Kubo)
1艘巡洋舰
6艘驱逐舰
2艘水上飞机母舰
7艘运输船，运送2500
名士兵登陆

南 海

锡布延海

库约岛

大约有31000人的美军和菲律
宾侦察兵，随着菲律宾陆军和
其他部队的动员，兵力在15万
人左右。盟军空中力量大约为
130架P-40"战鹰"战斗机和
B-17轰炸机

班乃岛
怡朗

宿务岛

内格罗斯岛

保和岛

米沙鄢海

塔克洛班

莱特岛

莱特湾

苏卢安岛
霍蒙洪岛
迪纳加特岛

萨马岛

巴拉望岛

苏

禄

群

岛

苏 禄 海

棉兰老海

棉 兰 老 岛

达沃

12月8日

12月20日

北 婆 罗 洲

12月25日

霍洛岛的登陆行动由"龙骧"号，
1艘水上飞机母舰
和4艘驱逐舰提供掩护

III 第146师团
来自帕劳

达沃袭击舰队
海军少将田中赖三(R. Tanaka)
5艘巡洋舰
6艘驱逐舰
1艘水上飞机母舰
6艘运输船

12月8日，"龙骧"号航母的
空袭和驱逐舰的炮击摧毁了
海军设施。该舰队由4艘巡洋
舰和6艘驱逐舰组成，之后向
北去掩护在黎牙实比的登陆
行动，并在苏里高海峡和圣
贝纳迪诺海峡布雷

威克岛的沦陷，1941 年 12 月 21 日—24 日

　　日本人在战争开始的头几天就拿下威克岛的企图以失败告终。美国海军陆战队的 1 个防卫营、海岸炮兵、1 个战斗机中队和一些其他海军部队共同守住了威克岛及其相邻的 2 个岛屿。12 月 8 日的日军空袭摧毁了大部分美军战斗机，但是 12 月 11 日的日军登陆仍被击退。2 艘驱逐舰被击沉，多艘其他船只被击伤，日军遭受了近 400 人的伤亡，其中大部分死亡。因此，日军为两个星期后的再次两栖突击准备了一支规模更大的突击部队。以特鲁克为基地的日本海军第 24 航空战队每天对威克岛进行空袭，从第 1 航空舰队返回的 1 个航空战队也被派去增加投弹量和掩护突击行动。

　　在珍珠港袭击事件发生后的几天内，美国人为威克岛准备了一次救援远征，这也是美国采取的首批战时行动之一。它将动用太平洋舰队当时可用的大部分前线力量——部署于 3 个航母特遣舰队。海军少将弗莱彻指挥的第 14 特遣舰队驶往威克岛，海军少将布朗指挥的第 11 特遣舰队对马绍尔群岛进行一次牵制性袭击，而海军中将哈尔西指挥的第 8 特遣舰队则在珍珠港加油后驶往中途岛附近海域作为掩护部队。

　　各支美国舰队在 12 月 14 日至 16 日驶离瓦胡岛，但是由于缺少有关日本当前兵力部署和运动的情报，因此这次行动存在着缺陷。此外，弗莱彻还面临着一个难题，他只有 1 艘油船可以用来加油，而鉴于路途遥远，他无法高速驶往威克岛。12 月 21 日，威克岛守军报告称日军舰载飞机正在进行攻击，这意味着至少有部分日本航母舰队正在附近活动。登陆行动在 12 月 23 日早上进行，日军在几个小时之内就击败了精疲力竭的美国守军。尽管第 11 特遣舰队在 12 月 20 日调头向北去与弗莱彻的舰队会合，但是由于美军舰队仍未就位，而且鉴于日军已经登陆，救援行动被取消了。

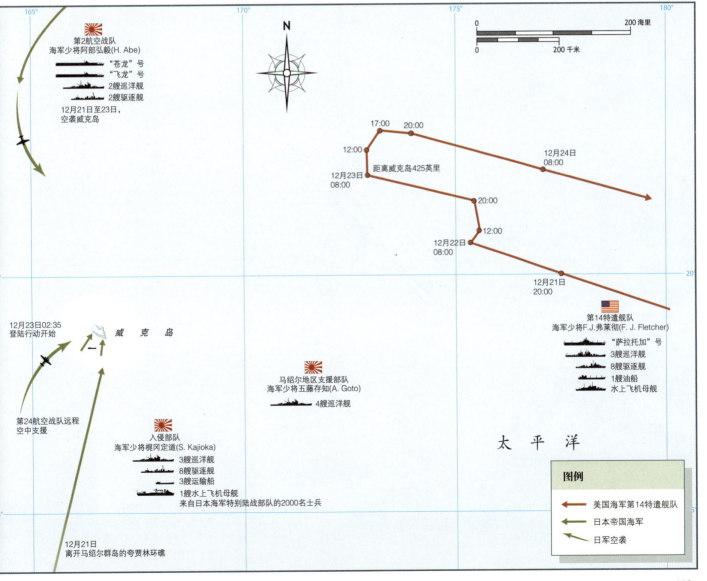

113

意大利

近距离掩护舰队
海军中将C.贝尔加米尼(C. Bergamini)
"卡约·杜利奥"号
"奥斯塔公爵埃曼努埃莱·菲利贝托"号
"穆齐奥·阿滕多洛"号
"拉依蒙多·蒙特库科利"号
"土耳兵"号
"航空兵"号
"黑衫兵"号

近距离护航舰队   M42船队
"飞矢"号   "蒙吉内夫罗"号
"安东尼奥·达·诺利"号   "那不勒斯"号
"乌戈利诺·维瓦尔蒂"号   "维托·匹萨尼"号
"朗泽罗托·马罗切洛"号   "安卡拉"号
"尼科洛·芝诺"号
"埃曼努埃莱·佩萨格诺"号
"飞马座"号

塔兰托

远距离掩护舰队
海军中将A.亚基诺(A. Iachino)
"安德烈亚·多里亚"号
"朱利奥·凯撒"号
"利托里奥"号
"戈里齐亚"号
"特兰托"号
"文森佐·乔贝蒂"号
"阿尔弗雷多·奥里亚尼"号
"西北风"号
"龙骑兵"号
"胸甲骑兵"号
"山地兵"号
"狙击兵"号
"火枪兵"号
"掷弹兵"号
"安东尼奥托·乌索迪马雷"号

希腊

那不勒斯

巴勒莫

西西里岛   斯帕蒂文托角

马耳他海峡   帕塞罗角

马耳他

K舰队补给燃料并出发寻找意大利船队

K舰队触雷
12月19日上午
"欧若拉"号和"佩内洛普"号受损
"海王星"号和"坎大哈"号沉没

23海里

的黎波里

利比亚

雅典

纳瓦里诺

克里特岛

K舰队
海军上校W.G.阿格纽(W. G. Agnew)
"欧若拉"号
"佩内洛普"号
"标枪"号
"活泼"号

第4驱逐舰支队
"锡克人"号
"毛利人"号
"军团"号
荷兰皇家海军"伊萨克·斯威尔斯"号

B舰队
"海王星"号
"美洲虎"号
"坎大哈"号
被派去寻找意大利船队

12月17日
13:00

12月17日
14:00

12月17日
09:00

12月18日07:00

12月17日
17:00

12月17日
18:28

12月17日—18日午夜

12月18日
08:00

12月18日
13:00

K舰队和
"布雷克诺克郡"号,
"诱饵"号,
"浩劫"号

持续的轴心
国空袭

巡逻
12月17日23:00至18日
02:00

亚历山大护航舰队

12月
12:00

苏尔特湾

班加西

德尔纳

托布鲁克

图例

第15巡洋舰中队
K舰队
远距离掩护舰队
近距离掩护舰队
轴心国空袭

0   200 海里
0   200 千米

第一次苏尔特海战，1941 年 12 月 16 日—18 日

　　11 月和 12 月在地中海中部发生的一系列事件与英国在西部沙漠的进攻行动（"十字军"行动）联系密切，后者开始于 11 月 18 日，它逐渐将轴心国部队赶出了昔兰尼加。这是双方海战的一个紧张阶段，双方都取得了一些胜果，也遭受了很大损失。对于沙漠战争的战事而言，马耳他在阻断轴心国通往非洲的交通线中的作用是至关重要的。在 11 月 8 日至 9 日夜间的"杜伊斯堡护航"行动中，一支护卫严密的意大利船队中的 7 艘货船全都被 K 舰队击沉了。11 月，以马耳他为基地的 K 舰队的潜艇和飞机击沉了 60% 以上的轴心国运往非洲的补给。然而，从东线过来的更多德国潜艇和飞机产生了影响。11 月 25 日，U331 在巴蒂亚海岸线外击沉了"巴勒姆"号战列舰。日本人的参战立即有了影响，因为地中海舰队中的澳大利亚驱逐舰被派往了远东地区。为了弥补力量损失，第 4 驱逐舰支队从西方调来，并在驶往马耳他的途中伏击了一支向的黎波里运送补给的意大利巡洋舰舰队。"超级"破译的情报已经让英国人获知了意大利人的行动，但由于马耳他的燃料库存不足，导致 K 舰队此次未能出击。

　　为了给非洲提供补给，意大利人组织了一支由 8 艘货船组成的护航船队 M41，并将得到所有可用舰队的掩护。当船队于 12 月 13 日在塔兰托集结时，2 艘货船被"正直"号潜艇击沉，第 2 天"维托里奥·维内托"号也被"催促"号潜艇发射的一枚鱼雷击成重伤。一支规模较小的护航船队 M42 被组织起来，并于 12 月 16 日晚起航，其护航舰队的规模则与之前一样庞大，因为意大利人错误地相信英国人在马耳他驻扎有战列舰。而这正好碰上了英国人将第 4 驱逐舰支队调往亚历山大港和使用"布雷克诺克郡"号（伪装成 1 艘战列舰）将急需物资运往马耳他的行动。两支舰队短暂交战，激进的英国驱逐舰战术和黑夜的降临阻止了意大利海军上将亚基诺发挥其优势。所有船只都抵达了其目的地。随后，K 舰队立刻被派往的黎波里沿岸搜寻意大利船队，却驶进了一片雷区，几乎完全被摧毁。意大利蛙人对亚历山大港的袭击瘫痪了"伊丽莎白女王"号和"英勇"号战列舰。

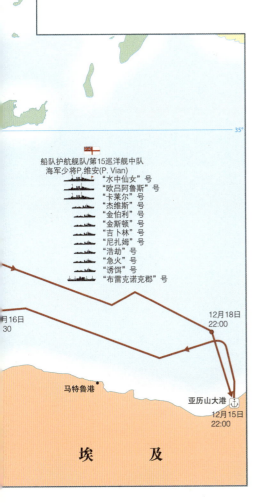

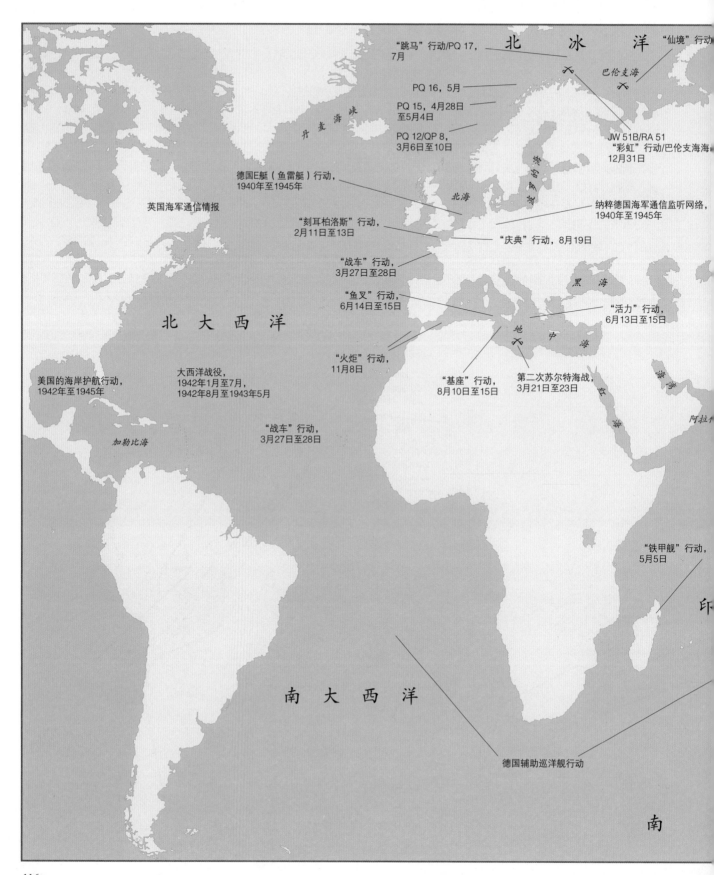

"跳马"行动/PQ 17，7月 北 冰 洋 "仙境"行动

巴伦支海

PQ 16，5月

PQ 15，4月28日
至5月4日

丹 麦 海 峡

PQ 12/QP 8，
3月6日至10日

JW 51B/RA 51
"彩虹"行动/巴伦支海海
12月31日

德国E艇（鱼雷艇）行动，
1940年至1945年

波 罗 的 海

英国海军通信情报

北海

纳粹德国海军通信监听网络，
1940年至1945年

"刻耳柏洛斯"行动，
2月11日至13日

"庆典"行动，8月19日

"战车"行动，
3月27日至28日

黑 海

北 大 西 洋

"鱼叉"行动，
6月14日至15日

"活力"行动，
6月13日至15日

地
中
海

美国的海岸护航行动，
1942年至1945年

大西洋战役，
1942年1月至7月，
1942年8月至1943年5月

"火炬"行动，
11月8日

"基座"行动，
8月10日至15日

第二次苏尔特海战，
3月21日至23日

红
海

加勒比海

"战车"行动，
3月27日至28日

阿拉伯

"铁甲舰"行动，
5月5日

印

南 大 西 洋

德国辅助巡洋舰行动

南

海战，1942 年

到 1942 年春天，大规模海军作战行动在全球各大洋展开，其中北极和所罗门群岛附近海域的战斗最为激烈。为期 6 个月的日军进攻开始于 1941 年 12 月，主导了这一时期的海战并对其他战场的盟军产生了影响。美国太平洋舰队在很大程度上被困在珍珠港，日本则集中精力夺取东印度群岛，这几个月他们的成就得益于量和质两方面的优势，以及盟军指挥结构的断裂。英国人能够在短时间内组织一支规模较大的舰队在印度洋应对入侵，但那些战列舰十分陈旧并且航空母舰也不如日本。当一支日本舰队真的到来时，英国人却躲避与其交战，并放弃了印度洋的东部区域。对日本人而言，英国的这次介入还不如一次突袭；其面临的主要威胁来自美国航母已经开始的对扩张的日本帝国外围的袭击。太平洋控制权的争夺最终是通过 4 次大规模航母战役决定——珊瑚海、中途岛、东所罗门群岛和圣克鲁斯——这 4 次海战削弱了日本人的进攻力量，耗尽了战前曾与美国海军一样强大的日军航母舰队。

英国人担心的是日本人会返回印度洋并与德国人合作进行商船袭击战，而这可能导致英国的整个东方帝国的崩溃，因此英国极力阻止维希法国占有的马达加斯加被轴心国用作基地，并进行了一次大规模的远征行动来重新占领它。确保印度洋的安全是以放弃地中海中部地区为代价的，因为地中海舰队已经损耗殆尽以至于无法再向马耳他提供补给。本土舰队在掩护北极护航船队的同时，也不得不从西边承担这项任务；然而，人员伤亡是巨大的，为马耳他提供补给是无法持续的。在这一年中，大西洋战役愈演愈烈，因为随着潜艇部队实力的不断增强，德国人试图在盟军的防御变得太强之前打垮其海上交通线。

这一年还见证了盟国对轴心国的首次反击。英国和加拿大联合突袭法国迪耶普港，最终以惨败告终。美国在瓜达尔卡纳尔岛的登陆开始了在所罗门群岛的海军消耗战。11 月，在法属北非的登陆开启了一系列大规模两栖行动的序幕。这对打败轴心国是必需的。

白令海

北 太 平 洋

中途岛战役，6月5日

"MI作战"，5月至6月

美国的行动，1月至4月

美国的太平洋战略，
1942年至1945年

"C作战"，突袭印度洋，
3月至4月

日本在东印度群岛的行动，
1月至2月

爪哇海战，
2月26日至28日

度 洋

珊瑚海海战，5月

瓜达尔卡纳尔岛战役
"瞭望塔"行动，1942年8月至1943年2月
✕ 萨沃岛海战，8月8日至9日
✕ 东所罗门群岛海战，8月24日至25日
✕ 埃斯佩兰斯角海战，10月11日至12日
✕ 圣克鲁斯群岛海战，10月25日至27日
✕ 瓜达尔卡纳尔岛战役中的巡洋舰作战，11月13日
✕ 瓜达尔卡纳尔岛战役中的战列舰作战，11月14日至15日
✕ 塔萨法隆格海战，11月30日

日本人对印度洋商船的袭击，
1942年至1943年

南 太 平 洋

及 洲

大西洋战役，1942 年 1 月—7 月

　　美国的参战为海军上将邓尼茨提供了再次击沉大量敌方商船吨位的机会，因为美国沿东海岸的航运既没有编成船队，也没有普遍得到保护。尽管目标诱人，但两次横渡大西洋的距离意味着只有IX型潜艇能到那里作战，而邓尼茨有 12 艘这种潜艇可用，其中 6 艘正在直布罗陀和非洲海岸线外作战。这样只有 5 艘潜艇去进行"击鼓"行动。1 月 2 日，第一批潜艇离开法国，进入圣劳伦斯湾和哈特拉斯角之间的阵位；然而，恶劣的天气条件使得行动必须进一步向南转移，在这里，航运得到的保护更少，并且没有编成船队，也更容易被发现。

　　1 月 14 日，进攻开始，航运损失迅速增加，德国潜艇经常在海岸线目视范围内的海域作战。更令人担忧的是，前几个月损失的超过半数的吨位是宝贵的油轮。油轮船队的损耗会影响其他战场的作战行动，特别是西南太平洋。由于多种原因，美国人没有建立护航船队。美国海军没有足够的护航舰艇来保护它们，并且认为防御力量不足的护航船队比单独的船只更易受到攻击。而且，根据他们对潜艇舰队的情报评估，他们预计要么是在美国沿海地区发动一场短暂但激烈的潜艇战役，要么是少量潜艇发起持久的但规模非常有限的战役。这两种情况都不会对航运、港口运营以及整个美国运输基本设施造成长期干扰而迫使其采用护航船队。

　　然而，德国人克服了中程VII型潜艇续航能力有限的问题，能够在第 2 波潜艇战中派出几艘VII型潜艇作为接替者。2 月，潜艇在大西洋击沉了 71 艘船只，大多数是在美国海域独自航行的船只。这次进攻行动总计包括沿美国东海岸的 5 个波次潜艇作战行动。从 4 月开始，新型德国补给潜艇，即所谓的"奶牛"，通过为潜艇提供燃料和补给，进一步增强了其续航能力。美国人从这个月开始临时拼凑护航舰艇，并于 5 月正式组建护航船队。德国潜艇现在开始遭受损失，随后在供给船的支援下转移到加勒比海，那里暂时还没有护航船队，它们也发现了大量容易攻击的船只。

损失的商船和潜艇 （所有的战场和各种原因而导致）			
月份	吨位(吨)	商船(艘)	潜艇(艘)
1941年			
12月	583706	285	10
1942年			
1月	419907	106	3
2月	679632	154	2
3月	834164	273	6
4月	674457	132	3
5月	705050	151	4
6月	834196	172	3
7月	618113	128	11

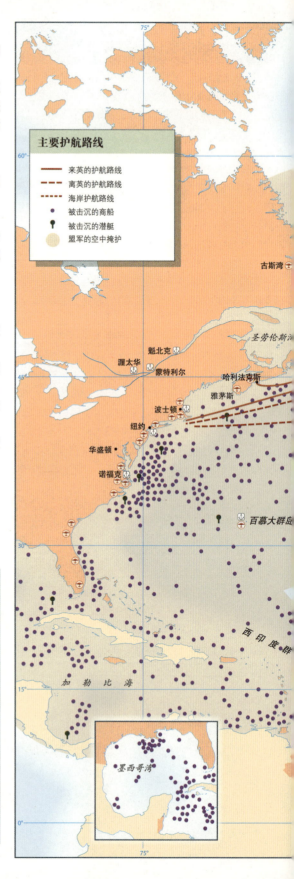

主要护航路线

—— 来英的护航路线
--- 离英的护航路线
···· 海岸护航路线
● 被击沉的商船
⚓ 被击沉的潜艇
○ 盟军的空中掩护

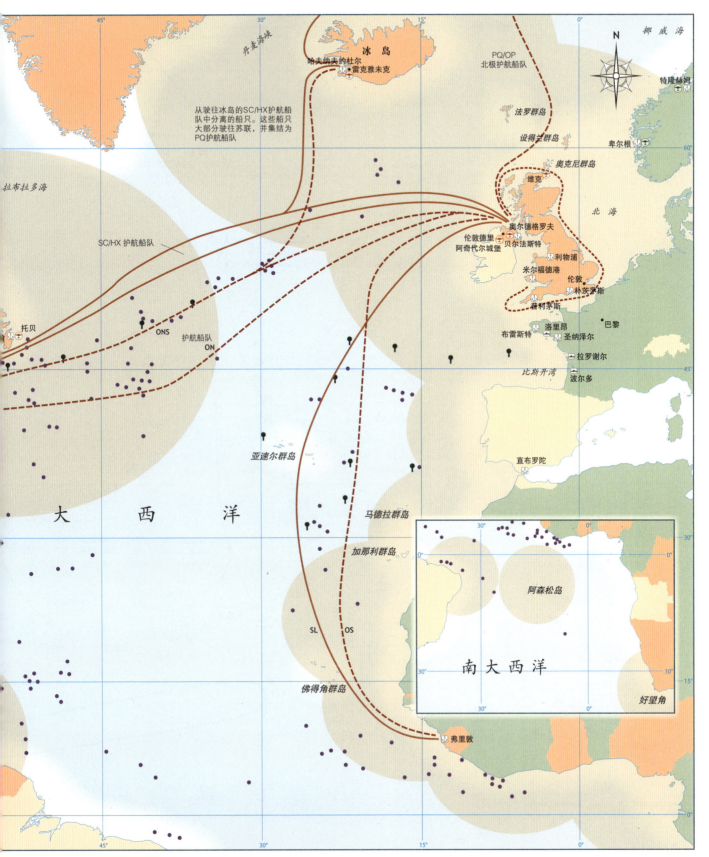

挪威海

特隆赫姆

PQ/OP
北极护航船队

冰 岛

哈夫纳夫约杜尔
雷克雅未克

法罗群岛

设得兰群岛

卑尔根

丹麦海峡

从驶往冰岛的SC/HX护航船
队中分离的船只。这些船只
大部分驶往苏联，并集结为
PQ护航船队

奥克尼群岛

维克

北海

拉布拉多海

奥尔德格罗夫

伦敦德里
阿奇代尔城堡

贝尔法斯特

利物浦

SC/HX 护航船队

米尔福德港

伦敦

朴茨茅斯

托贝

ONS

护航船队
ON

普利茅斯

洛里昂

巴黎

布雷斯特

圣纳泽尔

比斯开湾

拉罗谢尔

波尔多

亚速尔群岛

大 西 洋

直布罗陀

马德拉群岛

阿森松岛

加那利群岛

南 大 西 洋

SL OS

好望角

佛得角群岛

弗里敦

缅甸

暹罗湾

西贡

图例

图例

日军的推进

主要日军空军基地

日军的空袭

注：这里展示的海军舰艇是参
与各次作战行动的舰队。此外
还有运输船和辅助船

宋卡

哥打巴鲁

西部区域/南遣舰队
海军中将小泽治三郎(J. Ozawa)

1艘航空母舰
6艘巡洋舰
7艘驱逐舰

12月2

美里

N

XX
第25军
山下奉文

马来亚

12月24日

古晋

1月27日

1月29日

婆

新加坡投降
2月15日

新加坡

棉兰

明
打
威
群
岛

苏门答腊岛

巴东

XXXX
第16军
今村均

属

东

荷

2月14日

巨港

1艘航空母舰
8艘巡洋舰
23艘驱逐舰

5艘巡洋舰
2艘水上飞机母舰
22艘驱逐舰

ABDA（美英荷澳）司令部
1月15日至2月23日
阿奇博尔德·韦维尔上将(Archibald Wavell)

海军部队
这支部队由英国东方舰队的残存
舰艇、美国太平洋舰队、荷兰和
澳大利亚舰艇拼凑而成。其前线
作战力量包括：

9艘巡洋舰
23艘驱逐舰
41艘潜艇

以及辅助舰船和海上巡
逻机。20艘巡洋舰和
驱逐舰在与日军作战中
损失

巽他海峡海战
2月28日

爪哇海海战
2月27日

巴达维亚

井里汶

爪哇岛

泗水

巴厘

0   400海里

0   400千米

印   度   洋

120

日本在东印度群岛的行动，1942 年 1 月—2 月

日本夺取荷属东印度群岛的战役分为两条推进路线——婆罗洲东西两线，与此同时，在西侧向南通过马来亚的推进将于 2 月到达新加坡。战役分为两个阶段，第一阶段是拔除荷兰的前哨阵地。从这些阵地出发，爪哇岛以及该地区的首府巴达维亚将被包围，并在第二阶段的总攻中被占领。战役的本质是海战，但涉及陆海空三军的紧密配合。海军舰队负责将陆军部队运送至关键位置登陆，然后夺取或建立空军基地，从而飞机在此起降为下一步的推进提供掩护。最初的集合点在西部区域的法属中南半岛金兰湾，以及东部区域的菲律宾达沃港。后者被分为东线入侵部队和中线入侵部队。

作为对日军进攻的回应，盟国集结了他们在东南亚的所有部队，组建了一个联合司令部，由英国陆军上将阿奇博尔德·韦维尔统一指挥。ABDA（美国 – 英国 – 荷兰 – 澳大利亚）司令部负责协调盟国的作战行动，以守住所谓的"马来屏障"并遏制日本推进。从纸面上看，它拥有规模可观的部队可以调遣，但是其作战区域辽阔，而且不同国家的特遣部队也从未一起合作过。海军部队由美国亚洲舰队的哈特海军上将指挥，直至 2 月中旬他被解职，取而代之的是荷兰海军上将赫尔弗里赫。

相比之下，日本军队接受过良好的训练，从一开始就有条不紊地压制盟军。也有一些偶然的挫折，例如，1 月的巴厘巴板海战中美军驱逐舰击沉 6 艘日本运输船，但是这对阻碍日军的前进影响甚小。在这场持续时间不到两周的战役结束后，爪哇岛于 3 月被占领。

地图标注

XXXX 第14军 本间雅晴

菲律宾

第2舰队
海军中将近藤信竹(N. Kondo)
全权指挥海上和两栖行动

虽然菲律宾战役一直持续到 1942 年 5 月，但是日军在 1942 年初就已经占领了大多数要地。由于美国陆军航空队的 B–17 要么被摧毁要么撤退到澳大利亚，并且美国太平洋舰队的潜艇也重新部署，残余的盟军部队不会对日军的向南前进构成任何危险。

1月7日–17日

北婆罗洲 · 山打根

霍洛岛

棉兰老岛

达沃 · 作战基地

东部区域/第3舰队
海军中将高桥伊望(I. Takahashi)

西里伯斯海

打拉根 1月10日—12日

1艘巡洋舰
2艘水上飞机母舰
10艘驱逐舰

2艘巡洋舰
2艘水上飞机母舰
10艘驱逐舰

1月11日 万鸦老

1艘航空母舰
3艘巡洋舰
6艘驱逐舰

巴板

望加锡海峡海空战 2月4日

度 群 岛

西里伯斯岛

布鲁岛

塞兰岛

新 几 内 亚

安汶岛 1月30日—31日

1月24日 肯达里

2艘巡洋舰
2艘水上飞机母舰
10艘驱逐舰

1艘航空母舰
1艘巡洋舰
2艘水上飞机母舰
16艘驱逐舰

望加锡 2月8日

班 达 海

巴厘巴板海战 2月24日

海

2艘巡洋舰
10艘驱逐舰

弗 洛 勒 斯 海

1艘巡洋舰
1艘水上飞机母舰
9艘驱逐舰

龙目岛

松巴哇岛

弗洛勒斯岛

松巴岛

2月20日 · 帝力

帝 汶 岛

2月20日 · 古邦

帝 汶 海

对达尔文发起空袭 2月19日

第2舰队——南遣舰队/第1航空舰队——航母打击舰队
海军中将近藤信竹(N. Kondo)/海军中将南云忠一(C. Nagumo)

2艘战列舰
4艘航空母舰
5艘巡洋舰

与驱逐舰、油船以及补给船一起在印度洋作战，以支援对爪哇岛的入侵，
2月25日至3月

达尔文

10°

120° 135°

"刻耳柏洛斯"行动，1942年2月11日—13日

两艘战斗巡洋舰"沙恩霍斯特"号和"格奈森瑙"号以及重型巡洋舰"欧根亲王"号组成了一支强大的德国海军中队，其在法国大西洋海岸的存在是英国在1941年面临的最大威胁。为了消除这一威胁，英国皇家空军轰炸机司令部在这几艘舰船停泊于港口内时对其进行了成千上万架次的轰炸，英国皇家海军在北欧海域的大部分潜艇力量都在法国西北海岸活动。有几次击中了德国军舰，但代价是高昂的，超过120架轰炸机被击落。德国被迫将布雷斯特变成他们防御最严密的城市之一，但随着东线的战斗越来越激烈，这一目标也越来越难以实现。希特勒要求海军舰队提供更为实际的回报，而不再仅相当于一支常设舰队，并要求水面舰队去进攻北极护航船队。因此，在1月中旬，纳粹德国海军奉命让这3艘舰船穿过英吉利海峡北上德国。

英国人预料到德国进行这种航渡的可能性，所以密切关注着布雷斯特，开始在法国北部海岸线外布下新的雷区，并协调海军和空军的作战计划。多佛司令部司令拉姆齐海军中将打算使用近岸舰队、空袭以及海岸炮兵去破坏和延缓德国海军中队通过英吉利海峡，随后在北海南部进一步发动空袭和驱逐舰攻击。然而，最终德国人取得了战术突然性。他们秘密地进行准备工作，而英国海上巡逻机没能发现德国军舰出动也帮助了德国人。直到德国中队进入海峡，应急计划"富勒"才启动，英国舰艇只能零散地投入攻击；他们伤亡惨重，但是未能给德国重型军舰造成损伤。只有水雷取得了一些成功，"沙恩霍斯特"号触雷两颗，"格奈森瑙"号触雷一颗。虽然德国人让这几艘船由南向北穿过英吉利海峡取得了一次明显的胜利，但是从长远来看，水面舰队集结在北极海域也让英国人对付它们变得更加容易。

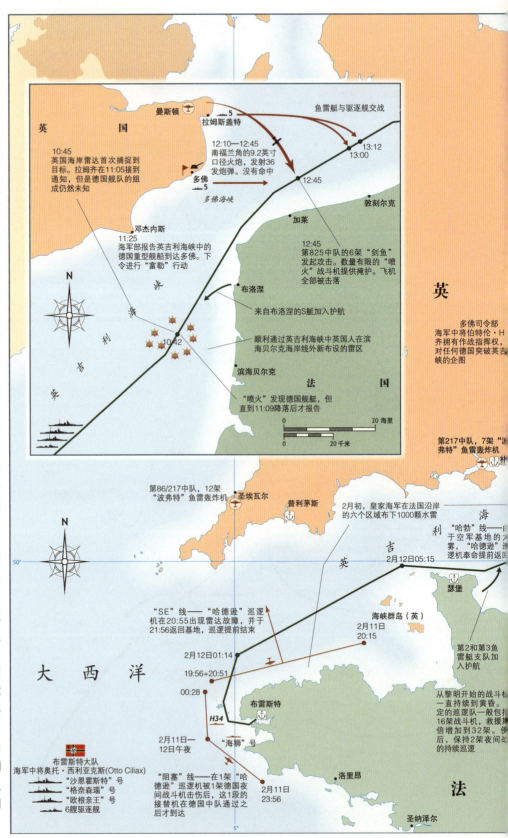

122

北 海

英国人的空中行动
389架战斗机被用于掩护，参战的飞机总数超过680架。共损失了25架中型轰炸机和鱼雷轰炸机以及13架战斗机

2月13日
"格奈森瑙"号

2月13日
"格奈森瑙"号和"欧根亲王"号抵达布伦斯比特尔

基尔

2月13日
02:44
"格奈森瑙"号

23:00
"格奈森瑙"号

21:34
"沙恩霍斯特"号触中第2颗水雷

19:55

"格奈森瑙"号触雷，"欧根亲王"号在前航行。"沙恩霍斯特"号在后面大约30海里跟随

威廉港

不来梅港

埃姆登

2月13日
"沙恩霍斯特"号抵达

不来梅

2月23日，"欧根亲王"号被英国皇家海军舰艇"三叉戟"号的鱼雷击中，在整整1年的时间里无法作战。2月26日至27日的1次英国皇家空军的突袭也使"格奈森瑙"号受损并且无法修复。

第42中队
14架"波弗特"鱼雷轰炸机来自英国皇家空军卢赫斯基地。只有9架参与了攻击

15:45
驱逐舰鱼雷攻击。没有命中。"伍斯特"号被火炮击成重伤

伯彻姆－牛顿

科提肖

国

洛斯托夫特
第16和第21驱逐舰支队
海军上校C.T.H.派齐(C.T.H. Pizey)
"坎贝尔"号   "麦凯"号
"快活"号   "惠特谢德"号
"伍斯特"号   "沃波尔"号
由于受损，"沃波尔"号被迫回港

阿姆斯特丹

荷 兰

哈里奇

13:18   14:30

15:43

14:45

14:45—17:00 英国皇家空军的攻击
轰炸机司令部的242架飞机分3个波次起飞攻击德国舰队。由于云层阻碍，只有39架飞机投下了炸弹，但没有1枚炸弹命中大型舰船。仅有2艘德国鱼雷艇受到轻微损伤。15架轰炸机被击落，20架被击伤。28架"波弗特"鱼雷轰炸机被派出去，13架发起攻击（15:40—17:00），3架被击落

德 国

曼彻斯特
航空兵第825中队
"剑鱼"鱼雷轰炸机

拉姆斯盖特

13:40

14:30
"沙恩霍斯特"号触中英国皇家空军飞机上个星期布设的雷场中的1枚水雷，落在后面

奥斯坦德

多佛   12:45
敦刻尔克

加莱

布鲁塞尔

姆·"克劳"·"火"战斗机巡逻

布洛涅

10:42

第5鱼雷艇支队从法拉盛赶来会合

比 利 时

沿着这一航线，纳粹德国空军合计有大约250架战斗机和30架夜间战斗机。此行动中损失了17架战斗机

迪耶普

阿弗尔

巴黎

国

图例

→ 英国皇家空军海岸司令部巡逻航线
━ 德国舰队
⤵ 德国战斗机巡逻
⊢ 英国潜艇
✈ 海岸司令部使用的英国皇家空军基地

注：英国皇家空军的轰炸机从横跨英格兰东部的各个基地起飞

分配给"富勒"行动的海岸司令部和舰队航空兵的攻击机在图中分别以各自的空军基地标注出来

123

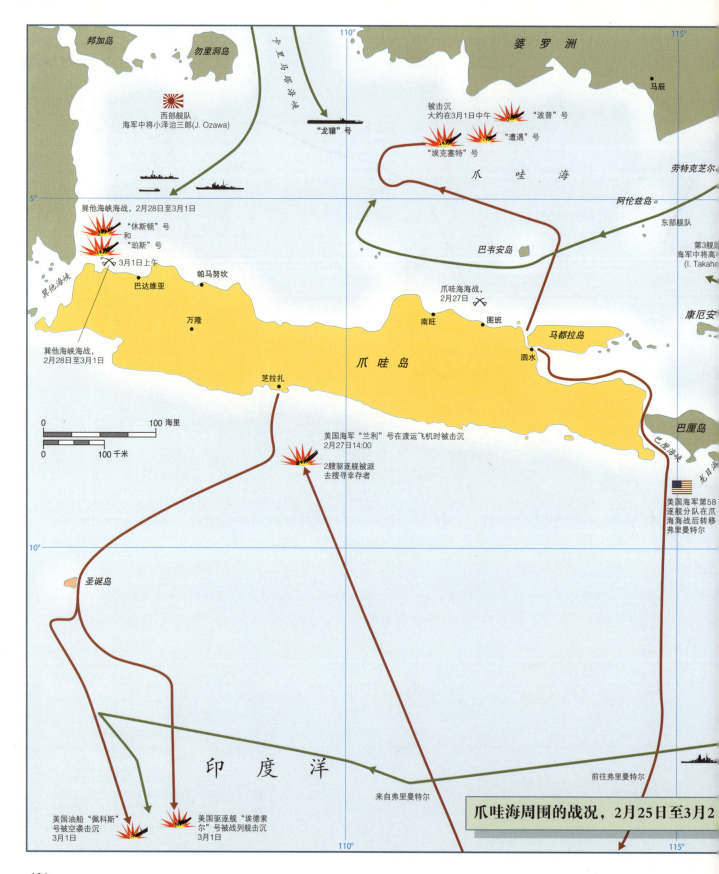

邦加岛

勿里洞岛

卡里马塔海峡

婆罗洲

马辰

西部舰队
海军中将小泽治三郎(J. Ozawa)

"龙骧"号

被击沉
大约在3月1日中午 · "波普"号

"埃克塞特"号 · "遭遇"号

爪 哇 海

劳特克芝尔

阿伦兹岛

东部舰队

巽他海峡海战，2月28日至3月1日

第3舰队
海军中将高
(I. Takaha

"休斯顿"号
和
"珀斯"号

3月1日上午

巴韦安岛

巴达维亚

帕马努坎

爪哇海海战，
2月27日

巽他海峡

万隆

南旺

图班

马都拉岛

康厄安岛

巽他海峡海战，
2月28日至3月1日

爪 哇 岛

泗水

巴厘岛

芝拉扎

美国海军"兰利"号在渡运飞机时被击沉
2月27日14:00

2艘驱逐舰被派
去搜寻幸存者

0 ———— 100 海里

0 ———— 100 千米

美国海军第58
逐舰分队在爪
海海战后转移
弗里曼特尔

圣诞岛

印 度 洋

美国油船"佩科斯"
号被空袭击沉
3月1日

美国驱逐舰"埃德索
尔"号被战列舰击沉
3月1日

前往弗里曼特尔

来自弗里曼特尔

爪哇海周围的战况，2月25日至3月2

124

運兵船队
30英里

巴韦安岛

海军少将高木武雄(Takeo Takagi)

"羽黑"号
"那智"号
"那珂"号 "神通"号

"爪哇"号
被击沉
23:06
"德·鲁伊特"号被击沉
23:10

"休斯顿"号和"珀斯"号
驶往巴达维亚

爪　　哇　　海

16:14

驱逐舰前出

17:15   17:00

16:25
第1次鱼雷
攻击

26000~28000码

17:30
20:00

17:08
"埃克塞特"号
被击中

16:34

16:14

17:00

"科顿艾尔"号
被击沉
19:06

17:15

17:25

"伊莱克特拉"号
被击沉
23:10   18:00

18:22
20:30

16:05

联合打击舰队
荷兰皇家海军少将卡尔·杜尔曼(Karel Doorman)

"德·鲁伊特"号
"埃克塞特"号
"休斯顿"号
"珀斯"号
"爪哇"号

18:14

美国驱逐舰进攻

21:47

21:25
"朱庇特"号被击沉

21:10

21:00

驱逐舰驶向泗水

15:30

爪　哇　岛

图班

爪哇海海战，1942年2月27日

　　2月下半月，"马来屏障"沿线的盟军阵地显著地削弱了，日军穿过该防线进攻澳大利亚，并占领巴厘岛和帝汶岛。ABDA（美英荷澳）司令部在2月25日解散，留下荷兰组织防御爪哇岛。海军舰艇，仍然有8艘巡洋舰和20艘驱逐舰，被一分为二部署在巴达维亚和泗水，前者有一支英澳部队，后者则驻扎着一支美荷部队。2月25日，英国舰艇被派去泗水增援杜尔曼海军少将，因为盟军预计日军从东部开始入侵。盟军知道日军集结的舰船正从菲律宾霍洛岛向南移动，但2月26日的巡逻什么都没有发现。杜尔曼第2天返回港口，但正当他的舰艇补充燃料的时候，盟军发现了日军进攻舰队，他又回到海上。

　　双方的力量大体相当，盟军的5艘巡洋舰和10艘驱逐舰对阵日军的4艘巡洋舰和14艘驱逐舰。然而，日军的舰船作战紧密，更像一个整体，并且发起了毁灭性的鱼雷攻击。当英国"埃克塞特"号被击中后，盟军阵线开始混乱，并且再也没有完全恢复秩序。最终，双方都撤出了战斗，但是杜尔曼决心找到日军船队，于是再次转而向北。在夜间战斗中，盟军损失了2艘巡洋舰。在随后几天的多次交战中，盟军残余的海军舰艇大都被消灭了。

图例

→ 盟军舰队
- - → 残存的盟军舰队
→ 日本帝国海军

注：只标注了总体航线，双方
都以多个小分队的形式作战

遣打击舰队
中将近藤信
南云忠一

望加锡海峡

松巴哇岛

美国在太平洋的行动，1942 年 1 月—4 月

偷袭珍珠港事件 10 天后，美国海军上将金梅尔被解除职务，罗斯福总统选择了海军少将切斯特·W.尼米兹作为新一任太平洋舰队总司令。12月 25 日，尼米兹抵达珍珠港，被晋升为海军上将，并将在战争剩下的日子里掌管太平洋舰队。偷袭导致的最直接后果是，美国的首要任务是修理瓦胡岛上损坏的设施，并守住威克岛、约翰斯顿岛、中途岛和巴尔米拉岛等前哨基地。虽然威克岛最终于 12 月 23 日被占领，但是其他岛屿都在 12月获得了增援。第一批 4 支驶往夏威夷的船队也离开了旧金山，并于 1 月初抵达。

除了保卫夏威夷，太平洋舰队还需要保护美国、澳大利亚和新西兰之间的海上交通线。海军上将金指示尼米兹守住从中途岛经由萨摩亚和斐济至澳大利亚布里斯班一线。英属岛屿上的空军基地和锚地网络也将进行开发，以保护补给线。第一批 4800 名美国海军陆战队员于 1 月 6 日离开圣迭戈前往萨摩亚，随后当月又有 6 支船队将军队运送到南太平洋。其中规模最大的一支来自纽约，它搭载着第 26 步兵师前往新喀里多尼亚。第一支运载军队和装备驶往澳大利亚的船队于 2 月离开美国西海岸。

太平洋相对平静，只有一些零散的日军潜艇攻击和远程空袭。然而，1月初，日本军队占领了澳大利亚在拉包尔的小型要塞，因此控制了俾斯麦群岛，从而威胁到了盟军补给线。只有守住萨摩亚，尼米兹才可以使用他的航母特遣舰队发起反击。这些舰船拥有速度和航程优势，能够对日军外围据点进行作战。尽管太平洋舰队的战列舰通过维修以及从大西洋舰队抽调而得以恢复，但是没有足够的油船来保证战列舰长期在海上行动。因此，尽管第 1 特遣舰队当时已经组建，但仍停留在西海岸。

2 月对马绍尔群岛发起的前几次航母突袭给日军造成的损伤微乎其微，但是对美军积累经验和提高士气是很重要的。随后"列克星敦"号和"企业"号对拉包尔进行了一次攻击，深入名义上被日本占据的领土作战，突袭了威克岛和南鸟岛。之后的每一次行动都比前一次更加复杂而大胆。3 月，"约克城"号和"列克星敦"号一起攻击了在新几内亚运送部队登陆的日本运输船，攻击飞机必须飞越欧文 – 斯坦利山脉来接近它们的目标。4 月，"企业"号和"大黄蜂"号在距离日本海岸 620 英里的位置起飞了一支小规模的轰炸机部队空袭东京，即所谓的"杜立特空袭"。这次突袭几乎没有实质性的影响，但在一定程度上促成了日本发动中途岛战役的决定。

126

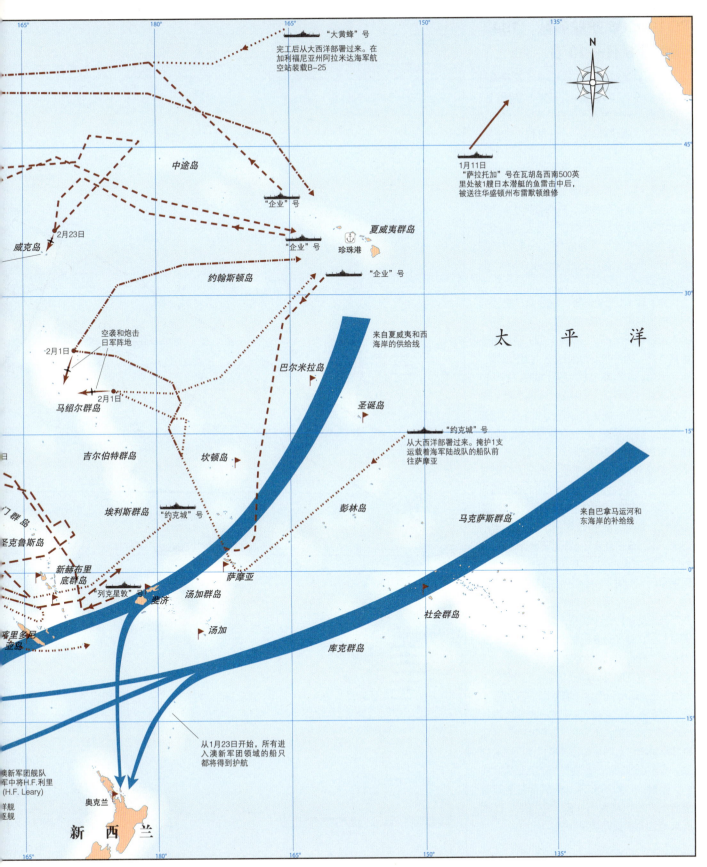

"大黄蜂"号
完工后从大西洋部署过来。在加利福尼亚州阿拉米达海军航空站装载B-25

中途岛

"企业"号

1月11日
"萨拉托加"号在瓦胡岛西南500英里处被1艘日本潜艇的鱼雷击中后，被送往华盛顿州布雷默顿维修

2月23日

威克岛

"企业"号   珍珠港   夏威夷群岛

"企业"号

约翰斯顿岛   "企业"号

太　平　洋

空袭和炮击日军阵地

来自夏威夷和西海岸的供给线

巴尔米拉岛

2月1日

2月1日   圣诞岛

"约克城"号
从大西洋部署过来。掩护1支运载着海军陆战队的船队前往萨摩亚

马绍尔群岛

吉尔伯特群岛   坎顿岛

埃利斯群岛   "约克城"号   彭林岛   马克萨斯群岛   来自巴拿马运河和东海岸的补给线

圣克鲁斯群岛

新赫布里底群岛   萨摩亚   社会群岛

"列克星敦"号   斐济   汤加群岛

喀里多尼亚岛   汤加   库克群岛

从1月23日开始，所有进入澳新军团领域的船只都将得到护航

澳新军团舰队
军中将H.F.利里(H.F. Leary)

洋舰
圣舰

奥克兰

新　西　兰

127

PQ12/QP8 护航船队，1942年3月6日—10日

北极护航路线的本质在 1942 年春季发生根本改变；1941 年时，它是一条相对安全的通道，但此时对于英国人而言，经由北海向苏联人提供补给已经变得越来越困难了。这个战场现在对德国人而言更加重要，尤其是在 1941 年 1 个季度的作战中未能击败苏联之后。因此，纳粹德国海军将其水面舰队的力量集中到挪威，并将潜艇从大西洋抽调过来，而空军则组建了一支强大的海上打击力量以支援北冰洋的行动。1 月，战列舰"提尔皮茨"号在波罗的海完成磨合之后抵达挪威水域。

PQ 12 / QP 8 是第一批暴露在德国与日俱增的威胁之下的护航船队。海军上将托维本来打算只用本土舰队一半的力量提供远距离掩护，因为他没有预料到"提尔皮茨"号会出海。使用整个本土舰队为每支船队护航可能会过度损耗人力和物力，从而导致其作战效率下降，他认为到夏天时德国会派遣一支更大规模的舰队驻扎在挪威海域。然而，他的想法被英国海军部否决了，3 月 6 日，本土舰队到达 PQ 12 南侧。德国人打算发起攻击，1 架 FW200 确定 PQ 12 的位置之后，他们在其护航路线上建立起了 1 条潜艇巡逻线，同时"提尔皮茨"号所在中队也出海了。3 月 6 日至 8 日期间的天气状况非常糟糕，所以虽然双方大量舰船在相对较近的距离航行，但唯一一次交战的结果是苏联商船"伊尔乔拉"号被 1 艘德国驱逐舰击沉。双方都无法进行空中侦察，驱逐舰的燃料也逐渐耗尽。到 3 月 8 日晚上时，护航船队脱离危险，托维试图拦截"提尔皮茨"号，但由于缺乏驱逐舰掩护其主力舰而未能进行。3 月 9 日的航母袭击也未能击伤"提尔皮茨"号，后者在下午 4 点左右到达了纳尔维克。在这之后，英国人试图在"提尔皮茨"号返回特隆赫姆时以潜艇和驱逐舰伏击这艘战列舰，但未能成功。虽然盟军没有遭受实际损失，但是，"提尔皮茨"号的存在意味着需要在北部水域保留一支大型舰队，而此时其他地方也迫切需要舰船。

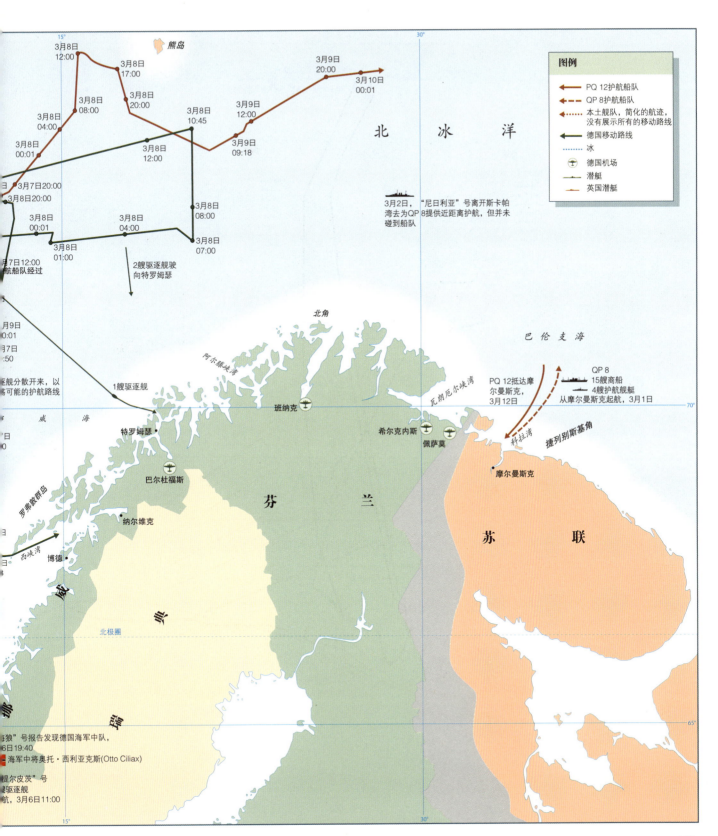

熊岛

3月8日
12:00

3月8日
17:00

3月8日
08:00

3月8日
20:00

3月8日
04:00

3月8日
00:01

3月8日
10:45

3月9日
12:00

3月9日
09:18

3月9日
20:00

3月10日
00:01

北　冰　洋

3月8日
12:00

3月7日20:00

3月8日20:00

3月8日
00:01

3月8日
04:00

3月8日
08:00

3月8日
07:00

日7日12:00
航船队经过

2艘驱逐舰驶
向特罗姆瑟

"尼日利亚"号离开斯卡帕
湾去为QP 8提供近距离护航，但并未
碰到船队

图例

PQ 12护航船队
QP 8护航船队
本土舰队，简化的航迹，
没有展示所有的移动路线
德国移动路线
冰
德国机场
潜艇
英国潜艇

月9日
0:01

7日
:50

逐舰分散开来，以
场可能的护航路线

威　　　海

1艘驱逐舰

特罗姆瑟

北角

阿尔腾峡湾

班纳克

希尔克内斯

佩萨莫

瓦朗厄尔峡湾

巴伦支海

PQ 12抵达摩
尔曼斯克，
3月12日

科拉湾

摩尔曼斯克

捷列别斯基角

QP 8
15艘商船
4艘护航舰艇
从摩尔曼斯克起航，3月1日

芬　　兰

苏　联

罗弗敦群岛

巴尔杜福斯

纳尔维克

博德

西峡湾

北极圈

挪

威

瑞

"海狼"号报告发现德国海军中队，
6日19:40

海军中将奥托·西利亚克斯(Otto Ciliax)

"提尔皮茨"号
艘驱逐舰
航，3月6日11:00

129

那不勒斯

意 大 利

希 腊

塔兰托
出发，3月22日12:30

返回，3月23日18:42
P36发现意大利人，3月22日01:31
"普罗特斯"号
"支持者"号——未能成功与"利托里奥"号交战，3月23日

"戈里齐亚"号所在大队
海军少将A.帕罗纳(A. Parona)
"戈里齐亚"号
"特兰托"号
"班德·内尔"号
"山地兵"号
"狙击兵"号
"火枪兵"号
"枪骑兵"号

"利托里奥"号所在大队
海军中将A.亚基诺(A. Iachino)
"利托里奥"号
"阿尔弗雷多·奥里亚尼"号
"土著兵"号
"航空兵"号
"工兵"号
"东北风"号
"非洲热风"号

巴勒莫

墨西拿　出发
3月22日01:00

西西里岛

斯帕蒂文托角
3月22日02:50

"不败"号
P34

3月23日
11:32

3月23日10:07
"枪骑兵"号
(天气)

3月23日
07:05

帕塞罗角

马耳他海峡

3月23日06:40
"非洲热风"号
(天气)

3月22日
10:36

纳瓦里诺

3月22日
12:00

马塔潘

马耳他

K舰队
"佩内洛普"号
"军团"号

"布雷克诺克郡"号
丧失动力，3月23日
沉没，3月27日

"支持者"号
未能成功与"利托
里奥"号交战，
3月23日

英国皇家空军第201大队的侦察
3月22日至23日

3月23日09:00

14:25
首次发现敌舰，巡洋舰和驱逐舰
的最初交战持续至15:08。意大利
巡洋舰撤退，转而依靠"利托里
奥"号所在大队

巡洋舰

"利托里奥"号

3月22日
19:05

15:40

3月22日
3月22日14:27
发现敌舰

3月23日09:00

3月22日08:00
"佩内洛普"
号和"军团"
号加入护航

05:18
收到P36关于
敌舰的报告

图例
护航船队
B舰队离开
K舰队
"利托里奥"号所在大队
出航的巡洋舰
回航的巡洋舰
轴心国空袭
由于恶劣天气而
沉没的船只

09:55
意大利飞机
报告发现英
国舰队

18:45

船队和近距离
护航舰艇遭遇
猛烈空袭

的黎波里

船队商船各自
驶向马耳他

3月22日
19:00

16:40—19:00
主要交战。零星的火炮射
击和鱼雷攻击，双方从相
距20000码打到6000码

地 中

0　　　　　　100海里
0　　　　　　100千米

苏 尔 特 湾

班加西　利 比 亚

第二次苏尔特海战，1942 年 3 月 21 日—23 日

　　3 月，马耳他的补给情况再次变得危险，因为英国维持岛上需求的能力达到最低点。1941 年底发生的事件让地中海舰队失去了主力舰，而此时日本在印度洋的威胁也意味着东方舰队没有任何舰船可供调派。由于在准备马达加斯加战役，即"铁甲舰"行动，H 舰队也已精疲力尽。其主要力量包括 1 艘老旧的战列舰和 2 艘小型的老旧航母——"百眼巨人"号和"鹰"号。如此有限的力量所能做的仅是进行让战斗机飞赴马耳他作为增援的"放飞"行动。因此所有护航船队将不得不从东边过来。在 2 月的一次试探以所有 3 艘货船都被击沉或丧失动力而告终后，海军上将坎宁安制定了"M.G.1"行动计划，这将动用他手中所有可用的巡洋舰和驱逐舰。来自直布罗陀的"放飞"行动以及英国皇家空军对轴心国机场的袭击将会起到一些分散德国人注意力的作用。

　　意大利人怀疑盟军正在进行补给行动，而这次意大利海军上将亚基诺占有优势。他拥有一支更强大、更快速的舰队，还有相对较好的情报和空中掩护。英国海军少将维安从潜艇发回的报告得知意大利人已经出动，他知道意大利人拥有的速度优势足以使他们进入护航船队和马耳他之间的位置。英国护航舰艇和意大利巡洋舰的第一次短暂交战从下午 2 点 27 分持续到 3 点 15 分，此时意大利巡洋舰撤退，转而依靠"利托里奥"号。在下午 4 点 37 分至 6 点 56 分之间发生的主要战斗中，英国人利用烟雾和鱼雷攻击让意大利人不敢靠近。在混战中，双方都遭受了损伤，但是尽管距离大大拉近，亚基诺还是在下午 6 点 45 分下令撤退，因为他得到的指示是不要进行夜间作战。在返航途中，2 艘意大利驱逐舰在一场暴风雨中损失。

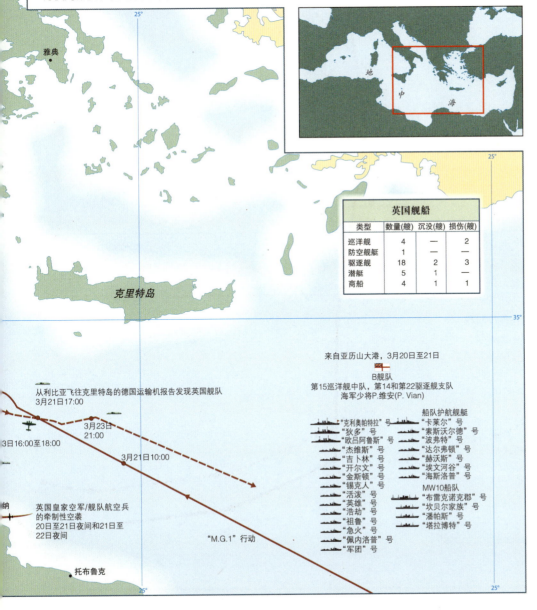

英国舰船			
类型	数量(艘)	沉没(艘)	损伤(艘)
巡洋舰	4	—	2
防空舰艇	1	—	—
驱逐舰	18	2	3
潜艇	5	1	—
商船	4	1	1

雅典

克里特岛

从利比亚飞往克里特岛的德国运输机报告发现英国舰队
3 月 21 日 17:00

3 月 23 日
21:00

3 日 16:00 至 18:00

3 月 21 日 10:00

英国皇家空军/舰队航空兵
的牵制性空袭
20 至 21 日夜间和 21 至
22 日夜间

"M.G.1"行动

托布鲁克

来自亚历山大港，3 月 20 至 21 日

B舰队
第15巡洋舰中队，第14和第22驱逐舰支队
海军少将P.维安(P. Vian)

船队护航舰艇
"克利奥帕特拉"号　　　　"卡莱尔"号
"狄多"号　　　　　　　　"索斯沃尔德"号
"欧吕阿鲁斯"号　　　　　"波弗特"号
"杰维斯"号　　　　　　　"达尔弗顿"号
"吉卜林"号　　　　　　　"赫沃斯"号
"开尔文"号　　　　　　　"埃文河谷"号
"金斯顿"号　　　　　　　"海斯洛普"号
"锡克人"号
"活泼"号　　　　　　　　MW10船队
"英雄"号　　　　　　　　"布雷克诺克郡"号
"浩劫"号　　　　　　　　"坎贝尔家族"号
"祖鲁"号　　　　　　　　"潘帕斯"号
"急火"号　　　　　　　　"塔拉博特"号
"佩内洛普"号
"军团"号

"战车" 行动, 1942 年 3 月 27 日—28 日

对圣纳泽尔港的突袭是整个二战中最为大胆的行动之一。该港拥有的诺曼底干船坞是当时世界上最大的, 同时也是法国在大西洋沿岸上唯一一个能够维修德国主力舰的港口。行动目标是让船坞无法使用, 因此要破坏未来德国水面袭击舰 (主要是 "提尔皮茨" 号战列舰) 所必需的支持设施。为了达成这一目标, "坎贝尔敦" 号驱逐舰将会撞进船坞南部的闸门并自沉。驱逐舰上装载的 3 吨烈性炸药将在两个半小时后爆炸。摩托艇上和撞进老入口的驱逐舰上的突击队员则将登上老防波堤去破坏其他设施, 并转移德军对英军主要行动的注意力。圣纳泽尔也是一个主要的潜艇基地, 严密设防, 因此突然性是至关重要的。

第 10 反潜打击舰队
海军中校 R.E.D. 赖德(R.E.D. Ryder)
"阿瑟斯通" 号
"泰恩河谷" 号
"坎贝尔敦" 号——装载烈性炸药
MGB314 号摩托炮艇——进攻的指挥船
MTB74 号鱼雷艇
16 艘摩托艇——分成 2 个小队
陆军中校 A. 纽曼带领 268 名突击队员

这支部队以第 10 反潜打击舰队的名称作为掩护, 于 3 月中旬集结并在法尔茅斯进行训练。3 月 26 日, 进行 "战车" 行动的命令下达, 下午 2 点, 舰队起航, 所采用的航线在纳粹德国空军侦察飞行的覆盖范围之外。除了遭遇 1 艘潜艇, 这次航程平静无事, 攻击部队在 3 月 28 日凌晨成功到达距离船坞 1 英里的位置, 未被发现。凌晨 1 点 28 分, 德国炮兵阵地开火, 英国突击队的登陆作战在港口展开。"坎贝尔敦" 号于凌晨 1 点 34 分撞上船坞闸门; 当它于中午时分爆炸时, 船坞入口以及大量舰船被摧毁, 导致船坞无法使用。凌晨 2 点 50 分, 剩余的英国海军舰艇撤退。在海上, 等待的英国驱逐舰和 1 支德国鱼雷艇小队进行了短暂的小规模战斗。行动期间, 英军损失 14 艘小型舰艇, 169 人阵亡, 215 人被俘, 227 人返回英国。

英 国

普利茅斯

3月26日
04:47

3月29日
01:25

"克利夫兰" 号
"布罗克尔斯比" 号
作为返程的护航舰艇
离开普利茅斯,
27 日至 28 日夜间

英吉利海峡

19:11

3月26日
20:38

3月26日
23:00

前往法尔茅斯

韦桑岛

布雷斯特

"克利夫兰"
号和 "布罗
克尔斯比"
号离开船队

3月28日
19:00

法

3月27日
04:00

贝尔岛

与德国鱼雷艇的交战   勒夏特利

大约 3 月 28 日 19:00

3月28日
15:30

ML13、ML8 和 ML12 号
摩托艇报告
3 月 28 日 15:45

3月27日
07:05

与 U593
的交战

MGB314 号摩托炮艇,
ML7 和 ML15 号摩托艇
被击沉
3 月 29 日 13:43

"阿瑟斯通" 号
"泰恩河谷" 号
巡逻, 27 日至 28 日夜间

3月28日
09:00

3月28日
08:00

与 "克利夫兰" 号会合

2 艘法国拖网渔船被击沉
3 月 27 日
12:04

3月28日
20:05

0   80 海里

0   80 千米

彭霍特船坞

卢瓦尔河

挖泥船

储油罐

老入口

圣纳泽尔突袭

去程航线
回程航线
ML13、ML8和ML12号
摩托艇回程

潜艇掩蔽所

在建的潜艇掩蔽所

圣纳泽尔船坞

老城

老闸

南闸

圣纳泽尔

老防波堤

No.2 沉没

No.4

No.3

No.7
(舵机失效)

M.G.B.
314

M.T.B.74
(被击中,
随后起火)

No.12
与东岸炮兵
阵地交火

攻击圣纳泽尔

MGB314号摩托炮艇的航迹
"坎贝尔敦"号的航迹
MTB74号鱼雷艇的航迹
右列摩托艇的航迹
左列摩托艇的航迹
携带鱼雷的摩托艇的航迹
起火的摩托艇
爆炸的摩托艇
轻型高射炮   被打哑
探照灯

国

No.1
(搁浅)   No.7

M.L.270
No.7

M.L.447
No.10

M.L.160
No.8

No.15
No.13   No.2

No.11

M.L.457
No.11

No.16
(被击中,
随后爆炸)

东防波堤

M.L.307
No.12

M.L.192
No.1   No.6
(被击中,
随后起火)   No.5

M.L.202 No.2

M.L.443
No.13

No.14
在清扫河道时,
被敌军鱼雷艇
拦截

M.L.306
No.14

M.L.267
No.3

防空舰
(被打哑)

M.L.446
No.15

M.L.268
No.4

M.L.156
No.5

圣纳泽尔

撤退开始
3月28日02:50

"鲟鱼"号

日

M.L.298
No.16

M.L.177
No.6

M.T.B.298

0   400 码
0   400 米

英 国

突击行动

德 国

敦刻尔克 36
格拉沃利讷角 39
昂布勒特斯 4
布洛涅16
阿尔德洛 17
滨海比维尔 42
迪耶普 3
圣瓦莱里昂科 38
埃莱托 37
布吕讷瓦勒,缴获雷达 13
乌尔加特 9
圣欧班 21
圣洛朗 12
奎纳维尔 44
圣瓦斯特 8
萨克岛 45
泽西岛 41

普卢埃泽
克角 24

圣纳泽尔 14

波尔多 27

巴约讷15

法 国

图例

行动
● 1940
● 1941
● 1942
● 1943

目标
港口和敌方航运
工业场地
敌方人员
侦察和捕俘

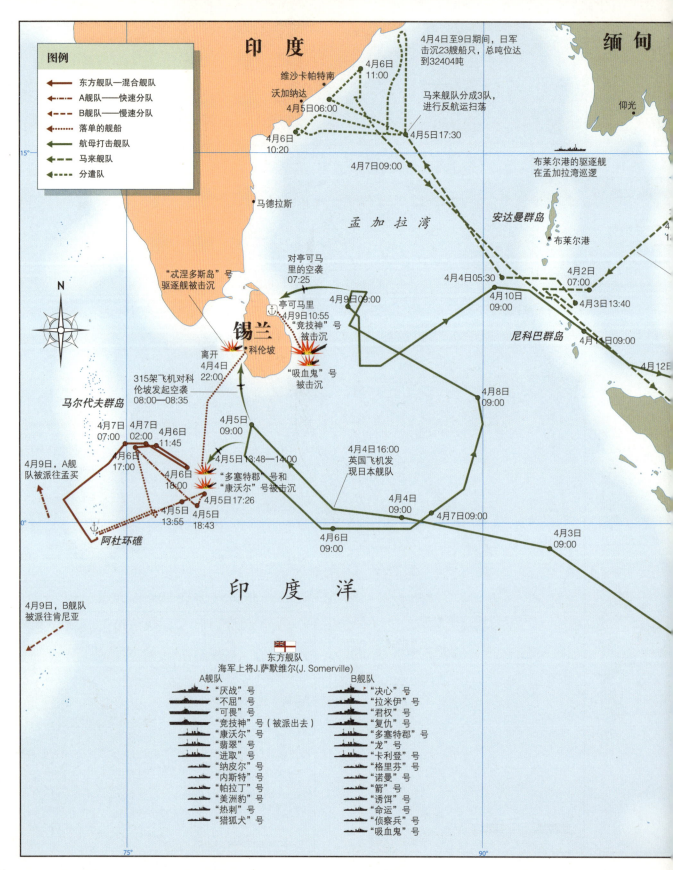

图例
- 东方舰队—混合舰队
- A舰队——快速分队
- B舰队——慢速分队
- 落单的舰船
- 航母打击舰队
- 马来舰队
- 分遣队

印 度

缅 甸

仰光

4月4日至9日期间，日军
击沉23艘船只，总吨位达
到32404吨

马来舰队分成3队，
进行反航运扫荡

维沙卡帕特南
沃加纳达
4月5日06:00

4月6日
11:00

4月6日
10:20

4月5日17:30

4月7日09:00

布莱尔港的驱逐舰
在孟加拉湾巡逻

马德拉斯

孟 加 拉 湾

安达曼群岛
布莱尔港

4月4日05:30

4月2日
07:00

4月3日13:40

4月10日
09:00

尼科巴群岛

4月11日09:00

4月12日

"忒涅多斯岛"号
驱逐舰被击沉

对亭可马
里的空袭
07:25

4月9日09:00

亭可马里
4月9日10:55
"竞技神"号
被击沉

锡兰
科伦坡

离开
4月4日
22:00

"吸血鬼"号
被击沉

315架飞机对科
伦坡发起空袭
08:00—08:35

马尔代夫群岛

N

4月5日
09:00

4月8日
09:00

4月7日
07:00

4月7日
02:00

4月6日
11:45

4月6日
17:00

4月6日
18:00

4月5日13:48—14:00
"多塞特郡"号和
"康沃尔"号被击沉

4月4日16:00
英国飞机发
现日本舰队

4月9日，A舰
队被派往孟买

4月5日17:26

4月5日
13:55

4月5日
18:43

4月4日
09:00

4月7日09:00

4月3日
09:00

阿杜环礁

4月6日
09:00

印 度 洋

4月9日，B舰队
被派往肯尼亚

东方舰队
海军上将J.萨默维尔(J. Somerville)

A舰队
- "厌战"号
- "不屈"号
- "可畏"号
- "竞技神"号（被派出去）
- "康沃尔"号
- "翡翠"号
- "进取"号
- "纳皮尔"号
- "内斯特"号
- "帕拉丁"号
- "美洲豹"号
- "热刺"号
- "猎狐犬"号

B舰队
- "决心"号
- "拉米伊"号
- "君权"号
- "复仇"号
- "多塞特郡"号
- "龙"号
- "卡利登"号
- "格里芬"号
- "诺曼"号
- "箭"号
- "诱饵"号
- "命运"号
- "侦察兵"号
- "吸血鬼"号

"C 作战"，日本人在印度洋的突袭，1942 年 3 月—4 月

随着东印度群岛战事的结束，以及美国人在太平洋的活动微乎其微，日本人试图消除最后的重大威胁——他们想在印度洋发动一次大规模突袭，以摧毁英国舰队残余的舰艇及其在锡兰（今斯里兰卡）的基地。他们计划了 3 个独立的作战行动。首先，1 支小规模舰队夺取爪哇岛附近的圣诞岛，并在岛上建立一个基地。结果，这个岛不适合开发，并被放弃。其次，海军中将南云忠一将率领 1 支大规模舰队攻击锡兰，而第 3 支舰队则将横渡孟加拉湾，沿着印度海岸线袭击航运。

英国人在短时间内集结了一支庞大的舰队来保卫印度洋。3 艘航空母舰、5 艘战列舰以及 30 艘巡洋舰、驱逐舰和潜艇，其中包括荷兰海军残余的舰艇，聚集在锡兰海岸线外。然而，3 月 26 日接过东方舰队指挥权的海军上将萨默维尔非常清楚，他的老旧舰队在质量上处于劣势，而他的新航母还没完全磨合好，并且数量上也无法与日军抗衡。因此，他将舰队一分为二，目的是避免让老旧的"复仇"级战列舰陷入险境。他的作战计划是在白天远离日军，而在晚上接近进行夜袭。

英国人预计日军会于 4 月 1 日对锡兰发起攻击，因此萨默维尔将他的舰队集中在阿杜环礁的英国锚地。实际上，日军的攻击在几天之后才到来，而那时萨默维尔已经将他的多艘舰船送回锡兰进行补给。4 月 4 日，1 架侦察机发现日军正在靠近。萨默维尔在西面，相距太远无法进行干预。巡洋舰"多塞特郡"号和"康沃尔"号当晚离开科伦坡。4 月 5 日早上，日军对科伦坡发起大规模空袭，当天下午，88 架飞机被派去击沉这 2 艘被发现的巡洋舰。萨默维尔认为日军随后会杀向阿杜环礁，但是日军根本不知道这个基地，相反，南云忠一采用了一条环绕锡兰半圈的航线，并于 4 月 9 日空袭亭可马里。与此同时，海军中将小泽治三郎的舰队也在沿着印度海岸线制造混乱。当亭可马里受到攻击时，英国已经决定放弃印度洋东部了。在最后一次交战中，日军飞机击沉了"竞技神"号航母和"吸血鬼"号驱逐舰。达到目的之后，南云忠一调头向东并驶往日本，以便航空母舰及其飞行大队进行休整，他们从上一年 11 月开始就一直在作战。

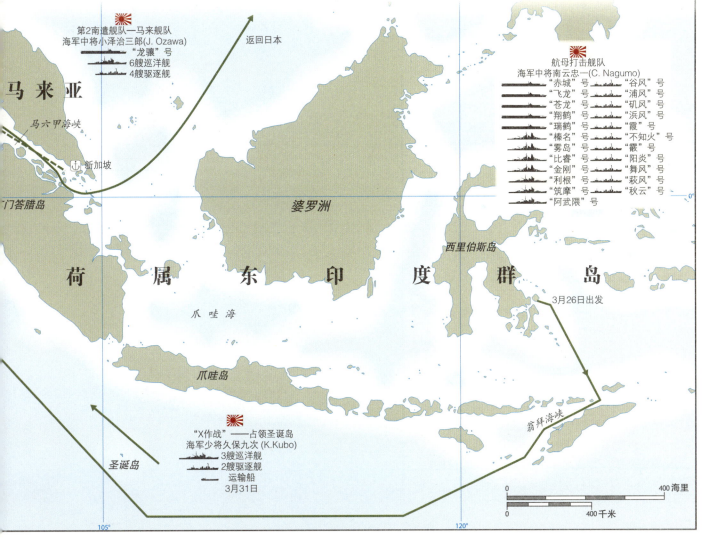

"铁甲舰"行动，入侵马达加斯加，1942 年 5 月

入侵马达加斯加的计划开始于 1941 年 12 月，当时在日军的进攻压力下，盟国在东南亚的情况迅速恶化。1940 年法国沦陷后，马达加斯加落入维希法国军队的掌控之中，英国人担心这可能导致该岛屿为日本人所用。法国人在中南半岛已经这样做过，虽然那是因为日军近在眼前，意味着法国人几乎没有可能抵挡日军的压力。因为马达加斯加岛正好位于从大西洋到中东和波斯湾的航运路线上，所运输的补给再经由陆地可到达苏联、印度和远东地区，所以其地缘战略价值巨大。

一开始英国并没有打算占领整个岛，而是将行动限定为占领岛屿北端的迪耶果·苏瓦雷斯，并将其作为海军和空军作战的基地。不是进攻设防的港口，而是派一支部队在西海岸登陆，然后从内陆一侧夺取城镇。法军兵力大约为 1500 到 3000 人，还有 17 架飞机以及岸防炮台。

为了避免重蹈 1940 年达喀尔远征行动的覆辙，这次作战行动准备得更为充分，资源也更为充足。H 舰队的赛弗雷特海军少将被任命为指挥官。为了弥补他的临时缺席，参战舰艇被从本土舰队派往直布罗陀，而来自美国大西洋舰队的一支特遣舰队则被派往斯卡帕湾。3 月 18 日，作战行动开始动员，4 月底，入侵舰队在德班集结。与此同时，日本对印度洋的袭击也凸显出这次作战行动的必要性。空中支援来自 2 艘舰队航母，而海军上将萨默维尔的东方舰队则提供远程掩护。

5 月 5 日凌晨的登陆行动没有遇到激烈抵抗，进展相对顺利。然而，在从对英国军队到来的吃惊中恢复过来后，法国人守住了迪耶果·苏瓦雷斯周围的防御阵地，阻止了英国人的推进。5 月 6 日拂晓，英军舰载机进行了空袭，但由于法国的防御力量依然很强大，英国人决定用"安东尼"号驱逐舰在东海岸法军防线后方登陆一队英国皇家海军陆战队员，以转移法军的注意力。在巡洋舰"德文郡"号和"赫尔迈厄尼"号的支援下，"安东尼"号驱逐舰在炮火中进入港口，送海军陆战队员登陆，这足以将法军对英军在夜间夺占城镇的主要攻击行动的注意力吸引过来。5 月 7 日整个上午，"拉米伊"号战列舰和多艘巡洋舰炮击了还未投降的法军坚固支撑点。英军的损失包括 1 艘扫雷舰、7 架飞机和大约 400 人伤亡。英国从来没有打算将部队继续留在马达加斯加岛，因为印缅边境也急需兵力。到 6 月中旬时，大部分部队坐船横渡印度洋，而接替他们的是来自非洲的部队。

苏联

攻击部队

攻击部队搭乘于
8艘人员登陆舰、
6艘商船、
1艘坦克登陆舰（LST）、
1艘医院船和
2艘支援油船

空中掩护和舰
炮火力支援

5月4日下午

安布雷角

沃西洛娃角

海军陆战队员登陆
5月6日下午

迪耶果·苏瓦雷斯湾

"拉米伊"号
的炮击
5月7日

5月5日
02:00

安巴罗湾

迪耶果·苏瓦雷斯

掩护舰队

"拉米伊"号
"不屈"号
"光辉"号
"赫尔迈厄尼"号
7艘驱逐舰

登陆
5月5日04:30

N

莫桑比克海峡

0   40 海里
0   40 千米

马 达 加 斯 加 岛

阿拉伯半岛

亚丁

印   度

孟买

马德拉斯

亭可马里

科伦坡

锡 兰

马尔代夫群岛

暹 罗

安达曼群岛

尼科巴群岛

马 来 亚

苏门答腊岛

图例

英军移动路线
护航船队
空中巡逻

"不屈"号

基林迪尼

"拉米伊"号

东方舰队
海军上将J.萨默维尔(J. Somerville)
远程掩护

印   度   洋

5月3日—9日
空中巡逻

4月30日—5月6日
空中巡逻

日军推进的界线

"不屈"号和
2艘驱逐舰加入
5月3日

马 达 加 斯 加 岛

2艘驱逐舰

F舰队
海军少将E.N.赛弗雷特(E.N. Syfret)
"拉米伊"号
"光辉"号
"不屈"号
一共载有86架飞机
"德文郡"号
"赫尔迈厄尼"号
9艘驱逐舰
6艘扫雷舰
6艘护卫舰
攻击部队的组成见右上方内嵌图

137

日本人对印度洋商船的袭击，1942—1943 年

1942 年初，日本人对印度洋海上交通线的威胁并未以英国人所担心的那种形式成为现实。其中有两个原因。第一个原因是日本帝国海军将潜艇部队主要定位为支援战列舰队夺取制海权的手段之一。潜艇在两国主力舰队交战之前削弱太平洋的美国海军力量是至关重要的，而没有打算用于击沉美国或其他盟国的商船。第二个原因是尽管大量舰艇参与了"C 作战"，但正是由于这次作战的胜利迫使英国人退到印度

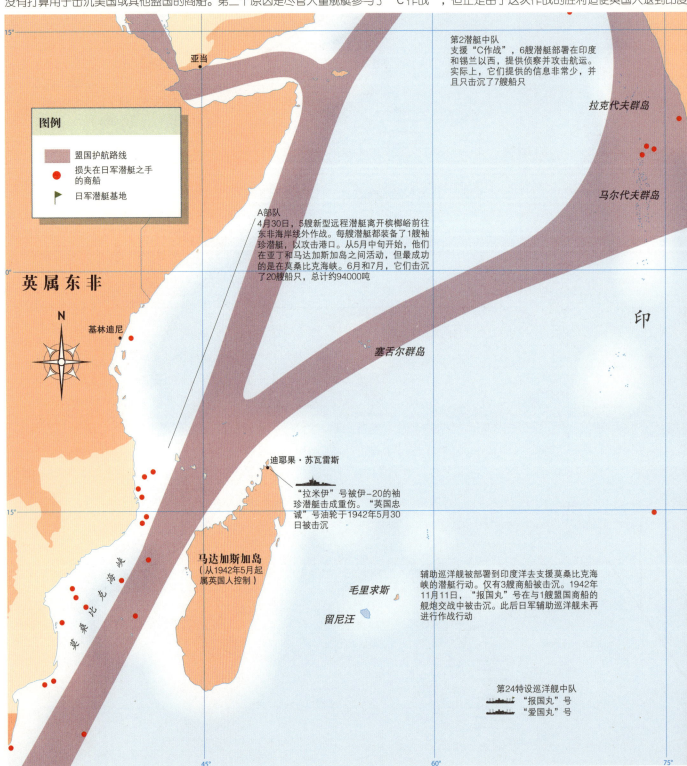

第2潜艇中队
支援"C作战"，6艘潜艇部署在印度和锡兰以西，提供侦察并攻击航运。实际上，它们提供的信息非常少，并且只击沉了7艘船只

拉克代夫群岛

马尔代夫群岛

A部队
4月30日，5艘新型远程潜艇离开槟榔峪前往东非海岸线外作战。每艘潜艇都装备了1艘袖珍潜艇，以攻击港口。从5月中旬开始，他们在亚丁和马达加斯加之间活动，但最成功的是在莫桑比克海峡。6月和7月，它们击沉了20艘船只，总计约94000吨

印

塞舌尔群岛

英属东非

基林迪尼

N

迪耶果·苏瓦雷斯

"拉米伊"号被伊–20的袖珍潜艇击成重伤。"英国忠诚"号油轮于1942年5月30日被击沉

马达加斯加岛
（从1942年5月起属英国人控制）

毛里求斯

留尼汪

辅助巡洋舰被部署到印度洋去支援莫桑比克海峡的潜艇行动。仅有3艘商船被击沉。1942年11月11日，"报国丸"号在与1艘盟国商船的舰炮交战中被击沉。此后日军辅助巡洋舰未再进行作战行动

第24特设巡洋舰中队
"报国丸"号
"爱国丸"号

图例
盟国护航路线
损失在日军潜艇之手的商船
日军潜艇基地

亚当

洋西半部，日本人认为该战场不再需要进一步的作战行动。而苏门答腊岛、尼科巴群岛和安达曼群岛已成为日本外围屏障的一部分。

　　东印度群岛战役期间，日军潜艇部队取得了其在战争期间的最大胜利，在 1942 年 12 月和 1943 年 1 月，部署在这里的潜艇要比部署在美国西海岸的规模相当的潜艇部队更为有效。然而，上述情况再次重现：在爪哇岛周围作战的日军潜艇的首要角色是为入侵舰队提供侦察，而不是击沉盟国舰船。从那以后，在印度洋活动的日军潜艇数量就开始下降了。

在莫桑比克海峡的一连串舰船损失引起了英国的极大担忧，他们认为这是一场大规模反航运战役的开始。然而，在 7 月之后，日军潜艇再也没有如此大规模地作战了，并且到 1943 年时，印度洋只有 3 艘日军潜艇了。由于大西洋战役以及地中海的两栖作战行动，盟军在印度洋的反潜防御力量几乎不存在了。到了夏季，日军潜艇数量翻了一番，达到 6 艘，但从那时起，德国潜艇造成的影响更大。7 月至 12 月，在印度洋被击沉的 45 艘盟国商船中，日本只击沉了 15 艘，而剩下的大部分都是德国潜艇击沉的。他们没有尝试用巡洋舰袭击护航路线，而规模较小的辅助巡洋舰舰队取得的战果有限。

B队
第5中队，6艘潜艇

安达曼群岛

尼科巴群岛

槟榔屿

马来亚

沙捞越

新加坡

苏门答腊岛

婆罗洲

西里伯斯岛

荷 属 东 印 度 群 岛

度　　　洋

A队
第4和第6中队，12艘潜艇

爪哇海

爪哇岛

作为入侵荷属东印度群岛行动的一部分，25艘潜艇被分成3队部署。战役期间，它们在东印度群岛和印度海岸之间共击沉40艘舰船，并击伤6艘。伊–60和伊–24号2艘潜艇损失。

C队
第2中队，7艘潜艇

澳 大 利 亚

PQ15 和 QP11 护航船队，1942 年 4 月 28 日—5 月 4 日

每次北极护航行动都伴随着德国人攻击强度的增加，尽管每次航行都采用了大体相似的方案，但双方不断创新战役和战术方法以取得更大的成功。采用移动式潜艇巡逻线是因为夏季白天的时间越长，在特隆赫姆近岸持续存在的困难就越大。这也是美国海军舰艇第一次与英国本土舰队在北极共同行动；4 月，由 1 艘战列舰、1 艘航母、2 艘巡洋舰和 6 艘驱逐舰组成的第 39 特遣舰队抵达斯卡帕湾。

起初，德国人关注的焦点是向西航行的 QP 11 护航船队，并早早就取得了胜利——4 月 29 日，1 艘潜艇成功击中了英国巡洋舰"爱丁堡"号的舰尾，迫使其返航回到摩尔曼斯克。第 2 天，护航船队击退了 5 艘德国驱逐舰的进攻。护航船队调头往东去寻找"爱丁堡"号，5 月 2 日早上，在长达 1 个小时的火炮和鱼雷交战后，这艘英国巡洋舰和 1 艘德国驱逐舰被击沉。正当 QP 11 护航船队离开危险区域的时候，PQ 15 护航船队进入航程的关键阶段。5 月 2 日晚上，船队的护航舰艇击伤了波兰潜艇 P551——该潜艇漂离了其指定的巡逻区域，被击伤后不得不自行凿沉。5 月 3 日早上，6 架德国飞机用鱼雷袭击了护航船队，尽管其中 3 架被击落，但也有 3 艘舰船被击沉。在整个过程中，潜艇一直在跟踪护航船队，但无法接近进行攻击。当天夜里稍晚些时候的空袭没有造成任何损伤，却有 1 架德国飞机被击落。在海上的最后两天里，在奋力驶向摩尔曼斯克的最后阶段，恶劣的天气提供了保护，使护航船队免遭更多攻击。

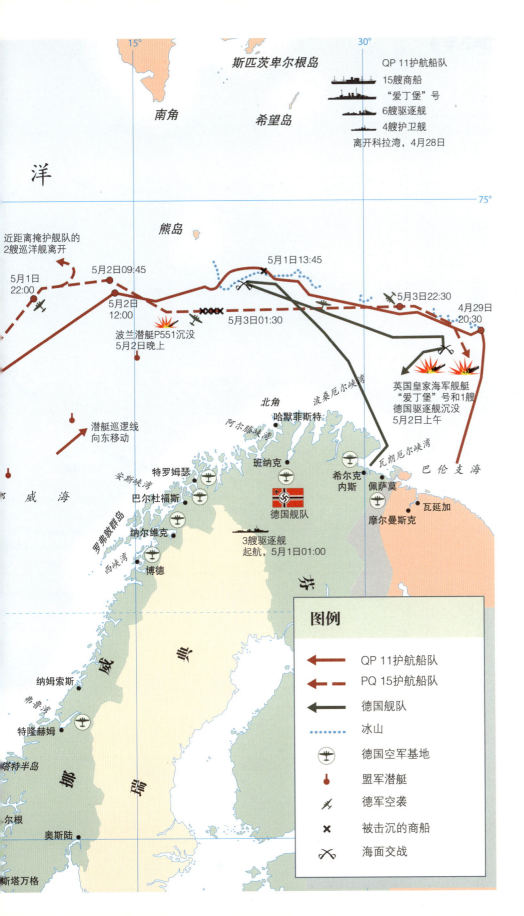

斯匹茨卑尔根岛

QP 11护航船队
15艘商船
"爱丁堡"号
6艘驱逐舰
4艘护卫舰
离开科拉湾，4月28日

南角

希望岛

洋

熊岛

近距离掩护舰队的
2艘巡洋舰离开

5月1日13:45

5月2日09:45

5月1日
22:00

5月3日22:30

4月29日
20:30

5月2日
12:00

5月3日01:30

波兰潜艇P551沉没
5月2日晚上

英国皇家海军舰艇
"爱丁堡"号和1艘
德国驱逐舰沉没
5月2日上午

潜艇巡逻线
向东移动

北角
波桑尼尔峡湾

威海

哈默菲斯特
阿尔滕峡湾
瓦朗厄尔峡湾

班纳克
希尔克
内斯
佩萨莫

巴伦支海

特罗姆瑟
安斯峡湾

巴尔杜福斯

瓦延加

德国舰队
摩尔曼斯克

罗弗敦群岛
西峡湾

纳尔维克

博德

3艘驱逐舰
起航，5月1日01:00

挪

威

芬

瑞

纳姆索斯
弗景湾

特隆赫姆

塔特半岛

尔根

奥斯陆

斯塔万格

图例

←	QP 11护航船队
⇠	PQ 15护航船队
←	德国舰队
··········	冰山
⊕	德国空军基地
▮	盟军潜艇
✈	德军空袭
×	被击沉的商船
⚔	海面交战

141

PQ16 和 QP12 护航船队，1942 年 5 月 24 日—25 日

接下来的护航船队得到了更大程度的保护，并且本土舰队也派出更多的舰船，以防德国人试图以水面舰队进行拦截。作为保险措施，后来的 PQ 护航船队增加了潜艇作为其护卫舰艇的一部分。战斗的焦点完全集中于向东航行的 PQ 16，而 QP 12 没有遭受任何损失，也几乎没有遭到德国人的攻击。从护航船队中 1 艘弹射飞机商船（CAM）上起飞的"飓风"战斗机击落了 1 架尾随的德国飞机。德国人无意派遣军舰，反而打算依靠正在挪威北部集结的海上打击飞机机群。从大约 5 月 25 日上午 6 点 30 分到 5 月 29 日晚上，PQ 16 几乎一直被德国飞机尾随。

第一波攻击发生在当天夜里晚些时候，而第 1 个损失则是在第 2 天由 1 艘潜艇造成的。然而，5 月 27 日的空袭造成了最严重的损失。当天共有超过 100 架次的飞机出动袭击护航船队，除了 6 艘舰船被击沉外，还有 3 艘受损。随后还有更多的袭击，但没有更多舰船被击沉。35 艘商船损失了 7 艘，损失是很大的。显然，需要为护航船队提供更多的防空措施。在短期内需要提供更多的护航舰艇和飞机弹射商船，但问题真正的解决则在于为护航船队提供护航航母。在战争的这个阶段，实际上并没有这样的舰船可用于护航。然而，较长的白天时长至少可以降低潜艇攻击的机会。

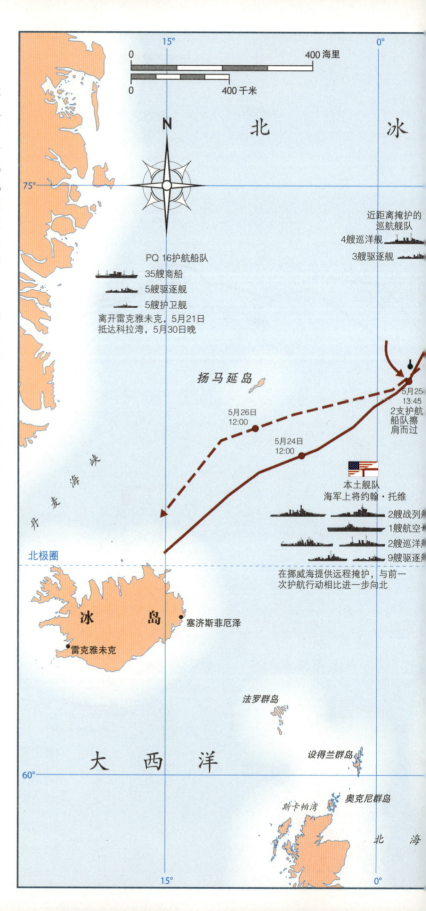

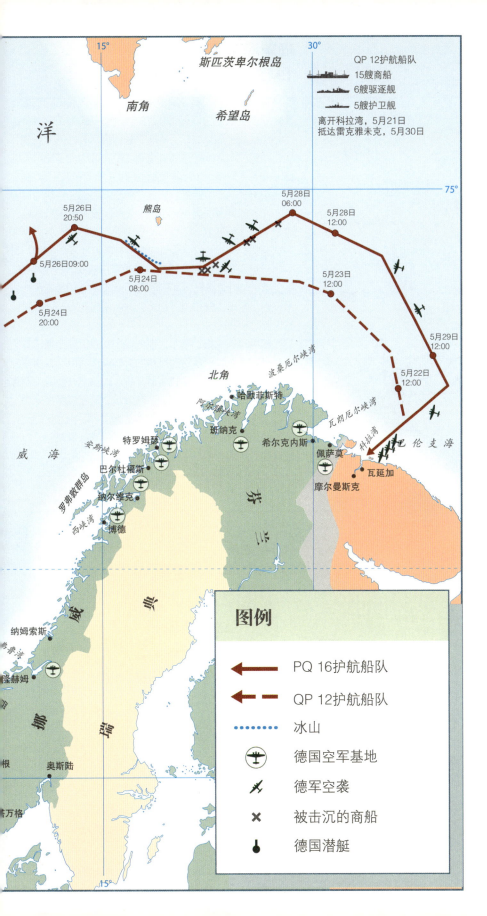

斯匹茨卑尔根岛

南角

希望岛

洋

QP 12护航船队
15艘商船
6艘驱逐舰
5艘护卫舰

离开科拉湾, 5月21日
抵达雷克雅未克, 5月30日

5月26日
20:50

熊岛

5月28日
06:00

5月28日
12:00

5月26日09:00

5月24日
08:00

5月23日
12:00

5月24日
20:00

5月29日
12:00

北角

波桑尼尔峡湾

5月22日
12:00

威 海

安斯峡湾

特罗姆瑟

阿尔滕峡湾

哈默菲斯特

班纳克

瓦朗厄尔峡湾

科拉湾

巴 伦 支 海

罗弗敦群岛

巴尔杜福斯

希尔克内斯

纳尔维克

西峡湾

佩萨莫

瓦延加

博德

摩尔曼斯克

挪 威

瑞 典

纳姆索斯

隆赫姆

奥斯陆

万格

图例

←	PQ 16护航船队
←---	QP 12护航船队
·······	冰山
✈ (圈)	德国空军基地
✈	德军空袭
✕	被击沉的商船
♦	德国潜艇

143

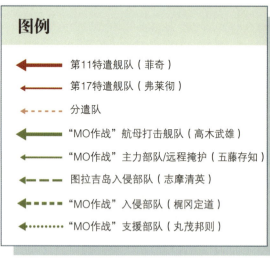

珊瑚海海战，
1942年5月4日—8日

珊瑚海海战具有重要意义：它是太平洋战争中的第一次大规模舰队交战；它也是航空母舰之间的第一次战斗，同时也是第一次交战双方舰队没有目视接触的战斗。战役的起因是日本人试图占领莫尔兹比港，这也是夺取所罗门群岛的更大规模作战行动的核心部分。日本的外围屏障已远远超出了战前的计划，目的是切断澳大利亚、新西兰和美国之间的联系。首先将派出一支部队去占领图拉吉岛，建立水上飞机基地，随后派一支小规模远征部队到太平洋夺取瑙鲁岛和大洋岛。3支独立的舰队分别提供掩护。其中1支是海军中将高木武雄的航母打击舰队，已经从第1航空舰队中分遣出来，并将应对任何美国航空母舰的干涉。最开始，日本人设想该行动将会向西南方向发展，并最终进攻澳大利亚。

根据通信情报，美国人在4月中旬时已经知道日本人正在计划一次针对莫尔兹比港的大规模作战行动。海军上将尼米兹派遣"列克星敦"号从珍珠港出发，而麦克阿瑟将军则派出一支小规模的巡洋舰舰队。两者都将在所罗门群岛以南与海军少将弗莱彻的"约克城"号及特遣舰队会合。两支航母舰队于5月1日会合，然后开始补给燃料，但是糟糕的天气情况拖延了加油进程，弗莱彻继续前进。当他

第一幅地图标注 (1942年4月30日—5月4日)

新爱尔兰岛
新不列颠岛
拉包尔
掩护部队
海军少将五藤存知
航母打击舰队
海军中将高木武雄

1942年4月30日—5月4日

布干维尔岛
舒瓦瑟尔岛
"MO作战"
入侵部队离开拉包尔
5月3日晚
所罗门海
新乔治亚群岛
圣伊萨贝尔岛
伍德拉克岛
图拉吉岛
马莱塔岛
5月3日早上登陆
瓜达尔卡纳尔岛
图拉吉岛
入侵部队
5月3日上午
圣克里斯托巴尔岛
米西马岛
罗塞尔岛
5月4日06:30
第2波空袭 10:00
第3波空袭 13:00
伦内尔岛
塔古拉岛
太平洋

19:15
"尼欧肖"号油船和
"拉塞尔"号驱逐舰被
派去加入第11特遣舰队

5月1日06:15
第11和第17特遣
舰队会合并补充
燃料，直到
5月2日

5月4日08:00
"尼欧肖"号和
"拉塞尔"号加入
第11特遣舰队

09:00
第44特遣舰队加入

第11特遣舰队——
"列克星敦"号，
海军少将A.菲奇
(A. Fitch)

5月1日19:00—2日

5月3日19:00
弗莱彻得知日本
人入侵图拉吉
岛，转而向北

5月2日18:00
第17特遣舰队离开
大队并继续前进

第17特遣部队——
"约克城"号，海
军少将F.J.弗莱彻

珊瑚海

第44特遣舰队
海军少将J.G.格雷斯(J. G. Crace)
2艘巡洋舰
1艘驱逐舰

0   200海里
0   200千米

图例

- ← 第11特遣舰队（菲奇）
- ← 第17特遣舰队（弗莱彻）
- ←- - - 分遣队
- ← "MO作战"航母打击舰队（高木武雄）
- ← "MO作战"主力部队/远程掩护（五藤存知）
- ←- - - 图拉吉岛入侵部队（志摩清英）
- ←▪▪▪ "MO作战"入侵部队（梶冈定道）
- ←····· "MO作战"支援部队（丸茂邦则）

第二幅地图标注 (1942年5月8日)

新不列颠岛
新爱尔兰岛
1942年5月8日
布干维尔岛
舒瓦瑟尔岛
所罗门海
新乔治亚群岛
圣伊萨贝尔岛
太平洋
伍德拉克岛
5月8日08:00
图拉吉岛
马莱塔岛
5月12日
00:00
08:15—9:30,
美军飞机发现日军舰队
5月9日
02:00
瓜达尔卡纳尔岛
5月11日
06:00
圣克里斯托巴尔岛
圣克鲁斯岛
米西马岛
罗塞尔岛
塔古拉岛
伦内尔岛
10:57—12:40
美军空袭。"翔鹤"
号被击伤
08:22
日军飞机发现
第17特遣舰队
9:30，日军的69架
飞机发起空袭
08:38—09:15
美军空袭，84架飞机
起飞，58架抵近目标
5月8日
00:00
5月10日
12:00
12:47
"列克星敦"号内部发生爆
炸。该航母被放弃并自沉
11:18—11:40
"约克城"号和"列
克星敦"号遭到空袭，
被击中但仍能运转
珊瑚海
5月9日
08:00
0   200海里
0   200千米

第25航空战队
提供远程空中巡逻

新不列颠岛

布干维尔岛

航母打击舰队
海军中将高木武雄(T. Takagi)
"翔鹤"号
"瑞鹤"号
2艘驱逐舰
1艘油船

"MO作战"入侵部队
海军少将梶冈定道(S. Kajioka)
1艘巡洋舰
6艘驱逐舰
突击船队

5月6日
00:00

舒瓦瑟尔岛

5月6日
00:00

所

罗

门

群

"MO作战"支援部队
海军少将丸茂邦则(K. Marumo)
2艘巡洋舰
辅助舰船

伍德拉克岛

新乔治亚群岛

圣伊萨贝尔岛

图拉吉岛 马莱塔岛

06:00

岛

巴布亚岛

"MO作战"主力部队
海军中将五藤存知(A. Goto)
"祥凤"号
4艘巡洋舰
1艘驱逐舰

09:30

5月7日
00:00

5月5日
06:00

5月7日
00:00

11:35
"祥凤"号沉没

瓜达尔卡纳尔岛

圣克里斯托巴尔岛

5月6日
11:30

5月6日06:00

米西马岛 约马尔德水道

支斯海峡

5月7日09:00
入侵船队奉
命暂时回撤

罗塞尔岛

塔古拉岛

14:00左右，
空袭

伦内尔岛

5月6日
00:00

意外地被美国
陆军航空队的
B-17轰炸

5月7日
00:00

5月5日
00:00

第17.3特遣大队
海军少将格雷斯
派出3艘巡洋舰去
拦截入侵莫尔兹比
港的日军大队

06:45

5月7日00:00

第17特遣舰队
海军少将F.J.弗莱彻
"约克城"号
3艘巡洋舰
4艘驱逐舰

22:00
双方舰队相距大
约95英里

17:55

19:30

6月6日上午

08:16
第11和第17特遣舰队会合

09:00至12:00，由于前期空中侦
察错把"西姆斯"号驱逐舰和"
尼欧肖"号油船当成1艘航空母
舰和1艘巡洋舰，日军对其进行
了4次空袭。中午时分，"西姆
斯"号被击中，随后"尼欧肖"
号也被击中并失去控制，直至5
月11日被美军自行击沉

珊 瑚 海

第11特遣舰队
海军少将A.菲奇
"列克星敦"号
2艘巡洋舰
5艘驱逐舰

除了海军少将格雷斯的巡洋
舰、支援油船及其护航舰
艇，还有另外3艘巡洋舰、4
艘驱逐舰和2艘油船

5月5日—7日

→	第11特遣舰队（菲奇）
→	第17特遣舰队（弗莱彻）
⇢	分遣队
→	"MO作战"航母打击舰队（高木武雄）
→	"MO作战"主力部队/远程掩护（五藤存知）
⇢	图拉吉岛入侵部队（志摩清英）
⇢	"MO作战"入侵部队（梶冈定道）
⋯	"MO作战"支援部队（丸茂邦则）
⊢	正在进行的加油行动

0   200 海里

0   200 千米

于5月3日晚接到日本人登陆图拉吉岛的报告后转而向北航行，而不知道这一情况的海军少将费奇继续向西航行与巡洋舰会合。"约克城"号在5月4日发起的空袭击沉了一些舰船，并使得日本支援部队向西北移动以掩护驶向莫尔兹比港的护航船队。盟军舰队重新编组，高木武雄的航空母舰也从东面进入了珊瑚海。5月5日和6日，双方都不知道对方的行踪，但是在5月7日早上，双方交战了。美军率先发起空袭，以压倒性优势击沉了"祥凤"号，而2艘日军大型航母却在1艘油船和1艘驱逐舰身上浪费精力。克雷斯的巡洋舰促使日军撤回护航船队。现在距离非常近了，双方航母舰队都于5月8日向对方发起空袭，在交战中1艘美国航母被击沉，另1艘被重创，而日本也有1艘航母遭受重创。

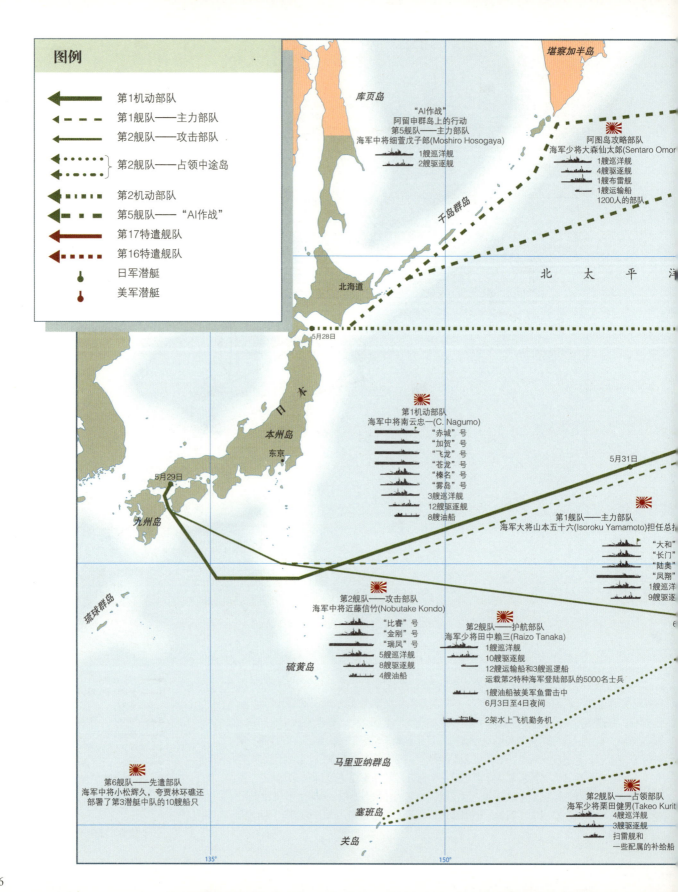

图例

第1机动部队

第1舰队——主力部队

第2舰队——攻击部队

} 第2舰队——占领中途岛

第2机动部队

第5舰队——"AI作战"

第17特遣舰队

第16特遣舰队

日军潜艇

美军潜艇

库页岛

堪察加半岛

"AI作战"
阿留申群岛上的行动
第5舰队——主力部队
海军中将细萱戊子郎(Moshiro Hosogaya)

1艘巡洋舰
2艘驱逐舰

阿图岛攻略部队
海军少将大森仙太郎(Sentaro Omor

1艘巡洋舰
4艘驱逐舰
1艘布雷舰
1艘运输船
1200人的部队

千岛群岛

北 太 平 洋

北海道

5月28日

本州岛

东京

第1机动部队
海军中将南云忠一(C. Nagumo)

"赤城"号
"加贺"号
"飞龙"号
"苍龙"号
"榛名"号
"雾岛"号
3艘巡洋舰
12艘驱逐舰
8艘油船

5月29日

5月31日

第1舰队——主力部队
海军大将山本五十六(Isoroku Yamamoto)担任总指

"大和"
"长门"
"陆奥"
"凤翔"
1艘巡洋
9艘驱逐

九州岛

琉球群岛

硫黄岛

第2舰队——攻击部队
海军中将近藤信竹(Nobutake Kondo)

"比睿"号
"金刚"号
"瑞凤"号
5艘巡洋舰
8艘驱逐舰
4艘油船

第2舰队——护航部队
海军少将田中赖三(Raizo Tanaka)

1艘巡洋舰
10艘驱逐舰
12艘运输船和3艘巡逻船
运载第2特种海军登陆部队的5000名士兵

1艘油船被美军鱼雷击中
6月3日至4日夜间

2架水上飞机勤务机

马里亚纳群岛

第6舰队——先遣部队
海军中将小松辉久,夸贾林环礁还
部署了第3潜艇中队的10艘船只

塞班岛

关岛

第2舰队——占领部队
海军少将栗田健男(Takeo Kurit

4艘巡洋舰
3艘驱逐舰
扫雷舰和
一些配属的补给船

135°   150°

146

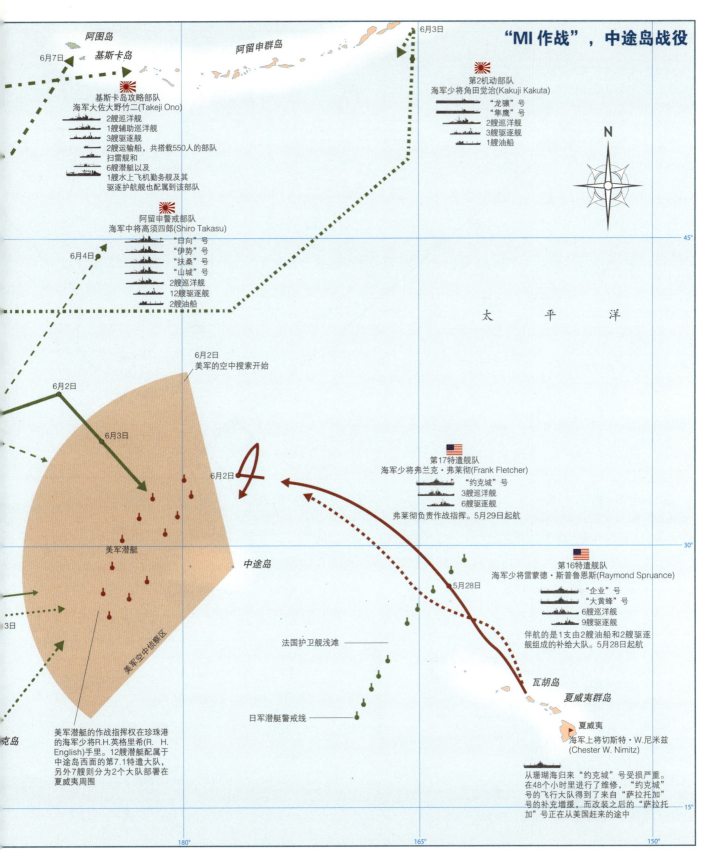

阿图岛

阿留申群岛

6月3日

"MI 作战"，中途岛战役

6月7日 基斯卡岛

第2机动部队
海军少将角田觉治(Kakuji Kakuta)
"龙骧"号
"隼鹰"号
2艘巡洋舰
3艘驱逐舰
1艘油船

基斯卡岛攻略部队
海军大佐大野竹二(Takeji Ono)
2艘巡洋舰
1艘辅助巡洋舰
3艘驱逐舰
2艘运输船，共搭载550人的部队
扫雷舰和
6艘潜艇以及
1艘水上飞机勤务舰及其
驱逐护航舰也配属到该部队

N

阿留申警戒部队
海军中将高须四郎(Shiro Takasu)
"日向"号
"伊势"号
6月4日 "扶桑"号
"山城"号
2艘巡洋舰
12艘驱逐舰
2艘油船

太 平 洋

45°

6月2日
美军的空中搜索开始

6月2日

6月3日

6月2日

第17特遣舰队
海军少将弗兰克·弗莱彻(Frank Fletcher)
"约克城"号
3艘巡洋舰
6艘驱逐舰
弗莱彻负责作战指挥。5月29日起航

美军潜艇

30°

中途岛

第16特遣舰队
海军少将雷蒙德·斯普鲁恩斯(Raymond Spruance)
"企业"号
"大黄蜂"号
6艘巡洋舰
9艘驱逐舰
伴航的是1支由2艘油船和2艘驱逐舰组成的补给大队。5月28日起航

5月28日

3日

美军空中侦察区

法国护卫舰浅滩

瓦胡岛

夏威夷群岛

克岛

美军潜艇的作战指挥权在珍珠港的海军少将R.H.英格里希(R. H. English)手里。12艘潜艇配属于中途岛西面的第7.1特遣大队，另外7艘则分为2个大队部署在夏威夷周围

日军潜艇警戒线

夏威夷
海军上将切斯特·W.尼米兹
(Chester W. Nimitz)

从珊瑚海归来"约克城"号受损严重。在48个小时里进行了维修，"约克城"号的飞行大队得到了来自"萨拉托加"号的补充增援，而改装之后的"萨拉托加"号正在从美国赶来的途中

15°

180°

165°

150°

中途岛海战，1942年6月4日

中途岛战役是太平洋战争中的第二次大规模航母交战，其结果是决定性的，它标志着日本为夺取太平洋广阔区域控制权而进行的为期6个月的战役以失败告终。人们猜测，日本发动中途岛战役（"MI作战"）的背后目的是消灭美国航母舰队。其目标是夺取美国小小的中途岛前哨基地，并将其建为日本基地。美国将因此被迫派出一支舰队保护中途岛，从而为一场决战创造了条件，而日本则将在决战中取得压倒性胜利。然而，日本人的计划太过复杂并因此导致失败。次要的作战行动则是在阿留申群岛，即"AI作战"，分走了本可用于中途岛战役的资源，却没有产生任何影响。因此，尽管两次作战行动几乎动用了日本舰队几乎全部的兵力，但是只有一部分参与了战斗。

日本人不知道的是，美国人已知道中途岛是目标并派出3艘航母及其护航舰艇去占据该岛西北方向的有利位置。双方的第一次交战发生于6月3日，以中途岛为基地的轰炸机和巡逻机攻击了海军少将田中赖三的入侵舰队。这次空袭造成的实际损伤是有限的，但是它使日军把注意力聚焦于消灭中途岛上的美军飞行大队，并错误地认为美国航母仍在作战范围以外。当6月4日早上海军中将南云忠一的航母进入作战范围内时，他们起飞了一半的攻击机群空袭中途岛并成功造成严重破坏。与此同时，以中途岛为基地的美军飞机进行的空袭代价高昂，也没有产生实质

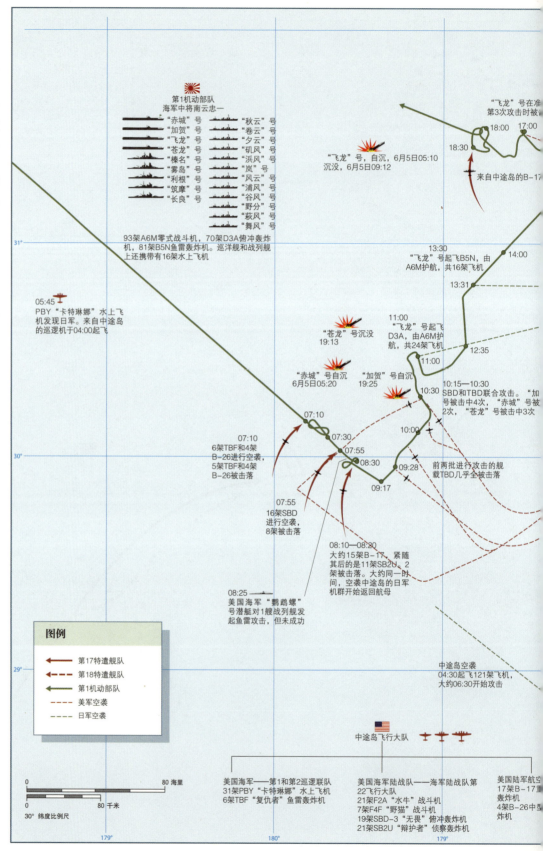

第1机动部队
海军中将南云忠一

"赤城"号　　"秋云"号
"加贺"号　　"卷云"号
"飞龙"号　　"夕云"号
"苍龙"号　　"矶风"号
"榛名"号　　"浜风"号
"雾岛"号　　"岚"号
"利根"号　　"风云"号
"筑摩"号　　"浦风"号
"长良"号　　"谷风"号
　　　　　　"野分"号
　　　　　　"萩风"号
　　　　　　"舞风"号

93架A6M零式战斗机，70架D3A俯冲轰炸机，81架B5N鱼雷轰炸机。巡洋舰和战列舰上还携带有16架水上飞机

"飞龙"号在准第3次攻击时被

18:00　17:00

18:30

来自中途岛的B-17

"飞龙"号，自沉，6月5日05:10
沉没，6月5日09:12

13:30
"飞龙"号起飞B5N，由A6M护航，共16架飞机

14:00

13:31

05:45
PBY"卡特琳娜"水上飞机发现日军。来自中途岛的巡逻机于04:00起飞

11:00
"飞龙"号起飞D3A，由A6M护航，共24架飞机

"苍龙"号沉没
19:13

12:35

"赤城"号自沉
6月5日05:20

"加贺"号自沉
19:25

10:30

10:15—10:30
SBD和TBD联合攻击。"加贺"号被击中4次，"赤城"号被击中2次，"苍龙"号被击中3次

10:00

07:10

07:30

07:55

08:30

09:28

前两批进行攻击的舰载TBD几乎全被击落

07:10
6架TBF和4架B-26进行空袭，5架TBF和4架B-26被击落

08:30

09:17

07:55
16架SBD进行空袭，8架被击落

08:10—08:20
大约15架B-17，紧随其后的是11架SB2U，2架被击落。大约同一时间，空袭中途岛的日军机群开始返回航母

08:25
美国海军"鹦鹉螺"号潜艇对1艘战列舰发起鱼雷攻击，但未成功

图例

— 第17特遣舰队
--- 第18特遣舰队
— 第1机动部队
--- 美军空袭
--- 日军空袭

中途岛空袭
04:30起飞121架飞机，大约06:30开始攻击

中途岛飞行大队

0　　　　　　　　80海里

0　　　　　　　　80千米

30°纬度比例尺

美国海军——第1和第2巡逻联队
31架PBY"卡特琳娜"水上飞机
6架TBF"复仇者"鱼雷轰炸机

美国海军陆战队——海军陆战队第22飞行大队
21架F2A"水牛"战斗机
7架F4F"野猫"战斗机
19架SBD-3"无畏"俯冲轰炸机
21架SB2U"辩护者"侦察轰炸机

美国陆军航空17架B-17重轰炸机
4架B-26中型轰炸机

31°

30°

29°

179°　　　　　　180°　　　　　179°

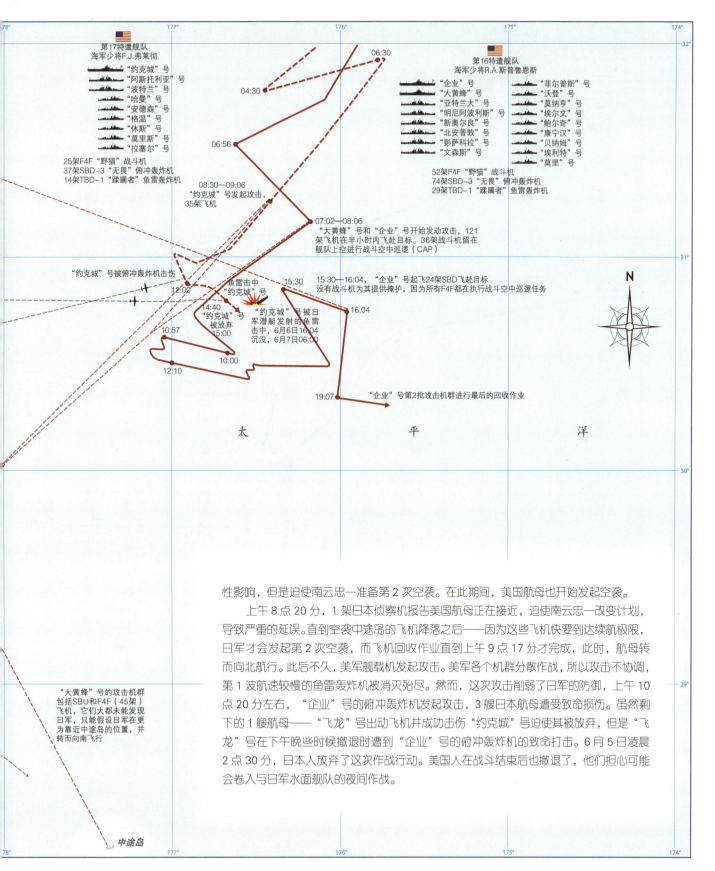

第17特遣舰队
海军少将F.J.弗莱彻

"约克城"号
"阿斯托利亚"号
"波特兰"号
"哈曼"号
"安德森"号
"格温"号
"休斯"号
"莫里斯"号
"拉塞尔"号

25架F4F"野猫"战斗机
37架SBD-3"无畏"俯冲轰炸机
14架TBD-1"蹂躏者"鱼雷轰炸机

第16特遣舰队
海军少将R.A.斯普鲁恩斯

"企业"号   "菲尔普斯"号
"大黄蜂"号   "沃登"号
"亚特兰大"号   "莫纳亨"号
"明尼阿波利斯"号 "埃尔文"号
"新奥尔良"号   "鲍尔奇"号
"北安普敦"号   "康宁汉"号
"彭萨科拉"号   "贝纳姆"号
"文森斯"号   "埃利特"号
                  "莫里"号

52架F4F"野猫"战斗机
74架SBD-3"无畏"俯冲轰炸机
29架TBD-1"蹂躏者"鱼雷轰炸机

04:30

06:30

06:56

08:30—09:06
"约克城"号发起攻击，
35架飞机

07:02—08:06
"大黄蜂"号和"企业"号开始发动攻击，121
架飞机在半小时内飞赴目标。36架战斗机留在
舰队上空进行战斗空中巡逻（CAP）

"约克城"号被俯冲轰炸机击伤

12:00

15:30

15:30—16:04，"企业"号起飞24架SBD飞赴目标
没有战斗机为其提供掩护，因为所有F4F都在执行战斗空中巡逻任务

鱼雷击中
"约克城"号

14:40
"约克城"号
被放弃
15:00

"约克城"号被日
军潜艇发射的鱼雷
击中，6月6日16:04
沉没，6月7日06:00

16:04

10:57

10:00

12:10

19:07   "企业"号第2批攻击机群进行最后的回收作业

太   平   洋

N

"大黄蜂"号的攻击机群
包括SBU和F4F（45架）
飞机，它们大都未能发现
日军，只能假设日军在更
为靠近中途岛的位置，并
转而向南飞行

中途岛

性影响，但是迫使南云忠一准备第2次空袭。在此期间，美国航母也开始发起空袭。

上午8点20分，1架日本侦察机报告美国航母正在接近，迫使南云忠一改变计划，导致严重的延误。直到空袭中途岛的飞机降落之后——因为这些飞机快要到达续航极限，日军才会发起第2次空袭，而飞机回收作业直到上午9点17分才完成，此时，航母转而向北航行。此后不久，美军舰载机发起攻击。美军各个机群分散作战，所以攻击不协调，第1波航速较慢的鱼雷轰炸机被消灭殆尽。然而，这次攻击削弱了日军的防御，上午10点20分左右，"企业"号的俯冲轰炸机发起攻击，3艘日本航母遭受致命损伤。虽然剩下的1艘航母——"飞龙"号出动飞机并成功击伤"约克城"号迫使其被放弃，但是"飞龙"号在下午晚些时候撤退时遭到"企业"号的俯冲轰炸机的致命打击。6月5日凌晨2点30分，日本人放弃了这次作战行动。美国人在战斗结束后也撤退了，他们担心可能会卷入与日军水面舰队的夜间作战。

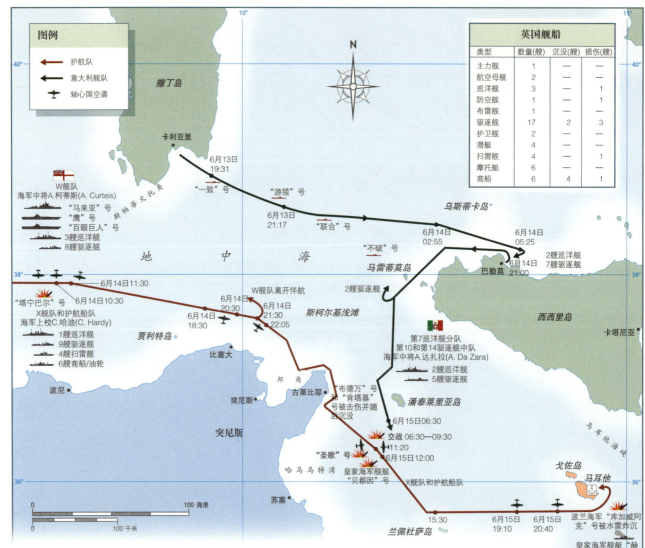

英国舰船			
类型	数量(艘)	沉没(艘)	损伤(艘)
主力舰	1	—	—
航空母舰	2	—	—
巡洋舰	3	—	1
防空舰	1	—	1
布雷舰	1	—	—
驱逐舰	17	2	3
护卫舰	2	—	—
潜艇	4	—	—
扫雷舰	4	—	—
摩托艇	6	—	—
商船	6	4	1

"鱼叉"行动，1942年6月14日—15日

　　3月至6月期间，除了从航空母舰上飞来的战斗机之外，只有非常少量的补给到达马耳他。在5月初的马耳他空战高潮之后，随后一段时间轴心国的空袭相对轻微，英国人认为尝试重新补给的时机已经到来。他们计划从两个方向派出护航船队，但是作为两次独立的行动进行，以迷惑和分散轴心国的兵力。"鱼叉"行动采用通常的模式，尽管从本土舰队派来一些增援舰艇，护航兵力还是相对薄弱。"百眼巨人"号和"鹰"号一共只有22架战斗机，并且一次只能保证10架升空作战。当护航船队于6月14日进入危险区域并遭到大规模空袭时，这个问题暴露无遗。一开始，巡洋舰"利物浦"号就遭受重伤，需要拖回直布罗陀，荷兰货船"塔宁巴尔"号也被击沉了。当护航船队于6月14日晚到达海峡时，来自马耳他的"英俊战士"战斗机为其提供了较低程度的保护和侦察，而岛上的大部分空中力量都被派到东面去掩护"活力"行动。

　　除了飞机，意大利和德国还有27艘潜艇以及鱼雷艇，而最关键的是，还配置了1个水面中队对付英国护航船队。意大利海军中将达扎拉的舰艇于6月15日上午6点在潘泰莱里亚岛以西与英军进行了短暂的交战。英国海军上校哈迪此时不得不将X舰队一分为二，一部分为货船提供空中保护，另一部分攻击意大利舰艇。在一场近距离而又混乱的交战中，双方都遭到空袭并遭受损失。上午10点，混战结束，双方撤出战斗并驶离。在此期间，空袭击伤了"布德万"号和"肯塔基"号，迫使护航船队航速降至6节。哈迪决定将它们击沉。意大利海军中队再次出现，在又一次长达1小时的混战中，英国驱逐舰"贝都因"号被击伤，随后被一枚意大利空投鱼雷击沉。护航船队又遭受了多次空袭，撞进了意大利在马耳他海岸线外布设的雷区，最终在当天晚上精疲力竭且损失惨重地抵达瓦莱塔。

"活力"行动，1942年6月13日—15日

在"活力"行动中，新任地中海舰队总司令哈伍德海军中将从东方舰队获得了一些增援舰艇。英国护航船队对意大利战列舰的防御依赖于大约40架攻击机和一道由9艘潜艇形成的屏障，它们离护航船队的航线更近，而不是在意大利港口附近。参加"鱼叉"行动的舰艇于6月11日从不同港口起航，于6月14日早上在托布鲁克的东北方向会合。从那时起，护航船队就处于德国人持续的空中侦察和攻击之中。潜艇和E型潜艇也发起攻击——后者声称击中了英国巡洋舰"纽卡斯尔"号和驱逐舰"急火"号。与此同时，意大利舰队于6月14日下午2点30分离开塔兰托，目的是在第2天早上攻击英国护航船队。意大利舰队出发的消息和不确定性促使哈伍德在6月15日上午两次下令维安返回。整个上午，意大利人遭到多次空袭和潜艇攻击，但只有"特兰托"号巡洋舰在炸弹和鱼雷的共同袭击中被击沉。

下午3点15分左右，海军上将亚基诺放弃追逐并转向北航行。哈伍德很快得知这一点，并询问维安护航船队此时是否可以再次向西驶往马耳他。等到维安在下午6点42分作出回应时，进一步的空袭已经造成了损伤，并耗尽了护航舰艇的弹药，驶往马耳他已不可行。当哈伍德在晚上8点53分收到维安发回的消息时，他放弃了行动。巡洋舰"赫尔迈厄尼"号被鱼雷击中，随后沉没。大约220架德国飞机袭击了护航船队，而来自沙漠空军基地的英国皇家空军战斗机前来提供掩护。在6月16日零点40分的最后一次行动中，1架"威灵顿"轰炸机用鱼雷成功击伤了"利托里奥"号。然而，这次行动对轴心国而言是一次战术性胜利，因为英国人损失惨重，却只有2艘货船和大约15000吨的物资抵达马耳他。

英国舰船

类型	数量(艘)	沉没(艘)	损伤(艘)
巡洋舰	7	1	3
防空舰	1	—	—
驱逐舰	26	3	—
护卫舰	4	—	1
潜艇	9	—	—
扫雷舰	2	—	—
商船	11	2	2

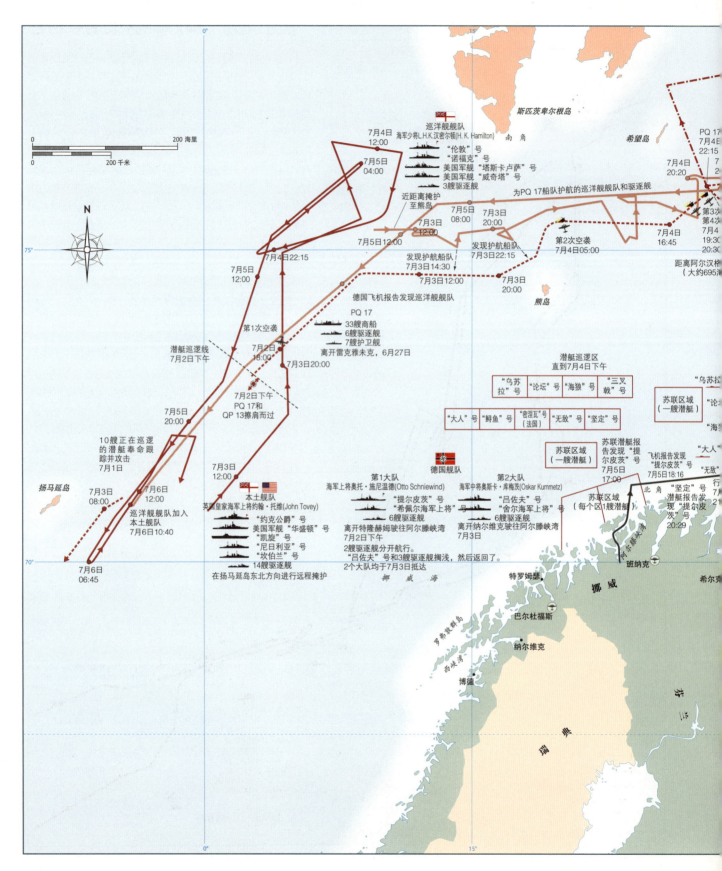

巡洋舰舰队
海军少将L.H.K.汉密尔顿(H. K. Hamilton)
"伦敦"号
"诺福克"号
美国军舰"塔斯卡卢萨"号
美国军舰"威奇塔"号
3艘驱逐舰
为PQ 17船队护航的巡洋舰舰队和驱逐舰

7月4日
12:00

7月5日
04:00

近距离掩护
至熊岛

7月5日12:00

7月4日22:15

7月5日
12:00

发现护航船队
7月3日14:30

7月3日12:00

7月3日20:00

德国飞机报告发现巡洋舰舰队

PQ 17
33艘商船
6艘驱逐舰
7艘护卫舰
离开雷克雅未克，6月27日

第1次空袭

7月2日
18:00

7月3日20:00

潜艇巡逻线
7月2日下午

7月2日下午
PQ 17和
QP 13擦肩而过

7月5日
12:00

7月5日
20:00

10艘正在巡逻
的潜艇奉命跟
踪并攻击
7月1日

扬马延岛

7月3日
08:00

7月6日
12:00

巡洋舰舰队加入
本土舰队
7月6日10:40

7月6日
06:45

7月3日
12:00

本土舰队
英国皇家海军上将约翰·托维(John Tovey)
"约克公爵"号
美国军舰"华盛顿"号
"凯旋"号
"尼日利亚"号
"坎伯兰"号
14艘驱逐舰
在扬马延岛东北方向进行远程掩护

第1大队
海军上将奥托·施尼温德(Otto Schniewind)
"提尔皮茨"号
"希佩尔海军上将"号
6艘驱逐舰
离开特隆赫姆驶往阿尔滕峡湾
7月2日下午
2艘驱逐舰分开航行。
"吕佐夫"号和3艘驱逐舰搁浅，然后返回了。
2个大队均于7月3日抵达

德国舰队

第2大队
海军中将奥斯卡·库梅茨(Oskar Kummetz)
"吕佐夫"号
"舍尔海军上将"号
6艘驱逐舰
离开纳尔维克驶往阿尔滕峡湾
7月3日

斯匹茨卑尔根岛

南 角

希望岛

PQ 17
7月4日
22:15

7月4日
20:20

第3次

第4次
7月4日
19:30

7月4日
16:45

第2次空袭
7月4日05:00

发现护航船队
7月3日22:15

7月3日
20:00

熊岛

距离阿尔汉格
（大约695海

潜艇巡逻区
直到7月4日下午

| "乌苏拉"号 | "论坛"号 | "海狼"号 | "三叉戟"号 | | "乌苏拉 |
| "大人"号 | "鲟鱼"号 | "密涅瓦"号（法国） | "无敌"号 | "坚定"号 | |

苏联区域
（一艘潜艇）

"论坛

"海狼

苏联区域
（一艘潜艇）

苏联潜艇报
告发现"提
尔皮茨"号

苏联区域
（每个区1艘潜艇）

"大人

"无敌

飞机报告发现
"提尔皮茨"号
7月5日
17:00

北 角

"坚定"号
潜艇报告发
现"提尔皮
茨"号
20:29

7月5日18:16

班纳克

挪 威

特罗姆瑟

巴尔杜福斯

纳尔维克

罗弗敦群岛

西峡湾

博德

挪 威 海

瑞 典

芬

希尔克

0 200 海里
0 200 千米

N

152

"埃尔郡"号与"银剑"号、"游吟诗人"号和"铁甲舰"号被困在海冰中
7月5日

"华盛顿"号
"博尔顿城堡"号
"保卢斯·波特"号
7月5日

"潘·克拉夫特"号
7月5日

"拜伦帝国"号
7月5日

"阿夫顿河"号（船队队长所在商船）
7月5日

"帕洛马雷斯"号、
"波扎里卡"号和小型护航舰艇
7月5日

"卡尔顿"号的位置未知
7月5日

马托奇金
海峡（大约
海里）
"号与P614
615潜艇

"霍诺穆"号

"彼得·克尔"号
7月5日

"费尔菲尔德城"号
7月5日

"藏红花"号
7月5日

"奥尔德斯代尔"号
7月5日

"丹尼尔·摩根"号
7月5日

新地岛

伦支海

"泛大西洋"号
7月6日

"本·哈里森"号
"银剑"号
"游吟诗人"号
"铁甲舰"号
"阿塞拜疆"号
7月11日至20日

"哈特尔伯里"号

"浪潮帝国"号

"温斯顿·塞勒姆"号搁浅
7月8日至22日

艇巡逻区
5日夜间至7月7日

三叉戟"号

P614

15

"跳马"行动开始，"提尔皮茨"
号、"希佩尔海军上将"号、"舍
尔海军上将"号和9艘驱逐舰出海
7月5日

尔峡湾

马托奇金海峡

"奥洛帕纳"号
7月6日—8日

"约翰·威瑟斯庞"号
"阿科阿护林人"号
7月6日—8日

QP 13
35艘商船
5艘驱逐舰
8艘护卫舰

从阿尔汉格尔斯克和摩尔曼斯克起航，6月
28日在海上会合。7月4日在冰岛东北方向分
为2支船队，一支驶往冰岛，一支驶往英国

科拉湾

捷列别列斯基海角

"胡希尔"号
7月10日

"埃尔卡皮坦"号

瓦延加
格拉斯纳亚
摩尔曼斯克

科拉半岛

卡宁角

阿夫里坎达

约坎加

坎达拉克沙

北极圈

苏联

白海

伊康诺米亚

莫洛托夫斯克

阿尔汉格尔

巴卡里察

拉赫塔

"拉斯林"号、"顿巴斯"号、"贝灵汉"号抵达，7月9日；
"扎马雷克"号、"海洋自由"号、"塞缪尔·蔡斯"号抵达，7月11日；
"浪潮帝国"号、"本杰明·哈里森"号、"银剑"号、"游吟诗人"
号、"铁甲舰"号、"阿塞拜疆"号抵达，7月24日；
"温斯顿·塞勒姆"号抵达（莫洛托夫斯克），7月28日

图例

- 本土舰队
- 巡洋舰舰队
- 护航船队
- 德国水面舰队
- 潜艇攻击
- 盟军机场
- 德军机场
- 空袭
- 潜艇攻击
- 盟军潜艇

PQ 17 护航船队的覆灭，1942 年 7 月

PQ 17 护航船队被摧毁是英国在战争中最重大的失败之一。它也证明了水面、空中以及水下的联合攻击对海上交通线而言是多么危险。到 7 月的时候，德国已经在挪威北部集结了一支由军舰、潜艇和飞机组成的强大部队，打算猛烈攻击护航船队。PQ 17 于 6 月 27 日起航，目的地是阿尔汉格尔斯克，因为那时摩尔曼斯克刚遭到了猛烈轰炸。夏季冰面的消退使英国人可以采用一条在熊岛周围的更靠北的航线。与 PQ 17 相对应的 QP 13 在航程中已经损失了 5 艘舰船，当 PQ 17 进入航程最危险的区域时，QP 13 已经脱离危险区了。7 月 1 日，德国通过通信情报和潜艇已经确定了护航船队的位置，并启动了"跳马"行动——计划进行一次水面打击，将派遣 2 个大队的军舰在接下来的两天里从特隆赫姆和纳尔维克北上阿尔滕峡湾。

然而，德国人并不清楚本土舰队各部的准确动向，所以没有立即攻击。在英国人这边，对德国水面舰队的担忧促使第一海务大臣庞德海军上将于 7 月 4 日晚上 9 点刚过的时候下令护航船队中的巡洋舰和护航舰艇返回，并让商船分散开。7 月 5 日早上，德国知道了这一情况并派出水面舰队，但是一次不成功的苏联潜艇袭击和一支强大的盟军潜艇部队存在的迹象，以及没有确定本土舰队的位置，促使德国人放弃了这次行动。相反，飞机和潜艇则对各艘单独航行的商船进行追猎。23 艘共计 142000 吨的商船被击沉，德国则损失了 5 架飞机。最后 1 艘存活下来的商船于 7 月 28 日抵达港口。

153

大西洋战役，1942 年 8 月—1943 年 5 月

大战进入到第 3 年的时候，大西洋战役也进入决定性阶段。6 月，潜艇击沉 136 艘舰船，这是单月最高纪录，7 月，海军上将邓尼茨再次把注意力放在大西洋中部，开启了所谓的第二次大西洋战役。尽管造成了一定的损失，但是两方面因素限制了德国人攻势的影响。首先，潜艇舰队规模不大以及初期扩张速度很慢，这影响了其发现和攻击护航船队的能力。其次，在整个 1941 年，通信情报使得英国人重新调整了很多护航船队的航线以绕开潜艇集中的区域。到 1942 年底，潜艇的数量已经大幅增加，足以同时部署多个狼群，每个狼群由 10 到 15 艘潜艇组成，以压倒护航船队的防御力量。在这一年的大部分时间里，盟国还没有破解高等级的恩尼格玛通信密码。

尽管给盟国造成了沉重的损失，德国人自己也承受了愈加惨重的伤亡，1940 年该区域的商船与潜艇的沉没比为 60:1，到 1942 年时，该数字下降为 10:1。盟国有足够的护航舰艇组成专门的支援大队，在护航船队遭遇攻击时予以增援，而更好的武器和航程更远的飞机进一步增加了潜艇面临的危险。"火炬"行动，以及在法属北非的持续作战行动，对盟军护航舰艇提出了非常大的需求，因而削减了可用于北大西洋航线的护航舰艇数量。因此，1943 年初盟国商船损失惨重，在 3 月到了危急关头。成功和失败紧密相连，在随后的两个月里，德国人的攻势便崩溃了。

随着在远洋水域活动的德国辅助巡洋舰的威胁逐步降低，潜艇的威胁逐渐增高。此前德国人在南大西洋使用潜艇的企图由于其补给船被摧毁而破灭。从 10 月开始，少量大型长航程潜艇在好望角区域活动，它们击沉了大量船只，包括用作运兵船的客轮和运载军用物资的货船。在北大西洋兵力紧缺的盟国只能派出有限的增援舰艇，他们没有遭受更大的损失仅仅是因为德国能够派出的潜艇数量有限。1943 年初，加勒比海和海角之间只有 7 艘潜艇活动。2 月，4 艘潜艇和 1 艘油船被派往南非海岸线外活动，然后进入印度洋。尽管盟国已经提高了好望角周围的船队防御力量，但是潜艇又在东非海岸线外发现了大量的舰船予以击沉。

损失的商船和潜艇（所有的战场和各种原因而导致）			
	吨位(吨)	商船(艘)	潜艇(艘)
1942年			
8月	661133	123	11
9月	567327	114	12
10月	637833	101	16
11月	807754	134	14
12月	348902	73	5
1943年			
1月	261359	50	6
2月	403062	73	20
3月	693389	120	18
4月	344680	64	15
5月	299428	58	41

主要的护航路线

— 来英的护航路线
- - - 离英的护航路线
···· 海岸护航路线
● 被击沉的商船
⚓ 被击沉的潜艇
▨ 盟军的空中掩护

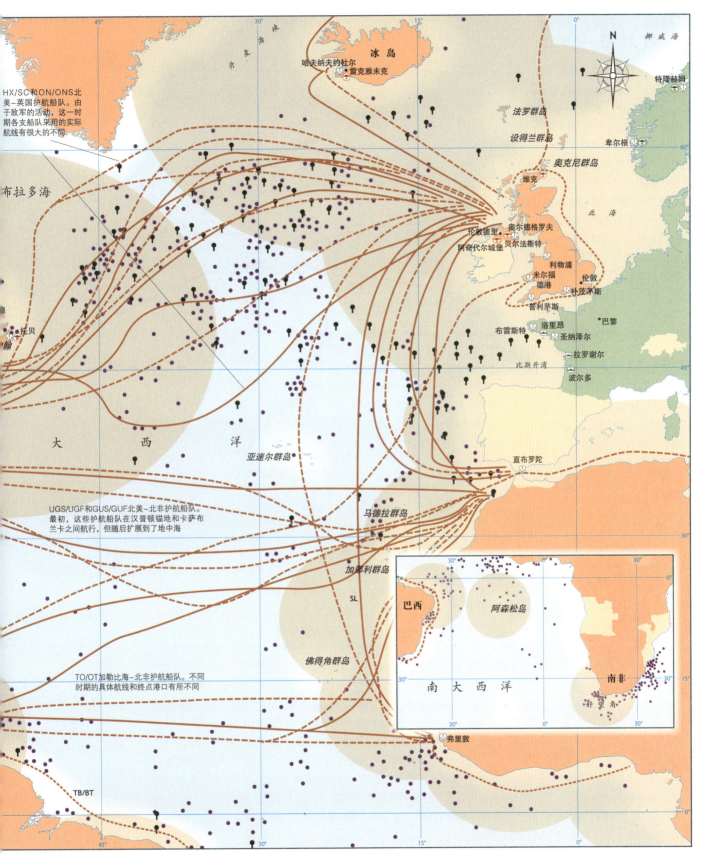

HX/SC和ON/ONS北
美-英国护航船队。由
于敌军的活动,这一时
期各支船队采用的实际
航线有很大的不同

布拉多海

托贝
翁

大　西　洋

亚速尔群岛

UGS/UGF和GUS/GUF北美-北非护航船队。
最初,这些护航船队在汉普顿锚地和卡萨布
兰卡之间航行,但随后扩展到了地中海

马德拉群岛

加那利群岛

SL

佛得角群岛

TO/OT加勒比海-北非护航船队。不同
时期的具体航线和终点港口有所不同

TB/BT

冰岛
哈夫纳夫约杜尔
雷克雅未克

法罗群岛

设得兰群岛

奥克尼群岛

维克

伦敦德里
阿奇代尔城堡

奥尔德格罗夫
贝尔法斯特

利物浦
米尔福
德港
晋利茅斯

伦敦
朴茨茅斯

布雷斯特
洛里昂
圣纳泽尔
拉罗谢尔

波尔多

比斯开湾

直布罗陀

挪威海

特隆赫姆

卑尔根

北　海

巴黎

N

巴西

阿森松岛

南大西洋

南非
好望角

弗里敦

155

"基座"行动，1942年8月10日—15日

在"鱼叉/活力"行动之后，急需再派一支护航船队驶往马耳他。根据"活力"行动在克里特岛与非洲航行穿过"炸弹小巷"的经历，下一支护航船队从东面过来的可能性被排除了，相反，"基座"行动将会是一支从西面过来并得到严密保护的船队。一支从亚历山大港起航的冒牌护航船队以及对罗德岛的轰炸也是计划中转移轴心国注意力的措施。这次行动史无前例地有4艘航空母舰参加，其中3艘提供空中掩护，而第4艘——"光荣"号则运载"喷火"战斗机驶往马耳他。在"胜利"号、"不屈"号和"鹰"号上共搭载了72架战斗机和28架攻击机。实际上，第5艘航母，"百眼巨人"号也在直布罗陀。如此的集中只有一种可能，那就是PQ 17之后，北极护航船队暂时中止，解放了本土舰队的舰艇，而日军在中途岛的挫败也使得英国可以减少在印度洋的舰艇。护航船队的大部分舰船于7月27日集结在斯卡帕湾，8月2日向南航行，8月10日穿过直布罗陀海峡。其他舰船也从弗里敦和直布罗陀赶来会合。

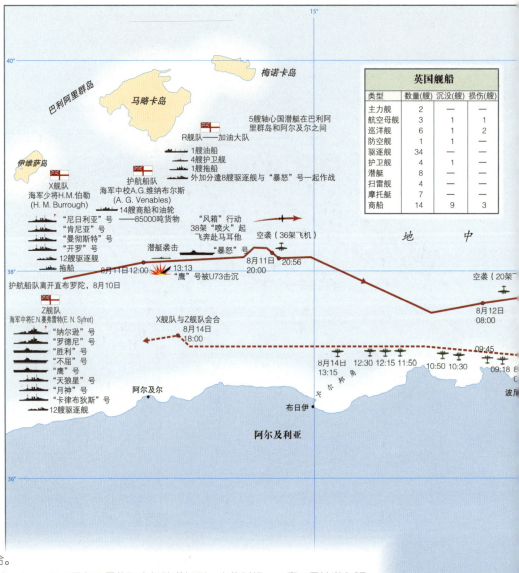

英国舰船			
类型	数量(艘)	沉没(艘)	损伤(艘)
主力舰	2	—	—
航空母舰	3	1	1
巡洋舰	6	1	2
防空舰	1	—	—
驱逐舰	34	—	—
护卫舰	4	1	—
潜艇	8	—	—
扫雷舰	4	—	—
摩托艇	7	—	—
商船	14	9	3

行动的主要部分开局很糟糕，当8月11日"暴怒"号的飞离行动进行到一半的时候，"鹰"号被潜入驱逐舰屏障中的德国U73潜艇的4枚鱼雷齐射击沉。8月12日的德国大规模空袭造成了一定的损伤，但是在下午7点Z舰队调头回来之前，整个行动进行得相当顺利。随后在轴心国空袭和潜艇袭击下，形势迅速恶化。意大利潜艇"阿克苏姆"号成功炸掉了巡洋舰"开罗"号的舰尾并使英国人将其自沉，同时击伤了"尼日利亚"号，迫使它返回直布罗陀，英国海军少将伯勒只得把将旗转移到"阿善堤"号驱逐舰上。随后20架Ju 88发起的空袭击沉了2艘商船和1艘潜艇，意大利潜艇"阿拉吉"号发射鱼雷击伤了英国巡洋舰"尼日利亚"号。如果意大利军舰当晚参加战斗的话，会造成更为严重的损失。对英国人来说侥幸的是，意大利和德国在空中掩护上的分歧导致这部分行动被推迟，而且意大利人对英国人发起的牵制性空袭感到担忧，并将注意力转向东面。

午夜刚过，护航船队经过邦角，进入德国和意大利鱼雷艇静候的区域。第1艘被击中的是巡洋舰"曼彻斯特"号，后来它被放弃。随后又损失了5艘货船。整个8月13日早上，护航船队幸存下来的舰船又遭到多次空袭，尽管来自马耳他的空中掩护增强了。下午2点30分，一支由扫雷舰和摩托艇组成的舰队从马耳他赶来掩护剩下的3艘商船，并将油轮"俄亥俄"号拖到瓦莱塔。第5艘商船随后到达，总计15000吨燃料和32000吨货物最终送到。X舰队转而向西，并利用夜色再次穿过海峡，但在与Z舰队会合之前遭到了以撒丁岛为基地的飞机袭击，最终于8月15日下午6点抵达直布罗陀。

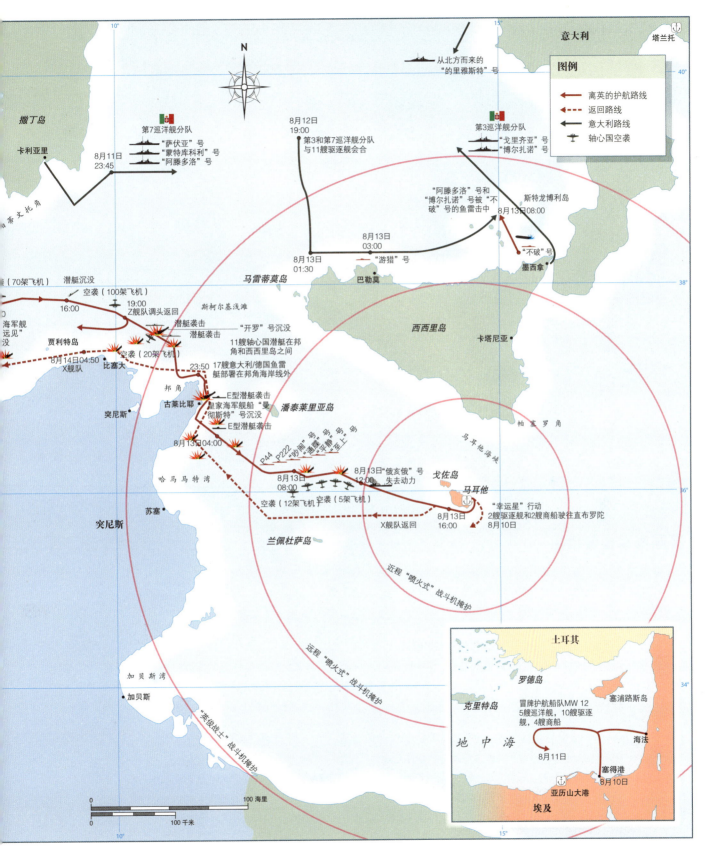

意大利

塔兰托

撒丁岛

卡利亚里

第7巡洋舰分队
"萨伏亚"号
"蒙特库科利"号
"阿滕多洛"号

8月11日
23:45

从北方而来的
"的里雅斯特"号

8月12日
19:00
第3和第7巡洋舰分队
与11艘驱逐舰会合

第3巡洋舰分队
"戈里齐亚"号
"博尔扎诺"号

图例

离英的护航路线
返回路线
意大利路线
轴心国空袭

"阿滕多洛"号和
"博尔扎诺"号被"不
破"号的鱼雷击中

斯特龙博利岛
8月13日08:00

8月13日
03:00
"游猎"号

8月13日
01:30

马雷蒂莫岛

巴勒莫

"不破"号

墨西拿

（70架飞机）
潜艇沉没

空袭（100架飞机）
19:00
Z舰队调头返回

海军舰
远见

16:00

贾利特岛

斯柯尔基浅滩

潜艇袭击
潜艇袭击
"开罗"号沉没
11艘轴心国潜艇在邦
角和西西里岛之间
17艘意大利/德国鱼雷
艇部署在邦角海岸线外

西西里岛

卡塔尼亚

8月14日04:50

空袭（20架飞机）

X舰队

比塞大

23:50

邦角

古莱比耶

E型潜艇袭击
皇家海军舰船"曼
彻斯特"号沉没

潘泰莱里亚岛

马耳他海峡

帕塞罗角

E型潜艇袭击

8月13日04:00

突尼斯

P44 P222 "吵闹"号 "通联"号 "羊雅特"号 "舵手"号

戈佐岛

马耳他

哈马马特湾

8月13日
08:00

8月13日
08:00

8月13日"俄亥俄"号
12:00 失去动力

苏塞

空袭（12架飞机） 空袭（5架飞机）

X舰队返回

8月13日
16:00

"幸运星"行动
2艘驱逐舰和2艘商船驶往直布罗陀
8月10日

突尼斯

兰佩杜萨岛

近程"喷火式"战斗机掩护

加贝斯湾

加贝斯

远程"喷火式"战斗机掩护

土耳其

罗德岛

克里特岛

塞浦路斯岛

冒牌护航船队MW 12
5艘巡洋舰，10艘驱逐
舰，4艘商船

海法

地 中 海

8月11日

塞得港
8月10日

亚历山大港

埃及

"英勇战士"战斗机掩护

0   100海里
0   100千米

157

主要的监听站/高频测向站

▲ 最初的战前站点

▲ 大西洋网络扩展，1939/1940年

▲ 战时扩展，只显示主要站点

英国站点
1939年——4个
1942年——12个

北 冰 洋

巴伦支海

普洛亚诺

渥太华

北 大 西 洋

百慕大群岛

直布罗陀

马耳他

地 中 海

亚历山大港

黑海

加勒比海

弗里敦

孟买

阿拉伯海

孟加拉湾

基林迪尼

印 度 洋

西蒙镇

到1942年时，从加拿大到南非的大西洋周边有18个站点。该网络与一个规模相当的美国情报网络紧密结合，后者自1942年以来迅速扩展

在1939年以前，澳大利亚人有1个小型情报网络。战争期间，该网络以及新西兰、南太平洋和加拿大太平洋沿岸的站点都有所扩展

英国海军通信情报

在整个二战中，通信情报在海军作战行动的计划和执行中日益成为核心角色。虽然通信情报收集在一战中就已经发展起来，而且所有大国在和平时期也在通过通信情报收集外国的行动和发展信息，但人们普遍认为它的作用在即将到来的战争中可以忽略不计，因为海军舰艇出海后可以停止使用无线电通信，或者至少是限制其使用。实际上，情况刚好相反，从1939年9月开始，无线电通信量在各国海军中迅速增长。无线电通信为部队的指挥和控制所带来的优势超过了使用无线电会暴露部队位置所带来的危险。有效的空中和潜艇作战行动实际上完全依赖于无线电的使用。

通信情报主要衍生2种类型的信息，一是通过密码分析手段（代号"Ultra"，即"超级"）读取加密的敌方信号，二是通过无线电测向装置确定敌军部队的位置。在整个二战中，高频测向（HF/DF）在地面和海上都得到大大增强，也是打败U型潜艇的关键因素之一。战争开始时，英国人的情报网络相对较小，其最初扩展也主要集中在大西洋战场，因为这里是德国水面袭击舰最有可能活动的地方。随着战争的全球化，英国情报网络也得以扩展，大约有2100人运行着它，另外还有成千上万人在布莱切利园和其他地方从事密码分析工作。

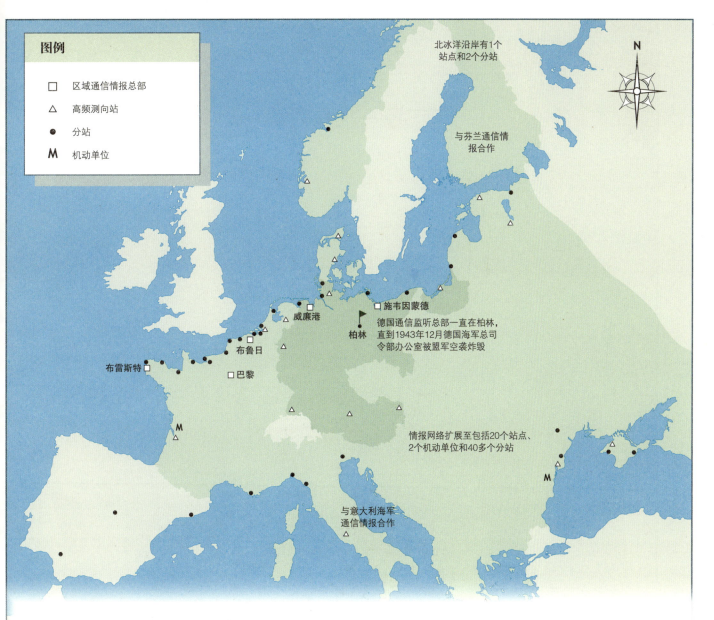

图例

☐ 区域通信情报总部
△ 高频测向站
● 分站
Ｍ 机动单位

北冰洋沿岸有1个
站点和2个分站

与芬兰通信情
报合作

施韦因蒙德

德国通信监听总部一直在柏林,
直到1943年12月德国海军总司
令部办公室被盟军空袭炸毁

威廉港

布鲁日

布雷斯特

巴黎

柏林

情报网络扩展至包括20个站点、
2个机动单位和40多个分站

与意大利海军
通信情报合作

纳粹德国海军通信监听网络

　　除了英国人,德国人也是通信情报发展的先行者。在两次世界大战之间,德国海军在 B-Dienst(电子侦听,或者称"观察服务")上持续投入大量精力。大部分工作是致力于破译和读取英国海军通信,在战争爆发之初,所有现有的英国、法国和苏联的密码系统都能被破译。1940年1月,德国获得了一份英国商船队的密码本,从而帮助他们更好地观察盟国的航运活动。在入侵挪威和法国期间,B-Dienst 对德国海军作战行动起了很大的作用,当时英国皇家海军三分之一到一半的通信被破译了。

　　大西洋战役中通信情报的价值发挥到极致,德国因此直到1943年都占据着优势。在战役的第一阶段,它使德国海军上将邓尼茨得以最大限度运用规模相对较小的潜艇部队。德国人建立了一个广阔的监听站网络——从北冰洋至地中海,从大西洋至黑海。顶峰时期,B-Dienst 雇用了大约8000名工作人员。到1941年,几乎所有的英国海军和航运通信都被破解了,德国人能够提前得知护航船队的动向。这种情况一直持续到1943年,其间变化不大。同年6月,情况发生变化,当时盟国引入了5号海军密码(Naval Cypher No. 5),并且增加了X型(TypeX)电子-机械加密机的使用。该系统与德国的"恩尼格玛"系统相似,但与盟国不同的是,德国没有足够的资源破译X型加密机的通信,观察盟国动向的整体能力也随之下降。

159

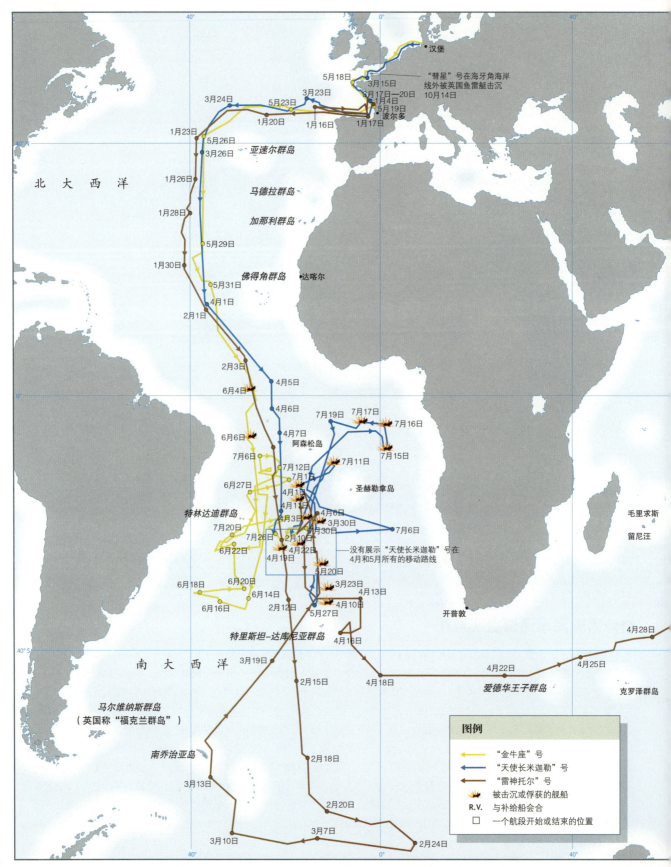

汉堡

"彗星"号在海牙角海岸
线外被英国鱼雷艇击沉
10月14日

5月18日　3月15日
3月23日　3月17日—20日　1月4日
3月24日　5月23日　　　　5月19日
　　　　　1月20日　　　　波尔多
1月16日　1月17日

1月23日
5月26日　亚速尔群岛
3月26日

北 大 西 洋

1月26日　马德拉群岛

1月28日　加那利群岛

5月29日

1月30日　佛得角群岛　达喀尔
5月31日
4月1日
2月1日

2月3日
6月4日　　　　　　4月5日

4月6日　　　　7月19日　7月17日
　　　　　　　　　　　　　7月16日
6月6日　　4月7日
　　　　　阿森松岛　　　7月11日　7月15日
7月6日　7月12日
　　　　7月1日
6月27日　　　　　　　　圣赫勒拿岛
　　　　4月11日
　　　　4月8日
特林达迪群岛　4月3日　4月6日
7月20日　　　　3月30日
　　　　7月26日　2月10日　7月6日
6月22日　　　4月19日　4月22日　没有展示"天使长米迦勒"号在
　　　　　　　　　　　　　5月20日　4月和5月所有的移动路线
6月18日　6月20日
　　　　　　　6月14日　　3月23日　4月13日
6月16日　2月12日　5月27日　4月10日　开普敦

特里斯坦-达库尼亚群岛
　　　　　　　4月16日
3月19日　　　　　　　　　毛里求斯
　　　　　　　　　　　　　留尼汪

南 大 西 洋　　2月15日
　　　　　　　4月18日　爱德华王子群岛　4月28日
马尔维纳斯群岛
（英国称"福克兰群岛"）　　　　4月22日　4月25日
　　　　　　　　　　　　　　　　　克罗泽群岛
南乔治亚群岛
　　　　2月18日

3月13日
　　　　2月20日

3月10日　3月7日
　　　　　　　　2月24日

图例

"金牛座"号
"天使长米迦勒"号
"雷神托尔"号
被击沉或俘获的舰船
R.V.　与补给船会合
□　一个航段开始或结束的位置

160

8月至12月

圣赫勒拿岛

毛里求斯
留尼汪

特林达迪群岛
8月9日   R.V.-1   7月29日
德国水面袭击舰   R.V.-1
"金牛座"号和
美国商船"斯蒂
芬·霍普金斯"号   9月16日   12月31日
在交战后都沉没了   R.V.-3
9月27日   9月25日   8月14日
R.V.-3   8月17日   追击"马尔尼克斯·冯·圣阿尔德贡德"号
9月15日   9月7日
8月12日   9月11日   作战区域   11月18日
10月2—8日   特里斯坦—   9月10日   开普敦   12月8日   R.V.-6
10月12日   R.V.-4   达库尼亚   12月28日   12月30日   11月16日
群岛   R.V.-2   12月14日   R.V.-5
8月20日   R.V.-2   8月31日
8月16日   8月23日   戈夫岛   9月7日   11月12日

南乔治亚岛   12月19日   11月5日   11月8日

10月18日   克罗泽群岛
10月22日   12月25日   11月1日
10月28日   爱德华王子群岛
南桑威奇群岛   10月26日   凯尔盖朗群岛

R.V.-1 7月29日至30日，"金牛座"号和"天使长米迦勒"号会合
R.V.-2 8月23日，与"施利曼"号会合
R.V.-3 9月25日，与"乌克马克"号会合
R.V.-4 10月2日，与"乌克马克"号会合
R.V.-5 11月16日，与"布腊克"号会合
R.V.-6 11月18日，与"拉科蒂斯"号会合

驶往日本   9月25—29日

9月22日

印 度 洋   9月20日

5月6日
5月12日
4日
7月31日   5月10日
6月14日   7月20日
7月4日 6月19日
5月18日
5月21日

尔盖朗群岛

南 极 洲

德国辅助巡洋舰行动，1942 年

到 1942 年，辅助巡洋舰的作用正在下降，它们不再是扰乱和破坏盟国航运的有效手段了，也不是德国战争资源的良好运用方式了。美国参战之后，盟国将更多资源投入贸易保护以及世界航运的组织上。虽然这些措施需要一定时间才能完全发挥出作用，但是德国辅助巡洋舰不久之后就开始感觉到影响了。英国人将大量资源用于阻止德国辅助巡洋舰和封锁突破船对欧洲水域的突破进入（及返回），因为这些舰船还会给海上的潜艇提供补给，从而增加后者的续航能力。德国舰船越来越难以到达公海，1942 年时只有 3 艘辅助巡洋舰在海上活动。当"彗星"号在 10 月起航去进行其第 2 次行动时，它在英吉利海峡被英国鱼雷艇击沉。

到 1942 年年中的时候，很明显水面袭击舰再也无法有效地用于远洋水域攻击盟国商船了，相反，纳粹德国海军从 10 月开始在南非海岸和印度洋部署潜艇。8 月，"金牛座"号和"天使长米迦勒"号短暂地共同行动，但是在它们的受害者一发出遇险信号之后，这种协同作战被放弃了。"金牛座"号于 9 月 27 日在与 1 艘美国商船交战受损后沉没。"雷神托尔"号在长达 9 个月的航行后到达日本进行修整。该舰于 11 月 30 日在横滨被摧毁，当时停在其旁边的补给船"乌克马克"号爆炸产生的火焰蔓延到整个港口。这使得"天使长米迦勒"号没有返回法国，而是也驶往日本，并于 1943 年 3 月到达。修整之后，"天使长米迦勒"号的第 2 次航行从澳大利亚西部延伸到南美，跨越了太平洋。这次为期 5 个月的行动只击沉了 3 艘舰船，1943 年 10 月 17 日，它在日本海岸线外被美国潜艇"大海鲢"号击沉。整个 1942 年和 1943 年，德国辅助巡洋舰击沉了 31 艘舰船（总吨位近 207000 吨），而这个数字是在南大西洋和印度洋活动的潜艇两个月之内就能达到的。

美国在太平洋的战略，1942—1945 年

在大战略上，对于几大盟国而言击败德国排在日本之前，因为德国带来的威胁超过日本。1941 年底，英美两国政治和军事领导人在华盛顿召开第一次战时会议，他们一致认为欧洲战场的优先级高于太平洋战场。美国军界内部对此产生了分歧，海军和部分陆军军官认为太平洋战场更加重要。这里主要是美国人的战场，澳大利亚和新西兰在南部稍有参与，结尾阶段英国也有所贡献。1942 年 3 月，盟国正式同意美国对太平洋战场的指挥权，当月月底，美国参谋长联席会议将其划分为 4 个区域。

起源于早期盟军 ABDA（美国 – 英国 – 荷兰 – 澳大利亚）司令部的南太平洋区域分给了麦克阿瑟将军。海军上将尼米兹掌管太平洋区域的指挥权，那里在 5 月初成为战场，虽然他将南北 2 个区域的作战指挥权委派给了下属。太平洋被分成两条战线，确实导致了人员和物资分配上的摩擦。美国人在 1942 年和 1943 年初的战略聚焦于守住通往澳大利亚的海上交通线，所罗门群岛战役和俾斯麦群岛战役几乎占用了所有可用的资源。

在 1943 年 1 月的卡萨布兰卡会议上，"德国第一"的战略被再次确认，虽然更多的资源被分配给了太平洋，因为美国人不愿意一直处于防守状态。美国人的目标是解放菲律宾、打败日本，最好是通过最为经济的手段。麦克阿瑟将军提议将澳大利亚作为进攻基地，然后经过新几内亚和菲律宾一路北上。海军上将金和尼米兹对此提出反对，而支持横跨太平洋中部区域长驱直入，目标是摧毁日军的进攻能力，占领基地并以此封锁和征服日本。这一战略的优势在于，只要美国掌握着制海权，就不必通过代价高昂的两栖作战去攻击所有的日军前哨基地了。相反，这些前哨基地可能在海军炮击和空军轰炸下失去作用，而后被绕过。

集结太平洋中部区域战役所需的部队将耗费近 2 年的时间。缺少两栖登陆船只和地面部队是个难题。攻击吉尔伯特群岛和马绍尔群岛不可能在不抽调俾斯麦群岛战役资源的情况下同时进行，因此夺占这两个群岛的"电流"行动和"燧发枪"行动就捉襟见肘了。只有通过仅占领关键要点的方式，美国人才能够迅速向前推进并降低损失，与此同时也将日军大量兵力牵制在南太平洋。

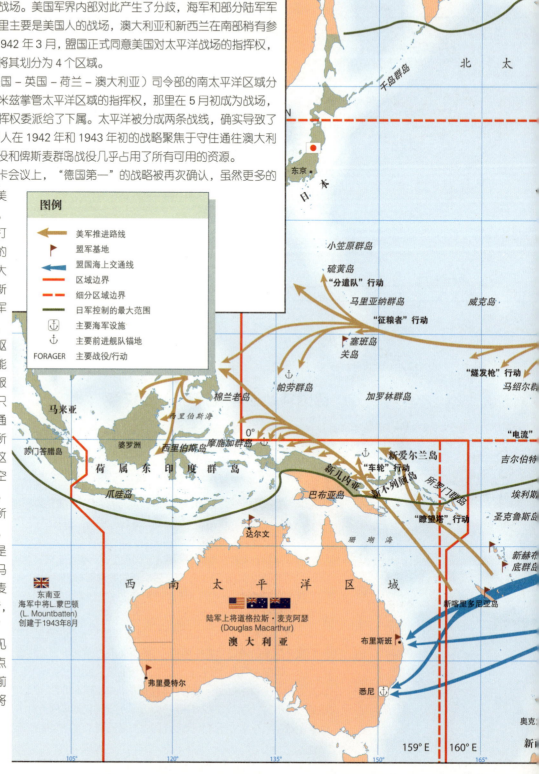

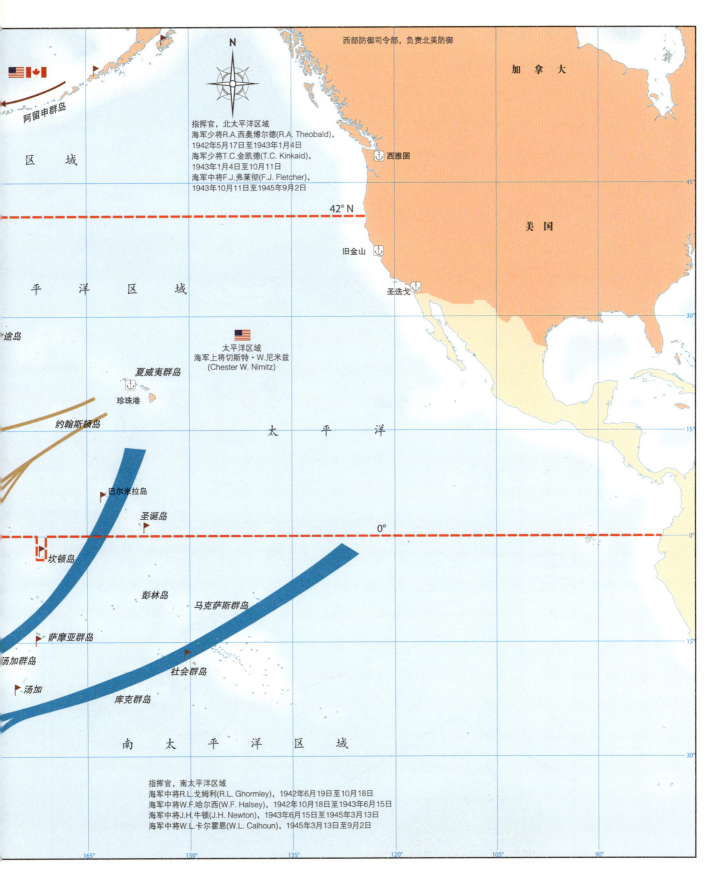

西部防御司令部，负责北美防御

加拿大

美国

西雅图

旧金山

圣迭戈

区 域

平 洋 区 域

途岛

夏威夷群岛

珍珠港

约翰斯顿岛

太 平 洋

巴尔米拉岛

圣诞岛

坎顿岛

彭林岛

马克萨斯群岛

萨摩亚群岛

汤加群岛

社会群岛

汤加

库克群岛

南 太 平 洋 区 域

阿留申群岛

指挥官，北太平洋区域
海军少将R.A.西奥博尔德(R.A. Theobald)，
1942年5月17日至1943年1月4日
海军少将T.C.金凯德(T.C. Kinkaid)，
1943年1月4日至10月11日
海军中将F.J.弗莱彻(F.J. Fletcher)，
1943年10月11日至1945年9月2日

N

太平洋区域
海军上将切斯特·W.尼米兹
(Chester W. Nimitz)

42° N

45°

30°

15°

0°

15°

30°

指挥官，南太平洋区域
海军中将R.L.戈姆利(R.L. Ghormley)，1942年6月19日至10月18日
海军中将W.F.哈尔西(W.F. Halsey)，1942年10月18日至1943年6月15日
海军中将J.H.牛顿(J.H. Newton)，1943年6月15日至1945年3月13日
海军中将W.L.卡尔霍恩(W.L. Calhoun)，1945年3月13日至9月2日

165°   150°   135°   120°   105°   90°

瓜达尔卡纳尔岛战役，1942年8月—1943年2月

5月，日本海军部队在图拉吉岛登陆，并建立水上飞机基地，在接下来的几个月里，更多的部队和建筑工人在瓜达尔卡纳尔岛周围的岛屿登陆，开始大型空军基地的建设。所罗门群岛南部的岛屿人烟稀少，并处于日军控制版图的边缘，但是日军可以从这些基地威胁到美国与澳大利亚和新西兰之间的海上交通线。此外，它们还能为新不列颠岛拉包尔周围正在建造的大量基地设施提供前沿防御。作为回应，美国海军上将金在陆军上将马歇尔的支持下，提议进行一次将日军逐出南太平洋的作战行动。第一阶段，占领圣克鲁斯群岛、图拉吉岛和瓜达尔卡纳尔岛。陆军上将麦克阿瑟想让这次突击通过其西南太平洋司令部直指拉包尔，但是罗斯福总统批准了前者的计划。

美国海军陆战队第1师于7月31日从斐济起航，于1个星期后的8月7日登陆，开始了为期6个月的战役。日军于8月19日派来第一批增援部队，双方都是在各自补给线的末端作战。战役的关键是制空权，一旦美国人将亨德森机场投入使用，日军将被迫只能在夜间通过新乔治亚海峡进行补给。为了赶走美国人，日军从拉包尔起飞执行远程轰炸任务，同时用海军进行炮击。瓜达尔卡纳尔岛周围发生了多次海战，尽管双方都遭受了严重损失，但是到1943年2月的时候，美国人已经获得了一定程度的海上和空中优势，日军阵地变得岌岌可危。

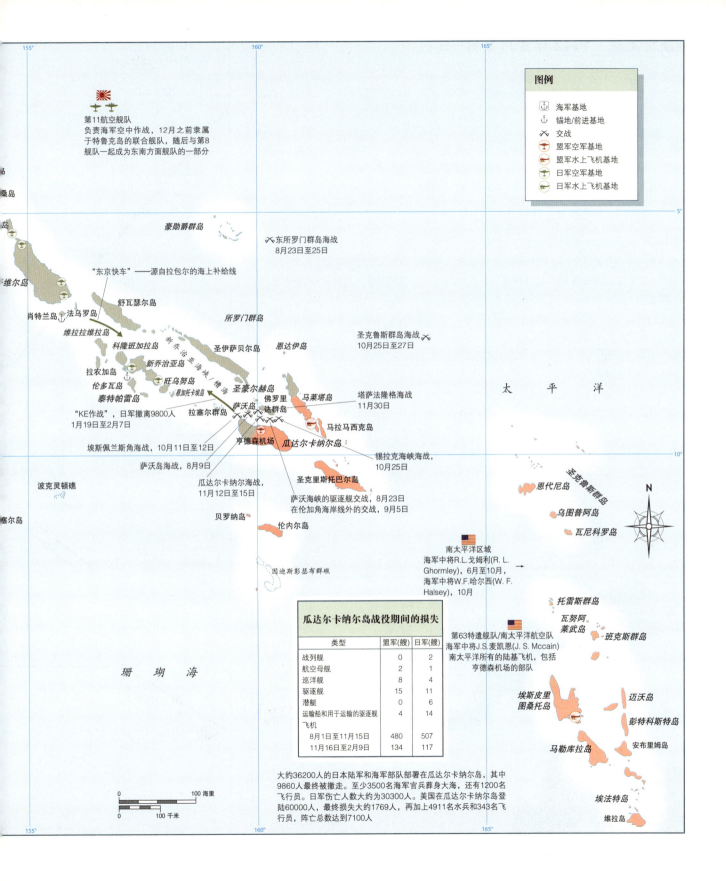

第11航空舰队
负责海军空中作战，12月之前隶属于特鲁克岛的联合舰队，随后与第8舰队一起成为东南方面舰队的一部分

豪勋爵群岛

东所罗门群岛海战
8月23日至25日

"东京快车"——源自拉包尔的海上补给线

舒瓦瑟尔岛

法乌罗岛

肖特兰岛

维尔岛

维拉拉维拉岛

科隆班加拉岛

所罗门群岛

圣伊萨贝尔岛

恩达伊岛

圣克鲁斯群岛海战
10月25日至27日

拉农加岛

新乔治亚岛

旺乌努岛

伦多瓦岛

泰特帕雷岛

圣豪尔赫岛

佛罗里达群岛

马莱塔岛

塔萨法隆格海战
11月30日

"KE作战"，日军撤离9800人
1月19日至2月7日

萨沃岛

拉塞尔群岛

恩加托卡埃岛

埃斯佩兰斯角海战，10月11日至12日

亨德森机场

瓜达尔卡纳尔岛

马拉马西克岛

萨沃岛海战，8月9日

瓜达尔卡纳尔海战，
11月12日至15日

锡拉克海峡海战，
10月25日

圣克里斯托巴尔岛

萨沃海峡的驱逐舰交战，8月23日
在伦加角海岸线外的交战，9月5日

波克灵顿礁

塞尔岛

贝罗纳岛

伦内尔岛

太 平 洋

圣克鲁斯群岛

恩代尼岛

乌图普阿岛

瓦尼科罗岛

固迪斯彭基布群岛

南太平洋区域
海军中将R.L.戈姆利(R. L. Ghormley)，6月至10月，海军中将W.F.哈尔西(W. F. Halsey)，10月

托雷斯群岛

瓦努阿莱武岛

班克斯群岛

珊 瑚 海

第63特遣舰队/南太平洋航空队海军中将J.S.麦凯恩(J. S. Mccain)南太平洋所有的陆基飞机，包括亨德森机场的部队

埃斯皮里图桑托岛

迈沃岛

彭特科斯特岛

安布里姆岛

马勒库拉岛

埃法特岛

维拉岛

图例

⚓	海军基地
⚓	锚地/前进基地
⚔	交战
✈	盟军空军基地
✈	盟军水上飞机基地
✈	日军空军基地
✈	日军水上飞机基地

瓜达尔卡纳尔岛战役期间的损失

类型	盟军(艘)	日军(艘)
战列舰	0	2
航空母舰	2	1
巡洋舰	8	4
驱逐舰	15	11
潜艇	0	6
运输船和用于运输的驱逐舰	4	14
飞机		
8月1日至11月15日	480	507
11月16日至2月9日	134	117

大约36200人的日本陆军和海军部队部署在瓜达尔卡纳尔岛，其中9860人最终被撤走。至少3500名海军官兵葬身大海，还有1200名飞行员。日军伤亡人数大约为30300人。美国在瓜达尔卡纳尔岛登陆60000人，最终损失大约1769人，再加上4911名水兵和343名飞行员，阵亡总数达到7100人

0   100 海里

0   100 千米

155°　160°　165°

5°　10°

N

萨沃岛海战，1942年8月8日—9日

　　虽然美国人在瓜达尔卡纳尔岛的登陆出乎意料，但是日军迅速从拉包尔起飞发动空袭作为回应。此外，第8舰队司令长官三川军一海军中将打算把他的巡洋舰派往南面，并通过夜战攻击瓜达尔卡纳尔岛海岸线外的美军运输船，因为他的舰队训练有素且装备精良。日军舰艇分成多队航行，以迷惑盟军对日军舰队规模和组成的侦察，结果虽然盟军很早就发现了日军舰队，但是直到晚上，瓜达尔卡纳尔岛海岸线外的盟军才接到相关信息。因此，三川军一的舰队得以在未被发现的情况下成功接近最终目标。

　　盟军方面，担任总指挥的美国海军中将弗莱彻打算将他的航空母舰调往东面，以提供远程掩护，并离开日军的空中打击范围。接到这一警报后，负责指挥登陆部队的海军少将特纳当晚召集海军少将克拉奇利和海军陆战队少将范德格里夫特开了一次会议。为了保护萨沃海峡中的运输船，克拉奇利将自己的舰队一分为三：两支在萨沃岛周围，一支调往东面。当三川军一发起攻击时，盟军舰队发现自己过于分散，甚至没有旗舰将官负责指挥。三川军一通过机动来避开盟军驱逐舰哨位，并利用低云掩护其接近，凌晨1点38分，日军发射出第1波鱼雷。盟军南部舰队虽然很快就发现了日军舰队，但在混乱中仍遭受了沉重损失。相反，日军舰队也慢慢失去了紧密队形，但是仍然成功地对盟军北部舰队进行了突袭。3艘美军巡洋舰都没有作好战斗准备，不久之后就遭受了重伤。三川军一决定不返回攻击盟军运输船，因为他的舰队队形此时已经混乱，重新编组需要时间，而这会使其在黎明时分暴露在美军空袭之下。

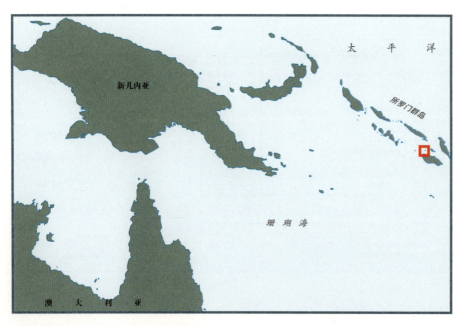

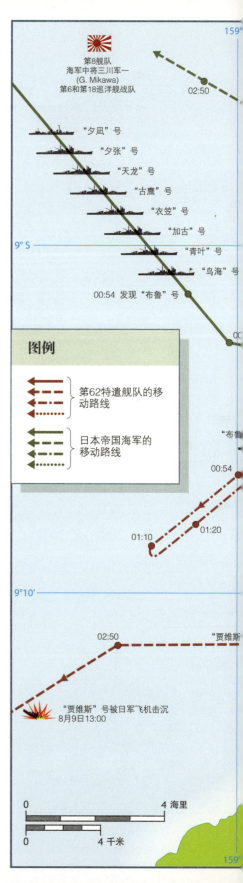

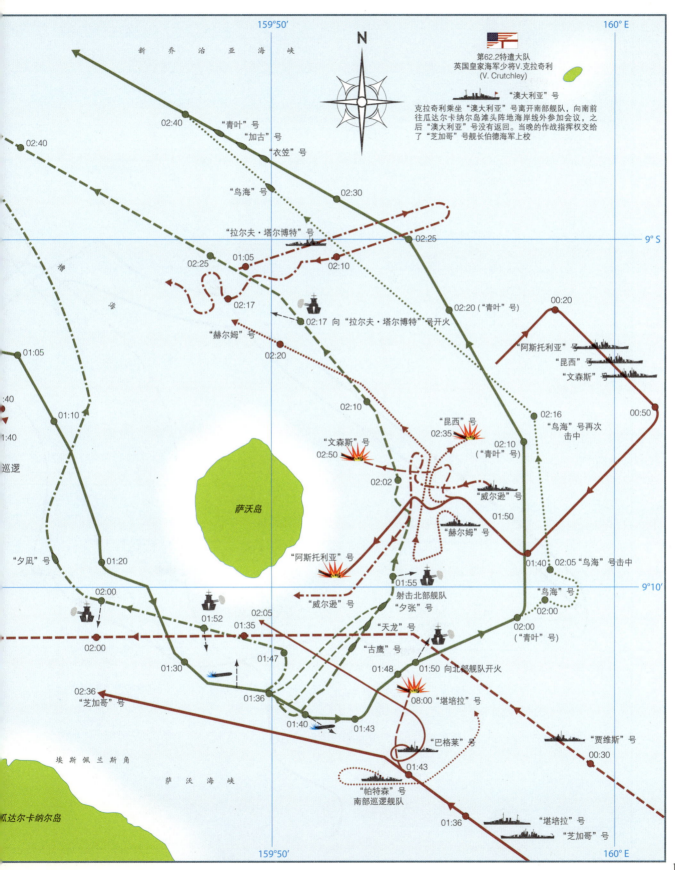

159°50′

160° E

N

第62.2特遣大队
英国皇家海军少将V.克拉奇利
(V. Crutchley)

"澳大利亚"号

克拉奇利乘坐"澳大利亚"号离开南部舰队,向南前
往瓜达尔卡纳尔岛滩头阵地海岸线外参加会议,之
后"澳大利亚"号没有返回。当晚的作战指挥权交给
了"芝加哥"号舰长伯德海军上校。

新 乔 治 亚 海 峡

02:40

"青叶"号

"加古"号

"衣笠"号

02:40

"鸟海"号

02:30

00:20

"拉尔夫·塔尔博特"号

02:25

9° S

02:25   01:05

02:10

02:20 ("青叶"号)

"阿斯托利亚"号

"昆西"号

02:17

"文森斯"号

02:17 向"拉尔夫·塔尔博特"号开火

博

"赫尔姆"号

02:16
"鸟海"号再次
击中

02:20

00:50

01:05

02:10

"昆西"号
02:35

02:10
("青叶"号)

"文森斯"号
02:50

01:10

02:02

"威尔逊"号

01:40

萨沃岛

01:50

"赫尔姆"号

巡逻

02:05"鸟海"号击中

"阿斯托利亚"号

01:40

"夕凪"号

01:20

01:55

"鸟海"号

"威尔逊"号

射击北部舰队
"夕张"号

02:00

02:00

("青叶"号)

02:00

02:00

01:52

"天龙"号

01:35

"古鹰"号

01:47

01:48

01:50 向北部舰队开火

01:30

"贾维斯"号

02:36

01:36

00:30

"芝加哥"号

01:40

01:43

08:00 "堪培拉"号

"巴格莱"号

埃斯佩兰斯角

01:43

萨 沃 海 峡

"帕特森"号
南部巡逻舰队

瓜达尔卡纳尔岛

01:36

"堪培拉"号

"芝加哥"号

159°50′

160° E

167

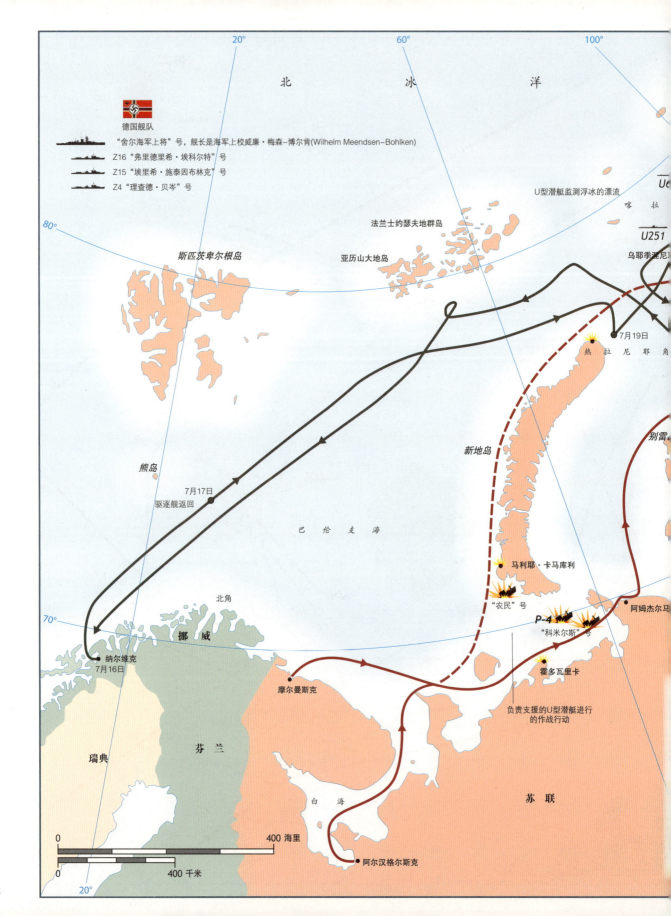

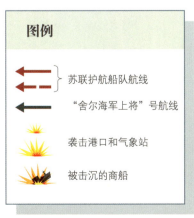

"仙境"行动，1942年8月16日—31日

尽管西伯利亚北部周围的海上航道1年中只有3个月的时间真正不结冰，但是德国人仍认为这里适合进行攻击。不仅是因为盟国对此区域航运的保护力度轻微，还因为摧毁破冰船会对苏联保持航道畅通的能力造成严重影响。7月中旬，从日本人那里得到的情报显示，一支规模庞大的向西航行的护航船队已经通过了白令海峡。德国人此时计划派"舍尔海军上将"号突袭进入北冰洋，前往远在东部的维利基茨基海峡。行动之前，潜艇在斯匹茨卑尔根岛海岸线外进行了侦察，并特意进入喀拉海去监测结冰的程度。这非常重要，因为"舍尔海军上将"号在设计时没有考虑在这种条件下作战，不能冒被海冰困住的风险。

在离开纳尔维克后，"舍尔海军上将"号每天派出其水上飞机进行2次侦察飞行，试图找到护航船队或其他集结的苏联舰船。虽然发现了一些舰船，但是海冰使其无法接近这些舰船，"舍尔海军上将"号唯一的胜果是击沉了破冰船"西比里亚科夫"号以及炮击了迪克森港。支援此次行动的潜艇击沉少量商船，1艘布雷舰在热拉尼耶角布下水雷。

维利基茨基海峡——苏联北冰洋航运的咽喉。在夏季的几个月里，破冰船仍要工作，以保持航道畅通

8月25日

"西比里亚科夫"号

迪克森港
8月27日

洋

图例

⬅ }苏联护航船队航线

⬅ "舍尔海军上将"号航线

💥 袭击港口和气象站

💥 被击沉的商船

169

"庆典"行动，1942 年 8 月 19 日

突袭迪耶普的目的是通过在法国海岸线上的港口登陆一支师级规模的部队并占领港口一天，来获取两栖作战经验。除了给德军造成物质上的损失之外，最重要的是为将来盟军在欧洲西北部和地中海的登陆行动积累宝贵的实战经验。选择迪耶普是因为那里有有价值的军事目标，同时还在岸基战斗机的掩护范围之内。海军上将蒙巴顿的联合作战司令部最初的设想是在 4 月进行一次这样的突袭，虽然直到 7 月丘吉尔才批准实施。计划包括对港口进行正面进攻，依靠突然袭击而非行动开始前的海军炮击或空军轰炸来攻克德军防御工事。

各舰于 8 月 18 日晚起航，分为 13 个独立的编队。航程平静无事，但是在凌晨 4 点前不久，东侧的一队登陆艇碰到了一支德国海岸护航船队，随后的混乱打破了时间表的安排，以致突击队未能完成分配到的摧毁炮台的任务。在中部和西侧，登陆行动准时完成。然而，由于没有进行压制性轰炸，计划从根本上讲是有瑕疵的。德军防御工事给第 1 波步兵造成了极大杀伤，坦克也未能突破海滩。第 2 波登陆大约在早上 7 点，对改变形势几乎毫无作用，到上午 9 点时，作战行动显然已经失败了。残余的部队在中午时分撤退，参与行动的 6000 名盟军官兵有 1179 人死亡，2190 人被俘，另外还损失了 33 艘登陆艇和 1 艘驱逐舰，以及 500 名海军官兵受伤。

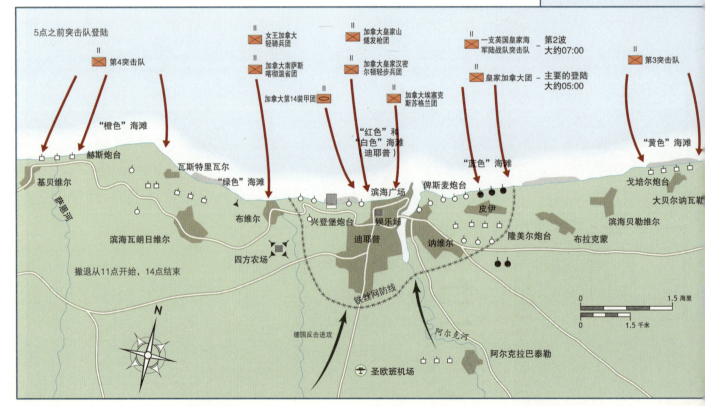

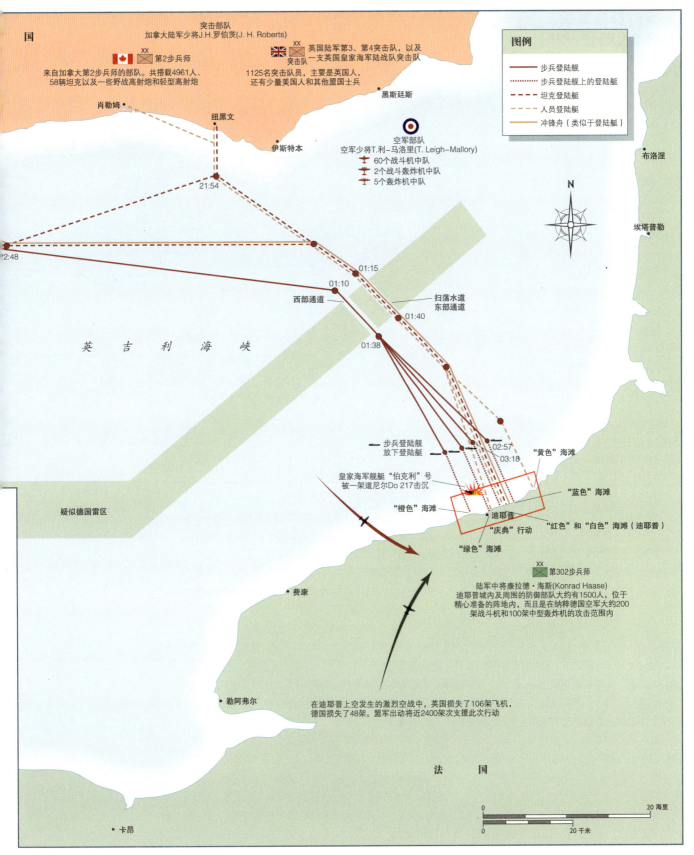

东所罗门群岛海战，
1941年8月23日—25日

　　尽管已经在萨沃岛海战中取得了胜利，日本人仍然需要增援其在瓜达尔卡纳尔岛上的军队。日本海军大将山本五十六打算动用部分联合舰队的舰艇，8月16日，2支舰队离开了特鲁克岛。海军少将田中赖三率领的一支小规模舰队将运送部队在瓜达尔卡纳尔岛登陆，而主力舰队则提供远程掩护，并与附近的美军航母交战。"KA 作战"的执行要比计划复杂得多，因为根据美国人的反应又设想了大量不同的附属行动。计划包括对瓜达尔卡纳尔岛上的美军阵地进行海军炮击，如果美军航母不出现的话，日军还将用航母空袭瓜达尔卡纳尔岛。来自拉包尔的军舰和飞机也将在这一区域行动，但是不同舰队之间几乎没有协同。关键的是，没有给田中赖三的舰队配属任何空中掩护。日本人没有将主力舰队集结在一起，而是把航母置于 2 支水面舰队后面，因为他们希望空袭能够减缓美军舰队航速，之后用战列舰和巡洋舰予以歼灭。

　　8月下半月，日军无线电通信量的突然下降让美国人警觉到一次大规模作战行动正在进行。8月23日上午 9 点 50 分，1 架 PBY "卡特琳娜"水上飞机在瓜达尔卡纳尔岛以北大约 250 海里处发现田中赖三的船队，半下午的时候，来自亨德森机场和"萨拉托加"号的飞机被派去空袭这些舰船。意识到危险之后，田中赖三调转航向，结果美国人一无所获。在东南方向跟随航母行动的美国海军中将弗莱彻决定让"黄蜂"号所在大队离开编队去补充燃料，因为没有情报显示有日军航母在海上。日军也没有关于美军航母行踪的信息，因而水面舰队的队形保持得比计划中更为紧密，并派出"龙骧"号航母空袭瓜达尔卡纳尔岛。美军 2 艘航母上共有 154 架飞机，而日军 3 艘航母上共搭载了 171 架飞机。

　　8月24日早上，双方的搜索都毫无所获，但是在下午 2 点左右，当"龙骧"号对瓜达尔卡纳尔岛的空袭被"萨拉托加"号的雷达发现之后，美国海军中将弗莱彻对"龙骧"号发起攻击。随后，1 架日军水上飞机发现了美军航母，日本海军中将南云忠一派其重型舰船前出，并在下午 3 点之前起飞了飞机。几乎与此同时，美军搜索飞机也发现了日军主力舰队，但是弗莱彻此时什么都做不了。下午 4 点左右，"龙骧"号被击中并遭受致命损伤，30 分钟后，日军飞机袭击了第 61 特遣舰队。"企业"号严重受损，但是在 1 个小时内恢复作业，美国人转而向南航行。日军一直追击到午夜时分，之后转向北方航行。

　　与此同时，田中赖三在晚上 8 点 07 分奉命向北航行，3 个小时后又奉命转而向南，因为当时错误的情报显示美军航母已经被击沉了。8月25日早上，美军飞机从亨德森机场起飞去寻找"龙骧"号，但是却发现了田中赖三的船队，并在上午击沉了日军 1 艘巡洋舰、1 艘驱逐舰和 1 艘运输船。除了这些舰船，日军还损失了 75 架飞机，而美军只损失了 25 架。尽管"企业"号需要返回珍珠港维修，但是美国人还是取得了一次重要胜利，而日本人则意识到他们再也不能用慢速运输船向瓜达尔卡纳尔岛提供补给了；相反，他们只能依靠驱逐舰高速通过新乔治亚海峡。

新汉诺威岛

贾乌尔岛

新爱尔兰岛

费尼群岛

尼桑岛

新不列颠岛

拉包尔

布卡岛

布干维尔岛

所罗门群岛

法乌罗岛

肖特兰岛

舒瓦瑟尔岛

维拉拉维拉岛

科隆班加拉岛

拉农加岛

新乔治亚岛

伦多瓦岛

旺乌努岛

泰特帕雷岛　恩加托卡埃

8月26日12:30

第3舰队——主力舰队
海军中将南云忠一 (Chuichi Na...)

"翔鹤"
"瑞鹤"
"龙骧"
1艘巡洋...
5艘驱逐...

第8舰队——船队护航舰队
海军少将田中赖三 (R. Tanaka)

1艘巡洋舰
8艘驱逐舰
3艘运输船，运载
1500人的部队

分遣的航母打...
海军少将原忠一...
"龙骧"号
1艘巡洋舰
2艘驱逐舰
被派去空袭亨德...

第8舰队——近距离掩护舰队
海军中将三川军一 (G. Mikawa)

4艘巡洋舰

8月26日
14:00

8月26日
24:00

20:00

8月26日
06:30

8月27日
07:15

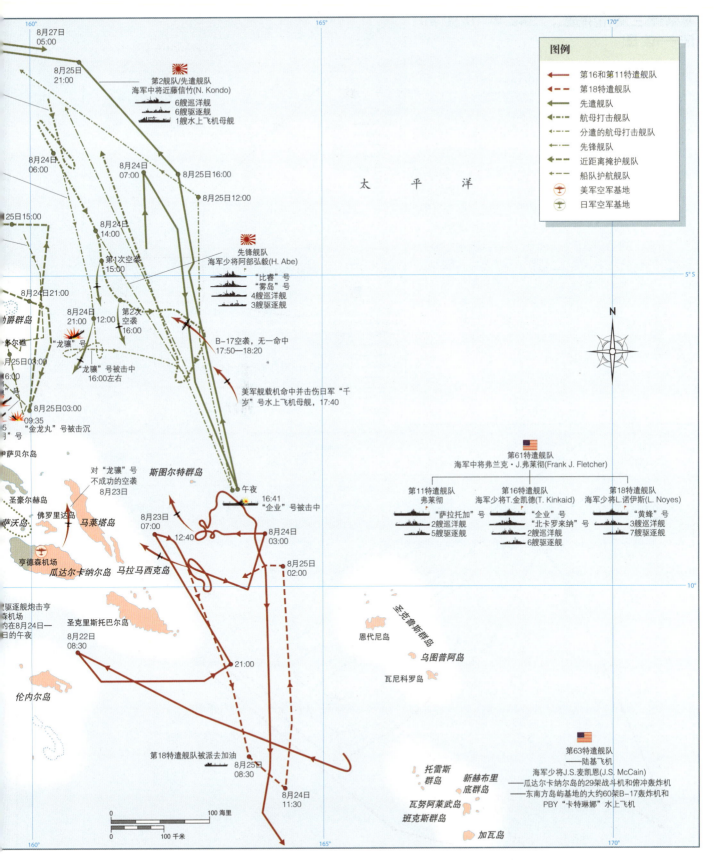

太 平 洋

8月27日
05:00

8月25日
21:00

第2舰队/先遣舰队
海军中将近藤信竹(N. Kondo)
6艘巡洋舰
6艘驱逐舰
1艘水上飞机母舰

8月24日
06:00

8月24日
07:00

8月25日16:00

8月25日12:00

25日15:00

8月24日
14:00

第1次空袭
15:00

先锋舰队
海军少将阿部弘毅(H. Abe)
"比睿"号
"雾岛"号
4艘巡洋舰
3艘驱逐舰

8月24日21:00

8月24日
21:00   12:00

第2次
空袭
16:00

B-17空袭，无一命中
17:50—18:20

爵群岛

多尔礁

"龙骧"号

"龙骧"号被击中
16:00左右

美军舰载机命中并击伤日军"千
岁"号水上飞机母舰，17:40

月25日03:00

6:00

8月25日03:00

09:35
"金龙丸"号被击沉

萨贝尔岛

对"龙骧"号
不成功的空袭
8月23日

斯图尔特群岛

午夜
16:41
"企业"号被击中

第61特遣舰队
海军中将弗兰克·J.弗莱彻(Frank J. Fletcher)

圣豪尔赫岛

佛罗里达岛

马莱塔岛

8月23日
07:00

12:40

8月24日
03:00

8月25日
02:00

第11特遣舰队
弗莱彻
"萨拉托加"号
2艘巡洋舰
5艘驱逐舰

第16特遣舰队
海军少将T.金凯德(T. Kinkaid)
"企业"号
"北卡罗来纳"号
2艘巡洋舰
6艘驱逐舰

第18特遣舰队
海军少将L.诺伊斯(L. Noyes)
"黄蜂"号
3艘巡洋舰
7艘驱逐舰

亨德森机场

瓜达尔卡纳尔岛 马拉马西克岛

驱逐舰炮击亨
森机场
约在8月24日—
日的午夜

圣克里斯托巴尔岛

8月22日
08:30

21:00

圣克鲁斯群岛

恩代尼岛

乌图普阿岛

瓦尼科罗岛

伦内尔岛

第18特遣舰队被派去加油

8月25日
08:30

8月24日
11:30

托雷斯
群岛

新赫布里
底群岛

瓦努阿莱武岛

班克斯群岛

加瓦岛

第63特遣舰队
——陆基飞机
海军少将J.S.麦凯恩(J.S. McCain)
——瓜达尔卡纳尔岛的29架战斗机和俯冲轰炸机
——东南方岛屿基地的大约60架B-17轰炸机和
PBY"卡特琳娜"水上飞机

图例

第16和第11特遣舰队
第18特遣舰队
先遣舰队
航母打击舰队
分遣的航母打击舰队
先锋舰队
近距离掩护舰队
船队护航舰队
美军空军基地
日军空军基地

0   100 海里

0   100 千米

埃斯佩兰斯角海战，1942 年 10 月 11 日—12 日

这是在瓜达尔卡纳尔岛海岸线外进行的第二次大规模水面交战，也被称为第二次萨沃岛海战。10 月初，日本人计划进行一次大规模增援行动，从而将美国人逐出瓜达尔卡纳尔岛。日军计划于 10 月 11 日晚上进行两次海军行动；在炮击亨德森机场之后，随即进行一次补给行动。与此同时，美国人也向瓜达尔卡纳尔岛派出 1 个步兵团的增援部队，第 64 特遣舰队为其登陆提供掩护，并继续在该岛以南海域活动。该舰队指挥官斯科特海军少将计划拦截日军的下一次补给行动。10 月 11 日，机会来了，1 架 B–17 在下午 2 点 15 分发现一支日军舰队在新乔治亚海峡中向南航行。两支日军舰队已经分别于早上 8 点和下午 2 点离开肖特兰群岛，而斯科特于下午 4 点左右赶到萨沃岛附近。这次战斗的一个特点是相当混乱。日本人对美军舰队的存在感到意外，而美国人也对第 2 支日军舰队的存在感到意外。第 64 特遣舰队有效地抢占了日军舰队的 T 字横头，当时巡洋舰"海伦娜"号在晚上 11 点 25 分用雷达发现了日军舰队，但却没有传递信息；不久之后斯科特就调转了航向。当"海伦娜"号在 11 点 46 分开火时，其他舰船也随之开火，双方交战距离已经接近到 3600 码。战斗只持续了几分钟。美军短暂地追击了撤退的日军，但很快就因队形混乱而脱离交战。

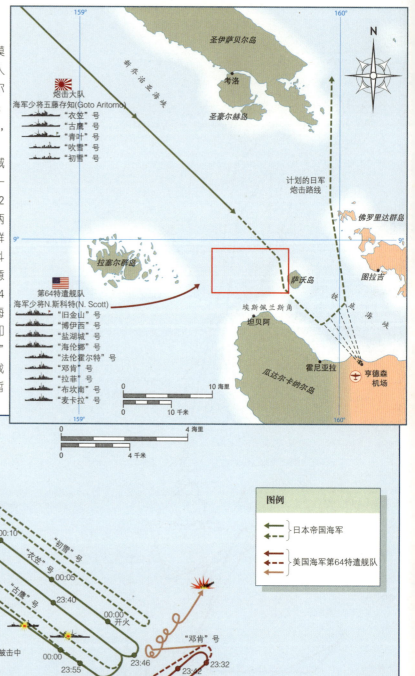

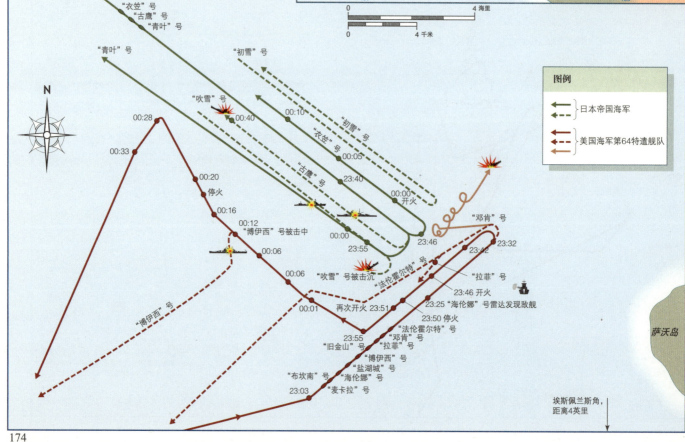

德国 E 艇（鱼雷艇）袭击，1940—1945 年

整个战争中，英国近岸航运面临的最大威胁来自德国近岸舰艇和水雷。征服欧洲西北部赋予了德国人理想的基地，特别是低地国家，这里可以驻扎 S 艇（摩托鱼雷艇，也被称为 E 艇）。对英国近岸航运的袭击开始于 1940 年 6 月，最初主要由纳粹德国空军进行。到了秋季的时候，空投水雷造成了最大的难题，1940 年仅在诺尔地区就有 116 艘舰船被击沉。英国人的回应是组建一支由扫雷舰和护卫舰组成的庞大的辅助舰队。从 1941 年夏季开始，纳粹德国海军逐渐接手了布雷任务。S 艇的到来也促使英国皇家海军在英国水域建立强大的近岸舰队。双方鱼雷艇在北海南部频繁发生追逐战。大规模的慢速近岸护航船队难以防御夜间行动的 S 艇。英国人建造了海岸雷达链，抵御德国入侵的东海岸战斗机掩护区域也扩大了。虽然有德国飞机也被击落，但是很少有 E 艇被击沉。同样，英国也加强了对荷兰、比利时和法国北部沿岸的德国近岸护航船队的攻击。

图例

沉没的舰船

● 第一阶段，1940 年 5 月至 1941 年 6 月
● 第二阶段，1941 年 6 月至 1944 年 1 月
● 第三阶段，1944 年 1 月至 1945 年 5 月

⬜ 护航船队在夜间经过的区域

🟧 雷区

〜 近岸护航船队路线

S艇舰队的大概兵力
1940年5月至8月——10艘
1940年8月至10月——15艘
1940年10月至12月——10艘
1940年12月至1941年6月——15艘
1941年6月至10月——5艘
1941年10月至1942年6月——10艘
1942年6月至9月——15艘
1942年9月至1943年9月——20艘
1943年9月至1944年1月——15艘
1944年1月至6月——25艘
1944年6月至1945年5月——最多16艘

格拉斯哥　爱丁堡

北　海

赫尔

利物浦

英　国

东海岸水雷屏障

布里斯托

伦敦

多佛

朴茨茅斯

加莱

荷　兰

安特卫普

比利时

普利茅斯

英　吉　利　海　峡

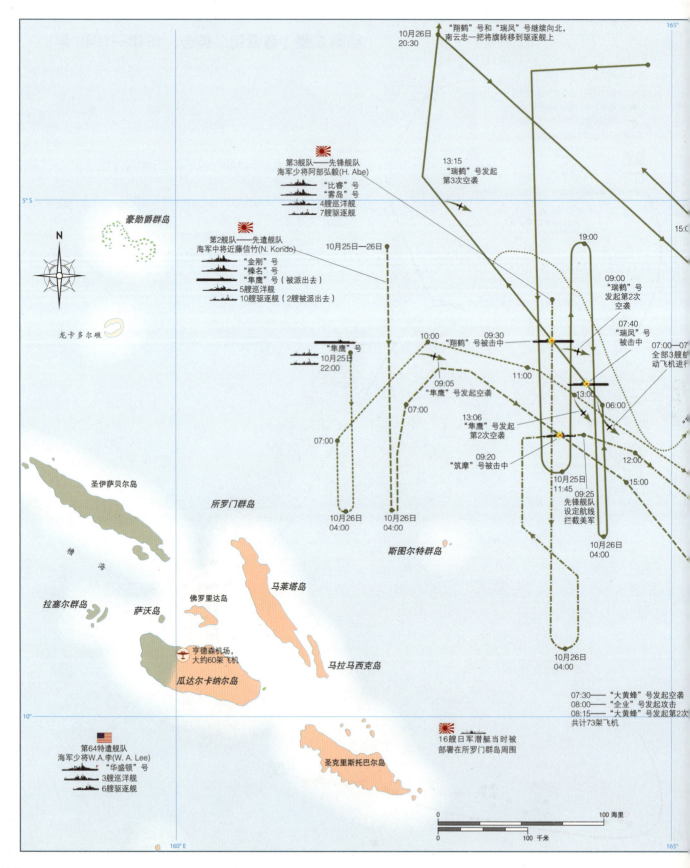

"翔鹤"号和"瑞凤"号继续向北，南云忠一把将旗转移到驱逐舰上

10月26日
20:30

165°

第3舰队——先锋舰队
海军少将阿部弘毅(H. Abe)

"比睿"号
"雾岛"号
4艘巡洋舰
7艘驱逐舰

13:15
"瑞鹤"号发起
第3次空袭

豪勋爵群岛

第2舰队——先遣舰队
海军中将近藤信竹(N. Kondo)

"金刚"号
"榛名"号
"隼鹰"号（被派出去）
5艘巡洋舰
10艘驱逐舰（2艘被派出去）

10月25日—26日

龙卡多尔礁

"隼鹰"号
10月25日
22:00

10:00
"翔鹤"号被击中

09:30

19:00

09:00
"瑞鹤"号
发起第2次
空袭

07:40
"瑞凤"号
被击中

07:00—07
全部3艘航
动飞机进

09:05
"隼鹰"号发起空袭

11:00

13:00

06:00

07:00

13:06
"隼鹰"号发起
第2次空袭

圣伊萨贝尔岛

所罗门群岛

09:20
"筑摩"号被击中

12:00

15:00

07:00

10月26日
04:00

10月26日
04:00

斯图尔特群岛

10月25日
11:45

09:25
先锋舰队
设定航线
拦截美军

10月26日
04:00

柳海

拉塞尔群岛

萨沃岛

佛罗里达岛

马莱塔岛

亨德森机场，
大约60架飞机

瓜达尔卡纳尔岛

马拉马西克岛

10月26日
04:00

10°

第64特遣舰队
海军少将W.A.李(W. A. Lee)

"华盛顿"号
3艘巡洋舰
6艘驱逐舰

圣克里斯托巴尔岛

16艘日军潜艇当时被
部署在所罗门群岛周围

07:30——"大黄蜂"号发起空袭
08:00——"企业"号发起攻击
08:15——"大黄蜂"号发起第2次
共计73架飞机

0   100 海里

0   100 千米

160° E

165°

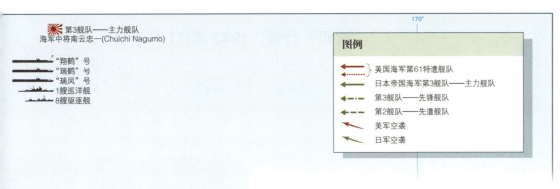

第3舰队——主力舰队
海军中将南云忠一(Chuichi Nagumo)

"翔鹤"号
"瑞鹤"号
"瑞凤"号
1艘巡洋舰
8艘驱逐舰

图例

美国海军第61特遣舰队
日本帝国海军第3舰队——主力舰队
第3舰队——先锋舰队
第2舰队——先遣舰队
美军空袭
日军空袭

圣克鲁斯群岛海战，1942 年 10 月 25 日—27 日

由于瓜达尔卡纳尔岛的僵局延续到 10 月中旬，日本海军大将山本五十六准备动用联合舰队的大部分舰艇，试图迫使美军进行决战。在 10 月 11 日至 12 日的埃斯佩兰斯角海战失利之后，日军后续又派遣部队在瓜达尔卡纳尔岛登陆，并在夜间对亨德森机场进行海军炮击。日军期望占领此基地，使美军失去岛上的空中掩护，进而促使日军舰队摧毁向瓜达尔卡纳尔岛运送增援的美军舰队。日军舰队本身与往常一样被分成多个编队，这导致日军虽然有数量上的优势，但是在战斗中削弱了整体效能。然而，这在最初阶段确实误导了美国人对战斗规模的估计。

10 月 23 日，1 架美军巡逻机在埃斯皮里图桑托岛以北大约 650 海里处发现 1 艘航空母舰，美军这才意识到日军的存在。海军中将哈尔西派遣第 64 特遣舰队到瓜达尔卡纳尔岛以西，以应对日军的一切补给行动，而海军少将金凯德则在圣克鲁斯群岛的东南方巡航。10 月 25 日，日军向南推进，错误地认为亨德森机场即将沦陷，但是在发现大量美国飞机之后，由于害怕这是个陷阱，他们于 10 月 26 日凌晨 4 点调转航向离开。黎明前不久，即凌晨 5 点左右，双方都起飞了侦察机，并在上午 7 点之前均发现了对方的航母。2 支舰队相隔大约 200 海里，在前两个波次中，美军派出了 73 架飞机，日军则派出了 109 架。"隼鹰"号被派去袭击瓜达尔卡纳尔岛海岸线外的美国航运，直到后来才参加战斗。美国人首开战果，当时 1 架侦察 – 轰炸机在最初的侦察飞行中成功偷袭了"瑞凤"号。当主要战斗开始后，双方的防御战斗机和防空力量都被对方的攻击压倒了。美军"大黄蜂"号遭到致命性打击，随后沉没了，"企业"号也被击伤，金凯德下令撤退。日军"翔鹤"号航母和"筑摩"号巡洋舰也遭受重创。日军的两支水面舰队奉命接近美军舰队，但是距离太远了，午夜时分日军放弃追击。日军取得了一次微不足道的战术胜利，但是这对改变瓜达尔卡纳尔岛的形势起不到任何作用。

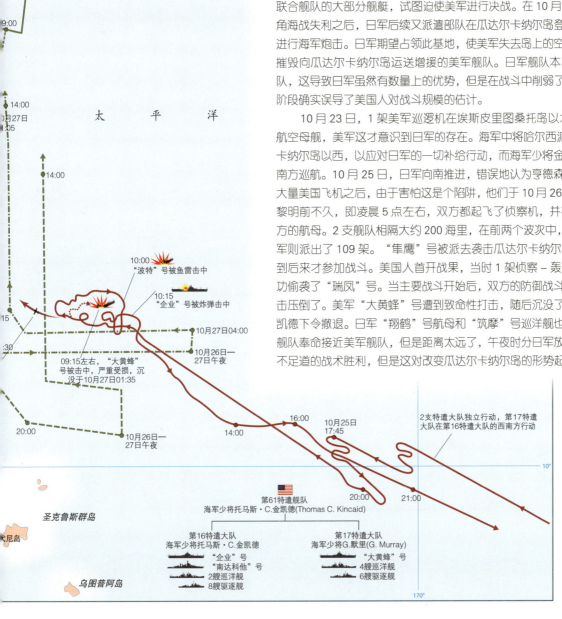

太 平 洋

圣克鲁斯群岛

乌图普阿岛

10:00 "波特"号被鱼雷击中

10:15 "企业"号被炸弹击中

10月27日04:00

10月26日—27日午夜

09:15左右，"大黄蜂"号被击中，严重受损，沉没于10月27日01:35

16:00
14:00
20:00
10月26日—27日午夜

10月25日 17:45

2支特遣大队独立行动，第17特遣大队在第16特遣大队的西南方行动

20:00
21:00

第61特遣舰队
海军少将托马斯·C.金凯德(Thomas C. Kincaid)

第16特遣大队
海军少将托马斯·C.金凯德
"企业"号
"南达科他"号
2艘巡洋舰
8艘驱逐舰

第17特遣大队
海军少将G.默里(G. Murray)
"大黄蜂"号
4艘巡洋舰
6艘驱逐舰

"火炬"行动，1942 年 11 月 8 日

1942 年 7 月，英美决定在法属北非登陆，目的是与英国第 8 集团军从埃及的向前推进一起，将轴心国军队逐出非洲，也是作为迫使意大利退出战争的序曲。然而，英美双方也有分歧。英国人想在一条宽阔的海滩线上登陆，以防止德国人占领突尼斯而导致战役延长，并夺取法国舰队的剩余舰艇。美国人则担心潜艇的威胁，认为集中突击部队会使他们得到更好的保护。最终双方达成妥协，英国人负责在地中海沿岸登陆，美国人负责在大西洋沿岸登陆。该计划在 9 月底获批，命令在 10 月 8 日发布。

在规模和复杂程度方面，"火炬"行动标志着两栖作战行动的转折点。为了集结这次跨大西洋突击行动所必需的部队，其他战场的海军舰艇都被削减了，仅英国舰船数量就达到了约 160 艘。即将进入法国属地的英国第 1 集团军和空军部队的后勤需求是巨大的，为此抽调了大西洋航线的商船，甚至南大西洋的护航船队也一度暂停。尽管直布罗陀是个重要的补给站，作战指挥也是来自那里，但其有限的设施意味着突击部队所需的大部分支援和补给不得不来自舰船。除了军舰提供的火力支援外，航空母舰还将提供战役初期的大部分战斗机掩护。由慢速补给船和辅助船组成的第一批先遣船队于 10 月月中起航，随后大规模的突击船队于月底起航。

图例

←	美国海军第34特遣舰队实际航线
◄---	美国海军第34特遣舰队计划航线
◄	英国皇家海军舰艇
◄—	英国突击舰队，KM系列——共156艘船，52艘护航舰艇
◄---	英国先遣舰队，KX系列——共84艘船，42艘护航舰艇

N

第34.1特遣大队/掩护大队
"马萨诸塞"号
"威奇塔"号
"塔斯卡卢萨"号
4艘驱逐舰
1艘油船

波特兰

第34特遣舰队
美国海军少将H.肯特·休伊特(H. Kent Hewitt)
在"奥古斯塔"号上

10月25日
10月26日
10月27日
10月28日
10月29日

第34.9特遣大队/中部攻击大队
"奥古斯塔"号
"布鲁克林"号
10艘驱逐舰
2艘潜艇
1艘油船
15艘运输船

10月25日
10月26日

诺福克

10月27日

航空大队
10月3日至11日，航空母舰在百慕大群岛岸线外集结训练。第34特遣舰队在10月28日组建完成之后，航空母舰被分配到各攻击大队

10月24日

10月25日

第34.8和第34.10特遣大队/北部和南部攻击大队
"德克萨斯"号
"纽约"号
"萨凡纳"号
"费城"号
15艘驱逐舰
2艘潜艇
2艘油船
1艘水上飞机母舰
14艘运输船

百慕大群岛

10月26日

"游骑兵"号
"萨旺尼"号
"桑提"号
"桑加蒙"号
"切南戈"号
"克利夫兰"号
9艘驱逐舰
1艘油船

后续部队
第38特遣舰队/UGF2，24艘货船　　10艘护航舰艇——11月18日抵达卡萨布兰卡
第37特遣舰队/UGS2，45艘货船　　9艘护航舰艇——11月18日抵达卡萨布兰卡
第39特遣舰队，29艘辅助舰船和小型舰艇

大　西　洋

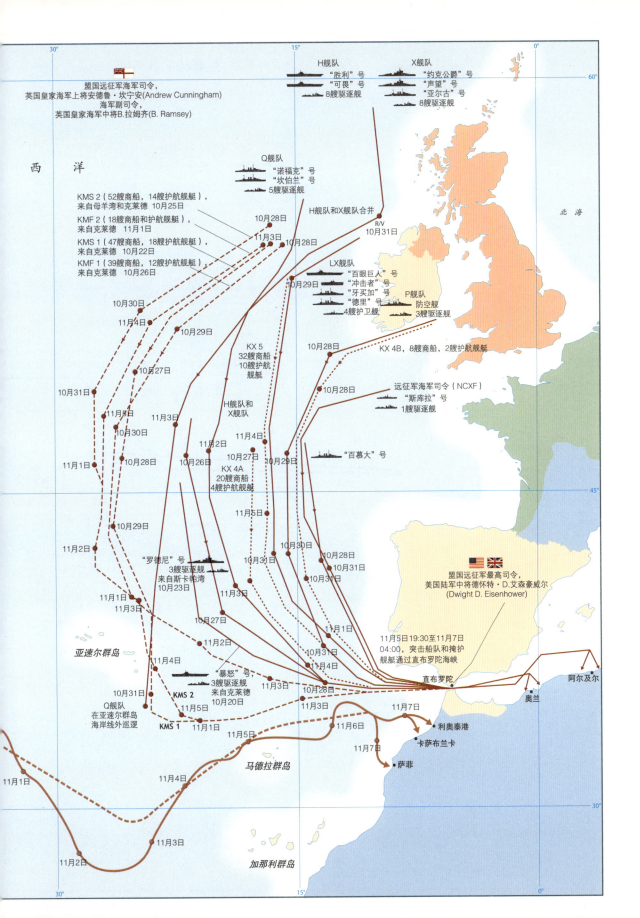

H舰队
"胜利"号
"可畏"号
8艘驱逐舰

X舰队
"约克公爵"号
"声望"号
"亚尔古"号
8艘驱逐舰

盟国远征军海军司令,
英国皇家海军上将安德鲁·坎宁安(Andrew Cunningham)
海军副司令,
英国皇家海军中将B.拉姆齐(B. Ramsey)

西　　洋

Q舰队
"诺福克"号
"坎伯兰"号
5艘驱逐舰

KMS 2（52艘商船，14艘护航舰艇），
来自母羊湾和克莱德 10月25日
KMF 2（18艘商船和护航舰艇），
来自克莱德 11月1日
KMS 1（47艘商船，18艘护航舰艇），
来自克莱德 10月22日
KMF 1（39艘商船，12艘护航舰艇），
来自克莱德 10月26日

H舰队和X舰队合并
R/V
10月31日

北 海

10月28日
11月3日
10月28日

LX舰队
"百眼巨人"号
"冲击者"号
"牙买加"号
"德里"号
4艘护卫舰

P舰队
防空舰
3艘驱逐舰

10月29日

10月30日

11月4日

10月29日

KX 5
32艘商船
10艘护航
舰艇

KX 4B，8艘商船，2艘护航舰艇
10月28日

10月27日

10月31日

H舰队和
X舰队

10月28日

远征军海军司令（NCXF）
"斯库拉"号
1艘驱逐舰

11月3日

10月30日

11月2日

"百慕大"号

11月1日

10月28日

10月26日

11月2日

10月27日

10月29日

KX 4A
20艘商船
4艘护航舰艇

11月5日

10月29日

盟国远征军最高司令,
美国陆军中将德怀特·D.艾森豪威尔
(Dwight D. Eisenhower)

11月2日

"罗德尼"号
3艘驱逐舰
来自斯卡帕湾
10月23日

10月31日

10月30日
10月28日

11月3日

11月1日

10月31日

10月31日

亚速尔群岛

11月1日
11月3日

11月2日

11月5日19:30至11月7日
04:00，突击船队和掩护
舰艇通过直布罗陀海峡

直布罗陀

11月4日

"暴怒"号
3艘驱逐舰
来自克莱德
10月20日

11月3日

10月28日

阿尔及尔

KMS 2

奥兰

10月31日

11月5日

11月3日

11月7日

利奥泰港

Q舰队
在亚速尔群岛
海岸线外巡逻

KMS 1

11月1日

11月6日

卡萨布兰卡

11月5日

11月7日

萨菲

11月1日

马德拉群岛

11月4日

11月3日

11月2日

加那利群岛

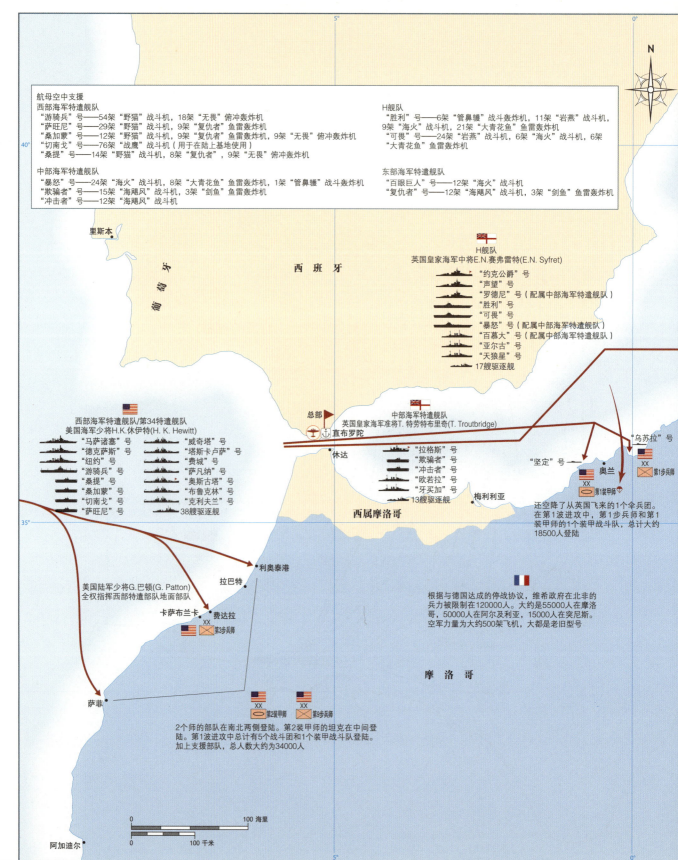

航母空中支援

西部海军特遣舰队
"游骑兵"号——54架"野猫"战斗机，18架"无畏"俯冲轰炸机
"萨旺尼"号——29架"野猫"战斗机，9架"复仇者"鱼雷轰炸机
"桑加蒙"号——12架"野猫"战斗机，9架"复仇者"鱼雷轰炸机，9架"无畏"俯冲轰炸机
"切南戈"号——76架"战鹰"战斗机（用于在陆上基地使用）
"桑提"号——14架"野猫"战斗机，8架"复仇者"，9架"无畏"俯冲轰炸机

中部海军特遣舰队
"暴怒"号——24架"海火"战斗机，8架"大青花鱼"鱼雷轰炸机，1架"管鼻鹱"战斗轰炸机
"欺骗者"号——15架"海飓风"战斗机，3架"剑鱼"鱼雷轰炸机
"冲击者"号——12架"海飓风"战斗机

H舰队
"胜利"号——6架"管鼻鹱"战斗轰炸机，11架"岩燕"战斗机，9架"海火"战斗机，21架"大青花鱼"鱼雷轰炸机
"可畏"号——24架"岩燕"战斗机，6架"海火"战斗机，6架"大青花鱼"鱼雷轰炸机

东部海军特遣舰队
"百眼巨人"号——12架"海火"战斗机
"复仇者"号——12架"海飓风"战斗机，3架"剑鱼"鱼雷轰炸机

里斯本

葡萄牙

西班牙

H舰队
英国皇家海军中将E.N.赛弗雷特(E.N. Syfret)
"约克公爵"号
"声望"号
"罗德尼"号（配属中部海军特遣舰队）
"胜利"号
"可畏"号
"暴怒"号（配属中部海军特遣舰队）
"百慕大"号（配属中部海军特遣舰队）
"亚尔古"号
"天狼星"号
17艘驱逐舰

西部海军特遣舰队/第34特遣舰队
美国海军少将H.K.休伊特(H. K. Hewitt)
"马萨诸塞"号   "威奇塔"号
"德克萨斯"号   "塔斯卡卢萨"号
"纽约"号   "费城"号
"游骑兵"号   "萨凡纳"号
"桑提"号   "奥斯古塔"号
"桑加蒙"号   "布鲁克林"号
"切南戈"号   "克利夫兰"号
"萨旺尼"号   38艘驱逐舰

总部
直布罗陀
休达

中部海军特遣舰队
英国皇家海军准将T. 特劳特布里奇(T. Troutbridge)
"拉格斯"号
"欺骗者"号
"冲击者"号
"欧若拉"号
"牙买加"号
13艘驱逐舰

梅利利亚

西属摩洛哥

"乌苏拉"号

"坚定"号   奥兰
XX 第1步兵师
XX 第1装甲师

还空降了从英国飞来的1个伞兵团。在第1波进攻中，第1步兵师和第1装甲师的1个装甲战斗队，总计大约18500人登陆

美国陆军少将G.巴顿(G. Patton)
全权指挥西部特遣部队地面部队

利奥泰港
拉巴特

卡萨布兰卡   费达拉
XX 第3步兵师

根据与德国达成的停战协议，维希政府在北非的兵力被限制在120000人。大约55000人在摩洛哥，50000人在阿尔及利亚，15000人在突尼斯。空军力量为大约500架飞机，大都是老旧型号

摩洛哥

萨菲

XX 第2装甲师   XX 第9步兵师

2个师的部队在南北两侧登陆。第2装甲师的坦克在中间登陆。第1波进攻中总计有5个战斗团和1个装甲战斗队登陆。加上支援部队，总人数大约为34000人

0   100 海里
0   100 千米

阿加迪尔

"火炬"行动，登陆区

1942 年 11 月 8 日，盟军开始在法属北非沿岸登陆，成功做到了出乎德国人的意料。不同登陆地点的法军抵抗程度有所不同，但总体上盟军作战目标都实现了，几天之内各登陆区域就牢牢掌握在盟军手中。在卡萨布兰卡，这里不仅有大量的海岸防御工事，还有停泊在港口中的战列舰"让·巴尔"号，美国人选择在费达拉附近登陆，并从陆地一侧夺取港口。"卡萨布兰卡海战"爆发，美军空中力量和水面舰队成功击沉或击伤法军 1 艘巡洋舰、6 艘驱逐舰和 8 艘潜艇。"马萨诸塞"号的任务是用其 16 英寸口径炮使"让·巴尔"号战列舰失去战斗力。这个港口非常重要，因为补给能从美国直接运到这里。

为了说服维希法国政权不进行抵抗，第 1 波登陆的大部分部队都是美国人。在阿尔及尔进行的 3 处登陆，其中两翼的登陆进展顺利，而中央的登陆则有一些混乱。为了辅助突击部队，每处海滩都分配了 1 艘潜艇充当导航信标。盟军试图通过驱逐舰的正面进攻来占领港口并阻止法国人破坏港口的行动失败了，但是在当天结束的时候，该城镇及其周围地区已经被盟军占领了。奥兰的登陆行动与阿尔及尔的情况非常相似。一些登陆艇冲上了错误的海滩，强行突破港口防御工事的类似尝试也同样以失败告终。鉴于进行大规模、高强度的两栖突击行动还有太多的东西需要学习，所以战术上的失败是不可避免的，但是盟国却得以将他们在"火炬"行动中获得的经验很好地应用于意大利战役。虽然登陆成功了，但是此次战役只能算是部分成功，因为德国人得以占领突尼斯并坚守了近 6 个月的时间。

巴塞罗那

梅诺卡岛

阿里群岛

马略卡岛

伊萨岛

东部海军特遣舰队
英国皇家海军中将H.伯勒(H. Burrough)
"布洛洛"号
"百眼巨人"号
"复仇者"号
"谢菲尔德"号
"斯库拉"号
"百慕大"号
"卡律布狄斯"号
1艘浅水重炮舰
13艘驱逐舰

地 中 海

"无敌"号

P48

士比亚"号
阿尔及尔

XXXX
英国陆军中将K.安德森(K. Anderson)
第1集团军在11月9日成为现役部队

尔 及 利 亚

突尼斯

XX 第78步兵师
XX 第34步兵师
X 突击队

第1天2个师各派出1个旅登陆，加上英美两国突击队的大约2000人，总数将近达到20000人

突击舰队的组成				
	H舰队和油料补给舰队（海军中将赛弗雷特）	中部特遣舰队（海军准将特劳特布里奇）	东部特遣舰队（海军中将伯勒）	西部特遣舰队（美国海军少将休伊特）
总部舰（艘）	—	1	1	—
战列舰和战列巡洋舰（艘）	3	—	—	3
航空母舰（艘）	3	—	1	1
护航航母（艘）	—	2	1	4
巡洋舰（艘）	3	2	3	7
浅水重炮舰（艘）	—	—	1	—
防空舰（艘）	—	2	3	—
驱逐舰（艘）	17	13	13	38
巡逻舰（艘）	—	2	—	—
舰队扫雷舰（艘）	—	8	7	8
炮舰（艘）	—	2	3	—
轻型护卫舰（艘）	1	6	6	—
拖网渔船（反潜/扫雷）（艘）	4	8	8	—
布雷舰（艘）	—	—	—	3
水上飞机勤务舰（艘）	—	—	—	1
摩托艇（艘）	—	10	8	—
潜艇（艘）	—	2	3	4
步兵登陆舰（艘）	—	15	11	—
战斗装载舰/攻击运输舰（艘）	—	—	4	23
坦克登陆舰（艘）	—	3	—	—
龙门吊登陆舰（艘）	—	1	2	—
运输船和商船（艘）	—	28	16	8
油船（艘）	2	—	—	5

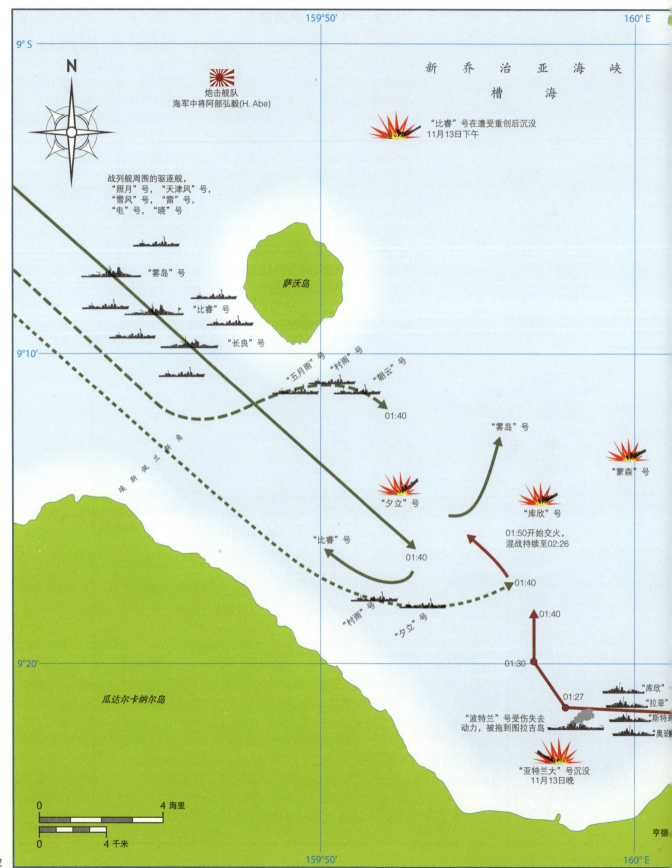

新 乔 治 亚 海 峡
槽 海

炮击舰队
海军中将阿部弘毅(H. Abe)

"比睿"号在遭受重创后沉没
11月13日下午

战列舰周围的驱逐舰，
"照月"号，"天津风"号，
"雪风"号，"雷"号，
"电"号，"晓"号

萨沃岛

"雾岛"号

"比睿"号

"长良"号

"五月雨"号　"村雨"号

"朝云"号

01:40

"雾岛"号

"夕立"号

"蒙森"号

"库欣"号

01:50开始交火，
混战持续至02:26

"比睿"号

01:40

01:40

"村雨"号

"夕立"号

01:40

01:30

01:27

"库欣"号

"拉菲"

"波特兰"号受伤失去
动力，被拖到图拉吉岛

瓜达尔卡纳尔岛

"亚特兰大"号沉没
11月13日晚

0　　　　　4 海里

0　　　　4 千米

亨德

瓜达尔卡纳尔海战，1942 年 11 月 12 日—15 日

为了打破瓜达尔卡纳尔岛的平衡，日军计划在 11 月中旬进行一次大规模补给行动，运送足够 1 个月用的食物和弹药以及 7000 人的生力军。物资和人员装载于 11 艘运输船上，为这支宝贵的船队护航几乎动用了第 8 舰队和联合舰队所有可用的力量。后者只剩 1 艘航空母舰，因为 10 月末舰载航空大队遭受沉重损失，所以 3 艘航母不得不返回日本。相反，战列舰将充当核心力量，作为计划的一部分，它们将与为其护航的驱逐舰一起炮击亨德森机场，力图摧毁岛上的美军航空力量。在日军护航船开往槽海的同时，6 艘美军运输船于 11 月 12 日在伦加角卸载部队和补给。

美军侦察机发现日本海军中将阿部弘毅的炮击舰队以及护航船队正在从北方驶近瓜达尔卡纳尔岛。美军合理地假设日军战列舰要么将进行炮击，要么将击沉美军运输船。所以，美军集结了所有可用的巡洋舰和驱逐舰准备夜战，希望用鱼雷攻击来抵消日军长期以来拥有的舷侧炮火优势。美国人有雷达的优势，准备在惊慌失措的日军发现他们的时候发起攻击。这次战斗完全是一场混战。当时 1 枚日军的炮弹击中了"旧金山"号的舰桥，海军少将卡拉汉牺牲；他的副手斯科特海军少将也牺牲了——"亚特兰大"号除了被日军鱼雷击中，还被美军炮火误伤。日军"比睿"号遭受重创，并在第 2 天白天遭到多次美军空袭，最终自沉。

11 月 13 日的交战推迟了日军护航船队从肖特兰岛驶向瓜达尔卡纳尔岛。相反，日本海军中将近藤信竹将先率领"雾岛"号以及巡洋舰和驱逐舰于 11 月 14 日晚炮击亨德森机场。另外 2 艘战列舰和唯一一艘可用的航空母舰将留在瓜达尔卡纳尔岛以北，以防大规模美军舰队到来。由于剩下的海军舰艇无法进行任何作战行动了，美国海军中将哈尔西命令战列舰"华盛顿"号和"南达科他"号与当时位于瓜达尔卡纳尔岛以南 300 英里外的第 16 特遣舰队一起在萨沃岛海岸线外巡逻。海军少将李率领的第 64 特遣舰队还有 4 艘驱逐舰。

日本海军中将三川军一率领几艘巡洋舰于 11 月 13 日至 14 日的夜间炮击了亨德森机场。与此同时，海军少将田中赖三带领的护航船队也于 11 月 13 日傍晚离开了肖特兰岛。11 月 14 日整天，这两支舰队都在遭受起飞自亨德森机场和"企业"号航母的飞机的空袭。田中赖三的舰队人员伤亡惨重，一些舰船返航，剩下的舰船借助夜幕的掩护才得以抵达瓜达尔卡纳尔岛海岸线外。晚上 9 点左右，美国海军少将李开始在萨沃岛周围巡逻。大约一小时航程之外的近藤信竹分兵行动，并派海军少将桥本信太郎前出侦察。桥本信太郎所率舰艇把美军战列舰误判为巡洋舰，导致近藤信竹低估了他所面对的美军舰队。这一次，美军占据了舷侧炮火优势，虽然海军少将李认为他将面对兵力占优势的敌人，因为他没有料到日军只部署了一部分兵力。

晚上 11 点，美军雷达发现桥本信太郎的舰队，并于 15 分钟后开火，但不久之后就停火了，因为从西侧接近的第 2 支舰队引起了混乱。美军驱逐舰遭到鱼雷攻击，2 艘被击沉；其他舰艇奉命转向西南。尽管受到了多次警告，并且午夜时分"南达科他"号被照明弹照亮，近藤信竹还是不相信他面对的是两艘战列舰。随后日军集中火力射击"南达科他"号，但是仍不知道"华盛顿"号的存在，后者反过来向"雾岛"号倾泻火力。"南达科他"号转向西南，"华盛顿"号继续战斗，随后也撤离了。近藤信竹放弃了这次行动，这是日军在两天之内遭受的第二次失败，因为除了又损失 1 艘战列舰，还有大量运输船于第 2 天上午被击沉；补给行动也失败了。

地图说明

巡洋舰作战，11 月 13 日

佛罗里达岛

"亚伦·沃德"号受伤失去动力，被拖回图拉吉岛

太平洋

澳大利亚

美军旗帜
第67.4特遣大队
少将 D.卡拉汉(D. Callaghan)

"亚特兰大"号
"旧金山"号
"波特兰"号
"海伦娜"号 01:00
"朱诺"号

"亚伦·沃德"号
"巴顿"号
"蒙森"号
"弗莱彻"号

图例

美国海军

日本帝国海军

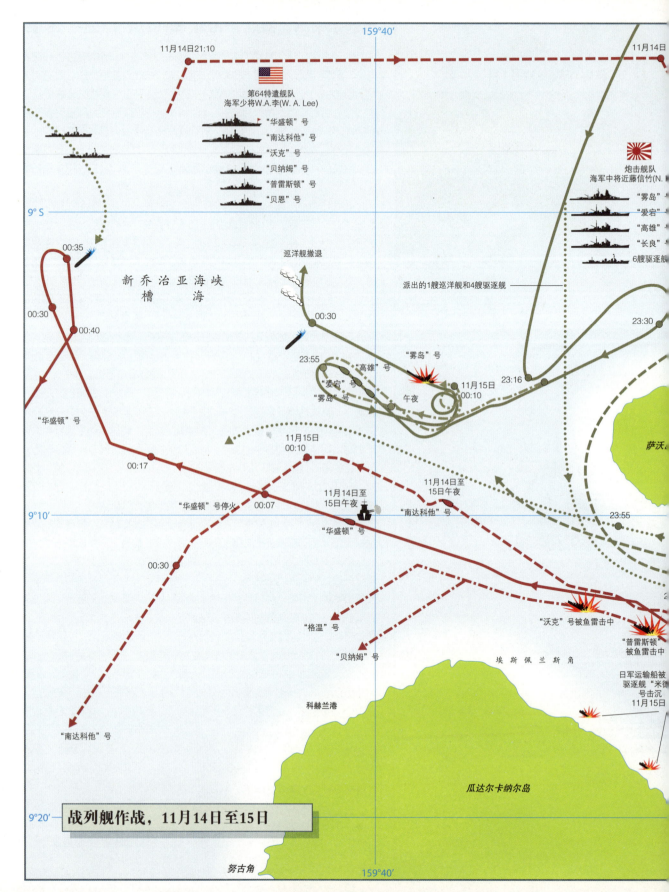

战列舰作战，11月14日至15日

159°40′

11月14日21:10

11月14日

第64特遣舰队
海军少将W.A.李(W. A. Lee)
"华盛顿"号
"南达科他"号
"沃克"号
"贝纳姆"号
"普雷斯顿"号
"贝恩"号

炮击舰队
海军中将近藤信竹(N.
"雾岛"号
"爱宕"号
"高雄"号
"长良"号
6艘驱逐舰

派出的1艘巡洋舰和4艘驱逐舰

9° S

00:35

新乔治亚海峡
槽 海

巡洋舰撤退

00:30

00:00:30

00:40

23:30

00:30

23:55

"高雄"号

"雾岛"号

23:16

"爱宕"号

"雾岛"号

午夜

11月15日
00:10

萨沃

"华盛顿"号

00:17

11月15日
00:10

11月14日至
15日午夜

11月14日至
15日午夜

23:55

"华盛顿"号停火

00:07

"南达科他"号

9°10′

"华盛顿"号

00:30

"沃克"号被鱼雷击中

"格温"号

"普雷斯顿"
被鱼雷击中

"贝纳姆"号

埃斯佩兰斯角

日军运输船被
驱逐舰"米德
号击沉
11月15日

科赫兰港

"南达科他"号

瓜达尔卡纳尔岛

9°20′ 战列舰作战，11月14日至15日

努古角

159°40′

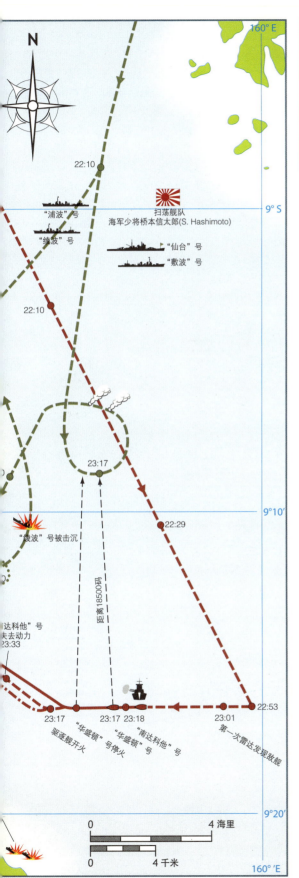

22:10

"浦波"号

"绫波"号

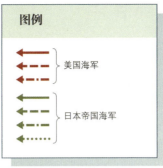

扫荡舰队
海军少将桥本信太郎(S. Hashimoto)

"仙台"号

"敷波"号

22:10

23:17

"绫波"号被击沉

22:29

距离18500码

"达科他"号
失去动力
23:33

22:53

23:17　23:17 23:18　　　23:01

驱逐舰开火　"华盛顿"号停火　　第一次雷达发现敌舰
　　　　　"南达科他"号
　　　　"华盛顿"号

图例

美国海军

日本帝国海军

N

9° S

9°10′

9°20′

160° E

160° ′E

0　　　　　　　4 海里

0　　　　　　　4 千米

185

塔萨法隆格海战，1942 年 11 月 30 日

　　随着 11 月瓜达尔卡纳尔岛上形势的恶化，日军打算使用潜艇和小艇在夜间分阶段地通过槽海南下运送补给。事实证明这种方式无效，所以日本海军少将田中赖三奉命用一种新的方法，即将补给放进用绳索连起来的燃油桶里。在海岸线附近将它们从船上推进海里，然后再拉上岸，这样驱逐舰在瓜达尔卡纳尔岛海岸线外暴露的时间将大大减少。田中赖三于 11 月 29 日起航，6 艘驱逐舰各运载 200 至 240 个燃油桶，另有 2 艘驱逐舰掩护。他的舰队在布干维尔岛以南被盟军海岸瞭望哨发现，美国人试图进行拦截。瓜达尔卡纳尔岛海战之后，美国海军舰艇进行了重组以弥补损失。一支新的舰队——第 67 特遣舰队已经组建，在瓜达尔卡纳尔岛周围活动，但是在接到拦截日军的命令时，海军少将莱特刚在几个小时前接过这支舰队的指挥权。

　　11 月 30 日夜，双方舰队在萨沃岛以南径直相向航行。晚上 11:06，"明尼阿波利斯"号的雷达率先发现敌舰，这促使莱特把自己的舰队重新列成纵队。晚上 11:16，田中赖三命令自己的舰艇准备攻击。晚上 11:20，美军舰艇开始射击，但是火力集中于"高波"号，这让日军其他驱逐舰得以发射鱼雷，然后从美国军舰阵线旁溜过，并于晚上 11:30 调头向北。"明尼阿波利斯"号和"新奥尔良"号被击中，后者整个舰艏至第 2 炮塔的部分被炸掉。20 分钟之后，"彭萨科拉"号和"北安普敦"号被击中，后者损伤过于严重以致最终于凌晨 03:04 沉没。在混乱中，美军舰艇没能进一步找到敌方目标。晚上 11:45，田中赖三命令他的舰队撤退，虽然他派出 2 艘驱逐舰去寻找"高波"号。对美国人而言，惨重的损失是令人尴尬的，尤其是他们占据优势的舰队实际上在 40 分钟内就丧失了战斗力。后来，他们依靠巡逻鱼雷艇（PT 艇）拦截日军补给船队，这次轮到日本帝国海军感觉自己遭受的损失是无法维持的；到 12 月月中，美军几乎彻底封锁了瓜达尔卡纳尔岛。

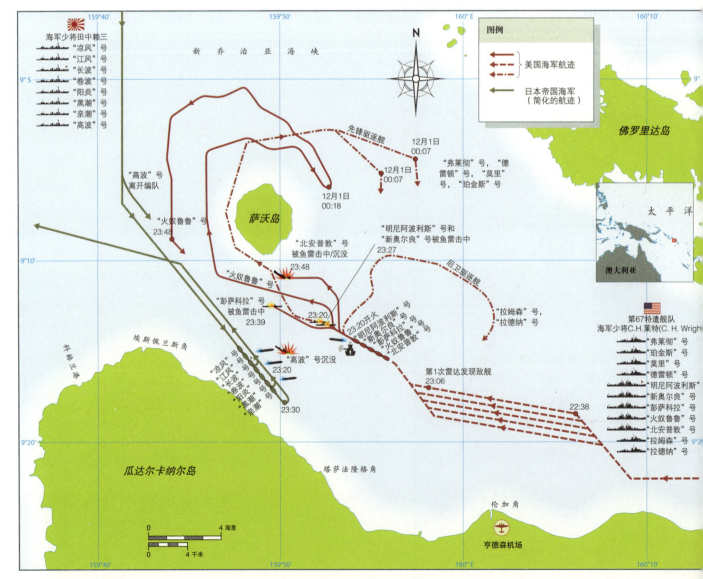

美国海域的护航路线和反潜防御，1942—1945 年

在 1942 年遭受最初的德国袭击之后，西大西洋和美国东海岸沿线的贸易保护体系逐步改进。海岸区域向外 200 海里的反潜巡逻和船队护航行动成为海疆司令们的职责。可供他们调遣的有辅助巡逻舰艇、飞机和水上飞机。远洋护航船队由大西洋舰队支援部队组织，海军舰艇则由各特遣舰队指挥。1943 年 3 月举行的大西洋护航会议决定，加拿大皇家海军将接管覆盖纽约城以北水域和海岸向外到西经 47° 的作战区域。当这一决议于 4 月 30 日开始实施时，海军上将欧内斯特·金建立并掌管美国第 10 舰队，该舰队掌控着美国所有反潜舰艇和反潜行动的作战指挥权。

187

护航船队 JW 51B 和 RA 51，
1942 年 12 月 28 日—1943 年 1 月 4 日

　　"火炬"行动对本土舰队兵力的抽调导致北极护航船队在秋季暂时停航。PQ 17 和 PQ 18 遭受的惨重损失表明，除非护航船队得到严密的保护，否则将遭受巨大的损失。当时也在争论怎样更有利——是将商船集中到 1 支护航船队，以便防御性火力最大化，还是分成 2 支护航船队，从而有助于迷惑德国人。当护航船队在 12 月重启时，它们也有了新的代号。组织了 3 支护航船队：2 支从西面驶来，1 支从东面驶来。1 支巡洋舰近距离护航舰队将驶往巴伦支海，然后掩护这 3 支护航船队。结果，海军少将伯内特收到的关于 JW 51B 的错误位置信息导致他在护航行动最关键的 2 天中（12 月 30 日至 31 日）比原计划更为远离护航船队。

　　12 月 30 日，1 艘潜艇报告在熊岛以南发现 1 支护航船队，促使德国海军中将库梅茨立即出海。然而，德国人不知道 R 舰队的存在，如果库梅茨知道这一情况，他就不会出航，因为他得到的命令是避免与实力相当或占优的舰队交战，或是冒险夜战——他的舰艇可能会遭到驱逐舰的鱼雷攻击。他打算从两个方向同时攻击护航船队，以迷惑防御者。第一次碰面是在 12 月 31 日早上 08:30，大约 1 个小时后，战斗开始了。战斗演变成一场混乱的追逐战，双方都没有掌握全局概况。烟雾和降雪增加了困难，特别是伯内特最初发现难以区分盟国和德国舰船，但是在巡洋舰到来以后，盟国护航舰艇得以使德国舰艇远离护航船队。中午时分，双方巡洋舰短暂交火，随后德国舰队撤退。没有商船损失，巴伦支海战对英国人来说是一次重要胜利。

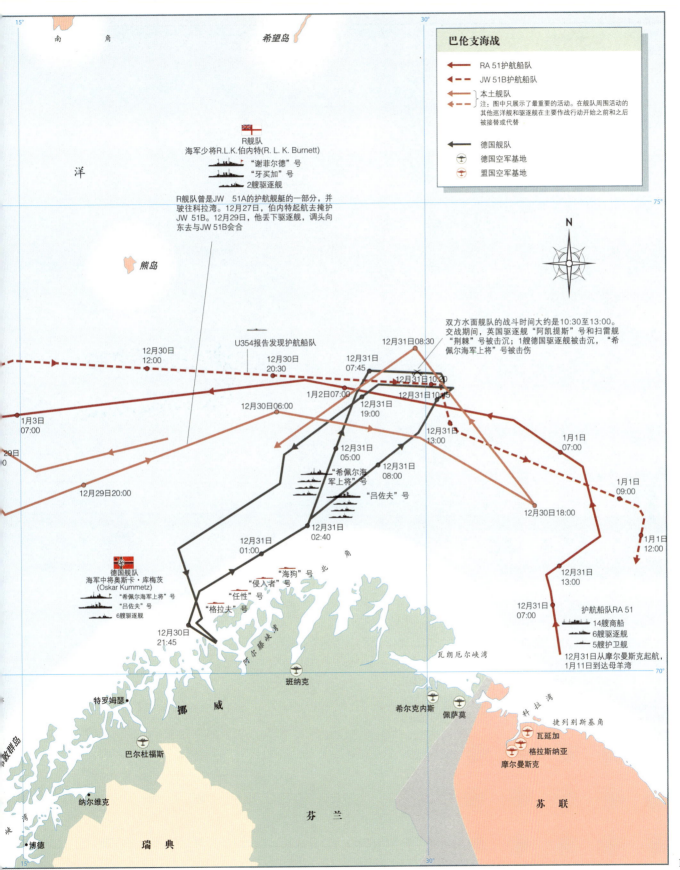

巴伦支海战

RA 51护航船队
JW 51B护航船队
本土舰队
注：图中只展示了最重要的活动。在舰队周围活动的其他巡洋舰和驱逐舰在主要作战行动开始之前和之后被接替或代替

德国舰队
德国空军基地
盟国空军基地

南角　　　希望岛

洋

熊岛

R舰队
海军少将R.L.K.伯内特(R. L. K. Burnett)
"谢菲尔德"号
"牙买加"号
2艘驱逐舰

R舰队曾是JW 51A的护航舰艇的一部分，并驶往科拉湾。12月27日，伯内特起航去掩护JW 51B。12月29日，他丢下驱逐舰，调头向东去与JW 51B会合

12月30日12:00

U354报告发现护航船队

12月30日20:30

12月31日07:45

12月31日08:30

12月31日10:20

12月31日10:45

1月2日07:00

12月31日19:00

12月31日13:00

1月3日07:00

29日0

12月30日06:00

12月31日05:00

12月31日08:00

"希佩尔海军上将"号

"吕佐夫"号

双方水面舰队的战斗时间大约是10:30至13:00。交战期间，英国驱逐舰"阿凯提斯"号和扫雷舰"荆棘"号被击沉；1艘德国驱逐舰被击沉，"希佩尔海军上将"号被伤

1月1日07:00

1月1日09:00

12月30日18:00

1月1日12:00

12月31日02:40

12月31日01:00

德国舰队
海军中将奥斯卡·库梅茨
(Oskar Kummetz)
"希佩尔海军上将"号
"吕佐夫"号
6艘驱逐舰

"海狗"号

"侵入者"号

"任性"号

"格拉夫"号

12月30日21:45

阿尔腾峡湾

12月31日13:00

12月31日07:00

护航船队RA 51
14艘商船
6艘驱逐舰
5艘护卫舰

12月31日从摩尔曼斯克起航，1月11日到达母羊湾

瓦朗厄尔峡湾

北角

挪　威

班纳克

特罗姆瑟

希尔克内斯

佩萨莫

科拉湾

捷列别斯基角

瓦延加

格拉斯纳亚

摩尔曼斯克

巴尔杜福斯

教群岛

纳尔维克

苏　联

博德

瑞　典

芬　兰

北 冰 洋 ——————— "西西里"行动
9月6日至9日

北角海战
12月26日至27日

巴伦支海

"源头"行动
9月

"利安得"行动
10月4日

护航船队HX 229/SC 122
3月16日至22日

北 海

波罗的海

护航船队SC 130
5月12日至25日

"隧道"行动
10月23日

比斯开湾攻势
5月至12月

撒丁岛和科西嘉岛
9月

黑 海

北 大 西 洋

爱琴海,
9月至11月

地 中 海

亚速尔群岛海岸线
外的反潜作战
7月至8月

入侵意大利

大西洋战役
1943年6月至9月,
1943年9月至1944年5月

意大利舰队投降
9月9日至13日

"哈士奇"行动
7月10日

"雪崩"行动
9月9日

阿拉伯海

加勒比海

盟国战略区,大西洋

"手册"行动
1月至3月

印

南 大 西 洋

海战,1943 年

    对盟国而言,1943 年是转折的一年,在所有主要战场上他们都处于攻势。获得大洋的控制权使盟国得以运输人员、物资和其他资源,为在欧洲开辟第二条战线作准备,以迫使德国无条件投降。保证途经北冰洋、波斯湾和北太平洋的通往苏联的海上补给线的畅通也是至关重要的,因为通过输送原材料、食物和交通工具,西方盟国可以使苏联有能力专注于组建和装备一支大规模机械化部队,以便从东线进攻德国。

    在大西洋,消除潜艇的威胁成为盟军的首要任务。以前,把舰船损失控制在可承受范围内就可以了,而且其他战场的战事也不允许盟军把精力都集中于一场战役。美国在英国组建部队的行动,即"波莱罗"行动,在 1942 年下半年明显减慢,主要是因为南太平洋和北非战役的影响。1943 年,

南

随着攻入欧洲西北部的准备工作的推进，每周都有成千上万的美国士兵跨过大西洋。这使得消除潜艇威胁变得迫切。

盟军在地中海的目标是重新打开海上交通线，为了确保目标的实现，于7月进行攻击西西里岛的行动。在地中海缺乏海军力量导致轴心国整个非洲集团军群于5月在突尼斯投降，其人数要多于在斯大林格勒的损失。让补给物资通过英国海军和空军力量控制的水域是不可能的，与此同时，日本人也在所罗门群岛遭受同样的经历。对盟国而言，将意大利踢出战争随后被证明目标过大了，9月，盟军在意大利本土登陆。战役很快停滞不前，盟国海军力量对陆地战况只能产生轻微影响。

在1942年的鏖战之后，1943年上半年的太平洋相对平静，因为双方在休整恢复。从长期来看，美国人占据优势，因为他们正在组建大规模的装备精良的舰队。在这一年的大部分时间里，战斗都发生在外围边缘。日军在阿留申群岛存在的时间很短，在所罗门群岛第二次战役的漫长消耗中，日本消耗的资源远远超过美国。到秋季的时候，美国人已经做好在太平洋中部采取攻势的准备，并以吉尔伯特群岛的两栖登陆为开端，向西推进。

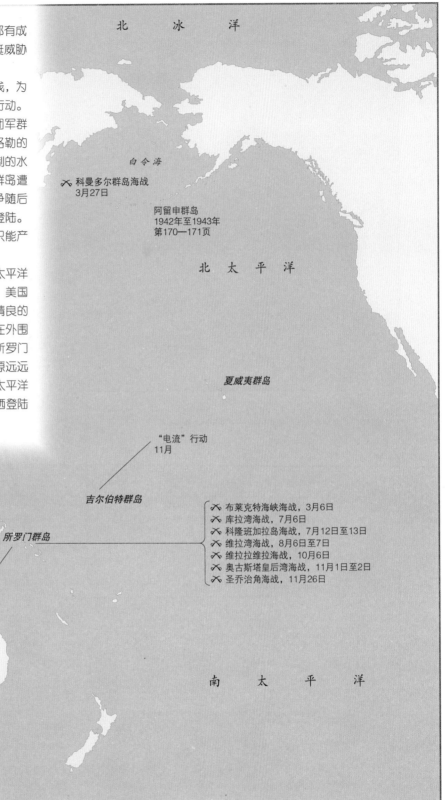

北 冰 洋

白令海

科曼多尔群岛海战
3月27日

阿留申群岛
1942年至1943年
第170—171页

北 太 平 洋

夏威夷群岛

"电流"行动
11月

吉尔伯特群岛

布莱克特海峡海战，3月6日
库拉湾海战，7月6日
科隆班加拉岛海战，7月12日至13日
维拉湾海战，8月6日至7日
维拉拉维拉海战，10月6日
奥古斯塔皇后湾海战，11月1日至2日
圣乔治角海战，11月26日

所罗门群岛

俾斯麦海海战
3月2日至4日

拉湾

度 洋

"车轮"行动，
新几内亚和所罗门群岛
1943年至1944年

南 太 平 洋

极 洲

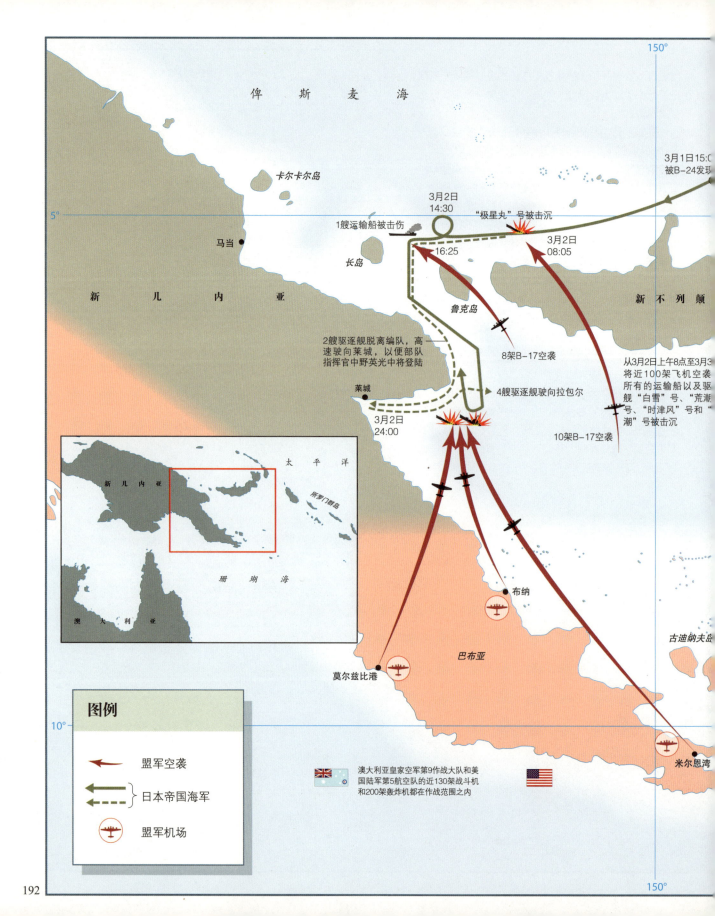

俾 斯 麦 海

卡尔卡尔岛

3月1日15:0
被B-24发现

马当

长岛

3月2日
14:30

1艘运输船被击伤

"极星丸"号被击沉

16:25

3月2日
08:05

新 几 内 亚

新 不 列 颠

鲁克岛

2艘驱逐舰脱离编队，高
速驶向莱城，以便部队
指挥官中野英光中将登陆

8架B-17空袭

从3月2日上午8点至3月3
将近100架飞机空袭
所有的运输船以及驱
舰"白雪"号、"荒潮"
号、"时津风"号和"
潮"号被击沉

莱城

4艘驱逐舰驶向拉包尔

3月2日
24:00

10架B-17空袭

太 平 洋

新 几 内 亚

所罗门群岛

布纳

珊 瑚 海

古迪纳夫岛

巴布亚

澳 大 利 亚

莫尔兹比港

米尔恩湾

图例

盟军空袭

日本帝国海军

盟军机场

澳大利亚皇家空军第9作战大队和美
国陆军第5航空队的近130架战斗机
和200架轰炸机都在作战范围之内

8艘驱逐舰和8艘
运输船

辛普森港　　2月28日下午
　　　　　　护航船队
　　　　　　出发　　新爱尔兰岛

5°

🏴 日军舰队
海军少将木村昌福(Kimura Masatomi)

"白雪"号		"爱洋丸"号	
"敷波"号		"极星丸"号	
"浦波"号		"大井川丸"号	
"时津风"号		"竹刀丸"号	
"雪风"号		"太明丸"号	
"朝潮"号		"帝洋丸"号	
"荒潮"号		"剑舞丸"号	
"朝云"号		"野岛"号	

运载第51师团的部队、海军陆战队员以及补给驶向
新几内亚岛莱城

所　罗　门　海

N

特罗布里恩群岛

伍德拉克岛

弗格森岛

诺曼比岛

10°

0			80 海里

0			80 千米

俾斯麦海海战，1943 年 3 月 2 日—4 日

　　1943 年初，日本决定增援和重组其在西南太平洋的部队。由于盟军部队已经在新几内亚向北推进，日军准备向该岛再增派 2 个师。在第 1 波增援中，一支护航船队将运送 6900 人的部队和补给在莱城登陆，但由于该区域盟军空中力量的存在，这将是一次冒险的行动。另一个更安全的选择，即在更北面的马当登陆，需要部队在荒凉的地形进行一次 200 公里的行军。2 月 25 日，盟军通信情报显示日军即将在新几内亚进行补给行动，所以他们增加了空中巡逻。3 月 1 日，日本护航船队在离开拉包尔 1 天之后，被 1 架 B–24 发现。第 2 天，1 小队 B–17 袭击了日本护航船队，并成功击沉 1 艘运输船。

　　3 月 3 日，这支日本护航船队通过新几内亚岛和新不列颠岛之间的海峡，进入盟军战斗机和中型轰炸机的作战范围，后者在上午 10 点左右开始攻击。负责掩护的日军战斗机试图瞄准在高空作战的 B–17，因此抛下了舰船，导致其暴露在低空和中空高度的攻击之下。盟军大部分空袭都在这两个高度完成的，因此日军护航船队遭到毁灭性打击。美国 B–25 和澳大利亚"英俊战士"被证明特别有效。日军剩下的所有 7 艘运输船以及 4 艘驱逐舰都被击沉了，而盟军只损失了几架飞机。夜间，美军巡逻鱼雷艇前去骚扰日军的营救行动，虽然日军驱逐舰和潜艇救起了 2734 人，但是仍损失了大约 5000 人。从那以后，日军只在夜间派小型舰船出航，但这不足以满足岛上守军的需求。

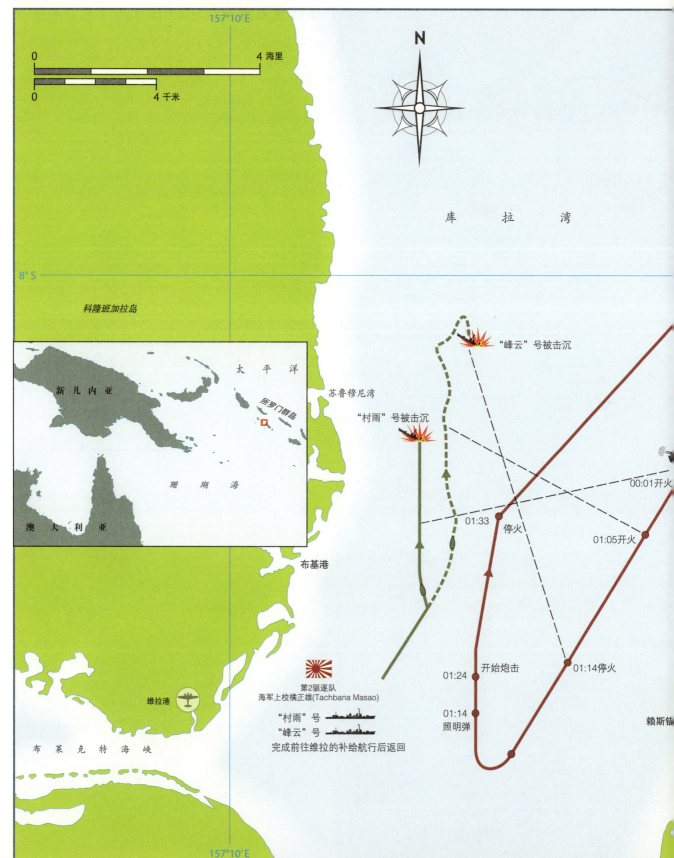

157°10′E

0   4 海里

0   4 千米

N

库 拉 湾

8°S

科隆班加拉岛

太 平 洋

新 几 内 亚

所罗门群岛

苏鲁穆尼湾

"峰云"号被击沉

珊 瑚 海

"村雨"号被击沉

澳 大 利 亚

00:01开火

布基港

01:33   停火

01:05开火

维拉港

第2驱逐队
海军上校橘正雄(Tachbana Masao)

01:24   开始炮击

01:14停火

赖斯锚

布 莱 克 特 海 峡

"村雨"号

"峰云"号

完成前往维拉的补给航行后返回

01:14
照明弹

157°10′E

第68特遣舰队
海军少将A.S.梅里尔(A.S. Merrill)
第68特遣舰队炮击了维拉附近的日军阵地

"康尼"号

"丹佛"号

"克利夫兰"号

"蒙彼利埃"号

2000码

"康威"号

6000码

维拉卡锚地
玻利角

"沃勒"号

00:57第1次雷达
发现敌舰

8°S

新乔治亚岛

图例

美国海军第68特遣舰队

} 日本帝国海军

布莱克特海峡海战，1943年3月6日

在美军取得瓜达尔卡纳尔岛战役的胜利之后，日军继续占据着位于所罗门群岛中部的大量基地。该区域的美国海军兵力稳步增长，到1943年春季时，两支航母大队和两支战列舰大队在其以东的公海活动，两支巡洋舰–驱逐舰特遣舰队则在群岛以内活动。1月，第67特遣舰队对维拉和蒙达的日本空军基地进行了一次炮击，美国人将其视为一次非常成功的演练。在日军撤离瓜达尔卡纳尔岛后的较短时间内，所罗门群岛处于平静状态，但是到了3月，美国人开始攻击偏远地区的日军基地。

美军计划于3月6日早上对蒙达和维拉再次进行炮击。4艘驱逐舰炮击蒙达，第68特遣舰队大部队在海军少将梅里尔的率领下炮击维拉。这次行动恰巧碰上日军驱逐舰向科隆班加拉岛的一次例行补给任务。下午5点，2艘日军驱逐舰离开肖特兰岛，前往维拉，晚上11点30分左右，1架为第68特遣舰队执行侦察任务的美国PBY"黑猫"夜间海上巡逻机发现了它们。当时日军已经卸载完货物，正以较短的航线经过库拉湾返航。这使它们正好在第68特遣舰队的航线上。凌晨1点前不久，它们出现在"沃勒"号驱逐舰的雷达屏幕上。凌晨1点01分，美国舰船向毫无察觉的日军驱逐舰开火，迅速用炮弹和鱼雷打垮了它们。随后第68特遣舰队按照原定计划对维拉机场地进行炮击。这次行动没有官方的命名，有时被称为第一次库拉湾海战，或者称维拉–斯坦莫尔海战。

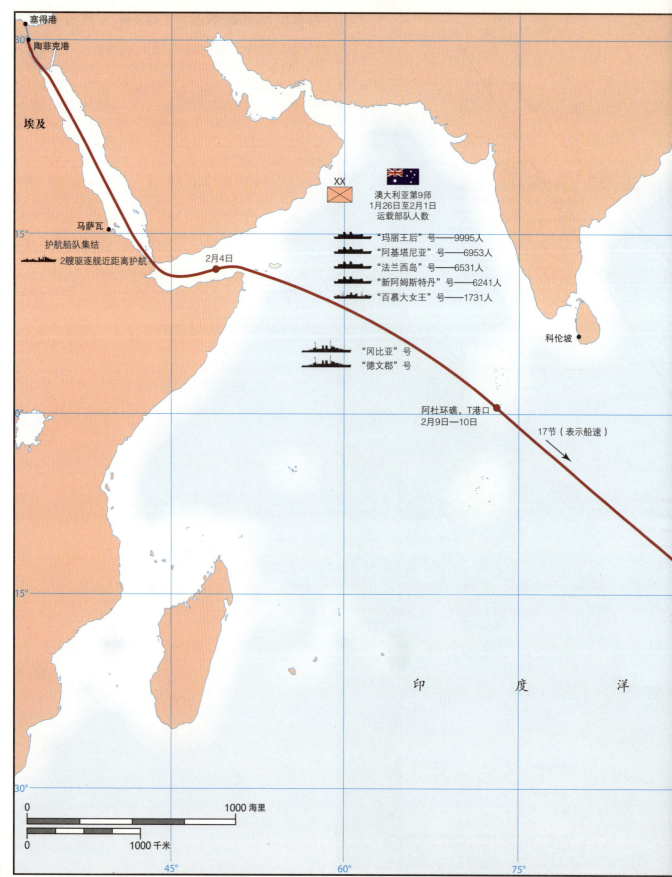

塞得港

30°
陶菲克港

埃及

马萨瓦

15°
护航船队集结
2艘驱逐舰近距离护航

2月4日

XX

澳大利亚第9师
1月26日至2月1日
运载部队人数

"玛丽王后"号——9995人
"阿基塔尼亚"号——6953人
"法兰西岛"号——6531人
"新阿姆斯特丹"号——6241人
"百慕大女王"号——1731人

"冈比亚"号
"德文郡"号

科伦坡

0°
阿杜环礁，T港口
2月9日—10日

17节（表示船速）

15°

印 度 洋

30°

0   1000 海里

0   1000 千米

196

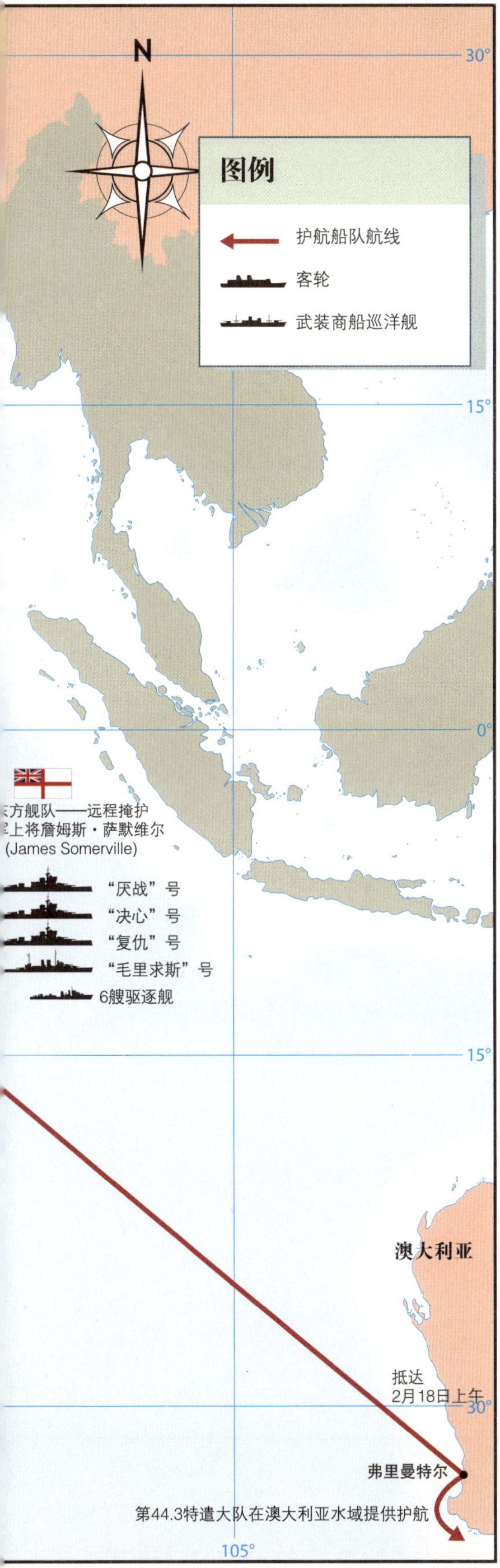

N
30°
图例
护航船队航线
客轮
武装商船巡洋舰
15°
0°
东方舰队——远程掩护
上将詹姆斯·萨默维尔
(James Somerville)
“厌战”号
“决心”号
“复仇”号
“毛里求斯”号
6艘驱逐舰
15°
澳大利亚
抵达
2月18日上午
30°
弗里曼特尔
第44.3特遣大队在澳大利亚水域提供护航
105°

“手册”行动，1943 年 1 月—3 月

1940 年和 1941 年，澳大利亚向中东派遣了一支由 4 个步兵师组成的部队，但是日本参战后，澳大利亚政府认为其部队应当尽快撤回。到 1942 年春季时，第 9 师是与英国第 8 集团军一起驻守埃及的最后一支澳大利亚部队，英国人和美国人都不愿意看到澳大利亚撤军，因为德军在西部沙漠打了多次胜仗。然而，10 月盟军在阿拉曼战役中的胜利以及即将到来的“火炬”登陆行动，使该师得以撤离。运载 31000 人的部队只有 4 艘客轮，其中包括巨大的“玛丽王后”号，以及 1 艘武装商船巡洋舰可用。即使以战时标准来看，执行“手册”行动的船队也是十分拥挤的。由于陶菲克港一次只能容纳 1 艘大型客轮接载部队，所以整个搭载过程非常缓慢，之后各艘客轮驶往马萨瓦，并在那里编组护航船队。

通常客轮利用其较快的航速来保护自己不受敌方潜艇攻击，但是这一次，盟军认为最大的威胁来自于日本军舰。因此船队队形较为密集，2 艘巡洋舰加入护航。然而，这意味着护航船队的航速被限制在 17 节，这是“百慕大女王”号的最高航速，而航行时间也几乎翻了一番——从 18 天延长至 33 天。第一段航程是驶往位于阿杜环礁的英军秘密基地。第二段航程，也是更危险的一段航程，由海军上将萨默维尔的东方舰队下辖的部分舰艇提供远程掩护。在弗里曼特尔短暂停留之后，护航船队的大部分舰船继续驶向悉尼，最终于 2 月 27 日抵达。

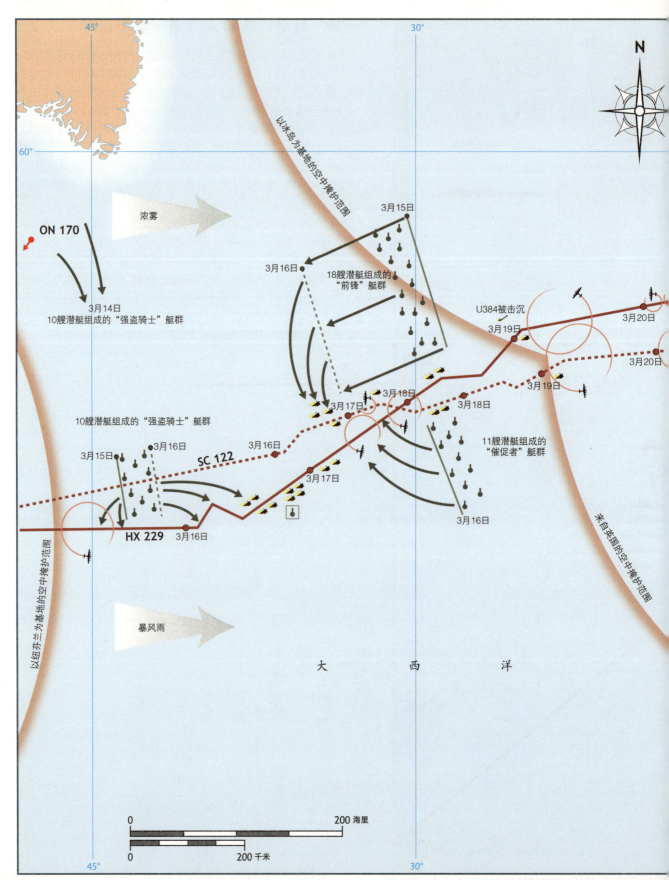

ON 170

浓雾

3月14日
10艘潜艇组成的"强盗骑士"艇群

3月15日

3月16日

18艘潜艇组成的
"前锋"艇群

U384被击沉

3月19日

3月20日

3月20日

3月19日

3月18日

3月17日

3月18日

10艘潜艇组成的"强盗骑士"艇群

3月15日

3月16日

3月16日

SC 122

3月17日

11艘潜艇组成的
"催促者"艇群

HX 229

3月16日

3月16日

暴风雨

大 西 洋

以冰岛为基地的空中掩护范围

来自英国的空中掩护范围

以纽芬兰为基地的空中掩护范围

N

0   200 海里

0   200 千米

护航船队 HX 229 和 SC 122，1943 年 3 月 16 日—22 日

　　围绕护航船队 HX 229 和 SC 122 的战斗通常被视为德国大西洋攻势的顶峰，这次有史以来最大规模的护航战斗共涉及近 40 艘潜艇和 100 多艘商船。整个 2 月和 3 月，天气条件很适合德国海军上将邓尼茨在盟国空中力量空白期攻击护航船队的计划。糟糕的天气状况使得舰船很分散，也导致护航工作极其困难。在通信情报竞赛方面，德国人抢占了先手，例如，盟国还无法破译最新的"特里同"密码。护航船队 SC 122 和 HX 229 分别于 3 月 5 日和 8 日离开纽约，但是从一开始天气状况就阻碍了航行，3 月 9 日，大量舰船驶入哈利法克斯港。HX 229/SC 122 的战斗是由之前的护航战斗发展而来的。3 月 13 日晚上，纳粹德国海军通信监听网络（B-Dienst）提示邓尼茨 HX 229 在纽芬兰的东南方，并且它正在"强盗骑士"（Raubgraf）艇群的南面调整航线，而当时该艇群正在与一支向西航行的护航船队交战。作为回应，他命令"强盗骑士"艇群南下，并在护航船队的航线上组建了两个新的艇群，"前锋"（Stürmer）和"催促者"（Dränger）。虽然由于糟糕的天气"强盗骑士"艇群在 3 月 15 日至 16 日的夜间未能发现 HX 229，但是 1 天之后击沉了第 1 批商船。接下来的 4 天是一场追逐战，两场单独的战斗最终演变成了一场更大规模的交战。3 月 17 日至 18 日，几架从冰岛起飞的"解放者"巡逻机成功找到护航船队，一些额外的护航舰艇前来增援反潜屏障。到 3 月 19 日时，已经有 22 艘商船被击沉，而德国潜艇仅损失了 1 艘，即 U384，它被 1 架 B-17 投下的深水炸弹击沉。

法罗群岛

60°

3月21日 HX 229

3月22日

SC 122

3月21日   3月22日

英 国

5°

60°

5°

图例

- SC 122，50 艘商船
  B-5 护航大队
  2 艘驱逐舰，
  1 艘护卫舰，5 艘轻型护卫舰

- HX 229，40 艘商船
  B-4 护航大队
  4 艘驱逐舰，
  1 艘轻型护卫舰

- 空中掩护下的护航船队

- 被击沉的盟国舰船

- 潜艇

- 被击沉的潜艇

- 潜艇补给船

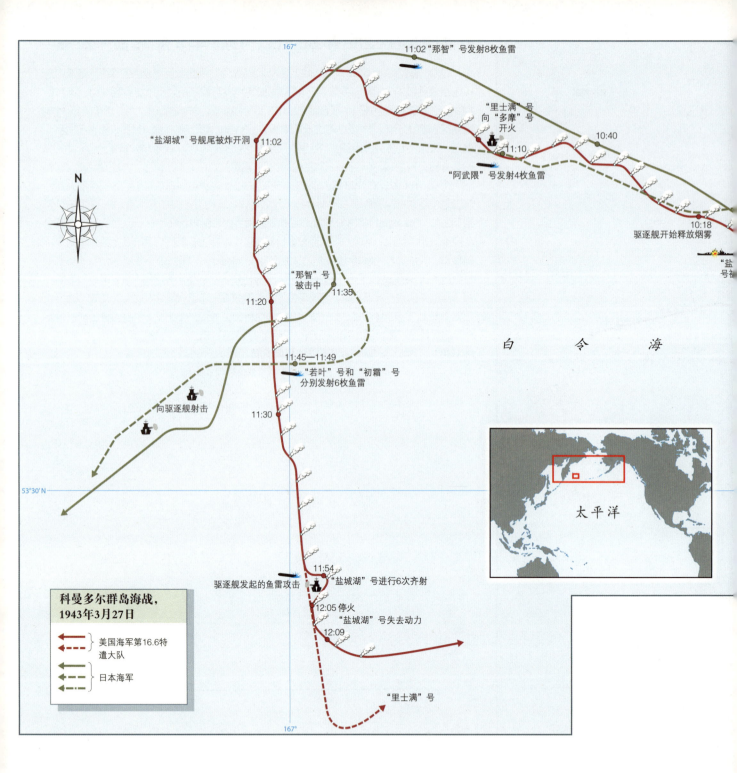

11:02 "那智"号发射8枚鱼雷

"里士满"号
向"多摩"号
开火

10:40

"盐湖城"号舰尾被炸开洞 11:02

11:10

"阿武隈"号发射4枚鱼雷

10:18

驱逐舰开始释放烟雾

"盐
号被

"那智"
号
被击中

11:35

11:20

白 令 海

11:45—11:49

"若叶"号和"初霜"号
分别发射6枚鱼雷

11:30

向驱逐舰射击

53°30′N

太 平 洋

11:54

驱逐舰发起的鱼雷攻击

"盐城湖"号进行6次齐射

12:05 停火

"盐城湖"号失去动力

12:09

"里士满"号

科曼多尔群岛海战，
1943年3月27日

美国海军第16.6特
遣大队

日本海军

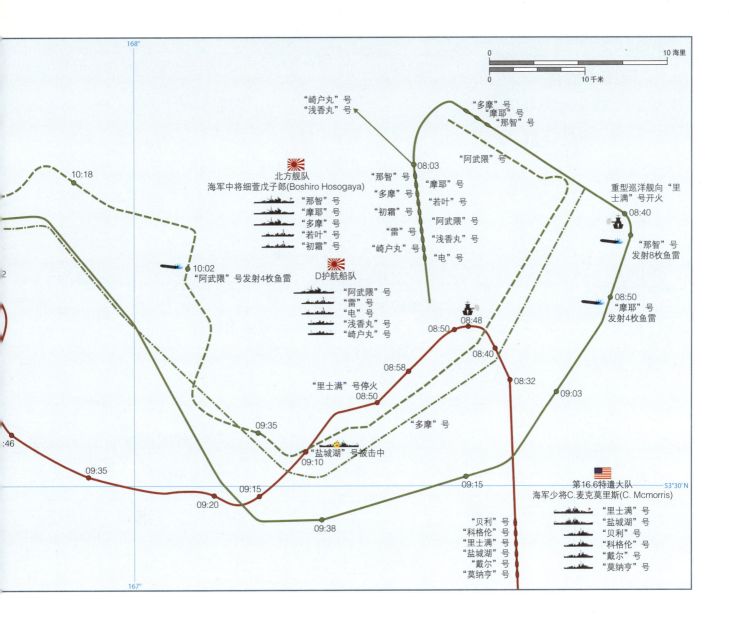

阿留申群岛，1942—1943 年

日军进攻阿留申群岛是与中途岛战役同步进行的。从战略上说，阿留申群岛是一个末端，在日本帝国的北翼建立两个前沿岗哨之后就没有进一步的行动了。在盟国这边，美国人扩大了阿拉斯加部队的规模，并产生了尽早赶走日本人的想法。1943 年初，美国人开始在阿图岛以西水域巡逻，以拦截日本人为岛上驻军运送补给。在一支美军小规模巡洋舰 – 驱逐舰大队于 2 月成功击沉 1 艘日本商船后，日本人的回应是几乎动用了第 5 舰队的全部兵力去掩护下一次补给行动。不出所料，美国人派出一支特遣舰队，但是他们低估了日军舰队的规模。

随后爆发于 3 月 27 日早上的科曼多尔群岛海战是该区域的唯一一次大规模交战。这也是太平洋战争中为数不多的只在水面舰队之间进行的交战之一。美军舰队通过通信情报确定了日军的位置，并试图追击日军护航船队，但是随后发现日军拥有数量上的优势。美国人调头离开，但是反过来成为被追击的对象，这场追逐战导致双方都遭受了损伤，但是日军渐渐占据上风。最终，这次交战并没有决定性的结果，因为日军指挥官由于担心弹药耗尽而下令调头返航。从战略上说，这次海战标志着一个转折点，因为日本人此后放弃了一切通过船运为阿留申群岛运送补给的尝试。美国人 5 月在阿图岛的登陆行动促使日军 7 月底撤离基斯卡岛。

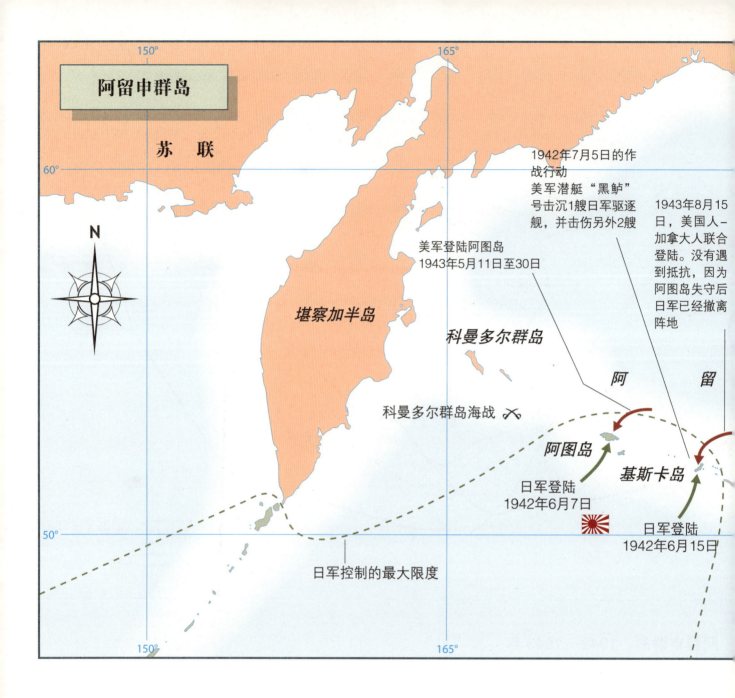

阿留申群岛

苏 联

N

堪察加半岛

科曼多尔群岛

科曼多尔群岛海战 ⚔

美军登陆阿图岛
1943年5月11日至30日

1942年7月5日的作
战行动
美军潜艇"黑鲈"
号击沉1艘日军驱逐
舰，并击伤另外2艘

1943年8月15
日，美国人–
加拿大人联合
登陆。没有遇
到抵抗，因为
阿图岛失守后
日军已经撤离
阵地

阿 留

阿图岛

基斯卡岛

日军登陆
1942年6月7日

日军登陆
1942年6月15日

日军控制的最大限度

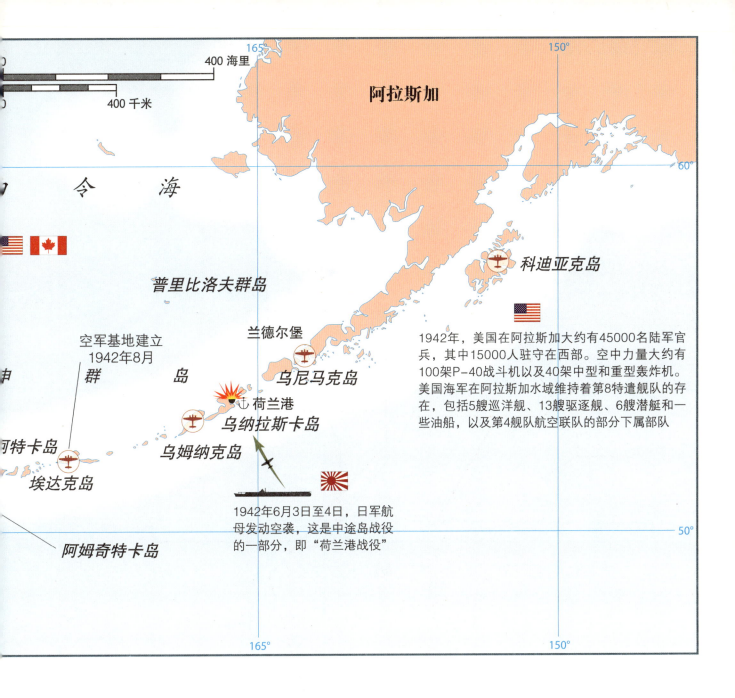

阿拉斯加

令　海

普里比洛夫群岛

科迪亚克岛

空军基地建立
1942年8月

兰德尔堡

乌尼马克岛

群　岛

荷兰港

乌纳拉斯卡岛

阿特卡岛

乌姆纳克岛

埃达克岛

阿姆奇特卡岛

400 海里

400 千米

1942年，美国在阿拉斯加大约有45000名陆军官兵，其中15000人驻守在西部。空中力量大约有100架P-40战斗机以及40架中型和重型轰炸机。美国海军在阿拉斯加水域维持着第8特遣舰队的存在，包括5艘巡洋舰、13艘驱逐舰、6艘潜艇和一些油船，以及第4舰队航空联队的部分下属部队

1942年6月3日至4日，日军航母发动空袭，这是中途岛战役的一部分，即"荷兰港战役"

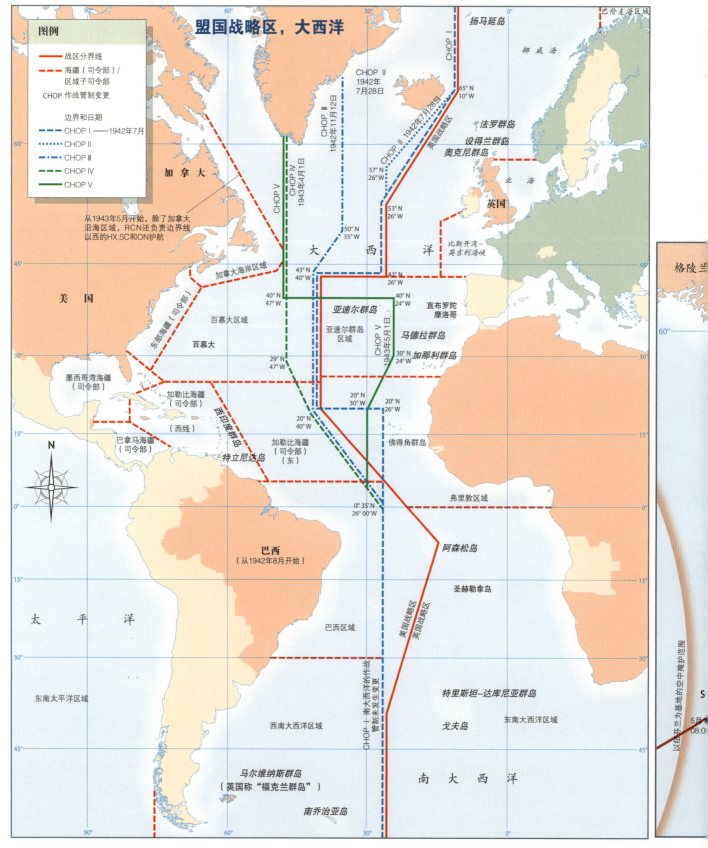

盟国战略区，大西洋

图例

— 战区分界线

- - - 海疆（司令部）/ 区域子司令部

CHOP 作战管制变更

边界和日期

- - - CHOP I ——1942年7月
- - - CHOP II
- - - CHOP III
- - - CHOP IV
——— CHOP V

从1943年5月开始，除了加拿大沿海区域，RCN还负责边界线以西的HX,SC和ON护航

巴伦支海区域

扬马延岛

挪威海

CHOP I

CHOP II 1942年 7月28日

65° N 10° W

法罗群岛

设得兰群岛

奥克尼群岛

CHOP II 1942年7月28日

英国战略区

57° N 26° W

北海

CHOP III 1942年11月12日

53° N 26° W

英国

加拿大

CHOP V

CHOP IV 1943年4月1日

50° N 35° W

大　西　洋

43° N 40° W

43° N 26° W

比斯开湾－英吉利海峡

格陵兰

美　国

加拿大海岸区域

百慕大区域

40° N 47° W

亚速尔群岛

40° N 24° W

直布罗陀摩洛哥

东部海疆（司令部）

百慕大

亚速尔群岛区域

马德拉群岛

CHOP V 1943年5月1日

30° N 24° W

加那利群岛

墨西哥湾海疆（司令部）

加勒比海疆（司令部）

29° N 47° W

西印度群岛

（西线）

20° N 30° W

20° N 26° W

巴拿马海疆（司令部）

加勒比海疆（司令部）（东）

特立尼达岛

20° N 40° W

佛得角群岛

弗里敦区域

0° 35′ N 26° 00′ W

阿森松岛

巴西（从1942年8月开始）

巴西区域

圣赫勒拿岛

太　平　洋

CHOP I 南大西洋的作战管制未发生变更

美国战略区

英国战略区

特里斯坦－达库尼亚群岛

戈夫岛

东南大西洋区域

东南太平洋区域

西南大西洋区域

马尔维纳斯群岛（英国称"福克兰群岛"）

南　大　西　洋

南乔治亚岛

以纽芬兰为基地的空中掩护范围

5月 08:0

N

护航船队 SC 130，1943 年 5 月 12 日—25 日

随着战争的进行，盟国在大西洋战场的组织结构进行了多次调整，舰艇和资源的更佳协调是战胜潜艇的关键因素之一。到 1942 年初，英国人已经掌握了大西洋战役的作战控制权。虽然加拿大皇家海军正在快速扩张，但是加拿大人只对自己的沿海水域进行直接管控，而当他们在大西洋作战时，其舰艇仍归英国人管控。在美国人参战之后，大西洋的责任划分变得很有必要，从北极到南极的整个大西洋被分成两个区域，美国人的区域和英国人的区域。

所谓的"作战管制转移"（英文缩写"CHOP"）线规定了哪支海军负责哪个区域，并拥有该区域反潜战役中涉及的所有海军和空军设备的作战控制权。最初，战区的作战划分反映的是战略划分。然而，在 1942 年 7 月和 8 月，北大西洋的划分线西移，1943 年 4 月，该划分线根据当年 3 月的华盛顿大西洋会议再次西移。这几次变更的原因是为了促使更好的英国 – 加拿大协调，以及对北大西洋的更好控制。最终的重组于 5 月生效，美国要在太平洋中部掩护船队驶向地中海方面承担更大的责任。加拿大也要负责自己的大洋水域。南大西洋的控制权安排在整个战争期间保持不变。

在春季取得多次胜利之后，德军潜艇的攻势在 5 月崩溃，有 41 艘潜艇被击沉。其中 14 艘被水面护航舰艇击沉，11 艘被飞机击沉——在它们试图攻击护航船队时。围绕护航船队 SC 130 的战斗是大西洋战场发生决定性转变的典型代表。该船队于 5 月 11 日离开哈利法克斯，并于 5 月 15 日遇到它的大洋护航舰队——B-7 护航大队。根据通信情报，德国人得知 SC 130、HX 239 和 ONS 7 3 支援船队将进入空中力量空白区，但是直到 5 月 18 日，U304 才首次发现 SC 130。5 月 19 日一整天，护航舰艇阻止了潜艇攻击护航船队，当天快要结束时，1 个支援大队前来增援。来自冰岛的超远程（VLR）飞机也抵达了，并在接下来的三天两夜里为船队提供掩护，在此期间，它们 28 次发现潜艇并进行 10 次攻击，其中 2 次取得了成功。到 5 月 20 日，已有 4 艘潜艇被击沉，1 艘遭受重伤，这促使德国海军上将邓尼茨放弃这次行动。他的 1 个儿子也随着 U954 的被击沉而丧生。5 月下半月，在北大西洋护航船队中的盟国商船无一损失。

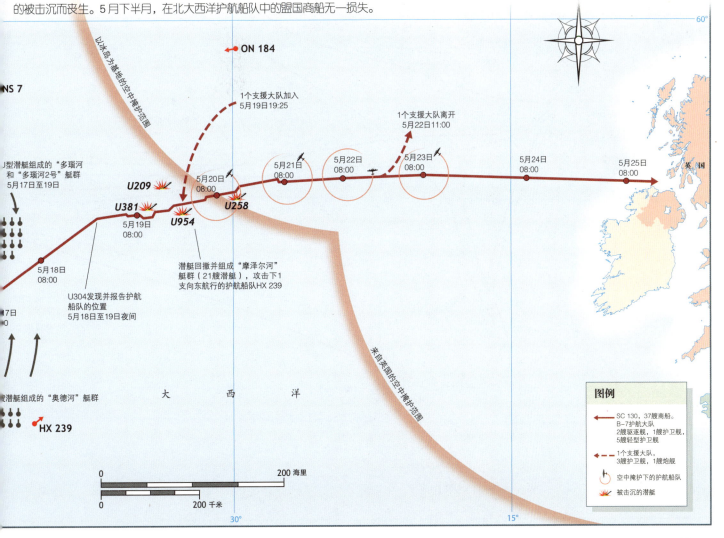

205

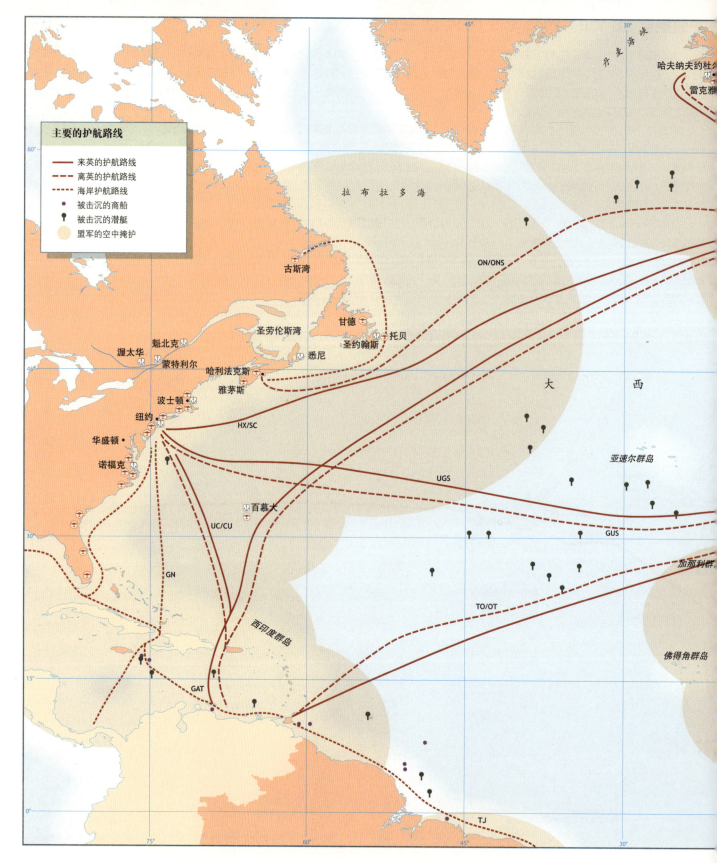

大西洋战役，1943 年 6 月—9 月中旬

　　到 1943 年，每个月大约有 15 支护航船队横渡大西洋，每支船队平均由 50 艘商船和 7 艘护航舰艇组成，大部分航程有飞机掩护。5 月 24 日，德国海军上将邓尼茨将潜艇撤离北大西洋护航路线，整个夏季，德国在大西洋战役中的转变已经很明显了。在 6 月至 9 月中旬期间，潜艇击沉了 15 艘舰船，其中只有 1 艘是在护航船队中被击沉的。邓尼茨将注意力转移到大西洋中部的亚速尔群岛周围，以及更为遥远的南大西洋和印度洋水域，但直到 7 月中旬，他的重新部署才出现明显效果。尽管还能取得小型的局部胜利，但是德国人再也不能通过这种方式阻止美国人在英国组建部队了，而邓尼茨决定利用北大西洋战役的这一间隙来训练新艇员，并等待新装备的到来，特别是自导鱼雷。

　　到夏季的时候，盟国已经有了足够的力量对潜艇发动攻势了，虽然在方式上还有一些分歧。美国人想要通过消灭油船去扫除远海水域的潜艇威胁，而且他们在亚速尔群岛周围发动了一次夏季战役，广泛地利用通信情报来协调护航航母所在的猎潜大队的行动。主要行动是比斯开湾空中攻势——从 5 月就开始了，到 6 月时，已经有 20 个盟军中队参与其中。这样一种攻势的设想可追溯至 1941 年，当时英国皇家空军海岸司令部面临着如何最好地部署作为其前线兵力主体的短程和中程飞机的难题。这几年来，这些巡逻并没有取得很大成果，但是更好的机载雷达、武器和飞机的到来提升了其影响。此外，来自大西洋的支援大队也进入了比斯开湾，它们在轻型巡洋舰和舰队驱逐舰的保护下进行了次数众多的海空战。

　　邓尼茨对空中战役的回应是依靠潜艇的防御性防空火力，为了最大限度地发挥作用，他命令潜艇成群结队地通过比斯开湾。潜艇还增加了高射炮炮位，并安装了雷达预警装置。这些措施短时间内有所成效，但是盟军飞行员很快就适应了，邓尼茨将潜艇集中起来实际上使得盟军摧毁它们变得更加容易。接下来，他命令潜艇潜入水下通过比斯开湾，仅在电池充电时浮出水面。这提高了它们的安全性，但是大大增加了它们到达公海所需的时间，并且也没有减少损失。在 7 月底和 8 月初，17 艘潜艇在通过比斯开湾时被击沉了 10 艘，自 4 月以来，平均每 4 天就有 1 艘潜艇被击沉。夏季快结束的时候，潜艇再次奉命各自单独航行，并尽量靠近中立的西班牙海岸线。

损失的商船和潜艇		
（所有战场和各种原因而导致）		
	吨位(吨)	商船(艘)	潜艇(艘)
1940年			
6月	123825	28	17
7月	365398	61	37
8月	119801	25	27

穆绍岛

阿德默勒尔蒂群岛   洛伦高

马努斯岛

埃米劳岛   圣马赛厄斯群岛

新汉诺威岛   1944年3月

从特鲁克岛而来
的日军增援部队
和补给

1944年2月

俾　斯　麦　海

贾乌尔岛

新爱尔兰岛

马纳姆岛

维图群岛

俾斯麦群岛

拉包尔

东南方面舰

XXXX
第18军

5°

1944年1月

塞多阿

长岛

俾斯麦海海战
1943年3月2日至4日

鲁克岛

新几内亚

新不列颠岛

到1944年时，日本驻
军增加至大约80000
人，包括士兵、保障
人员和建筑工人

XXXX
第17军

日军向西撤退
1944年初

莱城

萨拉毛亚

瓦乌

1943年12月—1944年1月

航母对拉
进行空
1943年1

芬什港

澳大利亚—美国军队登陆
1943年9月
第7两栖部队
海军少将D.E.巴比(D. E. Barbey)

所　罗　门

巴布亚岛

推进期间，补给沿着海岸运送

布纳

特罗布里恩岛

古迪纳夫岛

弗格森岛

伍德拉克

诺曼比岛

1943年

莫尔兹比港

10°

图例

⚓ 海军基地

⚓ 锚地/前沿基地

⚔ 交战

✈ 盟军空军基地

✈ 日军空军基地

✈ 日军水上飞机基地

—— 所罗门群岛的大概前线
及日期

西南太平洋
陆军上将D.麦克阿瑟(D. MacArthur)

第7舰队
组建于1943年3月15日
海军中将A.S.卡彭德(A. S. Carpender)，3月至11月
海军中将T.C.金凯德(T. C. Kinkaid)，11月 →

德博因群岛

米西马岛

珊　瑚　海

145°   150°

"车轮"行动，新几内亚和所罗门群岛，1943—1944年

　　日军在瓜达尔卡纳尔岛战败之后，美国陆军上将麦克阿瑟提议盟军立即大规模攻入新几内亚和新不列颠，目标是在年底之前占领拉包尔。由于这样一次行动所需要的陆军师、海军和空军部队远远超过南太平洋可用的兵力，盟军否决了该提议，而选择了更适度、更缓慢地向拉包尔推进。与此同时，日军也发动了一次反击，以重新夺回主动权，但是在此过程中损失惨重。3月，1个派往新几内亚的日军师团在俾斯麦海被消灭，而4月的一次空中攻势——"I作战"也遭受沉重损失。不久之后，日本海军大将山本五十六在视察前线部队时，由于其座机在美军的伏击中被击落而毙命。此后，日军转入防御，但是仍继续向战场输送部队和资源，试图加强外围防御。最初，日军拥有航空基地网络不断扩展的优势。

　　在"车轮"行动中，盟军计划进行一次双管齐下的攻击，以包围拉包尔。澳大利亚和美国军队将清除新几内亚的日军，同时美国和新西兰军队将沿所罗门群岛北上。最初的计划预计将有13次独立的作战行动，以6月底在新乔治亚群岛的登陆行动为开端。盟军的战略是专注于夺取关键要地、机场和锚地，由于日军的抵抗以及盟军有限的资源，日军防御力量集中的地方都被绕过了。只要盟国海军舰艇控制着海洋，日军就无法为偏远地区的驻军提供补给，进而使他们丧失战斗力。布干维尔岛登陆战的目标是夺取空军基地，然后从这里空袭拉包尔，在占领桥头堡之后，盟军只需慢慢地清除岛上的日军，作战行动也一直持续到1945年。盟军没有直接进攻拉包尔的计划；相反，盟军夺取了新不列颠岛西部的基地以及扼守北部航道的岛屿。盟军从这些基地对拉包尔发动空中攻势，有效地困住了岛上的日军，直至战争结束。盟军对海洋的控制使得他们可以在战场上调动部队，在新几内亚岛北部海岸的连续两栖作战切断了日军阵形，而日军的转移调动在恶劣的丛林地形中严重受限。

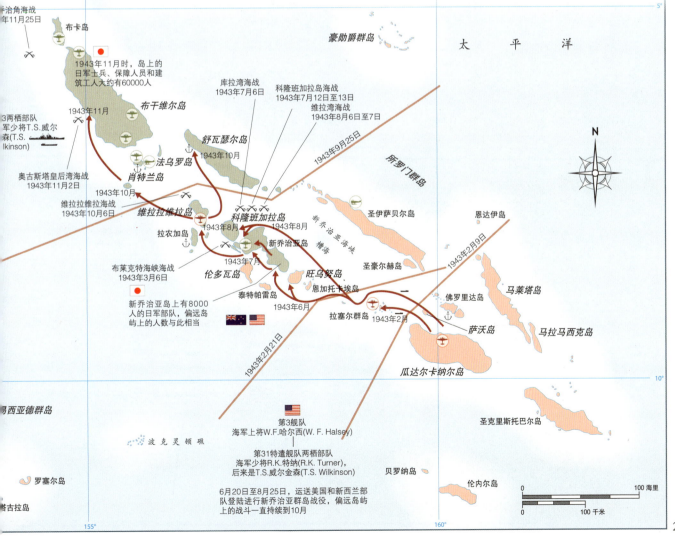

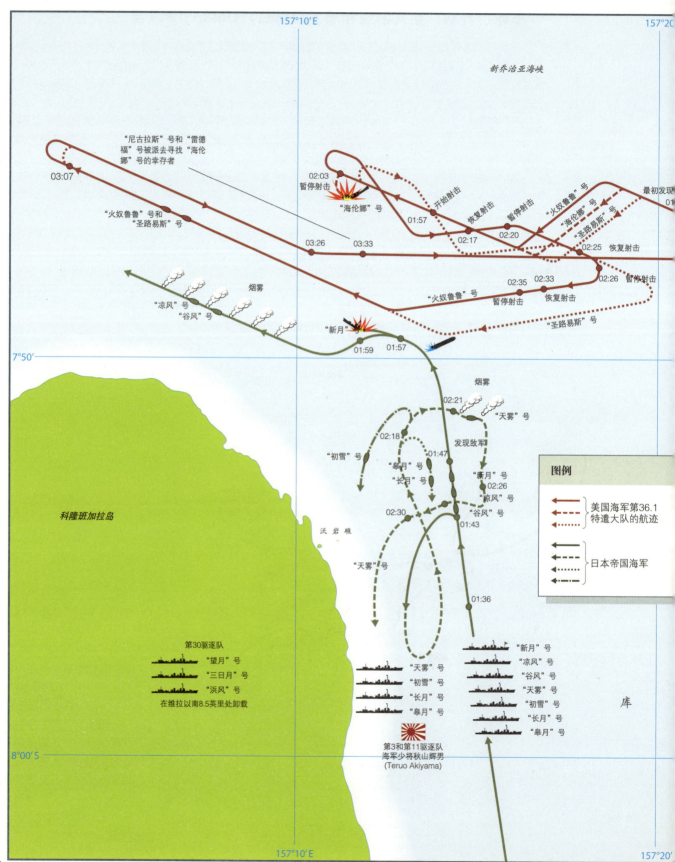

新乔治亚海峡

"尼古拉斯"号和"雷德福"号被派去寻找"海伦娜"号的幸存者

03:07

"火奴鲁鲁"号和"圣路易斯"号

02:03
暂停射击
"海伦娜"号

开始射击
恢复射击
暂停射击
"火奴鲁鲁"号
最初发现

01:57

02:17
02:20
"海伦娜"号
"圣路易斯"号
恢复射击

03:26
03:33

02:25

02:26
暂停射击

02:35
02:33
恢复射击
"圣路易斯"号

"火奴鲁鲁"号
暂停射击

烟雾

"凉风"号
"谷风"号

"新月"号
01:59
01:57

7°50'

烟雾

02:21
"天雾"号

02:18
发现敌军

"初雪"号
01:47
"皋月"号
"长月"号
"新月"号
02:26
"凉风"号

02:30
"谷风"号
01:43

"天雾"号

01:36

科隆班加拉岛

沃岩礁

库

第30驱逐队
"望月"号
"三日月"号
"浜风"号
在维拉以南8.5英里处卸载

"天雾"号
"初雪"号
"长月"号
"皋月"号

"新月"号
"凉风"号
"谷风"号
"天雾"号
"初雪"号
"长月"号
"皋月"号

第3和第11驱逐队
海军少将秋山辉男
(Teruo Akiyama)

8°00'S

图例

美国海军第36.1
特遣大队的航迹

日本帝国海军

157°10'E
157°20'

157°10'E
157°20'

210

库拉湾海战，1943 年 7 月 6 日

　　7 月 5 日午夜刚过，一支美军舰队在库拉湾拦截了一支试图在科隆班加拉岛南部的维拉卸载补给的日军驱逐舰中队，并迫使其撤退。与以前的这类行动相似，美国海军少将安斯沃思也对维拉进行了炮击，试图在 7 月 10 日美军计划的在新乔治亚岛北部登陆之前使其丧失港口功能。当安斯沃思撤退去进行补给时，盟军海岸瞭望哨报告另一批日军驱逐舰已经从肖特兰岛起航。因此，安斯沃思奉命回头向北，去拦截并阻止这次新的补给行动。由于 7 月 5 日未能使 4 艘驱逐舰进入维拉，日本海军少将秋山辉男的舰队又增加了 3 艘驱逐舰和 3 艘驱逐舰 – 运输船，这 10 艘舰船上搭载的 2600 人的部队将在维拉登陆。美国人此时还不清楚日本九三式鱼雷的性能，所以安斯沃思并不知道他最喜欢的夜战战术——接近至 8000 ~ 10000 码——将他的舰船置于日军鱼雷射程之内了。

　　由于安斯沃思没有关于日军舰船确切位置的信息，所以第 36.1 特遣大队按照巡航顺序经过新乔治亚岛和科隆班加拉岛。凌晨 1 点 06 分，"新月"号的雷达捕捉到了美军舰船，秋山辉男命令他的 7 艘舰船向北航行。1 点 42 分，他命令 4 艘驱逐舰 – 运输船与他一起转而向南，但 5 分钟之后又命令它们回头向北。这暂时迷惑了美军雷达操作员，导致安斯沃思计划兵分两路，各应对一支日军分队。"新月"号很快被美军炮火打垮，但是美军巡洋舰"海伦娜"号由于不得不使用无烟火药而导致自己被照亮，便被 1 枚鱼雷击中。战斗结束后，美军驱逐舰"尼古拉斯"号和"雷福德"号留在此海域，寻找"海伦娜"号的幸存者，大约在清晨 5 点，它们与"天雾"号交战并将其击伤。战斗期间，日军"长月"号在一处暗礁搁浅，在"皋月"号将其拖出未果后，该舰被放弃，当天晚些时候被美军飞机击沉。

第 36.1 特遣大队
少将瓦尔登·W.L.安斯沃思(W. L. Ainsworth)

"尼古拉斯"号
"奥班农"号
"火奴鲁鲁"号
"海伦娜"号
"圣路易斯"号
"詹金斯"号
"雷德福"号

7°50'
04:13
04:29

"詹金斯"号
"奥班农"号
"火奴鲁鲁"号
"圣路易斯"号

N

新乔治亚岛

8°00'S

0　　　　　4 海里
0　　　　　4 千米

科隆班加拉岛海战，1943 年 7 月 12 日—13 日

　　美军在新乔治亚岛的蒙达以及库拉湾的赖斯锚地登陆之后，海军少将安斯沃思奉命去阻止日本海军对库拉湾滩头阵地上的美国海军陆战队的攻击，如果有可能的话，还要阻止日军增援部队抵达维拉。7 月 9 日，日军在维拉登陆 1200 人的部队，并准备于 7 月 12 日再进行一次这样的行动。盟军海岸瞭望哨报告 10 艘日军舰船正在向南航行，当时锚泊在珀维斯湾的安斯沃思在又得到 5 艘驱逐舰的增援之后向北航行。1 架 PBY "黑猫" 侦察机在第 18 特遣舰队的前方搜寻日军舰队。凌晨 0 点 35 分，它首次发现日军，7 分钟后，安斯沃思命令他的驱逐舰展开战斗队形。由于这支舰队之前没有配合过，当时出现了一些混乱。日本海军少将伊崎俊二已经将他的 4 艘驱逐舰 – 运输船分派出去，凌晨 1 点前不久，他也从 1 架水上飞机得到美军舰队存在的警告。1 点刚过，战斗开始，双方已摆好的队形快速地发射鱼雷和炮弹。日军 "神通" 号被 6 英寸口径炮的炮火击中并沉没。美军 "利安得" 号被一枚鱼雷击中并重伤。日军撤退，美军追击，但是在这个过程中，美军丧失了对战斗全局概况的掌握。日军驱逐舰调头返回，并准备第二次鱼雷攻击。直到日军鱼雷入水后美军巡洋舰才发射照明弹，但是太迟了。剩下的 2 艘美军巡洋舰遭受重伤，1 艘驱逐舰沉没。

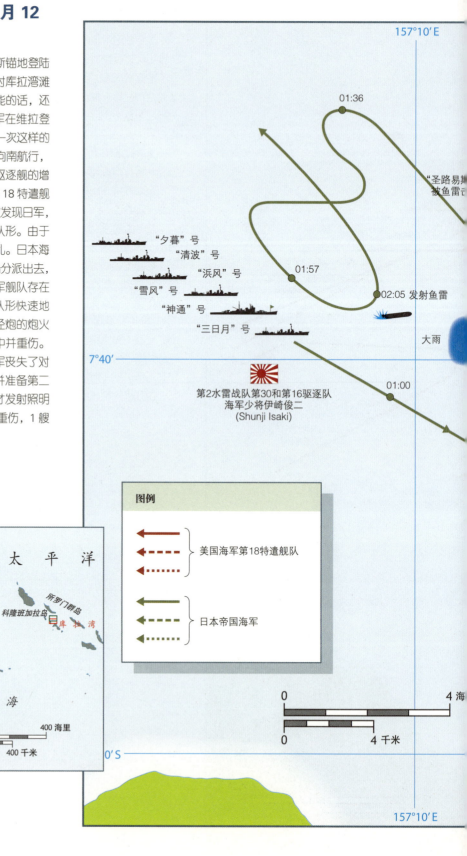

157°10'E

01:36

"圣路易斯"
被鱼雷击中

"夕暮" 号
"清波" 号
"浜风" 号
"雪风" 号
"神通" 号
"三日月" 号

01:57

02:05 发射鱼雷

大雨

7°40'

01:00

第2水雷战队第30和第16驱逐队
海军少将伊崎俊二
(Shunji Isaki)

图例

美国海军第18特遣舰队

日本帝国海军

0　　　　　　4 海里

0　　　　　　4 千米

0'S

157°10'E

太 平 洋

新 几 内 亚

所罗门群岛

科隆班加拉岛
库 拉 湾

珊 瑚 海

N

澳 大 利 亚

0　　　　　　400 海里

0　　　　　　400 千米

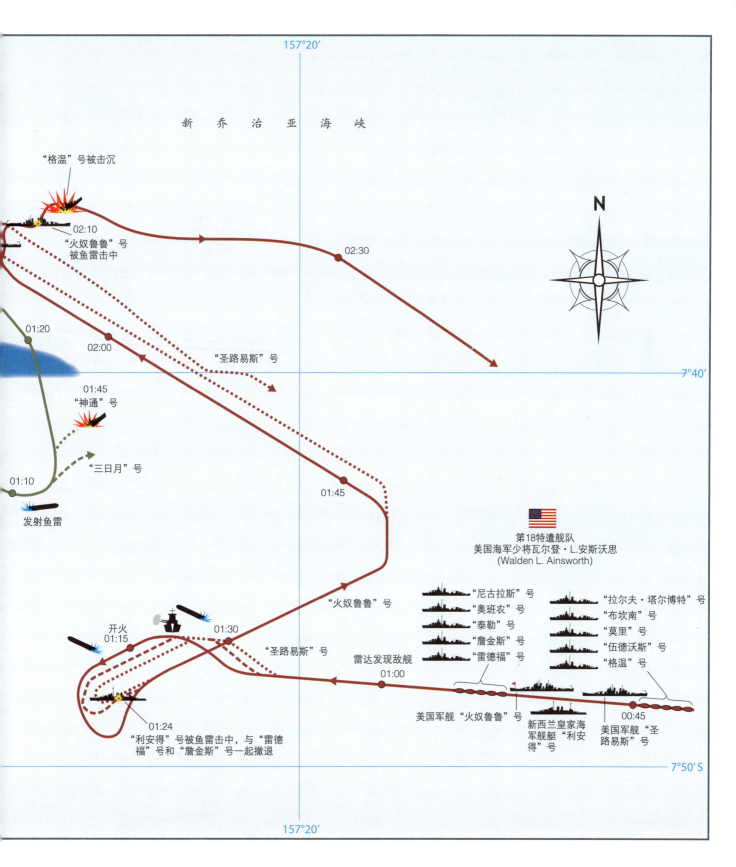

新 乔 治 亚 海 峡

157°20′

"格温"号被击沉

02:10

"火奴鲁鲁"号
被鱼雷击中

02:30

01:20

02:00

"圣路易斯"号

01:45
"神通"号

"三日月"号

01:10

发射鱼雷

01:45

"火奴鲁鲁"号

"圣路易斯"号

开火
01:15

01:30

雷达发现敌舰
01:00

01:24
"利安得"号被鱼雷击中，与"雷德
福"号和"詹金斯"号一起撤退

第18特遣舰队
美国海军少将瓦尔登·L.安斯沃思
(Walden L. Ainsworth)

"尼古拉斯"号   "拉尔夫·塔尔博特"号
"奥班农"号   "布坎南"号
"泰勒"号   "莫里"号
"詹金斯"号   "伍德沃斯"号
"雷德福"号   "格温"号

美国军舰"火奴鲁鲁"号   00:45
新西兰皇家海军舰艇"利安得"号   美国军舰"圣路易斯"号

7°40′

7°50′S

157°20′

"哈士奇"行动，1943年7月10日

　　1月，丘吉尔、罗斯福和他们的高级军事参谋在卡萨布兰卡会面，以决定在北非打败轴心国军队之后的未来盟军战略，并达成了派盟军在西西里岛登陆的决定。对盟军最终打通地中海的航运路线来说，占领该岛被视为是至关重要的。最初，作战计划设想在全岛范围进行广泛分散的登陆，但到4月底时，登陆点转移到了南岸和东南海岸，目的是集中盟军力量对付力量薄弱的轴心国军队，并便于空中掩护的提供和补给点的建立。然而，登陆行动仍然是在很宽的正面进行，并分成英军和美军的突击。英军将在5个区域进行登陆，美军则为3个。由于意大利水面舰队的威胁仍然存在，所以需要一支大规模的海军舰队——主要由英国皇家海军提供——掩护突击行动。2个战列舰中队的8艘主力舰和航空母舰保护侧翼免受意大利舰队可能的干扰，潜艇则集中在所有意大利主要海军基地之外。

　　这次两栖突击行动是到当时为止规模最大的一次。部队于7月的第1个星期在从奥兰到亚历山大港的北非港口集结。一些陆军师直接来自美国和英国，6月中旬便已经从美国弗吉尼亚州诺福克和英国克莱德起航。第1波登陆部队包括大约160000名官兵、600辆坦克、1800门火炮和14000辆车辆。他们搭载于17支护航船队——超过600艘运输船、大型两栖舰艇和商船。参加行动的各类舰船总计达到3000艘。由于一些后续的陆军师已经在海上了，"哈士奇"行动中漂在海上的部队数量甚至超过了诺曼底登陆行动。

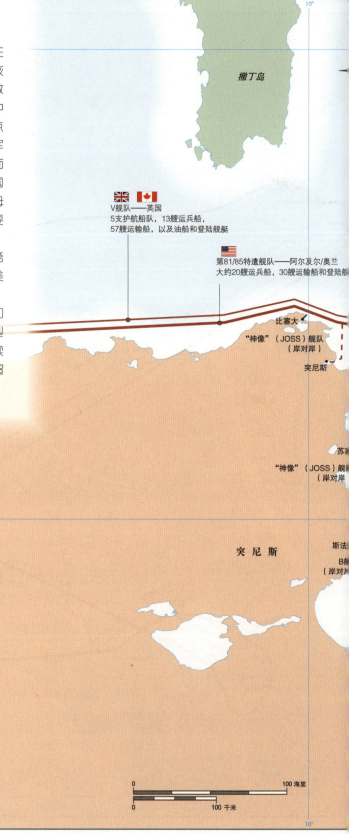

"哈士奇"行动的海军舰艇

类型	英国(艘)	美国(艘)	其他国家(艘)
战列舰	6	—	—
舰队航母	2	—	—
巡洋舰	10	5	—
防空舰	4	—	—
战斗机指挥舰	2	—	—
浅水重炮舰	3	—	—
炮舰	3	—	2
布雷舰	1	3	—
总部舰	5	4	—
驱逐舰	71	48	9
护卫舰	35	—	1
扫雷舰	34	8	—
步兵登陆舰	8	—	—
大型登陆艇	319	190	—
小型登陆艇	715	510	—
海岸艇	160	83	—
潜艇	23	—	3
勤务船	58	23	—
商船，运兵船			
运输船和鱼雷艇	155	66	16
共计	1614	945	31

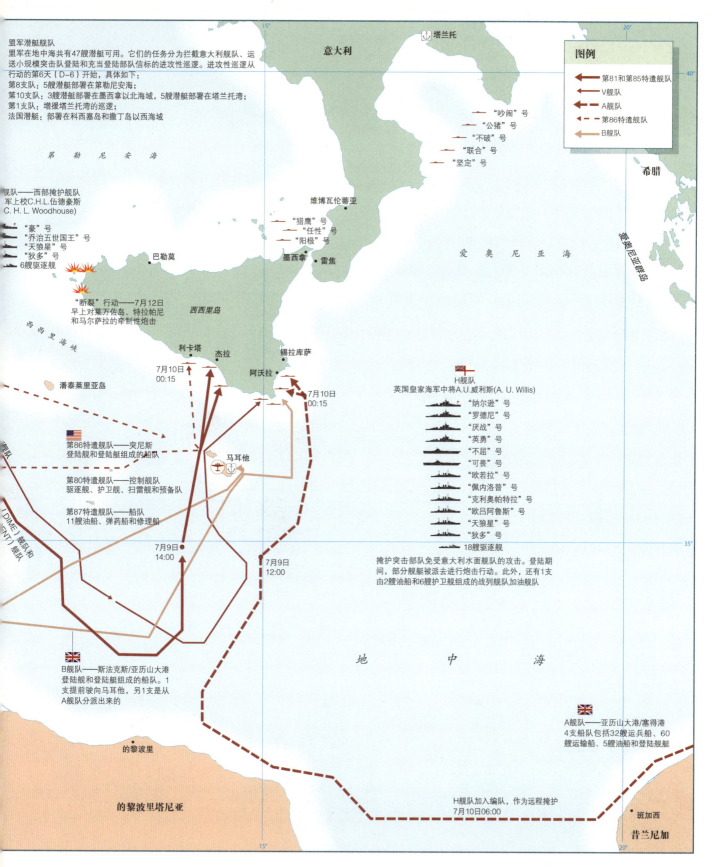

盟军潜艇舰队
盟军在地中海共有47艘潜艇可用。它们的任务分为拦截意大利舰队、运送小规模突击队登陆和充当登陆部队信标的进攻性巡逻。进攻性巡逻从行动的第6天（D-6）开始，具体如下：
第8支队：5艘潜艇部署在第勒尼安海；
第10支队：3艘潜艇部署在墨西拿以北海域，5艘潜艇部署在塔兰托湾；
第1支队：增援塔兰托湾的巡逻。
法国潜艇：部署在科西嘉岛和撒丁岛以西海域

第 勒 尼 安 海

舰队——西部掩护舰队
军上校C.H.L.伍德豪斯
C. H. L. Woodhouse)

"豪"号
"乔治五世国王"号
"天狼星"号
"狄多"号
6艘驱逐舰

"断裂"行动——7月12日
早上对莱万佐岛、特拉帕尼和马尔萨拉的牵制性炮击

西 西 里 海 峡

潘泰莱里亚岛

第86特遣舰队——突尼斯
登陆舰和登陆艇组成的船队

第80特遣舰队——控制舰队
驱逐舰、护卫舰、扫雷舰和预备队

第87特遣舰队——船队
11艘油船、弹药船和修理船

意 大 利

塔兰托

图例

第81和第85特遣舰队
V舰队
A舰队
第86特遣舰队
B舰队

"吵闹"号
"公猪"号
"不破"号
"联合"号
"坚定"号

希 腊

维博瓦伦蒂亚

"猎鹰"号
"任性"号
"阳极"号

墨西拿 雷焦

西西里岛

利卡塔 杰拉 锡拉库萨

7月10日
00:15

阿沃拉

7月10日
00:15

爱 奥 尼 亚 海

扎金尼亚群岛

H舰队
英国皇家海军中将A.U.威利斯(A. U. Willis)
"纳尔逊"号
"罗德尼"号
"厌战"号
"英勇"号
"不屈"号
"可畏"号
"欧若拉"号
"佩内洛普"号
"克利奥帕特拉"号
"欧吕阿鲁斯"号
"天狼星"号
"狄多"号
18艘驱逐舰

掩护突击部队免受意大利水面舰队的攻击。登陆期间，部分舰艇被派去进行炮击行动。此外，还有1支由2艘油船和6艘护卫舰组成的战列舰队加油舰队

马耳他

7月9日
14:00

7月9日
12:00

7月9日
14:00

地 中 海

B舰队——斯法克斯/亚历山大港
登陆舰和登陆艇组成的船队。1
支提前驶向马耳他，另1支是从
A舰队分派出来的

A舰队——亚历山大港/塞得港
4支船队包括32艘运兵船、60
艘运输船、5艘油船和登陆舰艇

的黎波里

的黎波里塔尼亚

H舰队加入编队，作为远程掩护
7月10日06:00

班加西

昔兰尼加

215

"哈士奇"行动，登陆区

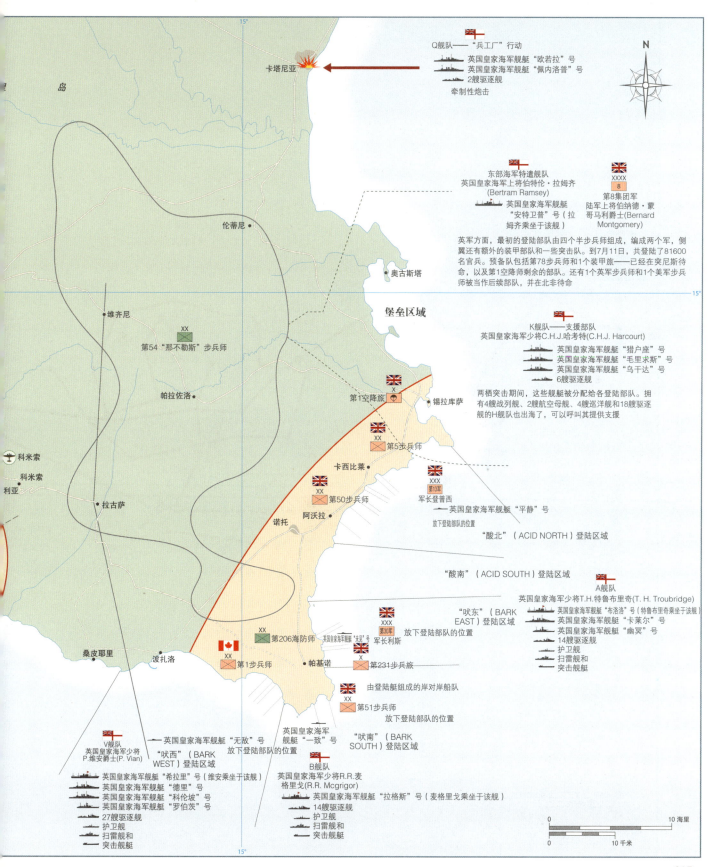

Q舰队——"兵工厂"行动
英国皇家海军舰艇"欧若拉"号
英国皇家海军舰艇"佩内洛普"号
2艘驱逐舰
牵制性炮击

卡塔尼亚

东部海军特遣舰队
英国皇家海军上将伯特伦·拉姆齐
(Bertram Ramsey)
英国皇家海军舰艇
"安特卫普"号（拉
姆齐乘坐于该舰）

XXXX
8
第8集团军
陆军上将伯纳德·蒙
哥马利爵士（Bernard
Montgomery)

英军方面，最初的登陆部队由四个半步兵师组成，编成两个军，侧
翼还有额外的装甲部队和一些突击队。到7月11日，共登陆了81600
名官兵。预备队包括第78步兵师和1个装甲旅——已经在突尼斯待
命，以及第1空降师剩余的部队。还有1个英军步兵师和1个美军步兵
师被当作后续部队，并在北非待命

伦蒂尼

奥古斯塔

堡垒区域

K舰队——支援部队
英国皇家海军少将C.H.J.哈考特（C.H.J. Harcourt)
英国皇家海军舰艇"猎户座"号
英国皇家海军舰艇"毛里求斯"号
英国皇家海军舰艇"乌干达"号
6艘驱逐舰

维齐尼

XX
第54"那不勒斯"步兵师

两栖突击期间，这些舰艇被分配给各登陆部队。拥
有4艘战列舰、2艘航空母舰、4艘巡洋舰和18艘驱逐
舰的H舰队也出海了，可以呼叫其提供支援

帕拉佐洛

X
第1空降旅

锡拉库萨

XX
第5步兵师

卡西比莱

XX
第50步兵师

XXX
第13军
军长登普西
英国皇家海军舰艇"平静"号
放下登陆部队的位置

"酸北"（ACID NORTH）登陆区域

诺托

阿沃拉

"酸南"（ACID SOUTH）登陆区域

A舰队
英国皇家海军少将T.H.特鲁布里奇(T. H. Troubridge)

"吠东"（BARK
EAST）登陆区域

英国皇家海军舰艇"布洛克"号（特鲁布里奇乘坐于该舰）
英国皇家海军舰艇"卡莱尔"号
英国皇家海军舰艇"幽冥"号
14艘驱逐舰
护卫舰
扫雷舰和
突击舰艇

XX
第206海防师

英国皇家海军舰艇"无见"号

放下登陆部队的位置
军长利斯

XXX
第30军

科米索

科米索
利亚

拉古萨

XX
第1步兵师

波扎洛

帕基诺

X
第231步兵旅

由登陆艇组成的岸对岸船队

XX
第51步兵师

放下登陆部队的位置

"吠南"（BARK
SOUTH）登陆区域

桑皮耶里

V舰队
英国皇家海军少将
P.维安爵士(P. Vian)

"吠西"（BARK
WEST）登陆区域

英国皇家海军舰艇"无敌"号
英国皇家海军舰艇"一致"号
放下登陆部队的位置

英国皇家海军舰艇"希拉里"号（维安乘坐于该舰）
英国皇家海军舰艇"德里"号
英国皇家海军舰艇"科伦坡"号
英国皇家海军舰艇"罗伯茨"号
27艘驱逐舰
护卫舰
扫雷舰和
突击舰艇

B舰队
英国皇家海军少将R.R.麦
格里戈(R.R. Mcgrigor)

英国皇家海军舰艇"拉格斯"号（麦格里戈乘坐于该舰）
14艘驱逐舰
护卫舰
扫雷舰和
突击舰艇

0　　　　　　10海里
0　　　　　　10千米

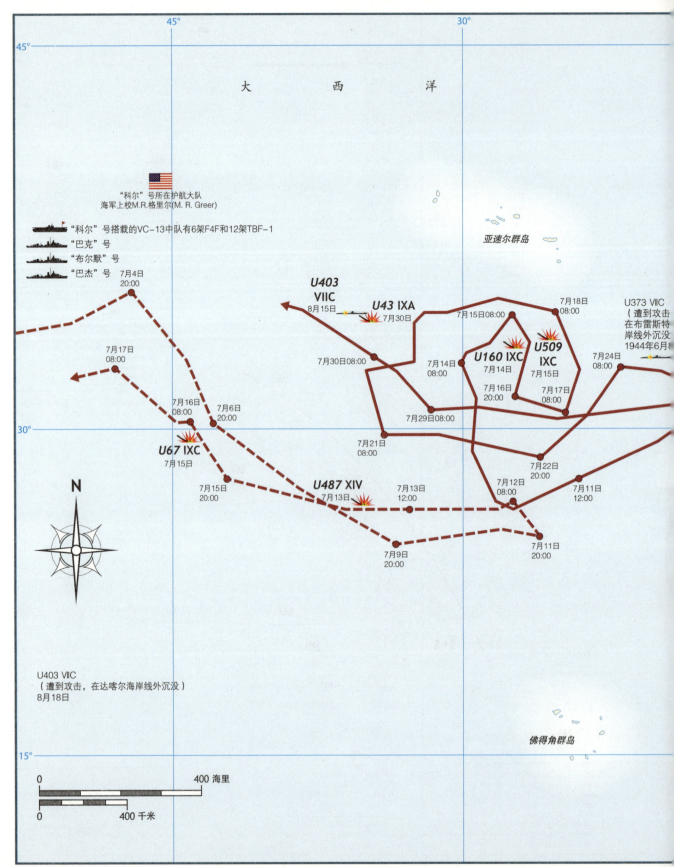

大 西 洋

亚速尔群岛

"科尔"号所在护航大队
海军上校M.R.格里尔(M. R. Greer)

"科尔"号搭载的VC-13中队有6架F4F和12架TBF-1
"巴克"号
"布尔默"号
"巴杰"号

7月4日
20:00

7月17日
08:00

7月16日
08:00

7月6日
20:00

U403
VIIC

8月15日   7月30日

U43 IXA

7月30日

7月15日08:00

7月18日
08:00

U373 VIIC
（遭到攻击
在布雷斯特
岸线外沉没
1944年6月8日）

7月14日
08:00

U160 IXC
7月14日

U509
IXC
7月15日

7月24日
08:00

7月16日
20:00

7月17日
08:00

7月29日08:00

7月21日
08:00

7月22日
20:00

7月12日
08:00

7月11日
12:00

30°

U67 IXC
7月15日

7月15日
20:00

U487 XIV
7月13日

7月13日
12:00

N

7月9日
20:00

7月11日
20:00

U403 VIIC
（遭到攻击，在达喀尔海岸线外沉没）
8月18日

15°

佛得角群岛

0   400 海里

0   400 千米

亚速尔群岛海岸线外的反潜作战，1943 年 7 月—8 月

　　盟军在对德国潜艇进行的春－夏攻势中的关键因素是美国人在大西洋中部使用护航航母大队对已知的潜艇活动海域进行攻势巡逻。美国人把精力放在这一区域，是为了给"哈士奇"行动以及随后夏季对意大利的后续作战行动作准备，这些行动意味着几百艘运兵船、油船、商船和两栖突击舰艇将要穿过大西洋中部。此前美国人曾想在该区域采取行动，但是直到拥有足够的护航航母可用时才这样做，因为这一能力受限于百慕大以及后来的法属北非所能投送的有限的空中力量。

　　每个猎潜大队都有 1 艘搭载着 1 个混合航空大队的航母，以及 3 到 4 艘驱逐舰。第 1 支得到这样 1 个大队护航的船队是从切萨皮克驶往直布罗陀的 UGS 8，6 月初时，围绕"卡德"号和"博格"号航母编组的 2 个大队沿着护航路线活动。

　　下一步行动是在 7 月，"科尔"号所在大队和"桑提"号所在大队充当流动护航支援大队，只与经过被认为特别危险的海域的船队一起行动，或者作为猎潜大队完全独立行动。被从北大西洋赶出来之后，潜艇转移到亚速尔群岛以南海域活动，7 月初，此区域大约有 16 艘潜艇，外加几艘"奶牛"补给潜艇。护航航母大队的到来出乎德国人的意料，美国人集中精力击沉补给潜艇，因为没有它们，数量更多但航程更短的 VII 型潜艇将无法从法国基地远赴此区域作战。从 5 月底到 8 月期间，单是美国护航航母大队就共计击沉了 16 艘潜艇，其中包括在大西洋击沉的 8 艘补给潜艇。

15°

45°

葡萄牙

西班牙

🇺🇸
"桑提"号所在航母大队
军上校H.F.菲克(H. F. Fick)

"桑提"号搭载的VC-29中队有
13架TBF-1和9架SBD-5，VF-
29中队有12架F4F

直布罗陀 ●

亚拉群岛

7月8日
12:00

卡萨布兰卡

30°

那利群岛

非　洲

图例

"桑提"号所在护航大队

"科尔"号所在护航大队

被击沉的潜艇
（型号/日期）

被攻击的潜艇

15°

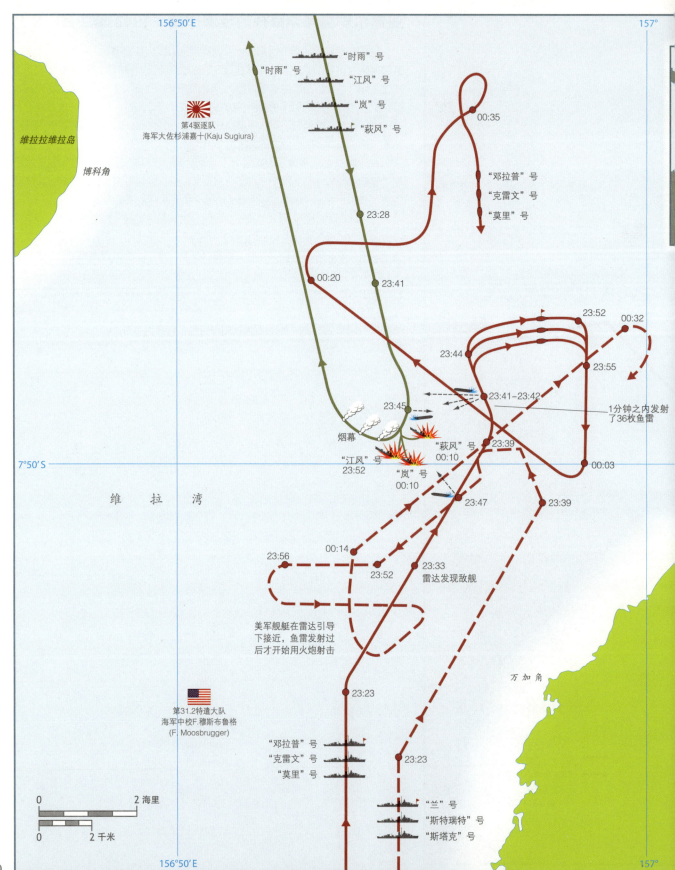

维拉拉维拉岛

博科角

第4驱逐队
海军大佐杉浦嘉十(Kaju Sugiura)

"时雨"号
"时雨"号
"江风"号
"岚"号
"萩风"号

00:35

"邓拉普"号
"克雷文"号
"莫里"号

23:28

00:20   23:41

23:52   00:32

23:44   23:55

23:41–23:42   1分钟之内发射
了36枚鱼雷

23:45

烟幕

"萩风"号
00:10   23:39

"江风"号
23:52

"岚"号
00:10

00:03

23:47

23:39

23:56   00:14

23:52   23:33 雷达发现敌舰

维 拉 湾

7°50'S

美军舰艇在雷达引导
下接近,鱼雷发射过
后才开始用火炮射击

万 加 角

23:23

第31.2特遣大队
海军中校F.穆斯布鲁格
(F. Moosbrugger)

23:23

"邓拉普"号
"克雷文"号
"莫里"号

"兰"号
"斯特瑞特"号
"斯塔克"号

0   2 海里
0   2 千米

156°50'E   157°

维拉湾海战，1943 年 8 月 6 日—7 日

到 8 月初时，美国人即将夺取新乔治亚岛上的蒙达机场了。虽然日本人可以通过快速驱逐舰 – 运输船维持对维拉的补给，即著名的"东京快车"，但是在科隆班加拉岛海战之后，向蒙达运送补给变得越来越困难。7 月 19 日夜，一支占据优势的日军舰队企图迫使盟军陷入一场海战，但是没有得逞，反而因为盟军的空袭而损失了 2 艘驱逐舰，另有 1 艘巡洋舰重伤。8 月 6 日，4 艘日本驱逐舰载着 950 人的部队去增援维拉，因为这里可能成为盟军的下一个目标。这次后来被称为"维拉湾海战"的战斗也是美国人在所罗门群岛第一次不依赖巡洋舰 – 驱逐舰组合，而单独以驱逐舰作战的战斗。虽然巡洋舰拥有更强大的火力，但是此前的海战显示如果使用不当，它们也很容易遭到日军集中发射鱼雷攻击的伤害。而这一次，美国海军少将梅里尔的舰队太遥远，所以海军中校弗雷德里克·穆斯布鲁格手里的 6 艘驱逐舰是唯一的选择。

在这次海战中，穆斯布鲁格的战术与此前的美军战术有所不同。他将舰队一分为二，而不是集中于一个编队，以便从两个方向用不同的武器发起攻击。他的半数舰艇已经将一些鱼雷发射管换成了 40 毫米火炮炮架，这样更有利于攻击驳船。美国人和日本人都知道该区域存在一支敌方舰队，但是缺乏具体的信息。美国人在晚上 11 点 33 分第一次雷达发现敌舰，8 分钟后向日军侧翼进行了一次 36 枚鱼雷的大规模攻击，而"火炮"分队的 3 艘驱逐舰则在第 1 枚鱼雷命中之时开火。在很短的时间内，3 艘日军驱逐舰被击沉，大约 1200 名海军水兵和陆军士兵死亡。这是日军在夜间驱逐舰战斗中的首次失败。

太 平 洋

所 罗 门 群 岛

几内亚

珊 瑚 海

澳 大 利 亚

所 罗 门 海

7°50′S

N

科隆班加拉岛

图例

美国海军航迹

日本帝国海军

进攻意大利，1943—1944 年

　　"哈士奇"登陆行动之后，海军部队继续支援西西里岛上的盟国陆军，尽管在补给运送和港口开放方面英美两国区域有细微差异。此外，西西里岛在地形上内陆多山，交通线集中于海岸沿线，这为海军炮击提供了充足的机会。根据第一次世界大战的经验，海军舰炮火力支援长期以来被认为是低效的，但是西西里岛战役标志着一个转折点——登陆部队越来越多地利用海军炮去支援进攻德国防御严密的阵地和补给线。巴顿将军的美国第7集团军采用海军直射火力支援，进行了多次小规模的两栖登陆行动，试图从翼侧包围撤退的德军。在东部，英国第8集团军对海军火力的使用较少，即使战列舰有时已经做好炮击德军阵地的部署。轴心国潜艇对战役的影响低于预期，并在作战行动的前3周损失了12艘，而盟国仅有11艘商船和军舰被击沉或击伤。

　　快到7月底时，德国人已经清楚地认识到，面对盟军的装备和人数优势，西西里岛已经不可能守住了，因此开始了二战中最为出彩的行动之一。尽管盟国拥有海军和空军优势，德国人仍成功地将1个集团军从

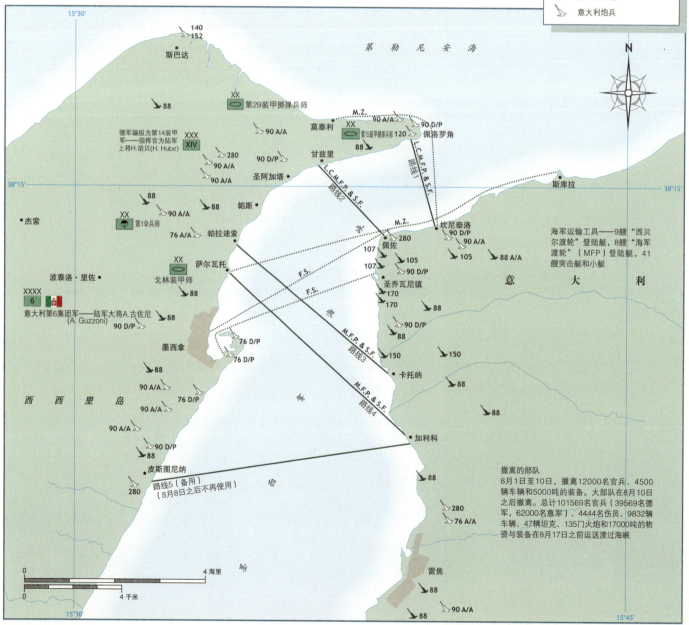

轴心国部队从西西里岛撤离，
8月3日至17日

—— 德军撤离路线
M.F.P. 德国"海军渡轮"
S.F. 德国"西贝尔渡轮"
88 火炮口径（单位毫米）
德军炮兵
…… 意军撤离路线
F.S. 意大利渡轮
M.Z. 意大利登陆艇
90 火炮口径（单位毫米）
A/A 高射炮
D/P 高平两用炮
意大利炮兵

第 勒 尼 安 海

意 大 利

海军运输工具——9艘"西贝尔渡轮"登陆艇，8艘"海军渡轮"（MFP）登陆艇，41艘突击艇和小艇

撤离的部队
8月1日至10日，撤离12000名官兵、4500辆车辆和5000吨的装备。大部队在8月10日之后撤离。总计101569名官兵（39569名德军，62000名意军）、4444名伤员、9832辆车辆、47辆坦克、135门火炮和17000吨的物资与装备在8月17日之前运送渡过海峡

西 西 里 岛

路线5（备用）
（8月8日之后不再使用）

0 4 海里
0 4 千米

222

西西里岛横渡墨西拿海峡秘密撤离出来，而且几乎没有损失。横渡海峡的路线很短，并且周围有大量岸防炮、野战炮以及高射炮的掩护；尽管如此，撤离行动很大程度上是一个即兴之作。盟军指挥部的混乱以及对德军防御部队兵力的担忧意味着德军的撤离行动最终顺利进行。

7月中旬，盟军决定在西西里岛战役结束后进攻意大利本土。1个集团军将横渡墨西拿海峡，而另1个集团军将被送到那不勒斯沿岸，从侧翼包围南部的轴心国军队。集结必要的舰船和空中力量需要时间，并且直到8月中旬盟军指挥官的注意力仍然集中在西西里岛。德军撤离西西里岛和从意大利最南端撤退改变了盟军的计划。英军在雷焦和塔兰托的登陆没有遇到抵抗，而在萨勒诺的登陆行动则陷入僵局。非但没有拖垮德国军队，意大利战役反而消耗了盟军越来越多的资源，因为内陆多山的地形有利于防御者。盟军考虑利用制海权发起另一场侧翼包围的两栖行动，切断海岸沿线的德军补给线。然而，事实证明德军的适应能力非常强，盟军的推进非常缓慢。

"雪崩"行动，1943 年 9 月 9 日

　　萨勒诺登陆计划是基于出其不意，而不是用火力征服德国守军。第 1 波部队在凌晨 3 点 30 分左右上岸，即日出前 1 个小时；然而，德国人已经预料到会有登陆行动，并作好了准备。各处的抵抗程度有所不同；突击队进展顺利，而在英军登陆区域的一些海滩外，驱逐舰不得不在近距离平射射程上炮击德国守军。美军部队选择在没有火力支援的情况下登陆，起初几乎没有进展，并遭受沉重损失，直到巡洋舰火力压制住海滩守军之后情况才有所好转。使用舰载机在海滩上空进行战斗空中巡逻成败参半。行动当天，任何时刻空中平均都有 20 架飞机，总计出动 265 架次。然而，超过 40 架"海火"战斗机损失或损伤严重无法维修，因为其不适合在小型护航航母上使用。

　　这天结束的时候，各处海滩均被攻下，但是在大部分区域盟军并没有像计划设想的那样向内陆深入推进。第 1 天很少有装甲部队登陆，整个晚上，更多的重型装备被运来。在接下来的 3 天里，扩大滩头阵地的过程受阻于德军抵抗和海滩上出现的严重堵塞。纳粹德国空军袭击萨勒诺海岸线外的舰船，夜间还有 E 艇（鱼雷艇）的袭击，使得形势复杂起来。9 月 13 日，德国人发动了一次反击，盟军部队面临被赶到海里的威胁，大量的海军舰炮火力支援和空袭才帮助稳定了局面。9 月 15 日，战列舰"厌战"号和"英勇"号抵达，但是仅有"厌战"号进行了一轮射击，因为最直接的危机已经过去了。第 2 天，"厌战"号被 1 枚无线电遥控导炸弹击中，遭受重伤。第 8 集团军的先头部队也从南面赶来。

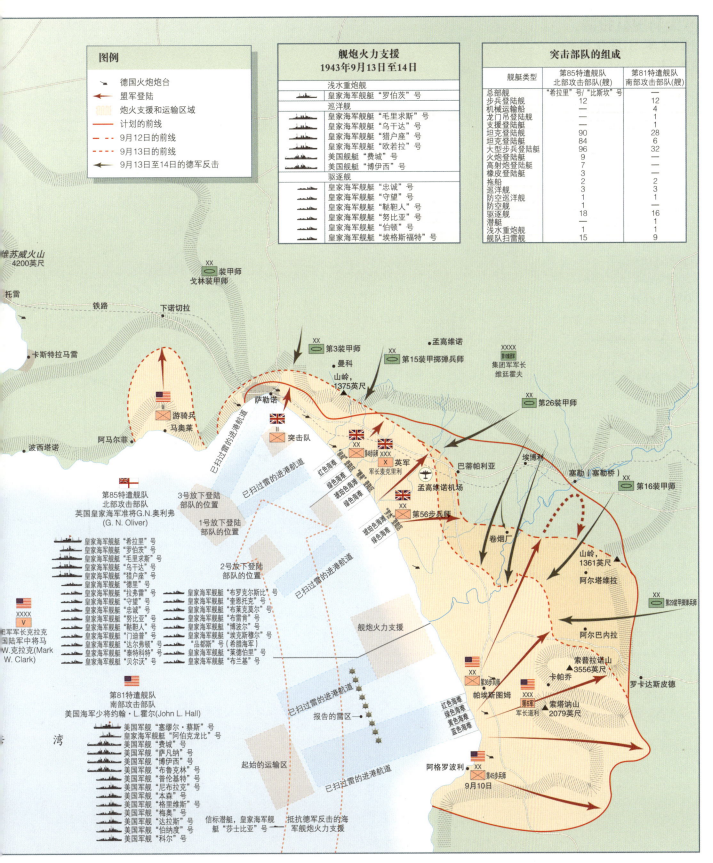

图例

- 德国火炮炮台
- 盟军登陆
- 炮火支援和运输区域
- —— 计划的前线
- --- 9月12日的前线
- --- 9月13日的前线
- —— 9月13日至14日的德军反击

舰炮火力支援
1943年9月13日至14日

浅水重炮舰
- 皇家海军舰艇"罗伯茨"号

巡洋舰
- 皇家海军舰艇"毛里求斯"号
- 皇家海军舰艇"乌干达"号
- 皇家海军舰艇"猎户座"号
- 皇家海军舰艇"欧若拉"号
- 美国舰艇"费城"号
- 美国舰艇"博伊西"号

驱逐舰
- 皇家海军舰艇"忠诚"号
- 皇家海军舰艇"守望"号
- 皇家海军舰艇"鞑靼人"号
- 皇家海军舰艇"努比亚"号
- 皇家海军舰艇"伯顿"号
- 皇家海军舰艇"埃格斯福特"号

突击部队的组成

舰艇类型	第85特遣舰队 北部攻击部队(艘)		第81特遣舰队 南部攻击部队(艘)
	"希拉里"号	"比斯坎"号	
总部舰			
步兵登陆舰	12		12
机械运输船	—		4
龙门吊登陆舰	—		1
支援登陆舰	1		1
坦克登陆舰	90		28
坦克登陆艇	84		6
大型步兵登陆艇	96		32
火炮登陆艇	9		—
高射炮登陆艇	7		3
橡皮登陆艇	3		—
拖船	2		2
巡洋舰	3		3
防空巡洋舰	1		1
防空舰	1		—
驱逐舰	18		16
潜艇	1		1
浅水重炮舰	1		—
舰队扫雷舰	15		9

维苏威火山
4200英尺

托雷

铁路

卡斯特拉马雷

下诺切拉

装甲师
戈林装甲师

波西塔诺

阿马尔菲

萨勒诺

游骑兵
马奥莱

第3装甲师

曼科
山岭,
1375英尺

第15装甲掷弹兵师

孟高维诺

集团军军长
维廷霍夫

第26装甲师

突击队

红色海滩
绿色海滩
藏茄色海滩
绿色海滩

英军
军长麦克里利

埃博利

塞勒(塞勒桥)

第16装甲师

第85特遣舰队
北部攻击部队
英国皇家海军准将G.N.奥利弗
(G. N. Oliver)

3号放下登陆
部队的位置

1号放下登陆
部队的位置

已扫过雷的进港航道

红色海滩
绿色海滩
藏茄色海滩
绿色海滩

巴蒂帕利亚

孟高维诺机场

第56步兵师

- 皇家海军舰艇"希拉里"号
- 皇家海军舰艇"罗伯茨"号
- 皇家海军舰艇"毛里求斯"号
- 皇家海军舰艇"乌干达"号
- 皇家海军舰艇"猎户座"号
- 皇家海军舰艇"德里"号
- 皇家海军舰艇"拉米雷"号
- 皇家海军舰艇"守望"号
- 皇家海军舰艇"忠诚"号
- 皇家海军舰艇"努比亚"号
- 皇家海军舰艇"鞑靼人"号
- 皇家海军舰艇"门道普"号
- 皇家海军舰艇"达尔克斯"号
- 皇家海军舰艇"泰特科玛"号
- 皇家海军舰艇"贝尔沃"号

- 皇家海军舰艇"布克克斯比"号
- 皇家海军舰艇"奎恩托克"号
- 皇家海军舰艇"布莱克莫尔"号
- 皇家海军舰艇"布普昔"号
- 皇家海军舰艇"博波尔"号
- 皇家海军舰艇"埃特穆尔"号
- 皇家海军舰艇"品都斯"号(希腊海军)
- 皇家海军舰艇"莱德伯里"号
- 皇家海军舰艇"布兰基"号

卷烟厂

山岭,
1361英尺

阿尔塔维拉

第29装甲掷弹兵师

舰炮火力支援

军团军长克拉克
国陆军中将马
W.克拉克(Mark
W. Clark)

已扫过雷的进港航道

阿尔巴内拉

索普拉诺山
3556英尺

卡帕乔

罗卡达斯皮德

第36步兵师

帕埃斯图姆

第6军
军长道利

索塔讷山
2079英尺

已扫过雷的进港航道

第81特遣舰队
南部攻击部队
美国海军少将约翰·L.霍尔(John L. Hall)

- 美国军舰"塞缪尔·蔡斯"号
- 皇家海军舰艇"阿伯克龙比"号
- 美国军舰"费城"号
- 美国军舰"萨凡纳"号
- 美国军舰"博伊西"号
- 美国军舰"布鲁克林"号
- 美国军舰"普伦基特"号
- 美国军舰"尼布拉克"号
- 美国军舰"本森"号
- 美国军舰"格里维斯"号
- 美国军舰"海奥"号
- 美国军舰"达拉斯"号
- 美国军舰"伯纳度"号
- 美国军舰"科尔"号

红色海滩
绿色海滩
黄色海滩
蓝色海滩

起始的运输区

报告的雷区

已扫过雷的进港航道

信标潜艇,皇家海军舰
艇"莎士比亚"号

抵抗德军反击的海
军舰炮火力支援

海
湾

阿格罗波利

第45步兵师

9月10日

意大利舰队投降，1943年9月9日—13日

盟军入侵西西里岛以及7月下旬墨索里尼被解职并逮捕之后，意大利的形势继续恶化。8月，新一届意大利政府开始与盟国谈判，寻求让意大利退出战争。双方代表于9月3日签署停战协议，但是局势远不是这般明朗，因为意大利政治和军事领导层内部存在分歧。停战协议于9月8日正式宣布。盟军最大的忧虑之一是意大利舰队的状况和未来。意大利舰队虽然已经削弱很多，但仍然是个威胁，特别是如果其出动对萨勒诺海岸线外的盟军舰船进行最后一击的话。因此，根据停战协议，意大利舰队将驶往马耳他并投降。当舰队主力于9月9日早上离开热那亚和拉斯佩齐亚时，舰队指挥官贝尔加米尼海军上将率领其驶往马达莱纳岛，因为他希望意大利政府在逃离罗马后在撒丁岛重新组建。这条路线导致意大利舰队易被纳粹德国空军海上攻击部队确定其位置并用无线电制导炸弹击沉其旗舰——"罗马"号战列舰。近2000名船员死亡1351人，其中包括贝尔加米尼。2艘意大利驱逐舰也被掩护博尼法乔海峡的德军炮兵击沉。

海军上将卡洛·贝尔加米尼(Carlo Bergamini)

"阿布鲁齐"号　　　　"罗马"号
"加里波第"号　　　　"维托里奥·维内托"号
"阿蒂利奥·雷戈洛"号　"意大利"号
1艘鱼雷艇　　　　　"欧吉尼奥·迪·萨伏伊"号
　　　　　　　　　"奥斯塔公爵"号
　　　　　　　　　"蒙特库科利"号
　　　　　　　　　8艘驱逐舰

法　国
西班牙
巴塞罗那

热那亚
拉斯佩齐亚
9月9日
0300

巴斯蒂
科西嘉岛
博尼法乔
"达·诺利"号
9月9日1600
"罗马"号
拉马达莱纳

"罗马"号沉没之后，巡洋舰"阿蒂利奥·雷戈洛"号和3艘驱逐舰被派去搜救幸存者。然后它们继续前往巴利阿里群岛，其船员将被关押在那里。

"维瓦尔第"号

撒丁岛
卡利亚里

巴利阿里群岛
波伦萨　马翁港
梅诺卡岛
马略卡岛
伊维萨岛

地　中　海

英国皇家海军少将A.E.拉T.比塞特(A. E. La T. Bisset)

"厌战"号
"英勇"号
"乔治五世国王"号
7艘驱逐舰

与英国舰队会合
9月10日

阿尔及尔

阿尔及利亚

图例

→ 意大利海军移动路线
⇢ 德军空袭
⚓ 主要海军基地

0　　　　　100 海里
0　　　　　100 千米

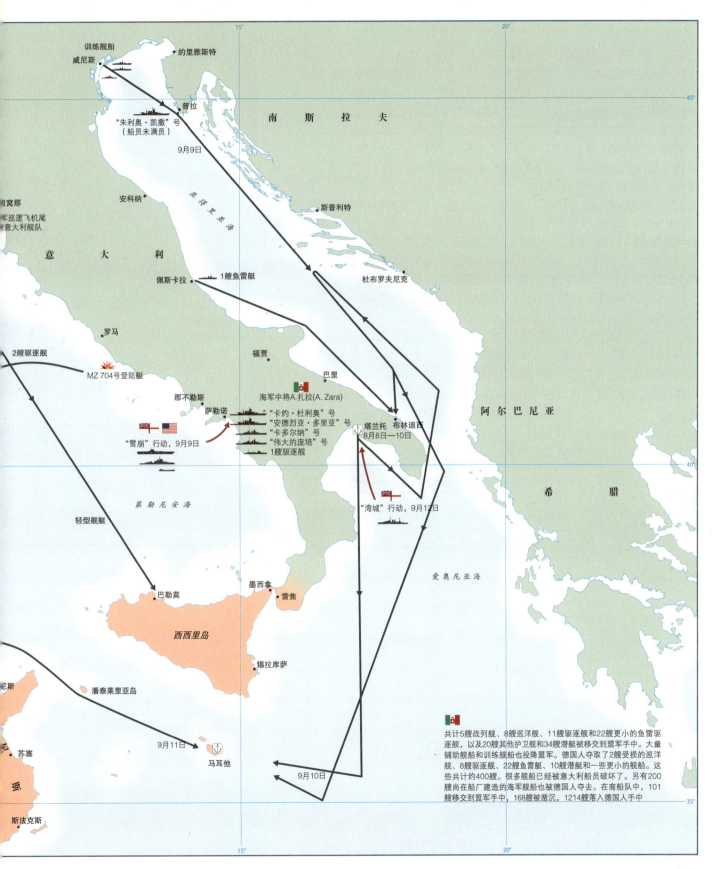

训练舰船
威尼斯
的里雅斯特
普拉
"朱利奥·凯撒"号
（船员未满员）
9月9日
南 斯 拉 夫
安科纳
斯普利特
里窝那
军巡逻飞机尾
意大利舰队
意 大 利
佩斯卡拉
1艘鱼雷艇
杜布罗夫尼克
罗马
福贾
巴里
阿 尔 巴 尼 亚
2艘驱逐舰
MZ 704号登陆艇
那不勒斯
萨勒诺
海军中将A.扎拉(A. Zara)
"卡约·杜利奥"号
"安德烈亚·多里亚"号
"卡多尔纳"号
"伟大的庞培"号
1艘驱逐舰
塔兰托
8月8日—10日
布林迪西
希 腊
"雪崩"行动，9月9日
第 勒 尼 安 海
"湾城"行动，9月12日
轻型舰艇
爱 奥 尼 亚 海
巴勒莫
墨西拿
雷焦
西 西 里 岛
锡拉库萨
苏塞
潘泰莱里亚岛
9月11日
9月10日
马耳他
斯法克斯
共计5艘战列舰、8艘巡洋舰、11艘驱逐舰和22艘更小的鱼雷驱逐舰，以及20艘其他护卫舰和34艘潜艇被移交到盟军手中。大量辅助舰船和训练舰船也投降盟军。德国人夺取了2艘受损的巡洋舰、8艘驱逐舰、22艘鱼雷艇、10艘潜艇和一些更小的舰船。这些共计约400艘。很多舰船已经被意大利船员破坏了。另有200艘尚在船厂建造的海军舰船也被德国人夺去。在商船队中，101艘移交到盟军手中，168艘被凿沉，1214艘落入德国人手中

227

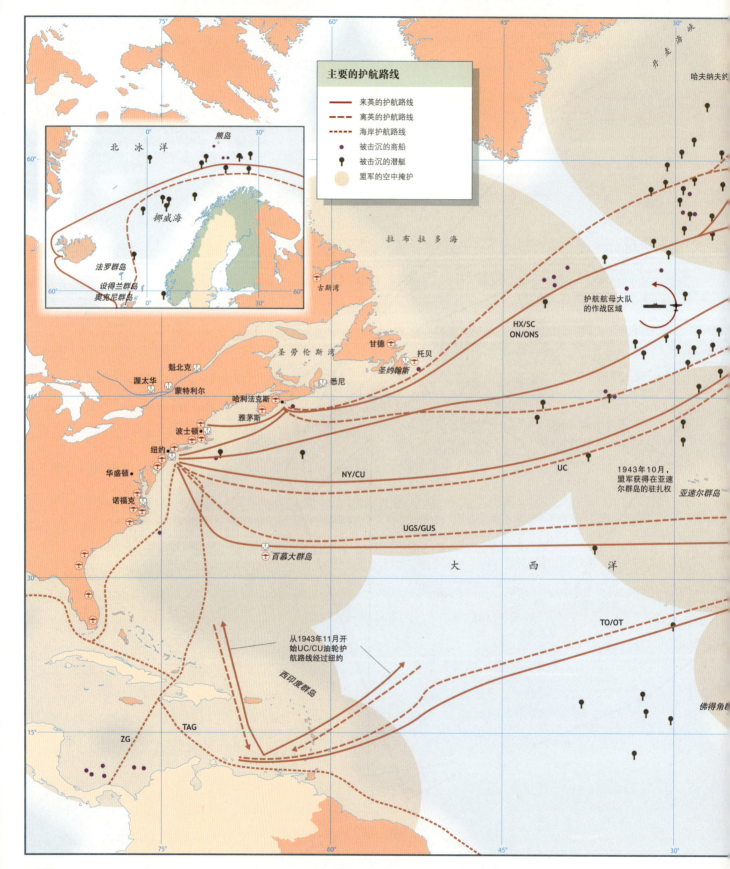

主要的护航路线

—— 来英的护航路线
- - - 离英的护航路线
···· 海岸护航路线
· 被击沉的商船
⚓ 被击沉的潜艇
　 盟军的空中掩护

内插图标注:
北 冰 洋
熊岛
挪威海
法罗群岛
设得兰群岛
奥克尼群岛

主图标注:
哈夫纳夫约
拉布拉多海
护航航母大队
的作战区域
HX/SC
ON/ONS
古斯湾
圣劳伦斯湾
甘德
托贝
圣约翰斯
魁北克
渥太华
蒙特利尔
悉尼
哈利法克斯
雅茅斯
波士顿
纽约
华盛顿
诺福克
NY/CU
UC
1943年10月,
盟军获得在亚速
尔群岛的驻扎权
亚速尔群岛
UGS/GUS
百慕大群岛
大 西 洋
TO/OT
从1943年11月开
始UC/CU油轮护
航路线经过纽约
西印度群岛
佛得角群
TAG
ZG

大西洋战役，1943 年 9 月—1944 年 5 月

盟国预计德国将在北大西洋重启潜艇战役，其大约有 200 艘潜艇可用，威胁远远没有结束。德国海军上将邓尼茨相信声自导鱼雷、改进的防空武器和雷达告警接收器将使潜艇在短期内收复一些失地。新型鱼雷专门用于击沉水面护航舰艇，而优先于攻击商船。长期的解决方案则是正在设计和建造中的新一代更快更强的潜艇。

9 月 20 日，一支由 19 艘潜艇组成的大队袭击了两支从英国起航后会合的护航船队，这是新型鱼雷首次在实战中使用。3 艘护航舰艇和 6 艘商船被击沉，但这远算不上一边倒的胜利，因为有两艘潜艇被击沉，另外两艘严重受损。虽然盟军对新型武器倍感意外，但是他们很快找到了对抗措施，无论是声自导鱼雷还是预置航迹鱼雷都没能产生决定性的影响。

9 月，盟国护航船队有 8 艘商船被击沉，但是这一数字在 10 月减半为 4 艘，而同一时间有 23 艘潜艇在北大西洋被击沉。盟军飞机在护航船队上空的持续存在使得潜艇的袭击几乎无法实施。虽然在北大西洋上空飞行的超远程（VLR）飞机越来越多，但是数量显著增加的用于保护船队的护航航母发挥的作用最大。护航航母搭载的战斗机能够击落德国侦察机——它们在东大西洋的活动略有增加。到 1 月底的时候，每支横渡北大西洋的护航船队都有 1 艘搭载战斗机的舰艇护卫，也有更多的航空母舰部署于支援大队。护航舰艇能在海上更长时间地活动，因为此时有能够为其提供补给的油船伴航。

随着盟军飞机数量的增加，潜艇主要潜到水下活动，这极大地限制了它们在大西洋中部发挥作用的能力，因为水下航行到作战区域需要 2 倍，甚至 3 倍的时间。通气管装置的引入使得潜艇能够在潜航状态下给电池充电，但是对提高发现或击沉商船的概率而言没有任何作用。从其他潜艇补充燃料的活动也停止了，所以除了一些远程潜艇之外，潜艇战役被限制在大西洋东部和北冰洋。整个 1944 年，在北大西洋被击沉的潜艇数量比被击沉的商船还多，到 3 月时，德国人的攻势实际上已经终止了。

损失的商船和潜艇 （所有战场和各种原因而导致）			
	吨位(吨)	商船(艘)	潜艇(艘)
1943年			
9月	156419	29	12
10月	139861	29	27
11月	144391	29	21
12月	168524	31	8
1944年			
1月	130635	26	15
2月	116855	23	20
3月	157960	25	25
4月	82372	13	21
5月	27297	5	22

"西西里"行动，1943年9月6日—9日

"提尔皮茨"号从来没有与其他军舰交战，该战列舰的主武器唯一一次在战斗中开火是在1943年9月对斯匹茨卑尔根岛的突袭中。这次行动也被称作"西西里"行动，德军的作战行动包括炮击和登陆部队去摧毁岸上设施。其战略价值是有限的，除了给德国军舰提供一些在海上活动的时间之外，其主要目的是向希特勒证明水面舰队的作用。9月6日，"提尔皮茨"号、"沙恩霍斯特"号和9艘驱逐舰搭载着1个步兵营启程驶往斯匹茨卑尔根岛。随着1941年盟军的撤离，岛上煤矿开采的经济活动大部分已经停止，但岛上还有少量盟军人员维护气象站和通信设施。实际作战行动只持续了几个小时。

"提尔皮茨"号的服役是英国人真正的担忧，随后英国人发起"源头"行动，连同"战车"行动，是英国皇家海军在战争中进行的最大胆的突击行动之一。挪威北部的众多峡湾是德国军舰寻求避难所的理想基地，因为它们当时在盟军空中力量的作战范围之外。英国人没有足够的航母力量去进行一次航母打击，而峡湾中狭窄的水域，再加上反潜防御措施，使得潜艇攻击也几乎不可能。唯一的选择就是部署袖珍潜艇，在意大利人和日本人展示了袖珍潜艇的效用之后，英国人也于1942年订购了一些。这些袖珍潜艇于1943年初交付，在进行了秘密训练之后，夏季末就作好了作战准备。其在此次行动中遭受的损失是很大的，操纵6艘袖珍潜艇的18个人中9人死亡，6人被俘。"提尔皮茨"号虽然没有沉没，但也严重受损，其所需的维修工作一直持续到1944年4月。

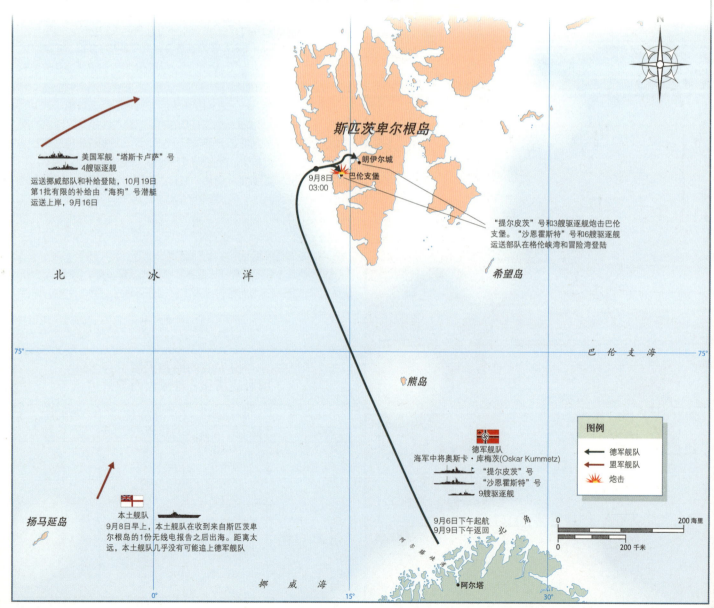

230

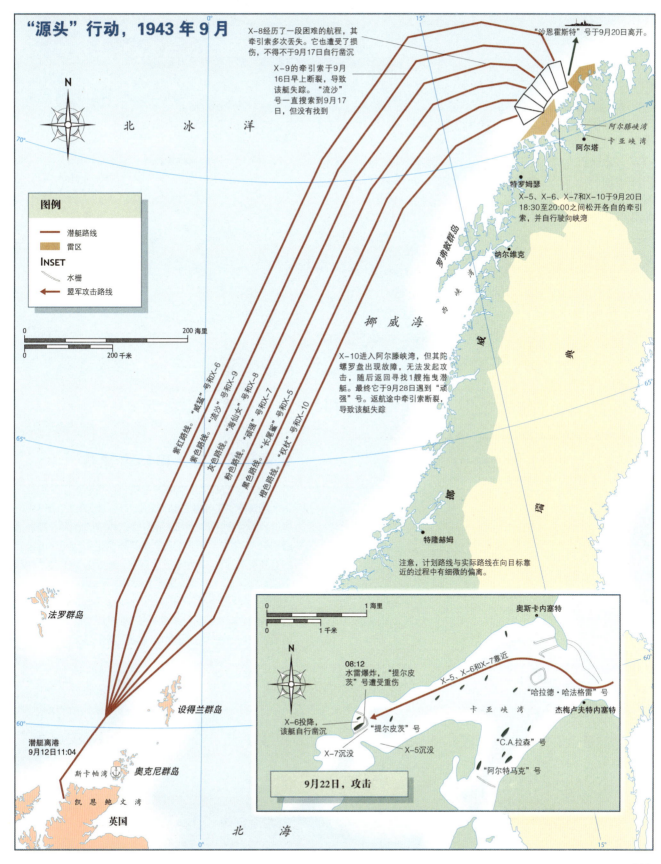

"源头"行动，1943 年 9 月

X-8经历了一段困难的航程，其牵引索多次丢失。它也遭受了损伤，不得不于9月17日自行凿沉

X-9的牵引索于9月16日早上断裂，导致该艇失踪。"流沙"号一直搜索到9月17日，但没有找到

"沙恩霍斯特"号于9月20日离开。

N

北 冰 洋

阿尔滕峡湾
卡亚峡湾
阿尔塔

特罗姆瑟

X-5、X-6、X-7和X-10于9月20日18:30至20:00之间松开各自的牵引索，并自行驶向峡湾

罗弗敦群岛

纳尔维克

图例

潜艇路线
雷区
INSET
水栅
盟军攻击路线

挪 威 海

X-10进入阿尔滕峡湾，但其陀螺罗盘出现故障，无法发起攻击，随后返回寻找1艘拖曳潜艇。最终它于9月28日遇到"顽强"号。返航途中牵引索断裂，导致该艇失踪

0　　　　　200 海里
0　　　　　200 千米

瑞

紫红路线。"威猛"号和X-6
紫色路线。"流沙"号和X-9
灰色路线。"海仙女"号和X-8
粉色路线。"顽强"号和X-7
黑色路线。"长尾鲨"号和X-5
褐色路线。"坟枚"号和X-10

挪

特隆赫姆

注意，计划路线与实际路线在向目标靠近的过程中有细微的偏离。

奥斯卡内塞特

0　　　　1海里
0　　　　1千米

N

法罗群岛

08:12
水雷爆炸，"提尔皮茨"号遭受重伤

X-5、X-6和X-7靠近

"哈拉德·哈法格雷"号

杰梅卢夫特内塞特

X-6投降，该艇自行凿沉

"提尔皮茨"号

卡亚峡湾

"C.A.拉森"号

设得兰群岛

X-7沉没　　X-5沉没

"阿尔特马克"号

9月22日，攻击

潜艇离港
9月12日11:04

斯卡帕湾

奥克尼群岛

凯恩鲍文湾

英国

北 海

231

雪唯诺
敦克斯维尔
南安普敦
圣埃瓦尔
普利茅斯

瑟堡

英 吉 利 海 峡

Fw 190

Me 110

布雷斯特

法 国

Me 410

洛里昂

圣纳泽尔

U383
8月1日

U418
6月1日

U614
7月29日

U106
8月2日

U706
8月2日

U126
7月3日

U459
7月24日

U404
7月28日

U461
7月30日

U545
8月2日

U504
7月30日

U449
6月24日

U607
7月13日

U462
7月30日

U558
7月20日

U119
6月24日

U564
6月14日

U628
7月3日

U535
7月5日

U514
7月8日

拉帕利斯

波尔多

比 斯 开 湾

巴约讷

西 班 牙

Me 410

大 西 洋

来自英国的盟军飞
机的巡逻区域

菲尼斯特雷角

U506
7月12日

来自直布罗陀和摩洛
哥的盟军飞机的巡
逻区域

N

U232
7月8日

U435
7月9日

里斯本

葡 萄 牙

U951
7月7日

直布罗陀

丹吉尔

200 海里

200 千米

利奥泰港

卡萨布兰卡

摩 洛 哥

比斯开湾攻势，1943 年夏季

作为对潜艇夏季攻势的一部分，盟军增加了比斯开湾和东大西洋上空的空中力量存在。6月，额外 70 架飞机临时配属给英国皇家空军海岸司令部；其中大部分配属于掩护西部水道的第 19 大队。作为回应，纳粹德国空军增加了远程战斗机的巡逻次数，因此大西洋上空爆发了激烈的空战。从 7 月开始，从直布罗陀起飞的英国皇家空军飞机和从摩洛哥利奥泰港起飞的美国陆军航空队飞机也加入行动。3 天之内，来自同一大队的 3 艘潜艇被击沉在葡萄牙海岸线外。除了增加空中巡逻，英国人还开始将水面舰艇大队派进比斯开湾。

图例

—— 潜艇驶往公海的航线

↘ 被击沉的潜艇
（数量/日期）

🛦 盟国空军基地

🛦 德国空军基地

🚢 潜艇基地

撒丁岛和科西嘉岛，1943 年 9 月

　　盟军在萨勒诺登陆之后，德国决定撤离他们在撒丁岛和科西嘉岛的部队：第 90 装甲掷弹兵师，堡垒部队和纳粹德国空军部队。原本计划守住科西嘉岛，但在 9 月 12 日希特勒下令科西嘉岛的部队也要撤离。从撒丁岛的转移于 9 月 18 日完成，过程中没有遇到盟军的干涉。第 1 批美国部队在 9 月 13 日至 14 日夜间空降在撒丁岛上，第 1 批英国舰船在德军完成撤离的当天进入卡利亚里。

　　德国海军上校古斯塔夫·冯·利本施泰因奉命负责这次行动，他曾是西西里岛撤离行动的指挥官。德国计划使用巴斯蒂亚港撤离重型装备，而大部分官兵则通过飞机空运。为此，德国人从意大利人手中夺走了科西嘉岛东北部的控制权，并占领了厄尔巴岛。与此同时，岛上的法国抵抗力量开始对撤退的德国部队采取行动。由于担心这次武器装备薄弱的抵抗运动会遭到德国人镇压，法属北非当局派出法国军舰向该岛运送部队和物资。这次德军撤离大体上畅通无阻，直到 9 月 21 日英美两国的轰炸机空袭巴斯蒂亚港，并击沉了 5 艘船只。意大利的终点港口和机场也遭到轰炸，但基本没有动用水面舰艇攻击撤退航线。一共只击沉了 18 艘舰船，除了 1 艘被用作运输船的油轮被英国潜艇的鱼雷击沉之外，其他都是小型船只。对德国人来说，这次撤离行动比之前的墨西拿撤离行动更为成功，因为这次的距离更远，而且还没有沿岸防御部队的保护。

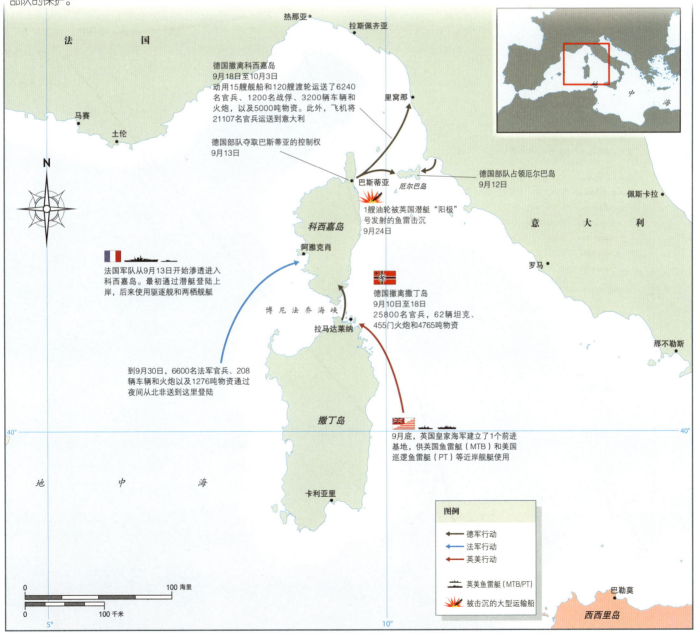

233

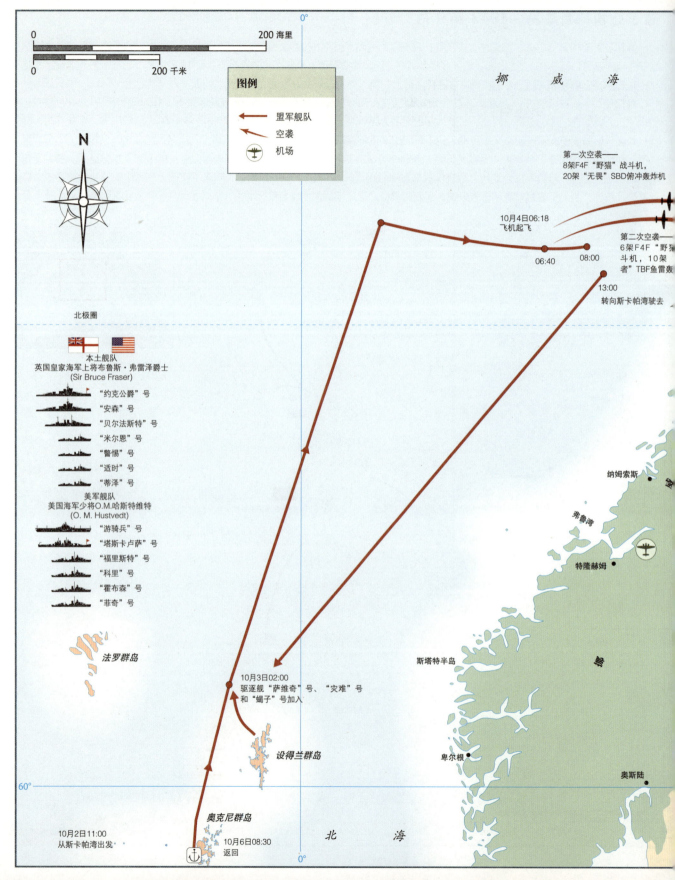

图例

盟军舰队
空袭
机场

第一次空袭——
8架F4F"野猫"战斗机,
20架"无畏"SBD俯冲轰炸机

10月4日06:18
飞机起飞

06:40   08:00

第二次空袭——
6架F4F"野猫"
斗机,10架"复仇
者"TBF鱼雷轰

13:00
转向斯卡帕湾驶去

挪 威 海

北极圈

本土舰队
英国皇家海军上将布鲁斯·弗雷泽爵士
(Sir Bruce Fraser)

"约克公爵"号
"安森"号
"贝尔法斯特"号
"米尔恩"号
"警惕"号
"适时"号
"蒂泽"号

美军舰队
美国海军少将O.M.哈斯特维特
(O. M. Hustvedt)

"游骑兵"号
"塔斯卡卢萨"号
"福里斯特"号
"科里"号
"霍布森"号
"菲奇"号

纳姆索斯

弗鲁湾

特隆赫姆

斯塔特半岛

挪

法罗群岛

10月3日02:00
驱逐舰"萨维奇"号、"灾难"号
和"蝎子"号加入

卑尔根

设得兰群岛

奥斯陆

奥克尼群岛

60°

10月2日11:00
从斯卡帕湾出发

10月6日08:30
返回

北   海

234

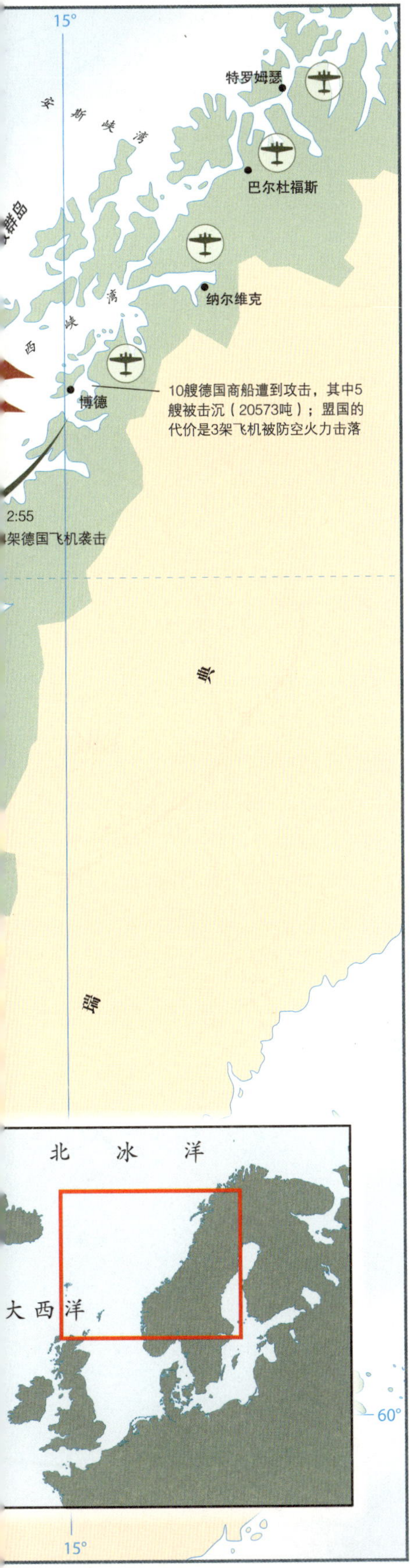

"利安得"行动，1943年10月4日

在英国人最后一次使用航母袭击挪威北部之后的2年里，海军航空兵的战斗能力得到大幅提升。8月，美国航空母舰"游骑兵"号加入美国海军特遣舰队，与英国本土舰队一起作战，大大提高了海军上将弗雷泽可支配的舰队的攻击能力。由于德军"提尔皮茨"号在"源头"行动中遭受重伤而失去机动能力，他能够更具进攻性地部署本土舰队对付德军在挪威的阵地。第一次行动是袭击博德港周围的德国航运。"游骑兵"号的第4航空大队大约由60架飞机组成，而一半以上的机组人员都是第一次参加实战。

10月4日早上6点至7点，盟军发动两次空袭，而且由于天气状况和能见度良好，飞机在很低的高度接近目标区域。纳粹德国空军在该地区有多个基地，但是其在北极地区的力量已经被大幅削减，此时没有战斗机可用来拦截这两次空袭。由于博德港周围的船只数量超过预期，空袭造成了大量的破坏，被判定为高度成功。除了被击沉的船只，1艘10000吨级的油轮和1艘运兵船也在博德港外锚地遭受重创。到早上9点，盟军航空大队已经返回航母，直到下午1点，才有少量德军飞机发现盟军舰队的位置。在弗雷泽决定返回斯卡帕湾之前，2架德军飞机被进行战斗空中巡逻的盟军飞机击落。这也是美国人在北欧水域的最后一次大规模作战行动。德国水面舰队威胁的削弱和英国本土舰队航母力量的增强，以及通过护航航母的增加，促使海军上将金把美国海军撤出此战场。

地图标注

特罗姆瑟

巴尔杜福斯

纳尔维克

博德

10艘德国商船遭到攻击，其中5艘被击沉（20573吨）；盟国的代价是3架飞机被防空火力击落

2:55

架德国飞机袭击

北 冰 洋

大 西 洋

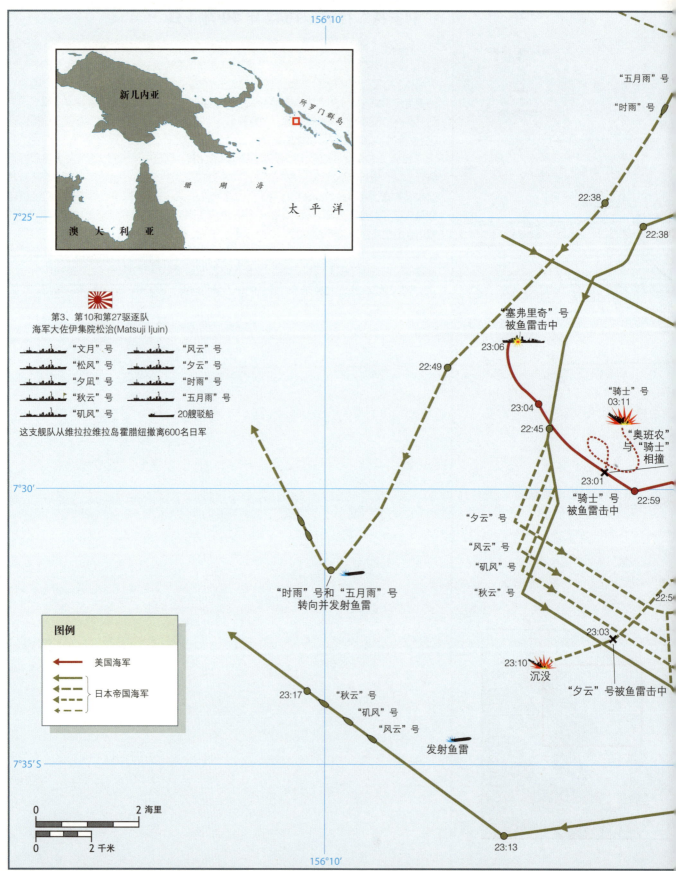

新几内亚

所罗门群岛

珊 瑚 海

太 平 洋

澳 大 利 亚

第3、第10和第27驱逐队
海军大佐伊集院松治(Matsuji Ijuin)

"文月"号　　　　"风云"号
"松风"号　　　　"夕云"号
"夕凪"号　　　　"时雨"号
"秋云"号　　　　"五月雨"号
"矶风"号　　　　20艘驳船

这支舰队从维拉拉维拉岛霍腊纽撤离600名日军

"五月雨"号

"时雨"号

22:38

22:38

"塞弗里奇"号
被鱼雷击中
23:06

22:49

23:04

22:45

"骑士"号
03:11

"奥班农"
与"骑士"
相撞

23:01

"骑士"号
被鱼雷击中

22:59

"夕云"号

"风云"号

"矶风"号

22:5

"秋云"号

23:03

"时雨"号和"五月雨"号
转向并发射鱼雷

23:10

沉没

"夕云"号被鱼雷击中

图例

美国海军

日本帝国海军

23:17

"秋云"号

"矶风"号

"风云"号

发射鱼雷

0　　　　　　2 海里

0　　　　　　2 千米

156°10'

7°25'

7°30'

7°35'S

23:13

236

日军小型舰船

22:35 ————————————— 7°25'

"秋云"号

"矶风"号

'风云'号

'7云'号

🇺🇸

第4驱逐舰中队
海军上校F.R.沃克(F. R. Walker)

"奥班农"号

"骑士"号

"塞弗里奇"号

22:52

56 ————————————————— 7°30'
22:55

N

"7云"号开火

在附近的
海军上校H.O.拉尔森(H. O. Larson) ——— 7°35'S

"拉尔夫·塔尔博特"号

"泰勒"号

"拉·瓦利特"号

维拉拉维拉海战，1943 年 10 月 6 日

　　10月，日军已经从所罗门群岛中部的阵地撤离，仅在维拉拉维拉岛北端留下不足600人的卫成部队，那里曾被用作补给站。日本海军大佐伊集院奉命撤离这支部队。他计划用3艘驱逐舰－运输船护卫大约20艘驳船进入此区域，另有6艘驱逐舰掩护。这支舰队将分散美国人的注意力，以掩护大约由12艘小型舰船组成的真正撤离舰队的动向，也可能伏击出现的任何美国舰船。日军在早上离开拉包尔，夜里10点到达维拉拉维拉岛西北。该区域里唯——支美军舰队是沃克海军上校的第4驱逐舰中队，尽管另一支同等规模的舰队正赶来增援。双方都知道对方的存在。伊集院派出部分舰艇前去与驳船会合。

　　晚上10点30分左右，伊集院和沃克彼此发现了对方，在做了一些机动动作之后，分别于10点54分和10点56分发射鱼雷，随后用舰炮射击。"骑士"号被击中，又意外地被"奥班农"号撞上。冲在前面的"塞弗里奇"号独自发动攻击，但在11点06分被日军鱼雷击中，其舰首被炸掉。11点13分，1架日军空中巡逻机通知伊集院另外一些美军舰船已经在很近的范围内了，伊集院认为它们是巡洋舰，下令撤退。日军向3艘遭受重创的美军驱逐舰发射24枚鱼雷进行最后一次齐射，但是一命中。"骑士"号受损严重而无法挽救，凌晨3点被驱逐舰"拉·瓦利特"号发射的1枚鱼雷击沉。在混战中，日军部队的撤离没有被注意到。

237

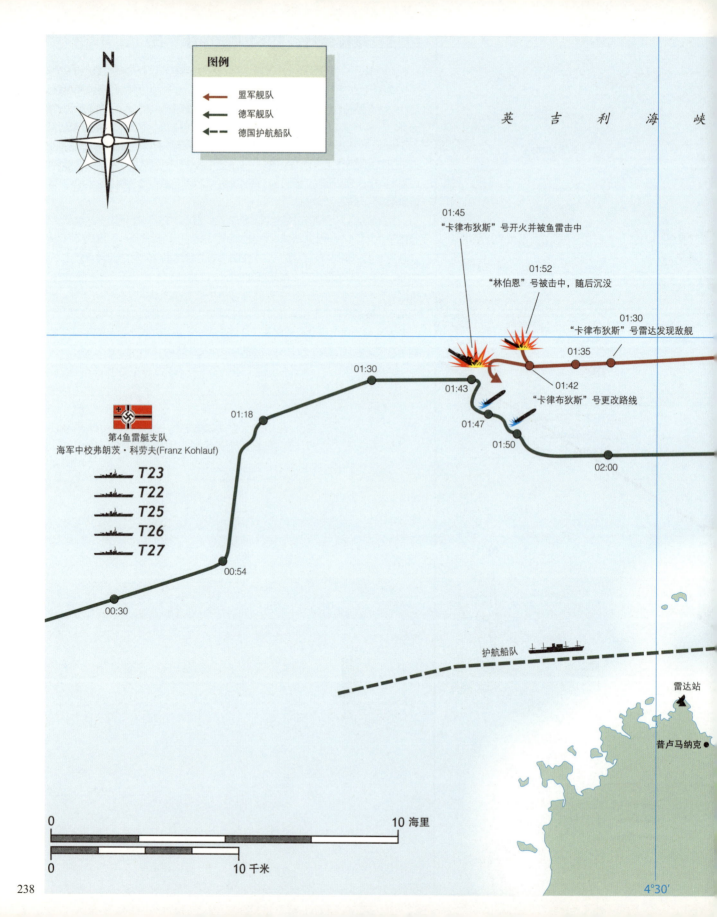

英 吉 利 海 峡

图例

盟军舰队
德军舰队
德国护航船队

01:45
"卡律布狄斯"号开火并被鱼雷击中

01:52
"林伯恩"号被击中，随后沉没

01:30
"卡律布狄斯"号雷达发现敌舰

01:35

01:42
"卡律布狄斯"号更改路线

01:30

01:43

01:18

01:47

01:50

02:00

第4鱼雷艇支队
海军中校弗朗茨·科劳夫(Franz Kohlauf)

T23
T22
T25
T26
T27

00:54

00:30

护航船队

雷达站

普卢马纳克

0   10 海里

0   10 千米

4°30'

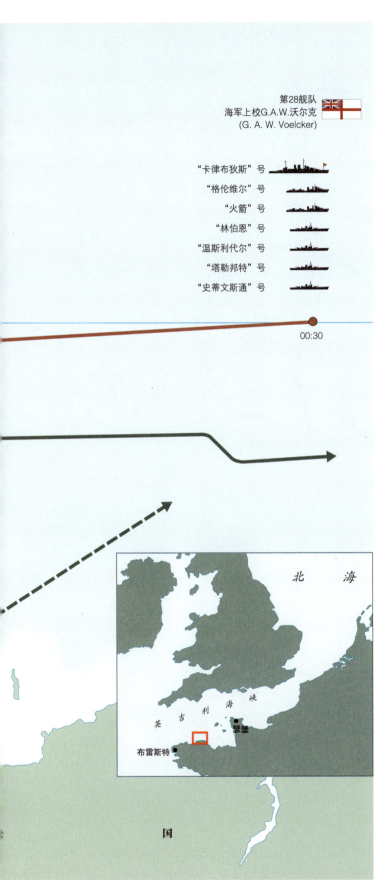

第28舰队
海军上校G.A.W.沃尔克
(G. A. W. Voelcker)

"卡律布狄斯"号

"格伦维尔"号

"火箭"号

"林伯恩"号

"温斯利代尔"号

"塔勒邦特"号

"史蒂文斯通"号

00:30

北　海

英　吉　利　海　峡

瑟堡

布雷斯特

国

"隧道"行动，1943 年 10 月 23 日

随着英国皇家海军这一年在英吉利海峡组建由驱逐舰、护卫舰和近岸舰艇组成的舰队，其攻击德国近岸护航船队的能力与日俱增。1943 年，英吉利海峡有不定期的航运，包括一些商船分阶段从大西洋港口驶往北海的活动。夏季，敌对双方的近岸舰艇经常在荷兰海岸线外进行交战，瑟堡和韦桑岛之间也发生了较小规模的战斗。这里，在英吉利海峡西部，德国人有一支由 6 艘大型驱逐舰、6 艘小型驱逐舰、5 艘大型鱼雷艇以及一些小型辅助舰艇组成的较大规模的舰队。10 月初，双方驱逐舰在布列塔尼海岸线外发生了一次冲突，结果打成平局，英国人决定通过调派一艘轻型巡洋舰来增强这些扫荡行动的打击力量。"隧道"行动是夜间突袭德国航运路线的应急计划，因为当时情报显示德国人将有一次行动。

10 月 9 日，德国"明斯特兰"号偷偷通过封锁线到达布雷斯特，当它在 10 月 20 日之前还没到达瑟堡时，英国人决定在 10 月 22 日至 23 日夜间实施一次进攻巡逻以拦截它。然而，这支英国混合舰队从未作为一个整体行动过。除了轻型巡洋舰"卡律布狄斯"号之外，还有 2 艘舰队驱逐舰和 4 艘更小、航速更慢的"狩猎"级驱逐舰——它们通常部署在西部水道为船队护航。10 月 22 日下午，"明斯特兰"号作为护航船队的一部分，与 8 艘小型护航舰艇一起离开布雷斯特。5 艘经受过良好训练的鱼雷艇提供掩护，德国人还通过岸基雷达提供预警。因此他们能够追踪并向英国人发起鱼雷攻击，而后者在凌晨 1 点 45 分准备开火。英国人陷入混乱，几分钟之内战斗就结束了。"卡律布狄斯"号于凌晨 2 点 30 分沉没，随后"林伯恩"号于早上 6 点 40 分沉没——在最初的自沉尝试失败后，它被英军自己发射的多枚鱼雷命中而沉没。

蒂诺斯岛

米克诺斯岛

伊卡里亚岛

萨摩斯岛

9月26日，2艘盟军驱逐舰被纳粹德国空军击沉

莱罗斯岛沦陷
后，500名英国士兵
乘坐驱逐舰撤离

阿加托尼西岛

利普西岛

由于罗德岛无法攻下，英国人转而
占领罗德岛北部的一些岛屿。9月10
日至17日，第234步兵旅被从马耳
他运来。此外，来自特别舟艇部队
（SBS）和沙漠远程突击队（LRDG）
的突击队员，以及伞兵和一些希腊部
队也参与了行动。两个"喷火"战斗
机中队被派到科斯岛作战

帕特莫斯岛

莱罗斯岛

纳克索斯岛

多诺萨岛

莱维萨岛

10月22日至24日，
2艘英国驱逐舰在雷
区沉没

帕罗斯岛

基纳罗斯岛

卡利姆诺斯岛

"美洲豹"行动
登陆和空降行动在11月12日上午
开始，总人数大约为1500人。11
月16日，3200名英军士兵和5300
名意军士兵投降

普塞里莫斯岛

科斯岛

伊奥斯岛

阿莫尔戈斯岛

10月7日上午，英国2艘巡洋舰
和2艘驱逐舰拦截并击沉了1
支搭载着1个营驶往科斯岛的德
国船队

斯坦帕利亚岛

玖德留萨岛

锡米岛

皮斯科皮岛

阿利米亚岛

"北极熊"行动
登陆开始于10月3日上午，人数从
大约2000人增加到4000人。10月
4日，1400名英军士兵和3100名
意军士兵投降

哈尔基亚岛

罗德岛

锡拉岛

多德卡尼斯群岛

第10航空军
纳粹德国空军快速增援了其打击
力量，到10月时飞机从284架增
加到了362架。大部分增援飞机是
中型轰炸机

斯卡潘托岛

卡索斯岛

克里特岛

9月19日被德国部队占领

爱琴海，1943 年 9 月—11 月

当与意大利的停战协议于 9 月 8 日生效时，英国人试图利用意大利对多德卡尼斯群岛的所有权，并向该地区派遣一支小型舰队。从战略上看，这些岛屿将为近岸舰艇和潜艇提供基地，以攻击德国人在爱琴海的海上交通线，另外盟军在该地区的到来还可能诱使土耳其加入对德作战。实际上，为期 3 个月的爱琴海战役以彻底失败告终，主要是由于英国在意大利战役初期和登陆的同时没有足够的资源投入这场行动。地中海东部的海军和空军部队不足，那些可用的飞机和舰艇也普遍没有足够的航程和续航力从塞浦路斯、埃及或利比亚的基地前往爱琴海作战。虽然英国人制定了在克里特岛和罗德岛登陆的应急计划，但是在 9 月的时候也没有必需的船只和部队可用。

最初，德国能够守住最重要的岛屿——罗德岛，抵挡住一切抵达的英国部队。但是英国人逐渐在科斯岛、莱罗斯岛和萨摩斯岛派驻兵力。德国人拥有空中优势，并在 9 月底开始反攻时，利用制空权最大限度地弥补了海军劣势。英国人发现难以在所有进近航线上连续巡逻，10 月 3 日早上，德军成功在科斯岛登陆。而英国皇家海军派来了巡洋舰，这对击沉德国人的一支后续船队起了重要作用，这场战役越来越变成盟国海军和德国空军之间的较量。英国人缺乏足够的资源增援爱琴海，莱罗斯岛沦陷后，其余分布在北部几个岛屿上的大约 1400 人都被撤离了。

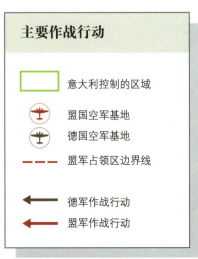

一支大约7500人的德国部队迫使意大利的40000人防御部队投降

土 耳 其

37°N

卡斯特洛里佐岛

36°N

意大利守军向9月8日登陆的英国部队投降

在海军方面，此次战役的代价是英国和希腊方面有4艘巡洋舰受损（其中1艘损伤严重无法修复），6艘驱逐舰沉没，4艘驱逐舰受损。此外还损失了2艘潜艇和10艘辅助舰船

35°N

40 海里

40 千米

主要作战行动

意大利控制的区域

盟国空军基地

德国空军基地

盟军占领区边界线

德军作战行动

盟军作战行动

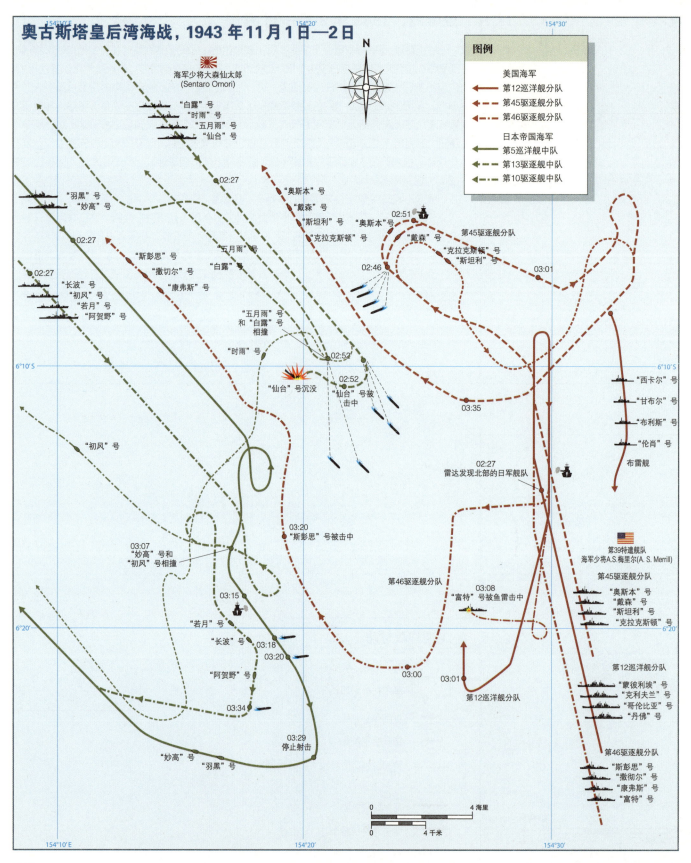

奥古斯塔皇后湾海战，1943年11月1日—2日

图例

美国海军
第12巡洋舰分队
第45驱逐舰分队
第46驱逐舰分队

日本帝国海军
第5巡洋舰中队
第13驱逐舰中队
第10驱逐舰中队

海军少将大森仙太郎
(Sentaro Omori)

"白露"号
"时雨"号
"五月雨"号
"仙台"号

02:27

"羽黑"号
"妙高"号

02:27

"斯彭思"号
"撒切尔"号
"康弗斯"号

"五月雨"号
"白露"号

"奥斯本"号
"戴森"号
"斯坦利"号 "奥斯本"号
"克拉克斯顿"号

02:51

"戴森"号

"克拉克斯顿"号
"斯坦利"号

第45驱逐舰分队

03:01

02:46

02:27

"长波"号
"初风"号
"若月"号
"阿贺野"号

"五月雨"号
和"白露"号
相撞

"时雨"号

02:52

"仙台"号沉没

02:52

"仙台"号被
击中

03:35

"初风"号

"西卡尔"号
"甘布尔"号
"布利斯"号
"伦肖"号

布雷舰

02:27
雷达发现北部的日军舰队

03:20
"斯彭思"号被击中

03:07
"妙高"号和
"初风"号相撞

第46驱逐舰分队

03:08
"富特"号被鱼雷击中

第39特遣舰队
海军少将A.S.梅里尔(A. S. Merrill)

第45驱逐舰分队
"奥斯本"号
"戴森"号
"斯坦利"号
"克拉克斯顿"号

03:15

"若月"号

"长波"号 03:18

03:20

"阿贺野"号

03:00

03:01

第12巡洋舰分队

第12巡洋舰分队
"蒙彼利埃"号
"克利夫兰"号
"哥伦比亚"号
"丹佛"号

03:34

03:29
停止射击

"妙高"号

"羽黑"号

第46驱逐舰分队
"斯彭思"号
"撒彻尔"号
"康弗斯"号
"富特"号

0   4海里

0   4千米

圣乔治角海战，1943 年 11 月 25 日

11月1日，美国海军陆战队第3师在奥古斯塔皇后湾的托罗基纳角登上布干维尔岛。海军掩护由海军少将梅里尔的第39特遣舰队提供，该舰队在支援登陆前一夜炮击了日军外围阵地。负责指挥该区域日本海军舰队的海军少将大森仙太郎奉命用其军舰去为5艘当晚搭载着900人的部队驶往奥古斯塔皇后湾的驱逐舰－运输船护航，并在卸载完部队后攻击美国运输船。大森仙太郎不知道的是，美国海军陆战队已经将大部分装备卸载上岸，大部分运输船在下午6点离开了此区域。美军飞机一直在跟踪日军舰队，并晚上9点后不久发起攻击。已经丧失了突然性，大森仙太郎命令运输船返回，并决定对奥古斯塔皇后湾进行一次扫荡。11月2日凌晨1点30分，从"羽黑"号上起飞的1架侦察机发现了美国运输船（实际上是1小队扫雷舰），这令大森仙太郎相信应继续行动。从东南方向驶来的第39特遣舰队于下午2点27分在雷达上发现了日军。梅里尔计划从两翼发起驱逐舰鱼雷攻击，并让他的巡洋舰最初位于后方，在日军鱼雷的射程之外。这一计划几乎成功了，但是在最后一刻日军巡洋舰"仙台"号发现了美国海军上校伯克的驱逐舰分队（第45驱逐舰分队），并开火。战斗很快演变成了一场混乱的高速近战，凌晨3点30分左右，大森仙太郎决定撤退，因为他认为自己面对的是一支在数量上占据优势的美国舰队。

圣乔治角海战是所罗门群岛战役中的最后一次大规模水面战斗，同时也标志着"东京快车"的终结。美军在布干维尔岛登陆之后，日本陆军想增援北部的布卡岛守军。11月24日，3艘驱逐舰－运输船在2艘驱逐舰的掩护下运来了大约900人的部队。在返回拉包尔的途中，这支舰队遭到一支美军驱逐舰中队的伏击，后者利用雷达进行了一次鱼雷突袭。

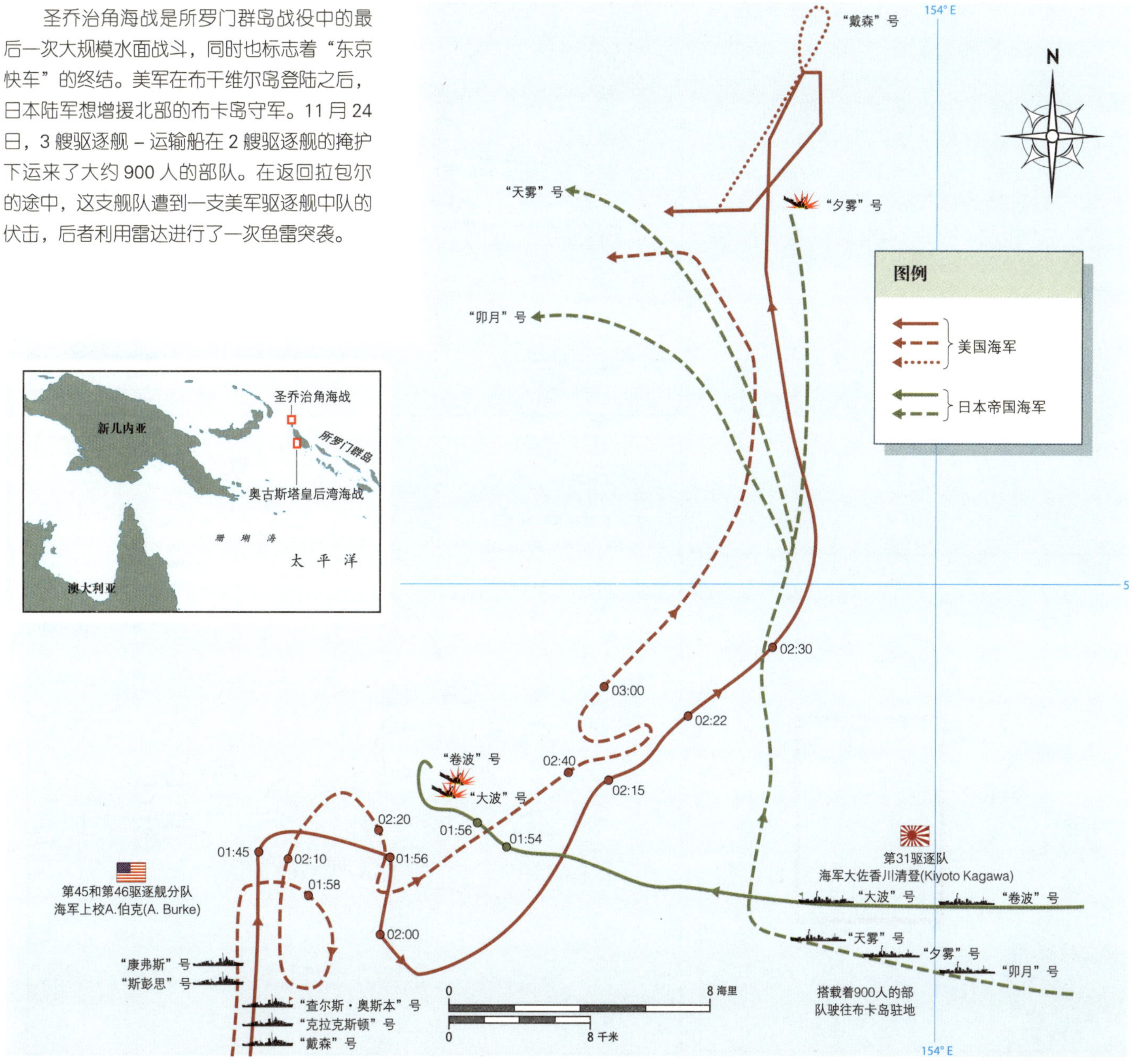

图例

美国海军

日本帝国海军

243

"电流"行动，1943年11月

太平洋中部前线直到1943年秋季都保持平静。除了潜艇巡逻和舰载机或海军陆战队小规模部队的偶尔袭击，美国人很少针对吉尔伯特群岛和马绍尔群岛的日军外围屏障采取行动，因为美国人的注意力集中在太平洋西南区域。马绍尔群岛在战前一直处于日本人的控制之下，而吉尔伯特群岛于1941年12月被日本人占领，并在第2年建立基地。这些群岛不能忽视，因为日本人可能利用它们攻击美国人的补给线，并推进到密克罗尼西亚。由于这些岛屿都在美国陆基航空兵的航程之外，因此只有当太平洋舰队有航空母舰可用时才能占领它们。夏季，美国人决定首先夺取吉尔伯特群岛。塔拉瓦岛——拥有唯一一个完工的机场，以及防御薄弱的马金岛将是攻击对象，而被认为是防御得太好的瑙鲁岛则被忽略了。美国人部署了两支攻击部队，并有一支大规模海军舰队支援。这次登陆行动为未来的作战行动提供了很多有价值的教训，双方都伤亡惨重，日本守军几乎全部阵亡。美国海军的损失为1艘航空母舰受损，1艘护航航母沉没，而日军参战的9艘潜艇损失了6艘。

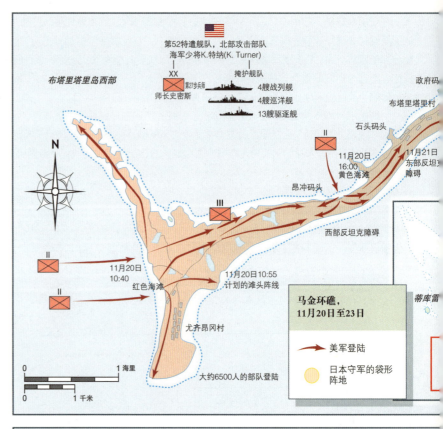

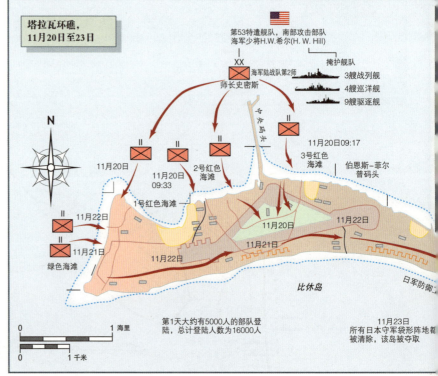

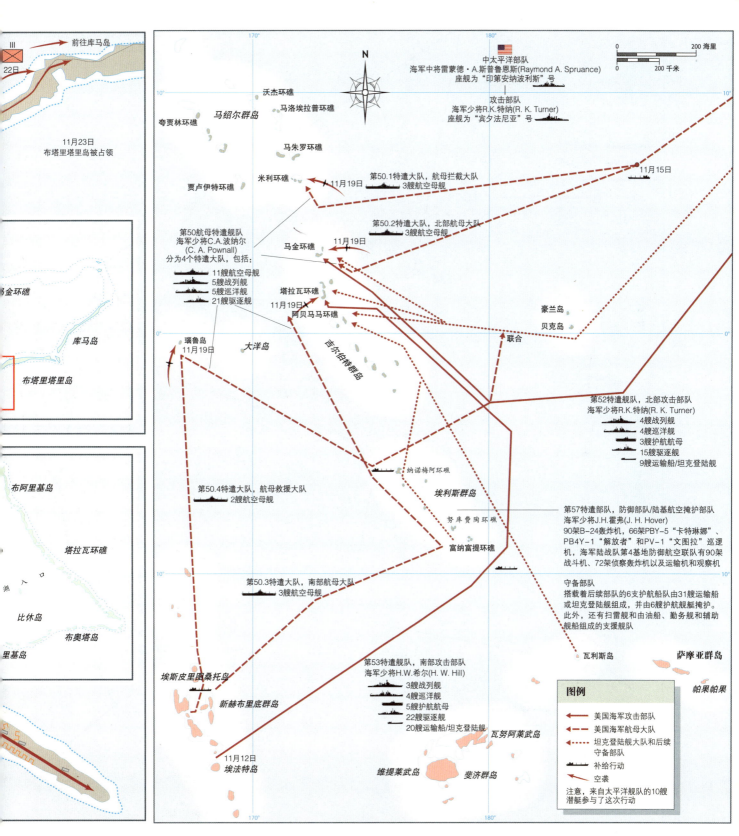

前往库马岛

11月23日
布塔里塔里岛被占领

11月22日

11月23日
布塔里塔里岛被占领

马金环礁

库马岛

布塔里塔里岛

布阿里基岛

塔拉瓦环礁

比休岛

布奥塔岛

里基岛

沃杰环礁

夸贾林环礁

马绍尔群岛

马洛埃拉普环礁

马朱罗环礁

贾卢伊特环礁

米利环礁

中太平洋部队
海军中将雷蒙德·A.斯普鲁恩斯(Raymond A. Spruance)
座舰为"印第安纳波利斯"号

攻击部队
海军少将R.K.特纳(R. K. Turner)
座舰为"宾夕法尼亚"号

第50.1特遣大队，航母拦截大队
3艘航空母舰

11月19日

11月15日

第50.2特遣大队，北部航母大队
3艘航空母舰

11月19日

第50航母特遣舰队
海军少将C.A.波纳尔
(C. A. Pownall)
分为4个特遣大队，包括：
11艘航空母舰
5艘战列舰
5艘巡洋舰
21艘驱逐舰

马金环礁

11月19日

塔拉瓦环礁

11月19日

阿贝马马环礁

瑞鲁岛

11月19日

大洋岛

吉尔伯特群岛

豪兰岛

贝克岛

联合

纳诺梅阿环礁

埃利斯群岛

第52特遣舰队，北部攻击部队
海军少将R.K.特纳(R. K. Turner)
4艘战列舰
4艘巡洋舰
3艘护航航母
15艘驱逐舰
9艘运输船/坦克登陆舰

第50.4特遣大队，航母救援大队
2艘航空母舰

努库费陶环礁

富纳富提环礁

第57特遣部队，防御部队/陆基航空掩护部队
海军少将J.H.霍弗(J. H. Hover)
90架B-24轰炸机，66架PBY-5"卡特琳娜"、
PB4Y-1"解放者"和PV-1"文图拉"巡逻
机，海军陆战队第4基地防御航空联队有90架
战斗机、72架侦察轰炸机以及运输机和观察机

守备部队
搭载着后续部队的6支护航船队由31艘运输船
或坦克登陆舰组成，并由6艘护航舰艇掩护。
此外，还有扫雷舰和由油船、勤务舰和辅助
舰船组成的支援舰队。

第50.3特遣大队，南部航母大队
3艘航空母舰

瓦利斯岛

萨摩亚群岛

帕果帕果

埃斯皮里图桑托岛

新赫布里底群岛

第53特遣舰队，南部攻击部队
海军少将H.W.希尔(H. W. Hill)
3艘战列舰
4艘巡洋舰
5艘护航航母
22艘驱逐舰
20艘运输船/坦克登陆舰

瓦努阿莱武岛

11月12日

埃法特岛

维提莱武岛

斐济群岛

图例
美国海军攻击部队
美国海军航母大队
坦克登陆舰大队和后续
守备部队
补给行动
空袭

注意，来自太平洋舰队的10艘
潜艇参与了这次行动

0 — 200 海里
0 — 200 千米

170°   180°   170°   180°

10°   10°   0°   10°

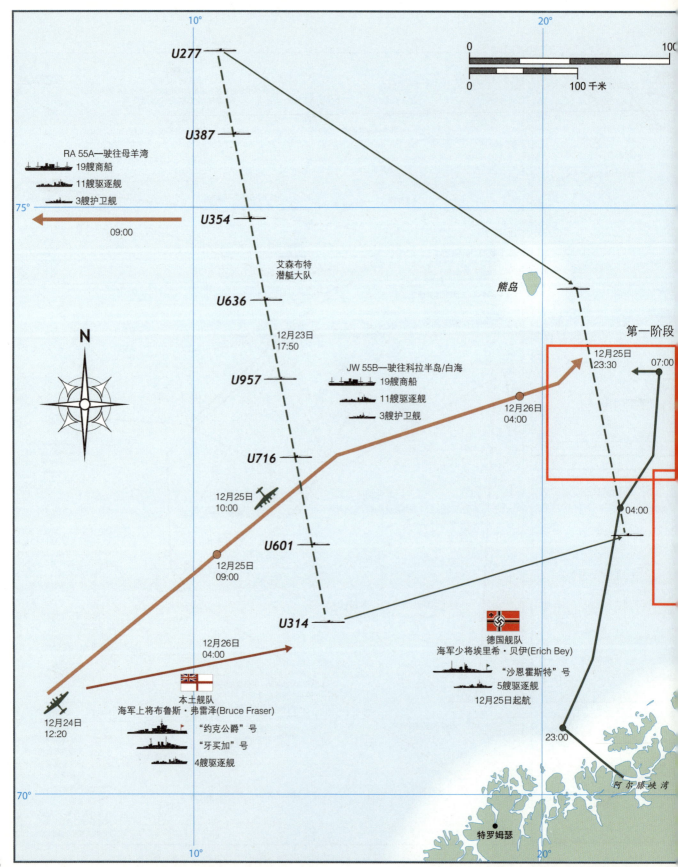

U277

U387

RA 55A—驶往母羊湾
19艘商船
11艘驱逐舰
3艘护卫舰

75°

U354

09:00

艾森布特
潜艇大队

熊岛

U636

12月23日
17:50

第一阶段

12月25日
23:30

07:00

U957

JW 55B—驶往科拉半岛/白海
19艘商船
11艘驱逐舰
3艘护卫舰

12月26日
04:00

N

U716

04:00

12月25日
10:00

12月25日
09:00

U601

U314

12月26日
04:00

德国舰队
海军少将埃里希·贝伊(Erich Bey)

"沙恩霍斯特"号
5艘驱逐舰
12月25日起航

12月24日
12:20

本土舰队
海军上将布鲁斯·弗雷泽(Bruce Fraser)

"约克公爵"号
"牙买加"号
4艘驱逐舰

23:00

阿尔膝峡湾

70°

特罗姆瑟

北角海战，1943 年 12 月 26 日—27 日

中断 10 个月后，北极护航船队从 11 月又重新开始行动，此时整体的情况已经变得有利于盟军。德国空军部队和水面舰艇的削减意味着本土舰队不再需要动用几乎所有力量来掩护一支船队了。正常情况下，1 个或 2 个驱逐舰支队就可以护卫一支船队了，1 个巡洋舰中队提供近距离掩护，一支围绕 1 艘战列舰组建的小规模舰队提供远程掩护。与此同时，一支相同规模的舰队在斯卡帕湾训练或休整，等待下一次护航行动。德国已经发现护航行动的重启了，但由于兵力的削减，以及担忧英国人的雷达在夜间战斗中占据优势，德国人只能寻求在最有利的条件下作战。与之相悖的是，德国海军上将邓尼茨在大西洋的潜艇战争失败后承受着赢得一次胜利的压力，因此他获得希特勒的批准可以部署"沙恩霍斯特"号。

12 月 24 日，德国人发现了 JW 55B 船队的位置，由于没有迹象表明海上有大规模的英军舰队，所以潜艇向东移动，一支水面舰队也出海了，预期在北角所在经度上拦截护航船队。尽管"沙恩霍斯特"号的指挥官贝伊海军少将不认为能取得成功。英国海军上将弗雷泽已经预料到了一些行动，但由于之前需要补充燃料，当情报显示 12 月 26 日早上"沙恩霍斯特"号在海上的时候，他仍然相距太过遥远。在遇到伯内特的巡洋舰之前不久，贝伊失去了驱逐舰的护航，上午 9 点左右，"沙恩霍斯特"号的雷达碰巧被 1 枚流弹击中。尽管摆脱了英军巡洋舰，当天晚些时候，"沙恩霍斯特"号碰到了弗雷泽的舰队，并遭到完全的突然袭击，因为英国人已经用雷达发现德舰接近并控制舰炮射击。在恶劣的天气和漆黑的条件下，德国人几乎是全瞎的，"沙恩霍斯特"号被占据优势的英军舰艇包围，并于当晚被击沉。

北冰洋

大西洋

30°

75°

70°

30°

04:00

第二阶段

第三阶段

巡洋舰舰队
海军中将 R.L.K.伯内特 (R. L. K. Burnett)
"诺福克"号
"谢菲尔德"号
"贝尔法斯特"号

北 角

挪 威

图例

←	英国舰队
←	德国舰队
←	护航船队
- - -	潜艇巡逻线
✈	德国空中侦察

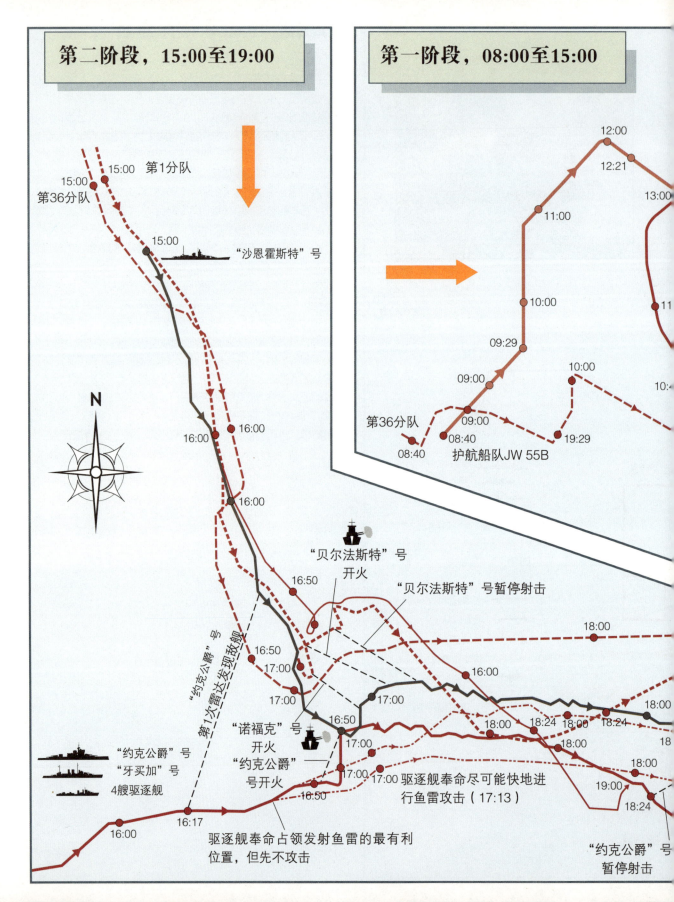

第二阶段，15:00至19:00

第一阶段，08:00至15:00

15:00 第1分队

15:00
第36分队

15:00

"沙恩霍斯特"号

N

16:00   16:00

16:00

12:00

12:21

13:00

11:00

10:00

09:29

11

09:00   10:00

第36分队

09:00

08:40   09:00   19:29

08:40   护航船队JW 55B

10:4

"贝尔法斯特"号
开火

"贝尔法斯特"号暂停射击

16:50

18:00

16:50
17:00

16:00

17:00
17:00

18:00   18:24   18:00   18:24

"诺福克"号
开火
"约克公爵"
号开火

16:50

17:00   18:00

"约克公爵"号
"牙买加"号
4艘驱逐舰

16:50

17:00   17:00驱逐舰奉命尽可能快地进
行鱼雷攻击（17:13）

18:00

18

18:00

19:00   18:24

16:17

16:00   驱逐舰奉命占领发射鱼雷的最有利
位置，但先不攻击

"约克公爵"号
暂停射击

248

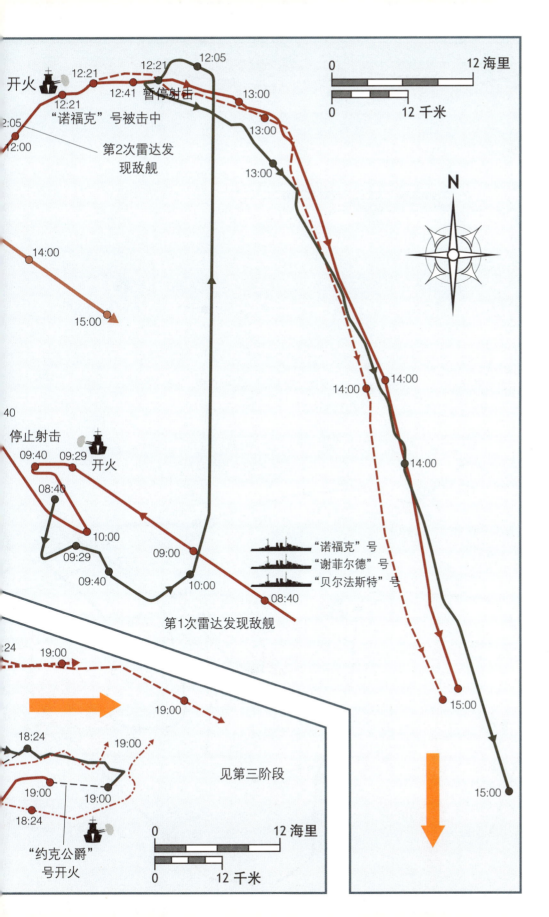

开火

12:21
12:21 暂停射击
12:05
12:05
12:21
"诺福克"号被击中

12:05
12:00

第2次雷达发现敌舰

13:00
13:00
13:00

N

14:00

15:00

停止射击
09:40 09:29 开火
08:40

14:00
14:00

14:00
14:00

09:29
10:00

09:40 10:00
09:00

"诺福克"号
"谢菲尔德"号
"贝尔法斯特"号

08:40

第1次雷达发现敌舰

40

24 19:00

19:00

18:24 19:00

19:00
19:00
19:00

见第三阶段

18:24

"约克公爵"
号开火

15:00

15:00

0   12 海里

0   12 千米

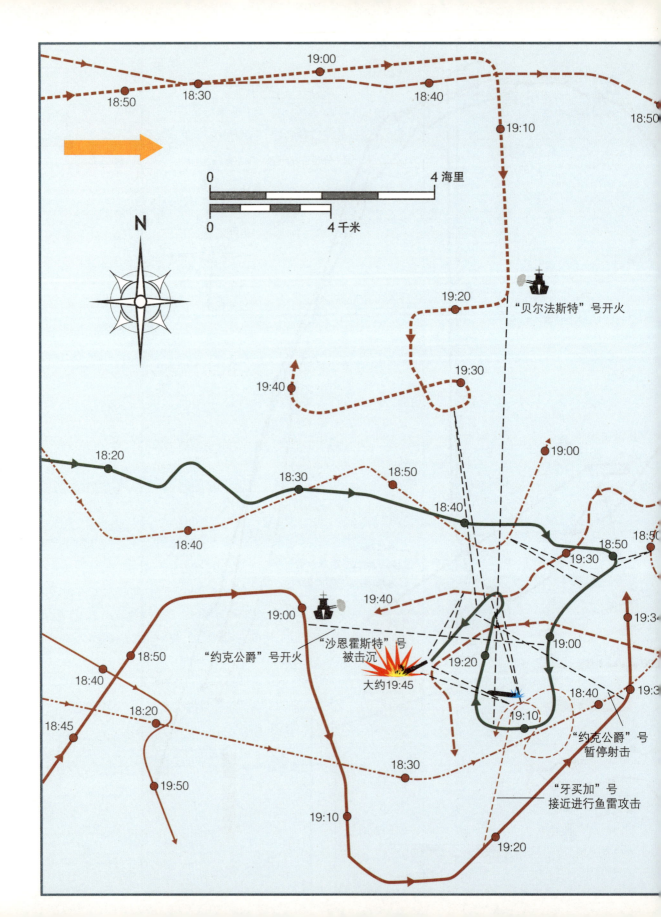

19:00

18:50　　18:30　　　　　　　　　　　　　　18:40　　　　　　　　　　　18:50

18:50

19:10

0　　　　　　　　　　　　　　　　4 海里

0　　　　　　　　　4 千米

N

19:20

"贝尔法斯特"号开火

19:40　　　　　　　　　19:30

19:00

18:20　　　　　　　　18:30　　　18:50

18:40

18:40

18:50

18:40

19:30

18:50

19:40

19:00

"约克公爵"号开火

"沙恩霍斯特"号被击沉

大约19:45

19:20

19:30

18:50

19:00

18:40

18:40

18:20

18:45

19:10

"约克公爵"号暂停射击

"牙买加"号接近进行鱼雷攻击

18:30

19:50

19:10

19:20

第36分队

19:00

19:10

:20

:20

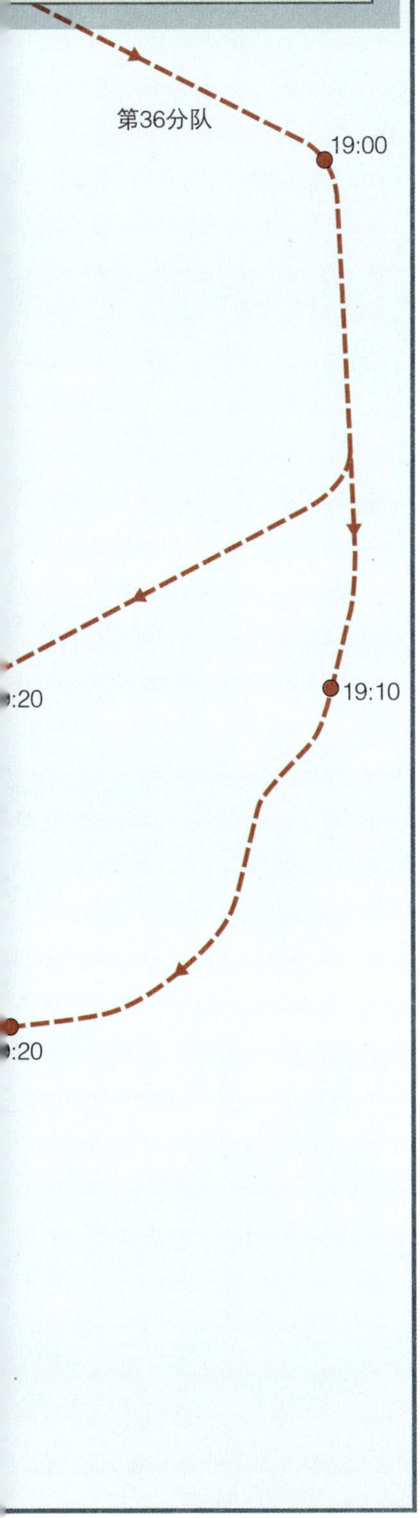

图例

第一阶段

"沙恩霍斯特"号的航迹

第1分队的航迹

第36分队（驱逐舰）的航迹

护航船队JW 55B的航迹

雷达发现敌舰，射击距离，射击线

第二阶段

"沙恩霍斯特"号的航迹

"约克公爵"号的航迹

"贝尔法斯特"号和"诺福克"号的航迹

"谢菲尔德"号不在编队中时的航迹

第36分队的航迹

"萨维奇"号和"索马雷兹"号的航迹

"蝎子"号和"斯图尔"号的航迹

雷达发现敌舰，射击距离，射击线

第三阶段

"沙恩霍斯特"号的航迹

"约克公爵"号的航迹

"牙买加"号（脱离编队时）的航迹

"贝尔法斯特"号和"诺福克"号的航迹

"谢菲尔德"号不在编队中时的航迹

第36分队的航迹

"萨维奇"号和"索马雷兹"号的航迹

"蝎子"号和"斯图尔"号的航迹

雷达发现敌舰，射击距离，射击线

北　冰　洋

"钨"行动
3月30日至4月4日

巴伦支海

丹　麦　海　峡

近岸U型潜艇战役
1944年8月至1945年5月

北海

"迷恋"行动
11月1日

黑海
1941—1944年

亚得里亚海
1943—1945年

黑海

北　大　西　洋

"霸王/海王星"行动
6月6日

地
中
海

阿拉伯海

"龙骑兵"行动
8月15日—28日

"鹅卵石"行动
1月22日

印度洋

印　　　　　度

南　　极

海战，1944 年

　　在经过两年的准备之后，盟军在欧洲战场和太平洋战场发起了大规模两栖进攻行动，再加上苏联沿着整个东线进行的作战行动，战火烧到了德国和日本的边境。盟国海军力量已经大大增长，足以在两个战场同时进行大规模作战行动；与此同时，轴心国对全球海上交通线的威胁也减弱到可以忽略的水平。这一年以地中海和太平洋的中距离两栖行动为开端。虽然在地中海的行动执行得很好，但是在安齐奥登陆并从侧翼包围意大利中部顽强防御的德军阵地的目标未能实现，因为地面部队没能利用好最初的突袭因素。相反，战役陷入僵局，春季，盟军部队开始依赖海军的支援来维持桥头堡。与之相反的是，美军在太平洋迅速占领了马绍尔群岛的关键要地，并使位于加罗林群岛特鲁克岛的主要的日本海军基地失去作用，因此消除了日本帝国的外围屏障。

　　作为击败德国的先驱行动，入侵欧洲西北部的"霸王"行动是盟军最优先的事宜。登陆行动的规模和快速在法国展开盟国陆军集团军的需要要求动用前所未有的大量军用和民用船只。在春季和夏初，北极护航船队暂停活动，在法国南部的第二次登陆行动也推迟到了 8 月。盟国海军舰艇支援在诺曼底的陆军集团军，以及在法国和低地国家沿岸的大量作战行动。

　　D 日登陆 1 个星期之后，美国人在太平洋进行了另一次大规模两栖作战行动，以夺取马里亚纳群岛。塞班岛登陆触发了两次大规模海上交战中的第一次——这两次海战将导致日本帝国海军在接近年底时崩溃。在菲律宾海战中，日本的航母舰队消耗殆尽。10 月，美军在菲律宾登陆，日军再次试图用他们的舰队摧毁盟军集结的两栖突击舰船。在莱特湾的 3 天混战后，残余的日本水面舰队被击败，尽管其差一点就给美国人造成沉重损失。在这两次战役中，地面部队的空中支援大都是由航空母舰提供的，这证明了海军航空兵能够与陆基航空兵进行较量并将其击败。与此同时，美国人的潜艇战役摧毁了日本商船队，导致整个日本帝国物资短缺。

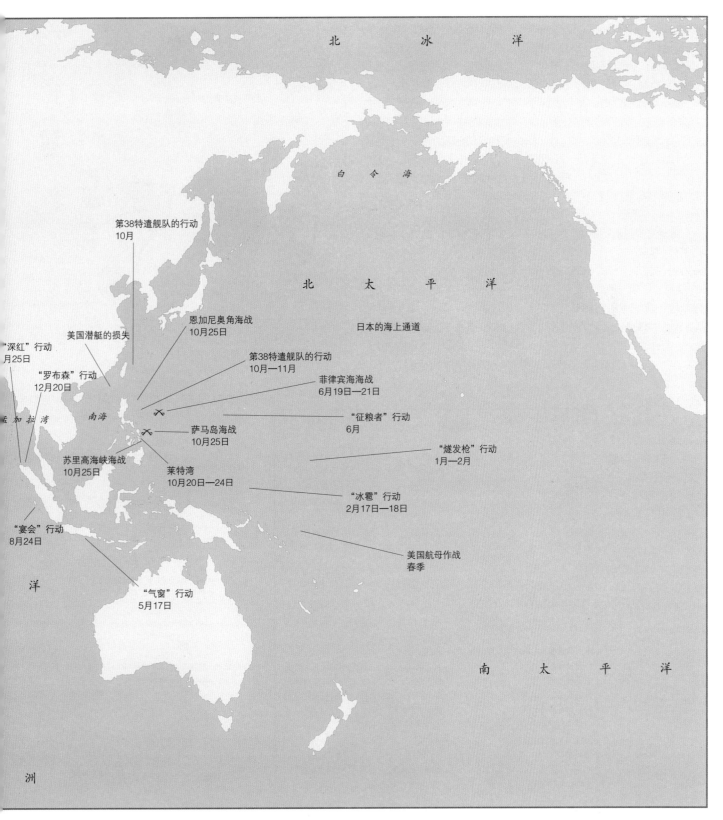

北 冰 洋

白 令 海

北 太 平 洋

第38特遣舰队的行动
10月

恩加尼奥角海战
10月25日

日本的海上通道

美国潜艇的损失

"深红"行动
月25日

第38特遣舰队的行动
10月—11月

菲律宾海海战
6月19日—21日

"罗布森"行动
12月20日

南海

"征粮者"行动
6月

孟加拉湾

萨马岛海战
10月25日

"燧发枪"行动
1月—2月

苏里高海峡海战
10月25日

莱特湾
10月20日—24日

"冰雹"行动
2月17日—18日

"宴会"行动
8月24日

美国航母作战
春季

洋

"气窗"行动
5月17日

南 太 平 洋

洲

"鹅卵石"行动，1944 年 1 月 22 日

到 1943 年秋季，盟军通过意大利向前推进的脚步在德军构成古斯塔夫防线的防御阵地前停下。这条防御工事线从第勒尼安海延伸至亚得里亚海沿岸，充分利用了多山的地形，有效地封锁了通往罗马的道路。打破僵局的一个选项是通过在防线后方的安齐奥进行两栖登陆，从侧翼包围德军阵地。然而，盟军在地中海的两栖舰船只够运送 1 个师登陆，1 个师被认为规模太小，不足以抵挡不可避免的德军反击，而盟军的主力部队仍在试图突破古斯塔夫防线；1 个师构成的威胁也没有严重到德军需要消耗他们的前线防御力量。因此，这个想法被放弃了，但是由于直到 12 月都没有什么进展，温斯顿·丘吉尔重启了这个计划，并将其规模扩大为 2 个师的突击。通过扣留配属给东南亚司令部的两栖舰船，这一新的作战行动将是可行的，虽然仍有风险，但是继续向罗马推进的可能性使其值得冒险。

突击部队在那不勒斯湾集结，1 月 21 日起航驶向安齐奥。德军被打了个突然袭击，1 月 22 日的登陆进展顺利，几乎没有人员伤亡；36604 人的部队和 3069 辆车辆登上上岸。然而，德国人回过神来，迅速开始在安齐奥周围集结部队准备反击，尽管此时盟军地面部队指挥官约翰·卢卡斯陆军少将并不打算突围。第 1 周结束的时候，4 个师的部队，包括 68886 人、237 辆坦克、508 门火炮和成千上万的车辆已经登陆，但是滩头阵地的纵深不超过 10 英里。与此同时，纳粹德国空军的袭击，尤其是使用的滑翔炸弹，正对安齐奥海岸线外的盟军舰船造成严重影响。"鹅卵石"行动非但没有改善盟军在意大利的形势，到 2 月时，又开启了另一条静止的前线。维持滩头阵地补给的唯一途径来自海上，但是随着"霸王"行动的日期越来越近，欧洲西北部迫切需要海军部队和舰船。直到 3 月底，德军的抵抗慢慢减弱，但是直到 5 月，突围才最终完成。

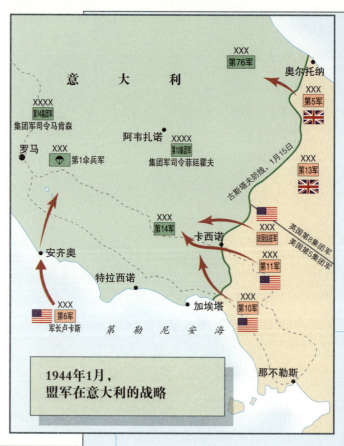

1944年1月，
盟军在意大利的战略

突击舰队的组成		
	北部突击"彼得舰队"（艘）	南部突击"X射线舰队"（艘）
总部舰	1 (英国)	1 (英国)
步兵登陆舰	3 (波兰)	5 (英国)
巡洋舰	2 (英国)	2 (1 美国)
防空舰	1 (英国)	1 (英国)
驱逐舰	11 (英国)	13 (10 美国)(2希腊)
炮舰	—	2 (荷兰)
扫雷舰	16 (4 美国)	23 (美国)
大型坦克登陆舰（"拳击手"级）	3 (英国)	—
坦克登陆舰	30 (4 美国) (2 希腊)(24 英国)	51 (10 美国) (41 英国)
龙门吊登陆舰和高射炮登陆艇	4 (英国)	4 (英国)
步兵登陆艇	29 (英国)	60 (54 美国) (6 英国)
坦克登陆艇	17 (英国)	32 (7 美国) (25 英国)
坦克登陆艇（火箭弹）	1 (英国)	2 (英国)
救援艇和维修艇（坦克登陆艇和步兵登陆艇）	5 (3 美国) (2 英国)	6 (美国)
反潜–扫雷拖网渔船	4 (英国)	—
信标潜艇	1 (英国)	1 (英国)
拖船	3 (2 美国) (1 英国)	2 (1 美国) (1 英国)
摩托艇和侦察艇	17 (9 美国) (8 英国)	23 (美国)
其他舰船	1 (英国)	2 (英国)

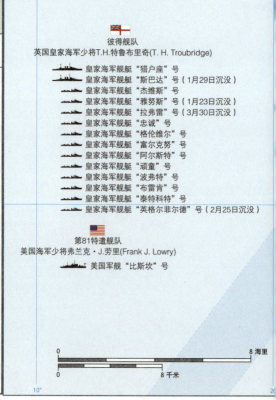

彼得舰队
英国皇家海军少将T.H.特鲁布里奇(T. H. Troubridge)

皇家海军舰艇"猎户座"号
皇家海军舰艇"斯巴达"号（1月29日沉没）
皇家海军舰艇"杰维斯"号（1月23日沉没）
皇家海军舰艇"雅努斯"号（1月23日沉没）
皇家海军舰艇"拉弗雷"号（3月30日沉没）
皇家海军舰艇"忠诚"号
皇家海军舰艇"格伦维尔"号
皇家海军舰艇"富尔克努"号
皇家海军舰艇"阿尔斯特"号
皇家海军舰艇"顽童"号
皇家海军舰艇"波弗特"号
皇家海军舰艇"布雷肯"号
皇家海军舰艇"泰特科特"号
皇家海军舰艇"英格尔菲尔德"号（2月25日沉没）

第81特遣舰队
美国海军少将弗兰克·J.劳里(Frank J. Lowry)

美国军舰"比斯坎"号

254

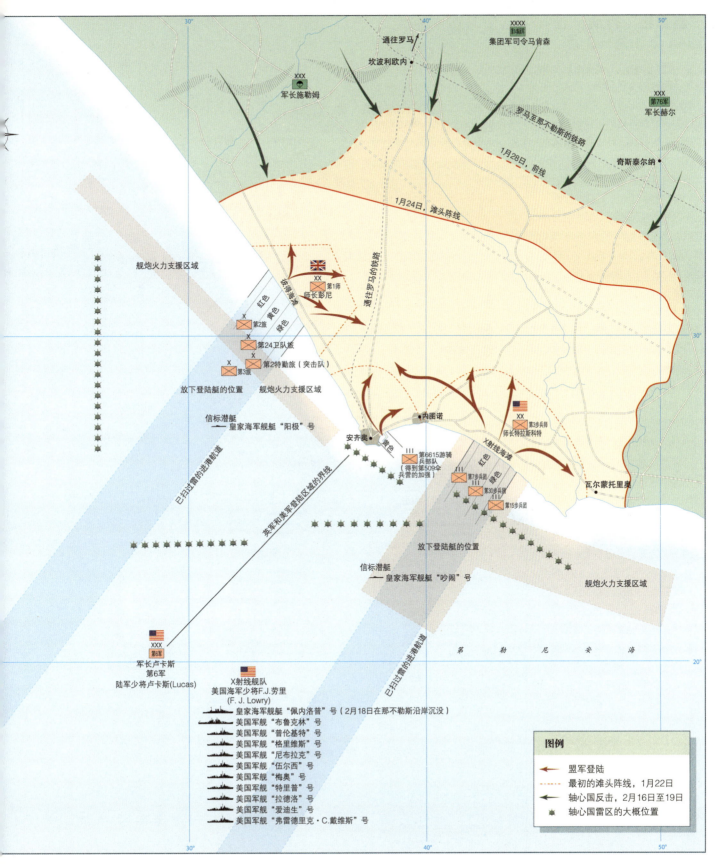

通往罗马

坎波利欧内

集团军司令马肯森

XXXX
第14集团军

XXX
军长施勒姆

罗马至那不勒斯的铁路

XXX
第76军
军长赫尔

1月28日，前线

奇斯泰尔纳

1月24日，滩头阵线

舰炮火力支援区域

第1师
师长彭尼

红色 黄色
绿色

第2旅

第24卫队旅

第3旅

第2特勒旅（突击队）

放下登陆艇的位置

舰炮火力支援区域

信标潜艇
皇家海军舰艇"阳极"号

已扫过雷的进港航道

英军和美军登陆区域的界线

最初的滩头阵线，1月22日

通往罗马的铁路

安齐奥

黄色

内图诺

红色 绿色

第3步师
师长特拉斯科特

X射线海滩

瓦尔蒙托里奥

第6615游骑
兵部队
（得到第509伞
兵营的加强）

第7步兵团

第30步兵团

第15步兵团

放下登陆艇的位置

信标潜艇
皇家海军舰艇"吵闹"号

舰炮火力支援区域

第 勒 尼 安 海

XXX
第6军
军长卢卡斯
陆军少将卢卡斯(Lucas)

已扫过雷的进港航道

X射线舰队
美国海军少将F.J.劳里
(F. J. Lowry)
皇家海军舰艇"佩内洛普"号（2月18日在那不勒斯沿岸沉没）
美国军舰"布鲁克林"号
美国军舰"普伦基特"号
美国军舰"格里维斯"号
美国军舰"尼布拉克"号
美国军舰"伍尔西"号
美国军舰"梅奥"号
美国军舰"特里普"号
美国军舰"拉德洛"号
美国军舰"爱迪生"号
美国军舰"弗雷德里克·C.戴维斯"号

图例

盟军登陆
最初的滩头阵线，1月22日
轴心国反击，2月16日至19日
轴心国雷区的大概位置

255

"燧发枪"行动，1944年1月—2月

夺取马绍尔群岛是美军在密克罗尼西亚的主要目标，但由于在吉尔伯特群岛进行的"电流"行动，以及关于应该夺取哪个日军前哨基地存在较大争议，所以该行动被推迟了。集结运送2个师的突击部队所需的舰船要耗费的时间也比计划中长一些。塔拉瓦岛的作战经历已经为后续的两栖行动提供了重要的教训，主要是需要更好的前期侦察，而且登陆部队所需的火力支援也要进行更好的协调。美军关于马歇尔群岛计划的远见是夺取夸贾林环礁，那里是日军主要基地所在地，而且正在建造1条可供远程轰炸机起降的跑道。还要夺取马朱罗环礁，因为其潟湖是舰队前进基地的理想位置。除此之外，这次行动后续只会攻击埃尼威托克岛；其他的日军基地将被忽略，因为美军战略的一部分是只攻击重要的坚固支撑点。

主要的登陆行动由两支部队在夸贾林环礁的南北两端进行，再加上一支规模稍小的后备部队，搭载于297艘舰船上。共计约54000人的部队参加了"燧发枪"行动，大约是"电流"行动所部署部队的2倍。登陆之前，第58特遣舰队的航空母舰压制了日军机场和防御阵地，在为期2周的登陆行动期间，出动了大约6232架次的飞机支援地面部队，以及为舰队提供空中掩护。马朱罗环礁在行动初期被攻占，并立即作为基地投入使用。在夸贾林环礁和随后在埃尼威托克岛的突击行动都比塔拉瓦岛的代价小，而且再一次，日本守军几乎全部都阵亡了。整个春季，美军部队在剩下的环礁登陆，但是沃杰环礁、马洛埃拉普环礁、贾卢伊特环礁和米莱环礁被彻底孤立，直到战争结束。

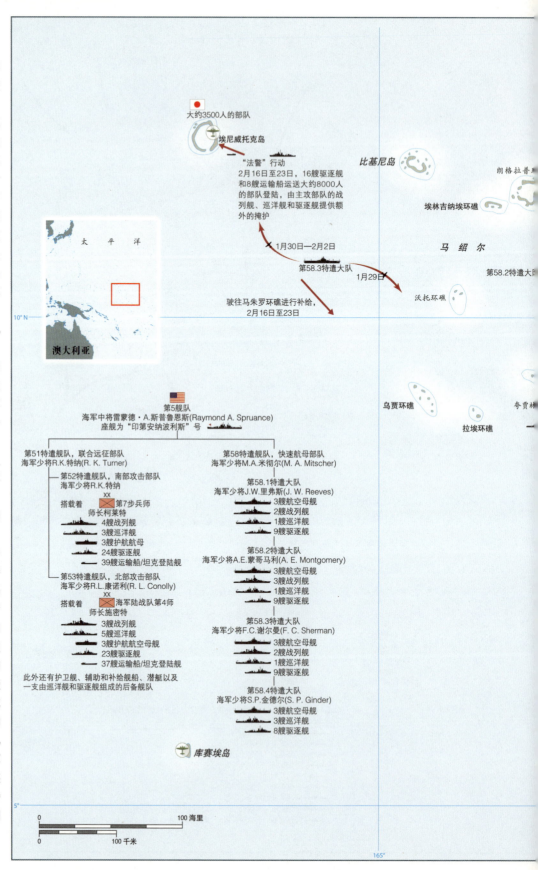

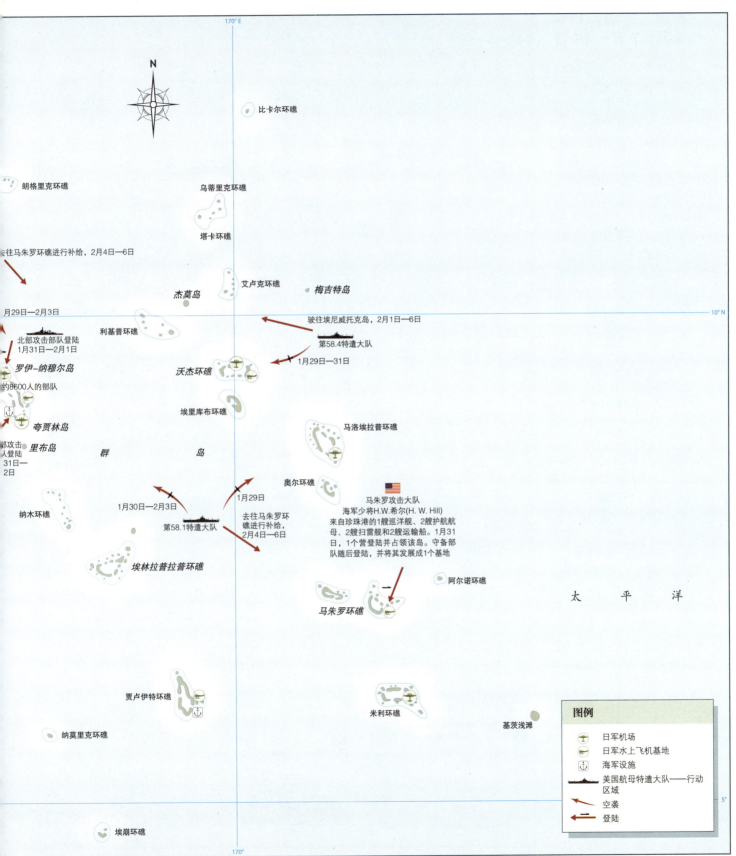

比卡尔环礁

朗格里克环礁

乌蒂里克环礁

塔卡环礁

去往马朱罗环礁进行补给，2月4日—6日

艾卢克环礁　　　梅吉特岛

杰莫岛

月29日—2月3日　　　　　　　　　　　　　　驶往埃尼威托克岛，2月1日—6日
　　　　　　　　　　　　　　　　　　　　第58.4特遣大队

北部攻击部队登陆
1月31日—2月1日　　利基普环礁　　　　　　　　　　1月29日—31日

罗伊–纳穆尔岛　　　　　　　　沃杰环礁

约8600人的部队　　　　　埃里库布环礁

夸贾林岛　　　　　　　　　　　　马洛埃拉普环礁

部攻击
人登陆　　里布岛
31日—
2日　　　　群　　　岛　　　奥尔环礁

纳木环礁　　　　　　　　　　　　　　　　　　马朱罗攻击大队
　　　　　　1月30日—2月3日　　　1月29日　　　海军少将H.W.希尔(H. W. Hill)
　　　　　　　　　　　　　　　　　　　　　来自珍珠港的1艘巡洋舰、2艘护航航
　　　　　　　　　　第58.1特遣大队　去往马朱罗环　母、2艘扫雷舰和2艘运输船。1月31
　　　　　　　　　　　　　　　　礁进行补给，　日，1个营登陆并占领该岛。守备部
　　　　　　　　　　　　　　　　2月4日—6日　队随后登陆，并将其发展成1个基地　阿尔诺环礁

埃林拉普拉普环礁　　　　　　　　　　　　　　　　　　　　太　平　洋

马朱罗环礁

贾卢伊特环礁

米利环礁

纳莫里克环礁　　　　　　　　　　　　　　　　基茨浅滩

埃崩环礁

170°

图例	
	日军机场
	日军水上飞机基地
	海军设施
	美国航母特遣大队——行动区域
	空袭
	登陆

"冰雹"行动，1944年2月17日—18日

1944年初，美国规划者们面临的问题是马绍尔群岛的主要日军据点被夺取之后，太平洋中部的下一个目标应该是什么。在这片托管地中，拥有最好的锚地的特鲁克岛是此区域的主要日军基地，也是联合舰队的战时母港。这些岛屿在地形上有茂密的森林和较低的山脉，只有狭窄的水道穿过礁石，并有海岸炮兵和雷区掩护，对两栖突击而言这里并不是一个有吸引力的目标。相反，这里需要用航母进行袭击，以评估是否仅凭航母舰队就能压制日军坚固支撑点所形成的进攻潜力。

意识到美国人在马绍尔群岛日益增长的威胁后，日本人逐步将海军舰艇从特鲁克岛撤走。2月4日，1架美国侦察机从特鲁克岛上空飞过之后，日本海军大将古贺峰一将最后一支主力部队撤到了帕劳群岛。大约50艘舰船留了下来，主要是商船。美国海军中将斯普鲁恩斯计划在登陆马绍尔群岛的埃尼威托克岛的同时发起空袭。当米彻尔的航空母舰进行空袭时，他派出2艘快速战列舰到特鲁克岛周围拦截任何逃离的日本舰船。最终，他们遇到了1艘轻型巡洋舰、3艘驱逐舰和1艘商船。炮击是不可能的，因为外围的暗礁阻碍了军舰进入射程之内。2月17日的空袭聚焦于摧毁飞机和机场，第2天则指向了舰船。18日凌晨2点，主要空袭之前，在美国人的第一次夜间轰炸袭击中，12架装备雷达的"复仇者"鱼雷轰炸机起飞。空袭特鲁克是战争期间最成功的航母作战行动之一。

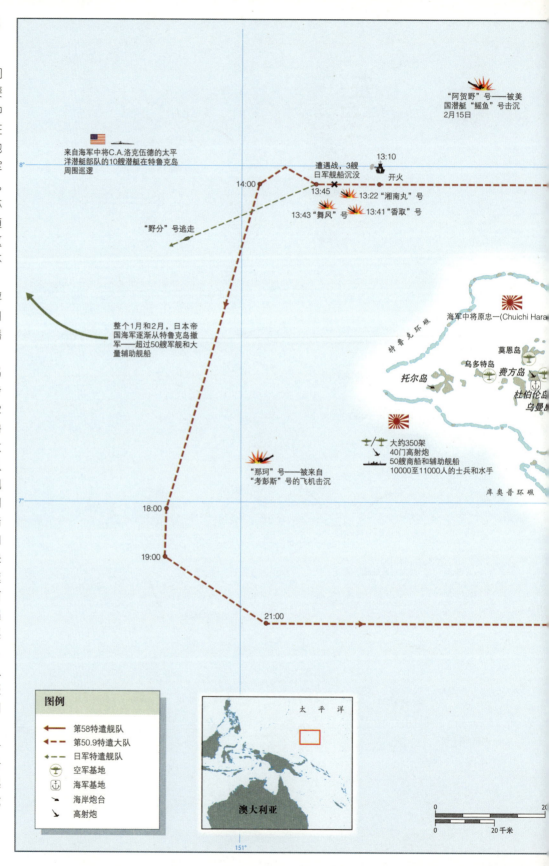

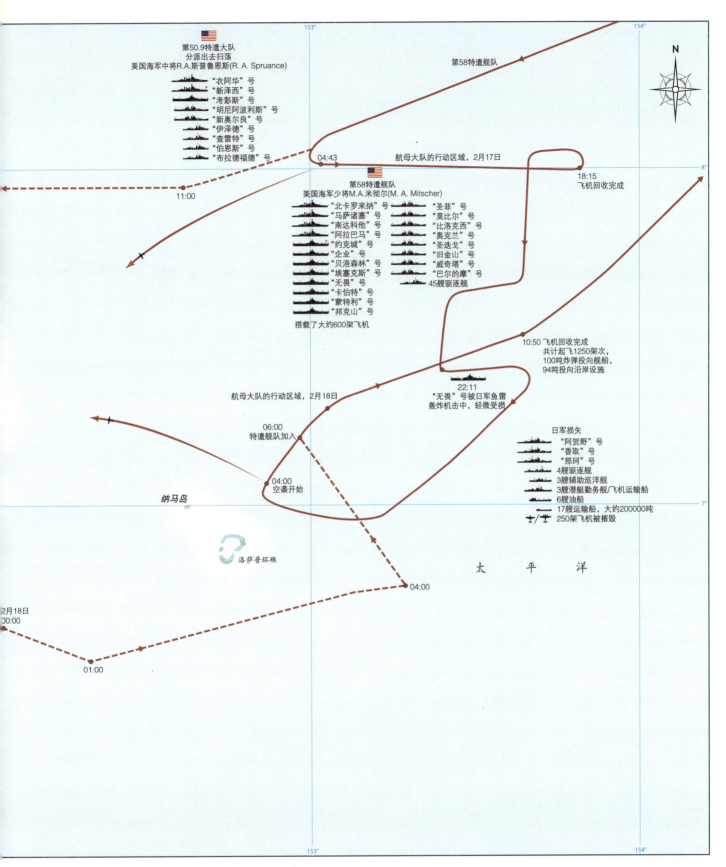

第50.9特遣大队
分派出去扫荡
美国海军中将R.A.斯普鲁恩斯(R. A. Spruance)

"衣阿华"号
"新泽西"号
"考彭斯"号
"明尼阿波利斯"号
"新奥尔良"号
"伊泽德"号
"查雷特"号
"伯恩斯"号
"布拉德福德"号

第58特遣舰队

04:43

航母大队的行动区域，2月17日

18:15
飞机回收完成

11:00

第58特遣舰队
美国海军少将M.A.米彻尔(M. A. Mitscher)

"北卡罗来纳"号   "圣菲"号
"马萨诸塞"号   "莫比尔"号
"南达科他"号   "比洛克西"号
"阿拉巴马"号   "奥克兰"号
"约克城"号   "圣迭戈"号
"企业"号   "旧金山"号
"贝洛森林"号   "威奇塔"号
"埃塞克斯"号   "巴尔的摩"号
"无畏"号   45艘驱逐舰
"卡伯特"号
"蒙特利"号
"邦克山"号

搭载了大约600架飞机

10:50 飞机回收完成
共计起飞1250架次，
100吨炸弹投向舰船，
94吨投向沿岸设施

22:11
"无畏"号被日军鱼雷
轰炸机击中，轻微受损

航母大队的行动区域，2月18日

06:00
特遣舰队加入

04:00
空袭开始

日军损失

"阿贺野"号
"香取"号
"那珂"号
4艘驱逐舰
3艘辅助巡洋舰
3艘潜艇勤务舰/飞机运输船
6艘油船
17艘运输船，大约200000吨
250架飞机被摧毁

纳马岛

洛萨普环礁

太 平 洋

04:00

2月18日
00:00

01:00

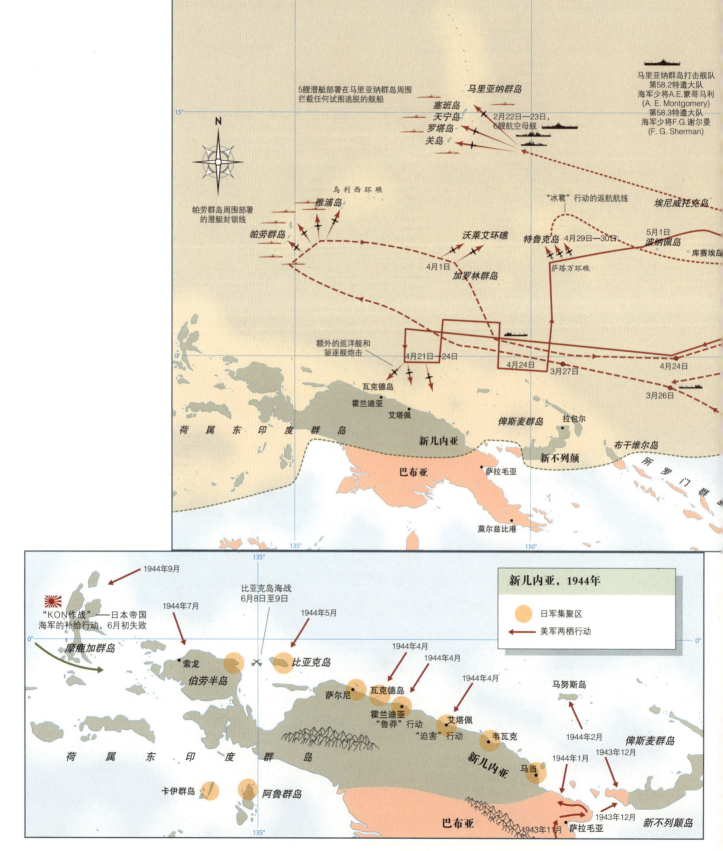

5艘潜艇部署在马里亚纳群岛周围
拦截任何试图逃脱的舰船

马里亚纳群岛

塞班岛
天宁岛
罗塔岛
关岛

2月22日—23日，
6艘航空母舰

马里亚纳群岛打击舰队
第58.2特遣大队
海军少将A.E.蒙哥马利
(A. E. Montgomery)
第58.3特遣大队
海军少将F.G.谢尔曼
(F. G. Sherman)

N

帕劳群岛周围部署
的潜艇封锁线

乌利西环礁

雅浦岛

帕劳群岛

沃莱艾环礁

"冰雹"行动的返航航线

埃尼威托克岛

特鲁克岛 4月29日—30日

5月1日
波纳佩岛

库赛埃岛

4月1日

加罗林群岛

萨塔万环礁

额外的巡洋舰和
驱逐舰炮击

4月21日—24日

4月24日

3月27日

4月24日

瓦克德岛

霍兰迪亚
艾塔佩

3月26日

荷 属 东 印 度 群 岛

俾斯麦群岛

拉包尔

新几内亚

新不列颠

布干维尔岛

巴布亚

萨拉毛亚

所 罗 门 群 岛

莫尔兹比港

1944年9月

"KON作战"——日本帝国
海军的补给行动，6月初失败

摩鹿加群岛

1944年7月

比亚克岛海战
6月8日至9日

1944年5月

新几内亚，1944年

日军集聚区

美军两栖行动

索龙

伯劳半岛

比亚克岛

1944年4月

1944年4月

马努斯岛

瓦克德岛

萨尔尼

霍兰迪亚
"鲁莽"行动

1944年4月

艾塔佩

"迫害"行动

韦瓦克

1944年2月

俾斯麦群岛

1944年1月

1943年12月

荷 属 东 印 度 群 岛

新几内亚

马当

卡伊群岛

阿鲁群岛

1943年12月

巴布亚

1943年11月 萨拉毛亚

新不列颠岛

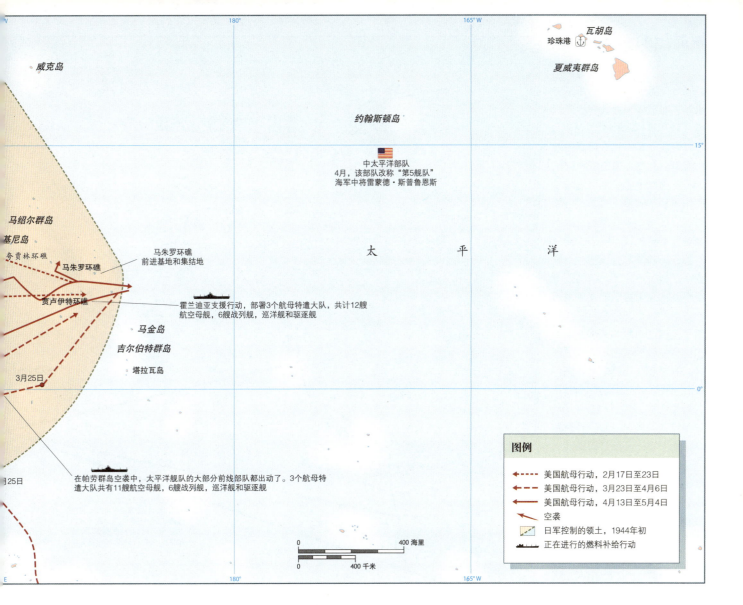

美国在太平洋的航母作战，1944 年春季

　　太平洋中部战役的第一阶段完成之后，太平洋舰队的航空母舰被用于深入日军占据的领土空袭并支援麦克阿瑟将军在新几内亚的部队。压制新几内亚和加罗林群岛的日本空军基地对太平洋战役下一阶段进攻马里亚纳群岛是至关重要的。在吉尔伯特群岛和马绍尔群岛的行动证明了新型航母特遣大队的进攻潜力，此时美国人试图将航空母舰所拥有的战略机动性用于空袭——远超1942 年所进行的。在攻击日军在特鲁克岛的舰队锚地和基地之后不久，这种作战行动便首次应用于马里亚纳群岛。美国海军中将米彻尔把两个特遣大队部署在距离马里亚纳群岛 100 英里范围内，并发起空袭。沿用类似的模式，在群岛周围建立了一条潜艇封锁线，以击沉试图逃走的任何日军舰船。

　　下一个行动是在霍兰迪亚登陆行动推进期间，支援第 7 舰队压制日军空中威胁。尽管新几内亚西部的空军基地可以用陆基飞机打击，但是帕劳群岛的基地在陆基飞机的航程之外。这次空袭几乎动用了整个第 5 舰队，除了攻击机场，舰载机还在主要港口布雷，这也炸沉或炸伤了 36 艘舰船。在霍兰迪亚和威克岛的实际登陆期间，第 58 特遣舰队再次提供空中掩护。整个 4 月，日军在新几内亚所有飞机几乎都被美军陆基航空兵和海军航空兵摧毁了。在返航途中，第 58 特遣舰队再次猛烈袭击了特鲁克岛——自 2 月空袭以来，日军新增援了几百架飞机。其中大部分都在 4 月 29 日的空战中被摧毁，或被摧毁于地面。自此以后，特鲁克岛再也没有在战争中起到任何作用了，在返回马朱罗环礁的途中，巡洋舰和战列舰炮击了萨塔万环礁和波纳佩岛。

黑海，1941—1944 年

在"巴巴罗萨"行动发起的时候，苏联在黑海的海军力量对轴心国拥有很大程度的优势。例如，与苏联黑海舰队相比，罗马尼亚海军只有 6 艘驱逐舰和潜艇。然而，德国的空中优势和快速推入苏联领土消除了苏联最初的优势。德国人占领尼古拉耶夫的重要造船设施以及对塞瓦斯托波尔的围困剥夺了苏联的海军基础设施，苏联舰队在战争的大部分时间里不得不以高加索地区的次要港口为基地。对双方而言，海战相对于陆战而言是次要的，但无论如何海战确实左右了战争形势。黑海舰队的功能是支援苏联地面部队，先是直到 1943 年的防御阶段，然后是 1944 年开始的进攻阶段，主要任务是海军炮击和运送部队。对德国人而言也是如此，在未能于 1941 年结束东线战役且苏联人继续抵抗之后，海军部队变得更为重要。由于 1942 年的攻势集中在苏联南部并且前线进一步东移，增加了补给线的长度，德国陆军对海运的依赖越来越大。整个 1942 年，一支临时拼凑的完全由近岸和辅助舰艇组成的海军部队被带到了战场，并参与了夏季的克里米亚作战，随后在横渡刻赤海峡的进攻中也起到至关重要的作用。海上运输在 1944 年德军连续向西撤退中也是同样重要的。对于向克里米亚的部队提供补给而言，德国人完全依赖来自罗马尼亚的船运。

1944年4月

1944年4月8日，苏联开始进攻罗马尼亚和克里米亚。5月5日，到达塞瓦斯托波尔

在德军入侵之后，苏联人通过船运维持敖德萨的补给。1941年9月22日，苏联对罗马尼亚军队进行了多次炮击和1次两栖登陆行动。10月，大约86000名苏军和15000名平民撤离到塞瓦斯托波尔

德国海军组建，1942年6艘ⅡB型潜艇经由陆地和多瑙河运送过来。1942年10月至1944年9月，它们被组建为第30支队，基地位于康斯坦萨。鱼雷艇（S艇）和登陆艇（MFP）也经由多瑙河运送过来，并在夏季参与行动。共计部署了大约500艘舰艇，包括39艘S艇/R艇和50艘MFP

苏联潜艇巡逻
1941年至1943年

德军撤离路线
1944年4月至5月

轴心国防御性布雷开始于1941年6月

苏联潜艇巡逻
1944年

德军撤离克里米亚半岛，1944年4月，第1批撤离大约80000名官兵、伤员和战俘。从5月5日开始，这座城市处于苏军的炮火之下。5月5日至11日期间，另1批57000名官兵被撤离。38000名官兵在海上损失或被苏联舰艇俘虏

黑

1942年，苏联大约有20艘潜艇投入作战（损失5艘）
1942年，13艘轴心国舰船被击沉
1943年，16艘轴心国舰船被击沉，还有一些小艇

苏联潜艇巡逻
1941年至1943年

1944年9月，最后3艘德国潜艇在土耳其沿岸被击沉。另外3艘损失于康斯坦萨

罗马尼亚

基什尼奥夫

尼古拉耶夫

赫尔松

敖德萨

斯卡多夫斯克

加拉茨

伊兹梅尔

布勒伊拉

叶夫帕托里亚

苏利纳

N

康斯坦萨

塞瓦斯托

曼加利亚

保加利亚

多瑙河

瓦尔纳

布尔加斯

埃雷利

伊斯坦布尔

土 耳 其

主要的海军行动

苏联的海上通道
德国的海上通道
苏联的潜艇行动
潜艇
德国的雷区
1944年4月 前线和大概的日期

扎波罗热
尼科波尔
苏   联
梅利托波尔
1943年9月
塔甘罗格
马里乌波尔
奥西彭科

亚   速   海

里米亚半岛
41年11月，塞瓦斯托波
被德军围困。苏联海军舰
和商船维持这座城市的补
直到1942年7月该城沦陷

刻赤–费奥多西亚登陆，1941年12月
最大规模的苏联战时两栖突击行动。师级规
模的部队在费奥多西亚登陆。1个旅在刻赤登
陆。1月，德军的反击重新夺回丢失的领土

刻赤
库班河

费奥多西亚
辛菲罗波尔
雅尔塔

阿纳帕
诺沃罗西斯克
格连吉克
图阿普谢

1943年，库班河滩头堡的1支大约
100000人的德军部队通过海运维
持补给。9月至10月，这支部队也
被撤到克里米亚半岛

诺沃罗西斯克登陆，1943年2月和9月
最初登陆的海军陆战旅被困在塔曼半
岛。9月进行了1次营教行动，不久之
后德军撤离

索契

德军推进的极限，
1942年11月

海

德国潜艇行动
1942年至1944年

苏呼米

波季

锡诺普

苏联两栖行动
苏联海军在战争中进行了114次两栖作战。大多是
在沿海区域进行的小规模短促突袭。战争期间总计
登陆了大约330000人的部队

巴统

萨姆松

0   100 海里

0   100 千米

特拉布宗

263

"钨"行动，1944年3月30日—4月4日

3月，英国人得到的情报显示，在"源头"行动中受损的"提尔皮茨"号已经将近修复了，一旦完全修复，它将是对北极护航队的一个重大水面威胁。作为回应，本土舰队计划在"提尔皮茨"号仍在阿尔滕峡湾中的锚地时对其进行航母打击。这次行动碰巧与一支驶往摩尔曼斯克的护航船队（JW 58）的时间一致，这将有利于掩藏航母舰队，而德国潜艇也将因期待商船的到来而撤回到熊岛以东。为了应对预料中的德国战斗机和防空力量，一支搭载着战斗机的护航航母中队被配属过来。很多机组成员相对来说是新手，因此在这个月里进行了密集的训练。

3月30日，本土舰队跟在 JW 58 后面出海，很快情况就很清楚了，其护航舰艇几乎没有遇到什么麻烦，德国人的活跃度很低。原计划在4月4日进行空袭，但是新情报显示"提尔皮茨"号即将出航，因此计划提前1天实施。为了进入阵位，英国人给两支舰队设定了新的会合点，并派来了伴航的油船。空袭行动被分成2波，第1波打了德军防御部队一个突然袭击。共计有16枚炸弹命中或近失，尽管没有1枚炸弹击穿"提尔皮茨"号的装甲甲板，但是这艘战列舰再次无法参战。2架"梭鱼"被击落，1架坠毁，另有1架"地狱猫"战斗机坠毁。

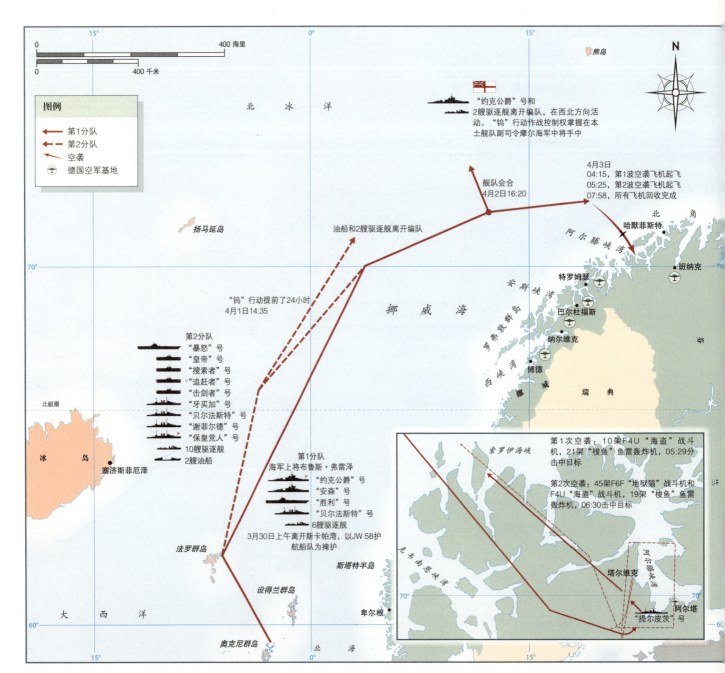

主要的盟军行动
航母空袭
潜艇巡逻
航空布雷

东方舰队
海军上将J.萨默维尔(J.Somerville)
从8月23日开始，司令官换为
海军上将B.弗雷泽(B. Fraser)
11月22日，英国太平洋舰队正式成
立。其余的海军舰艇则被组建为东印
度舰队，由海军上将A.鲍尔指挥

近岸舰队攻击阿
拉干半岛海岸线
外的日军补给线

1月10日，在中国南海的首次
航空布雷由美国第10航空队进
行。后来英国皇家空军第231
大队也加入进来

"踏板"行动
6月21日

"灯光"行动，9月18日；
"小米"行动，10月15日

"罗布森"行动
12月20日

从10月开始，英国皇
家空军在槟榔屿布雷

"座舱"行动，4月19日；
"深红"行动，7月25日

从1月开始被用作潜艇前进
基地。10月转移至巴达维亚

"外交官"行动
东方舰队沿着中东－澳大利亚扫荡
的路线，3月与"萨拉托加"号所
在大队会合

"宴会"行动
8月24日

巴达维亚(雅加达)

3艘日军巡洋舰进行
的印度洋突袭
2月27日至3月15日

"气窗"行动，
5月17日

英国皇家海军第8支
队于9月转移至弗里
曼特尔，与美国第7
舰队一同作战

印度洋，1944 年

　　整个1943年，盟国海军在印度洋的存在由于其他战场的需求而下降到绝对最小值。
消灭了地中海的意大利舰队和大幅降低北冰洋的德国水面威胁之后，英国人开始增援海
军上将萨默维尔的消耗殆尽且大部分舰艇已经过时的舰队。在1944年的前6个月，3艘
主力舰、2艘航空母舰、几十艘护航舰艇和现代化飞机抵达这一战场。更多盟军潜艇的
到来使得巡逻推进到马六甲海峡，随后进一步扩展到爪哇海。与此同时，日本帝国海军
在新加坡集结了一支庞大的舰队，因为这里有充足的燃油供给，并与德国人一起在防御
力量薄弱的印度洋对盟军航运发起了新的潜艇战役。完全清楚英国人局限的日本帝国海
军满足于维持防御状态，但是随着这一年时间的推移，他们被迫将其大部分舰艇重新部
署到太平洋战场。

　　盟军两栖舰船的缺乏限制了进攻行动的规模，无法跨过孟加拉湾。只有一支小规模的近岸舰队在阿拉干前线活动。随着盟军有更多远程
飞机可用，在日军占据的港口和关键瓶颈点的布雷开始增加。到4月的时候，萨默维尔已经聚集了足够的兵力，并开始袭击日军在东印度群
岛的前哨。这些行动的目的是消灭日本人依赖的石油基础设施，并积累大规模航母舰队跨越遥远距离持续作战的必要经验。这是英国人打算
在1945年派到太平洋的舰队所需要的。此前担任本土舰队司令的海军上将布鲁斯·弗雷泽被任命为东方舰队司令，表明英国海军力量的焦
点从欧洲水域转移到了亚洲水域。

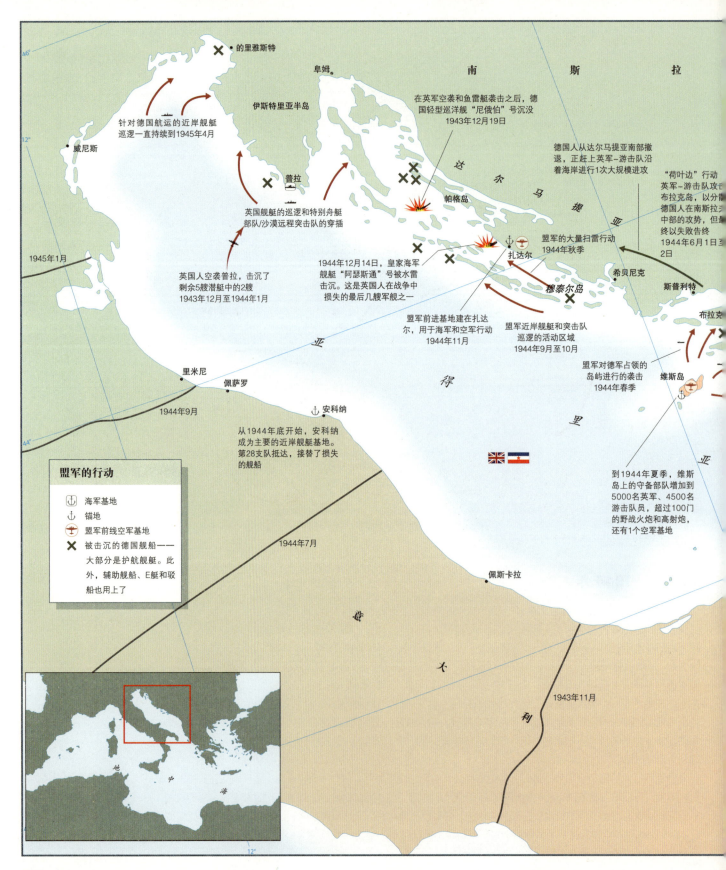

针对德国航运的近岸舰艇
巡逻一直持续到1945年4月

的里雅斯特

阜姆

南　斯　拉

伊斯特里亚半岛

威尼斯

普拉

英国舰艇的巡逻和特别舟艇
部队/沙漠远程突击队的穿插

英国人空袭普拉，击沉了
剩余5艘潜艇中的2艘
1943年12月至1944年1月

1945年1月

在英军空袭和鱼雷艇袭击之后，德
国轻型巡洋舰"尼俄伯"号沉没
1943年12月19日

达
尔
马
提
亚

帕格岛

德国人从达尔马提亚南部撤
退，正赶上英军–游击队沿
着海岸进行1次大规模进攻

"荷叶边"行动
英军–游击队攻[击]
布拉克岛，以分[散]
德国人在南斯拉[夫]
中部的攻势，但最
终以失败告终
1944年6月1日至
2日

扎达尔

盟军的大量扫雷行动
1944年秋季

希贝尼克

斯普利特

1944年12月14日，皇家海军
舰艇"阿瑟斯通"号被水雷
击沉。这是英国人在战争中
损失的最后几艘军舰之一

亚

得

里

穆泰尔岛

布拉克

盟军前进基地建在扎达
尔，用于海军和空军行动
1944年11月

盟军近岸舰艇和突击队
巡逻的活动区域
1944年9月和10月

盟军对德军占领的
岛屿进行的袭击
1944年春季

维斯岛

里米尼

佩萨罗

1944年9月

亚

安科纳

从1944年底开始，安科
纳成为主要的近岸舰艇基地。
第28支队抵达，接替了损失
的舰船

到1944年夏季，维斯
岛上的守备部队增加到
5000名英军、4500名
游击队员，超过100门
的野战火炮和高射炮，
还有1个空军基地

盟军的行动

- ⚓ 海军基地
- ⚓ 锚地
- ✈ 盟军前线空军基地
- ✕ 被击沉的德国舰船——
  大部分是护航舰艇。此
  外，辅助舰船、E艇和驳
  船也用上了

1944年7月

佩斯卡拉

1943年11月

意

大

利

地

中

海

亚得里亚海，1943—1945 年

1940 年至 1943 年，英国人只在亚得里亚海进行了几次潜艇巡逻，因为这里路途遥远，而且这片海域也不适合潜艇活动。盟军于 1943 年 9 月在意大利南部登陆之后，英国近岸舰艇开始进入亚得里亚海支援第 8 集团军向北推进。笔直而平淡无奇的意大利海岸线以及没有德国航运，促使英国人开始对达尔马提亚南部的岛屿采取行动。在轴心国的统治下，南斯拉夫已经分成了德国占领区和意大利占领区，随着意大利的崩溃，南斯拉夫沿岸出现了一个德国人无法立即填补的真空地带。英国人主要关注的是摧毁德国航运，但是此时出现了一个为游击活动提供补给的机会。在维斯岛上建立了一个前进基地来支援近岸舰艇，而补给则从意大利运来。

直到 11 月，德国人才集结起足够的部队去对付达尔马提亚的游击队，但是当进攻开始时，他们迅速占领了所有海岸和近海岛屿，到 1 月时，只剩更向外海一些的维斯岛还在英国人和游击队的控制之下。因此，英国皇家海军陆战队以及一支大规模的守备部队通过船运横渡亚得里亚海，并在盟国海军和空军的掩护下在维斯岛建立了一个大型基地。岛上的空军基地对新组建的盟国巴尔干空军而言是至关重要的。整个春季，海军陆战队员、近岸和两栖舰艇以及游击队员不断袭击南部岛屿上的德军阵地。虽然德军对盟国海军行动无能为力，但是在陆地上，他们依然拥有强大的兵力，并且能够使盟军在袭击布拉克岛时遭受挫败。然而，主动权渐渐地到了盟军手中，9 月初，对德军的一次大规模进攻迫使其撤离达尔马提亚南部。盟国海军舰艇在群岛中向北推进，干扰德国航运交通，并为军用和民用补给打开港口。扎达尔成为新的前进基地，尽管在冬季的几个月里几乎没有什么收获。此时，英国人与游击队的关系也开始恶化，因此 1945 年的大部分行动都是从意大利基地出发。英国人曾经考虑过在亚得里亚海北部进行一次大规模两栖作战行动，以此快速向维也纳推进，但是实际上，这个战场的重要性排在意大利本土、法国南部甚至爱琴海之后，而且无论如何，也没有足够的资源进行这样一次行动。

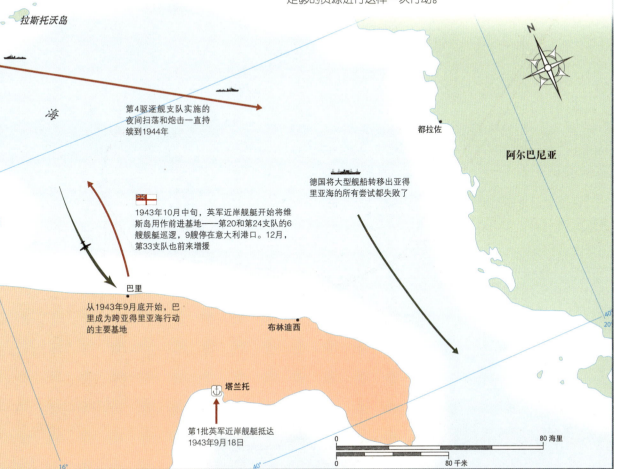

夫

1943年12月中旬至1944年1月，德国部队占领了达尔马提亚南部的全部岛屿，除了维斯岛

赫瓦尔岛

科尔丘拉岛

姆列特岛

杜布罗夫尼克

拉斯托沃岛

海

第4驱逐舰支队实施的夜间扫荡和炮击一直持续到1944年

都拉佐

阿尔巴尼亚

德国将大型舰船转移出亚得里亚海的所有尝试都失败了

1943年10月中旬，英军近岸舰艇开始将维斯岛用作前进基地——第20和第24支队的6艘舰艇巡逻，9艘停在意大利港口。12月，第33支队也前来增援

巴里

从1943年9月底开始，巴里成为跨亚得里亚海行动的主要基地

布林迪西

塔兰托

第1批英军近岸舰艇抵达1943年9月18日

0   80 海里

0   80 千米

267

"气窗"行动，1944年5月17日

　　1944年春季集结在亭可马里的由海军上将萨默维尔统帅的舰队是一支国际部队。配属于东方舰队的美国航母"萨拉托加"号不仅大大增加了其打击力量，还给英国人提供了演练多航母特遣舰队行动的机会，而此时英国皇家海军的其他航母仍在进行派往远东部署前的磨合。在4月底完成"座舱"行动之后，"萨拉托加"号奉命返回美国维修。由于返航要穿过太平洋，盟军决定让它与东方舰队对泗水进行一次航母打击。这个距离比上个月的沙璜打击行动还远，所以各舰要先在埃克斯茅斯湾的有掩护的水域补充燃料。

　　舰队分成3支特遣舰队，5月6日离开锡兰，整个航程平安无事，5月17日早上到达攻击发起位置。预计会遇到强大的日本空中力量，所以空袭飞机从更深入远海的位置起飞。因此，"光辉"号将其"梭鱼"轰炸机留在锡兰，而搭载着舰队护航航母执行反潜任务时常用的"复仇者"轰炸机。从凌晨4点30分开始，2个打击大队起飞升空。第1个大队打击的是沃诺格罗摩炼油厂，第2个大队打击的是港口基础设施，因为泗水是在东印度群岛对抗盟军潜艇的日军反潜舰艇的主要基地。这两次打击，虽然以后来的标准来看规模不大，但是打了日本人一个突然袭击，并造成了很大的破坏。"萨拉托加"号及其护航舰艇于5月18日离开编队，而舰队则再次到埃克斯茅斯湾补充燃料。这次行动为航空母舰的补给和战术操作提供了很多重要经验。

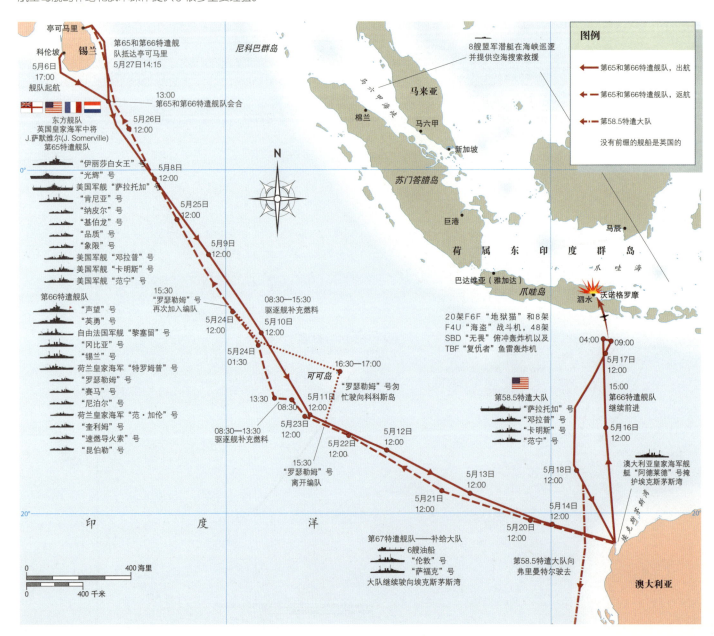

268

美国潜艇在太平洋的损失

在战争爆发前,美国前线潜艇兵力大都集中在亚洲舰队。在菲律宾沦陷后,它们转移到了澳大利亚,并从弗里曼特尔和布里斯班出发作战,但是一段时间之后,太平洋舰队的潜艇将开始主宰潜艇战。1941年12月,美国全部111艘潜艇中有73艘在这个战场,另有73艘正在建造。

1942年至1945年,201艘潜艇编入现役,潜艇部队的战时兵力增长到288艘,其中263艘执行战时巡逻任务。共计进行了1588次巡逻,其中1474次在太平洋,它们在海上的天数累计将近71000天。巡逻最多的潜艇是"黄貂鱼"号,16次。

美军共损失了52艘潜艇,大约占潜艇总兵力的五分之一,大多数损失在太平洋。至少41艘是因敌军攻击而损失,半数损失是战前建造的潜艇。换算一下,大约每6.5次巡逻就损失1艘潜艇。美军在作战中每损失1艘潜艇,日军大约损失34艘舰船。潜艇部队占美国海军兵力总人数的比例不到2%。大约30000名投入作战或参加训练的潜艇艇员中有3544人战死。虽然这远低于德国潜艇部队所遭受的损失,但是按照部队规模比例,它仍然代表着美军中最高的伤亡率。相比之下,德国有793艘潜艇被击沉,大约28000名德国潜艇艇员战死,意味着高达75%的伤亡率。

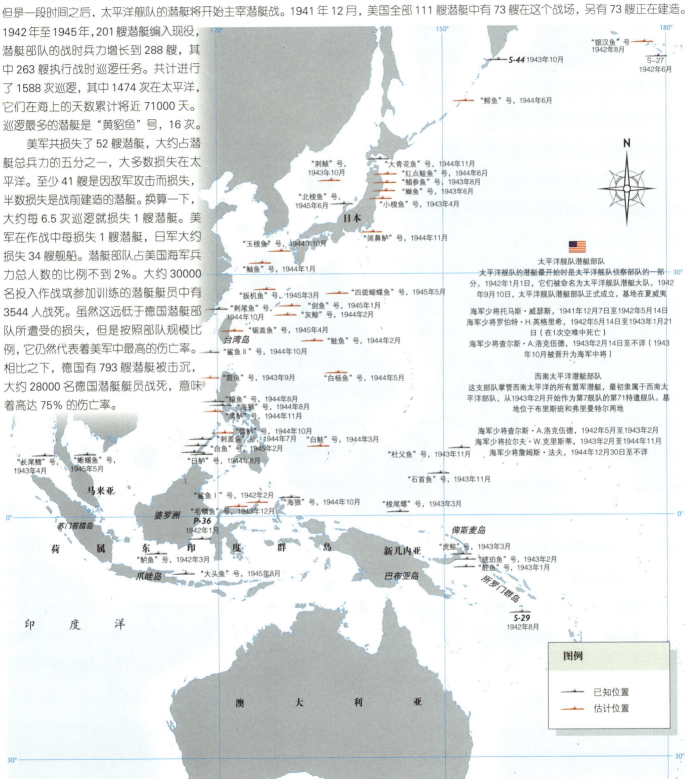

269

日本的海上通道

作为一个人口众多但自然资源匮乏的岛国，日本严重依赖商船队和进口来维持国内的经济和战争需求。英国和美国非常清楚日本的这一弱点，两国在各自的战前计划中都强调经济封锁的重要性。从1941年12月开始，美国海军针对日本商船发起了无限制潜艇战，战争期间，美国潜艇累计击沉的商船吨数占到被击沉商船总吨数的一半以上。美国潜艇还贡献了日本海军总损失的三分之一，包括8艘航空母舰、1艘战列舰和11艘巡洋舰。

珍珠港事件之后，潜艇部队以及航空母舰成为首要的也是最有效的给日军造成损伤的方式。海军上将尼米兹是美国海军中最重要的潜艇专家之一。最初，在1942年，美国人的战果有限，因为菲律宾战役之后需要重新组织兵力，另外鱼雷和潜艇也存在问题。然而，即便是在这个阶段，日本被击沉的舰船数量仍然超过了其能够补充的数量。随着更多的新型装备于1943年到达前线，被击沉的日本舰船数量增加了，从这年年底开始，封锁政策开始深刻影响日本经济。

油轮——1943年被击沉了338000吨——是重点攻击目标，严重打

日本损失的商船（超过500毛吨的船只）					
年份	船只数量（艘）	沉没原因	船只数量（艘）	占船只总数的百分比(%)	总注册吨位（百万）	占总注册吨位的百分比(%)
1941	12	潜艇	1152.5	45.5	4861.3	54.6
1942	205	舰载机	393.5	15.5	1452.9	16.3
1943	437	海军陆基飞机	143.5	5.7	383.2	4.3
1944	967	陆军飞机	300.0	11.8	910.1	10.2
1945	639	所有其他的原因	543.5	21.5	1289.5	14.5
其他无法使用的船只	273			100.0	8897.0	100.0
总计	2533		2533			

图例

日本的海上通道（1943年底）

日本沉没的油轮，1943年9月至1944年5月

美国潜艇巡逻的重点，1944年

从1944年开始，美国陆军航空队/英国皇家空军进行的航空布雷行动

1944年，大部分日本商船的损失都在中国东海，南海以及整个菲律宾群岛

1943年日本商船损失的中区域（主要原因是空袭、水雷）

从1944年开始，澳大利亚空军进行的航空布雷行动

东印度群岛站

东方舰队潜艇

来自弗里曼特尔

西南太平洋潜艇

青岛

朝鲜

东京

上海

东海

冲绳岛

小笠原群岛

硫黄岛

香港

台湾岛

高雄

马里亚纳群岛

海南岛

吕宋岛

缅甸

仰光

遥罗

中南半岛

南海

马尼拉

菲律宾

塞班岛

关岛

马来亚

北婆罗洲

沙捞越

西里伯斯海

棉兰老岛

帕劳群岛

特鲁克岛

新加坡

苏门答腊岛

婆罗洲

西里伯斯岛

摩鹿加群岛

新几内亚

俾斯麦

巴布亚岛

爪哇岛

达尔文

澳大利亚

90°   105°   120°   135°

击了日本的生产，并影响到日本的军事；机组成员再也无法得到足够的训练，舰船也不能像以前一样频繁地出海。同样，铝土矿进口的减少导致铝金属产量的降低，从而影响到生产飞机的质量。前线部队的补给越来越少，美国能够接受跳岛作战战略的其中一个原因在于这些日本守备部队已经被削弱到仅能勉强生存的水平。从 1944 年开始，航空布雷和舰载机也促进了经济封锁，到 1945 年夏季时，日本的大宗进口几乎完全停止了。

千岛群岛

太平洋舰队以及以荷兰港为基地的潜艇在北太平洋的活动区域

太平洋舰队潜艇部队

1943年日本商船损失的集中区域（主要原因是潜艇攻击）

中途岛

N

威克岛

太　平　洋

瓦胡岛
夏威夷群岛
珍珠港

约翰斯顿岛

马绍尔群岛

巴尔米拉岛

圣诞岛

加罗林群岛

新爱尔兰

吉尔伯特群岛

坎顿岛

太平洋舰队和以布里斯班为基地的潜艇在南太平洋的活动区域

拉包尔

不列颠

所罗门群岛

埃利斯群岛

彭林岛

马克萨斯群岛

圣克鲁斯岛

珊瑚海

萨摩亚群岛

来自布里斯班

斐济
汤加群岛

新赫布里底群岛

30

15

15

165° 180° 165° 150°

"海王星"行动，1944年6月5日—6日

诺曼底登陆标志着盟国在法国开辟对德作战前线的3年准备工作达到高潮。"海王星"行动——作为更庞大的入侵行动"霸王"行动的海军部分，计划制定工作于1943年开始，盟军最有经验的作战规划者之一拉姆齐海军上将负责统筹。该行动的规模和复杂程度超过以往任何两栖行动。横渡多佛海峡进入加莱地区的直接路线未被考虑，因为这是最明显的路线，并且德国第15集团军严密防守着该地区。诺曼底是根据航渡距离与德军兵力的折中选择，虽然这里的防御也相当坚固。1944年初，作战行动发展成一次由5个师在一条50英里长的前线上进行的突击，同时也大大增加了海军部队的规模。盟国需要迅速使其陆军集团军在法国土地上站稳脚跟，以应对可以预料的猛烈反击，但是最初的突击区域没有大型港口，因此要把两个人工港拖过海峡。计划于6月5日进行登陆，恶劣的天气导致行动推迟，但仅推迟了1天，到6月6日晚上，大约130000人的部队已经登陆。一共大约有7000艘舰船参与此次行动。

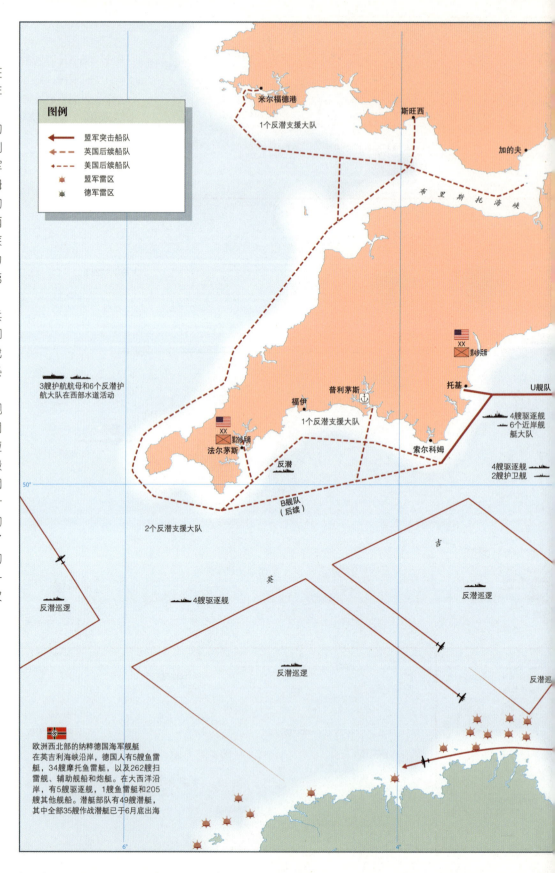

图例

- 盟军突击船队
- 英国后续船队
- 美国后续船队
- 盟军雷区
- 德军雷区

米尔福德港

斯旺西

加的夫

布里斯托海峡

1个反潜支援大队

XX 第4集团军

托基

U舰队

3艘护航航母和6个反潜护航大队在西部水道活动

普利茅斯

福伊

索尔科姆

4艘驱逐舰
6个近岸舰艇大队

XX 第29集团军

法尔茅斯

1个反潜支援大队

4艘驱逐舰
2艘护卫舰

反潜

B舰队
（后续）

2个反潜支援大队

吉

英

反潜巡逻

4艘驱逐舰

反潜巡逻

反潜巡逻

反潜巡逻

欧洲西北部的纳粹德国海军舰艇

在英吉利海峡沿岸，德国人有5艘鱼雷艇，34艘摩托鱼雷艇，以及262艘扫雷舰、辅助舰船和炮艇。在大西洋沿岸，有5艘驱逐舰，1艘鱼雷艇和205艘其他舰船。潜艇部队有49艘潜艇，其中全部35艘作战潜艇已于6月底出海

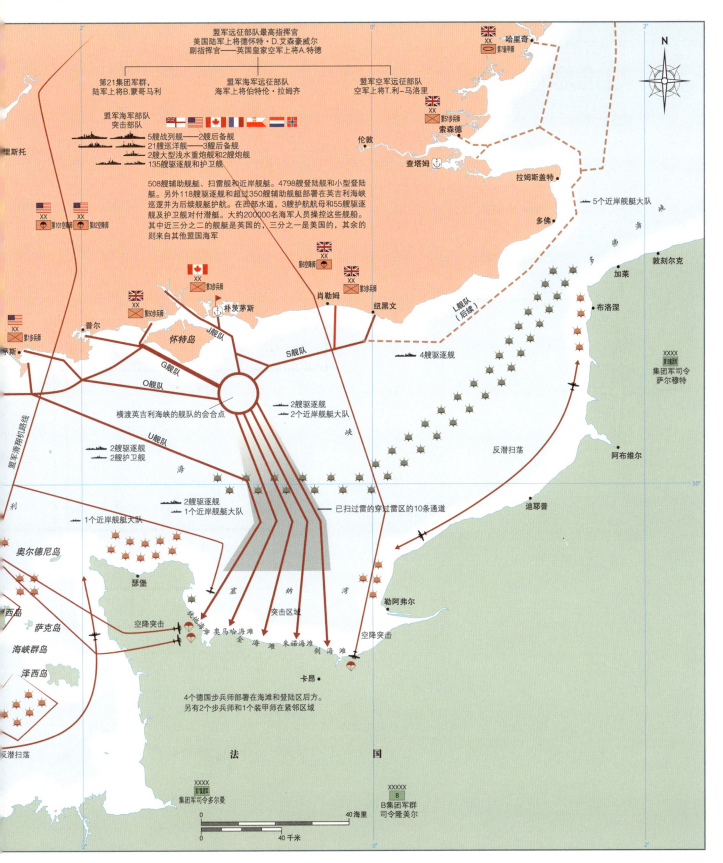

盟军远征部队最高指挥官
美国陆军上将德怀特·D.艾森豪威尔
副指挥官——英国皇家空军上将A.特德

第21集团军群，
陆军上将B.蒙哥马利

盟军海军远征部队
海军上将伯特伦·拉姆齐

盟军空军远征部队
空军上将T.利–马洛里

盟军海军部队
突击部队

5艘战列舰——2艘后备舰
21艘巡洋舰——3艘后备舰
2艘大型浅水重炮舰和2艘炮舰
135艘驱逐舰和护卫舰

508艘辅助舰艇、扫雷舰和近岸舰艇。4798艘登陆舰和小型登陆艇。另外118艘驱逐舰和超过350艘辅助舰艇部署在英吉利海峡巡逻并为后续舰艇护航。在西部水道，3艘护航航母和55艘驱逐舰及护卫舰对付潜艇。大约200000名海军人员操控这些舰船。其中近三分之二的舰艇是英国的，三分之一是美国的，其余的则来自其他盟国海军

哈里奇
第7装甲师

索森德
第8步兵师

伦敦

查塔姆

拉姆斯盖特

多佛

5个近岸舰艇大队

第101空降师
第82空降师

第3步兵师

朴茨茅斯

J舰队

第50步兵师

G舰队

O舰队

怀特岛

第6空降师

肖勒姆

第3步兵师

纽黑文

S舰队

L舰队
（后续）

4艘驱逐舰

敦刻尔克
加莱
布洛涅

集团军司令
萨尔穆特

里斯托

普尔

茅斯

横渡英吉利海峡的舰队的会合点

2艘驱逐舰
2个近岸舰艇大队

峡

2艘驱逐舰
2个近岸舰艇大队

U舰队

2艘驱逐舰
1个近岸舰艇大队

海

已扫过雷的穿过雷区的10条通道

反潜扫荡

阿布维尔

迪耶普

1个近岸舰艇大队

盟军滑翔机路线

利

奥尔德尼岛

瑟堡

空降突击

西岛

萨克岛

海峡群岛

泽西岛

反潜扫荡

塞
纳
湾

突击区域

犹他海滩
奥马哈海滩
金海滩
朱诺海滩
剑海滩

空降突击

勒阿弗尔

卡昂

4个德国步兵师部署在海滩和登陆区后方。
另有2个步兵师和1个装甲师在紧邻区域

法
国

集团军司令多尔曼

B集团军群
司令隆美尔

0   40海里

0   40千米

N

273

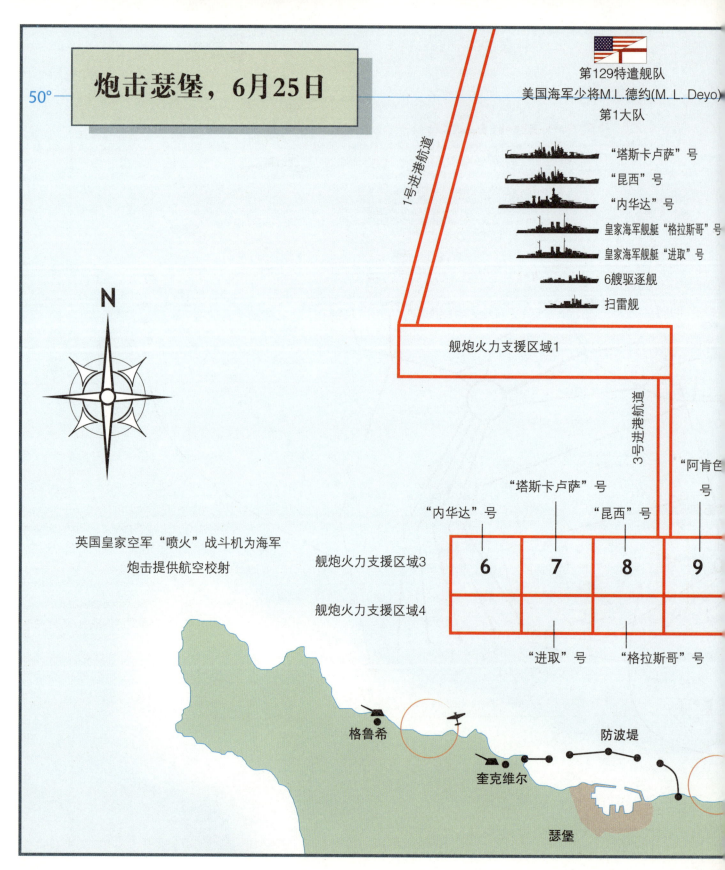

炮击瑟堡，6月25日

50°

第129特遣舰队
美国海军少将M.L.德约(M. L. Deyo)
第1大队

"塔斯卡卢萨"号

"昆西"号

"内华达"号

皇家海军舰艇"格拉斯哥"号

皇家海军舰艇"进取"号

6艘驱逐舰

扫雷舰

1号进港航道

3号进港航道

舰炮火力支援区域1

"阿肯色"号

"塔斯卡卢萨"号

"内华达"号

"昆西"号

英国皇家空军"喷火"战斗机为海军
炮击提供航空校射

舰炮火力支援区域3

舰炮火力支援区域4

| 6 | 7 | 8 | 9 |

"进取"号

"格拉斯哥"号

格鲁希

防波堤

奎克维尔

瑟堡

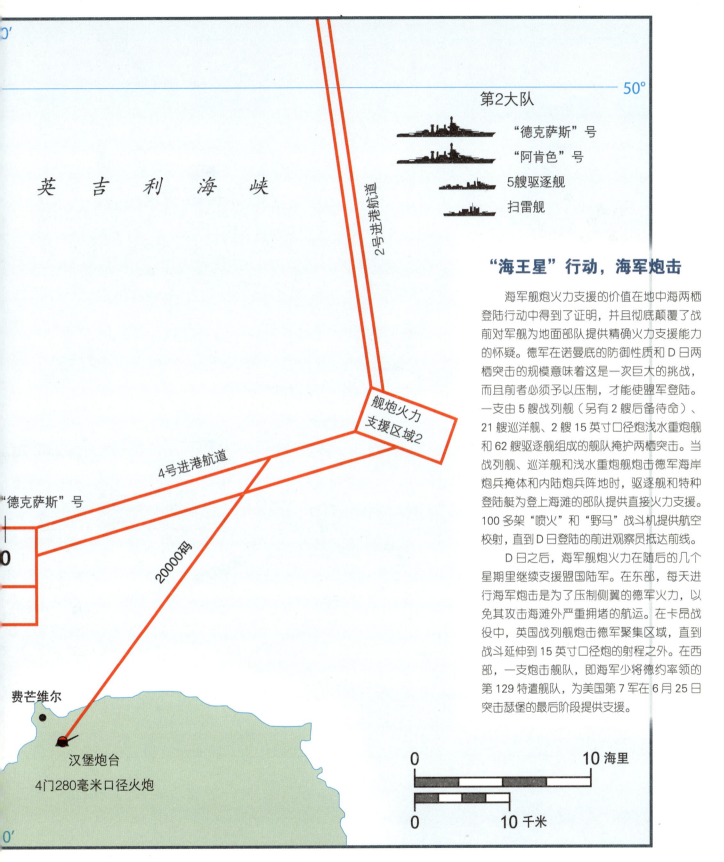

英 吉 利 海 峡

第2大队

"德克萨斯"号
"阿肯色"号
5艘驱逐舰
扫雷舰

2号进港航道

舰炮火力
支援区域2

4号进港航道

"德克萨斯"号

20000码

费芒维尔

汉堡炮台
4门280毫米口径火炮

50°

0'

0'

0'

"海王星"行动，海军炮击

　　海军舰炮火力支援的价值在地中海两栖登陆行动中得到了证明，并且彻底颠覆了战前对军舰为地面部队提供精确火力支援能力的怀疑。德军在诺曼底的防御性质和 D 日两栖突击的规模意味着这是一次巨大的挑战，而且前者必须予以压制，才能使盟军登陆。一支由 5 艘战列舰（另有 2 艘后备待命）、21 艘巡洋舰、2 艘 15 英寸口径炮浅水重炮舰和 62 艘驱逐舰组成的舰队掩护两栖突击。当战列舰、巡洋舰和浅水重炮舰炮击德军海岸炮兵掩体和内陆炮兵阵地时，驱逐舰和特种登陆艇为登上海滩的部队提供直接火力支援。100 多架"喷火"和"野马"战斗机提供航空校射，直到 D 日登陆的前进观察员抵达前线。

　　D 日之后，海军舰炮火力在随后的几个星期里继续支援盟国陆军。在东部，每天进行海军炮击是为了压制侧翼的德军火力，以免其攻击海滩外严重拥堵的航运。在卡昂战役中，英国战列舰炮击德军聚集区域，直到战斗延伸到 15 英寸口径炮的射程之外。在西部，一支炮击舰队，即海军少将德约率领的第 129 特遣舰队，为美国第 7 军在 6 月 25 日突击瑟堡的最后阶段提供支援。

0　　　　　　　　　　　10 海里

0　　　　　　　　　　　10 千米

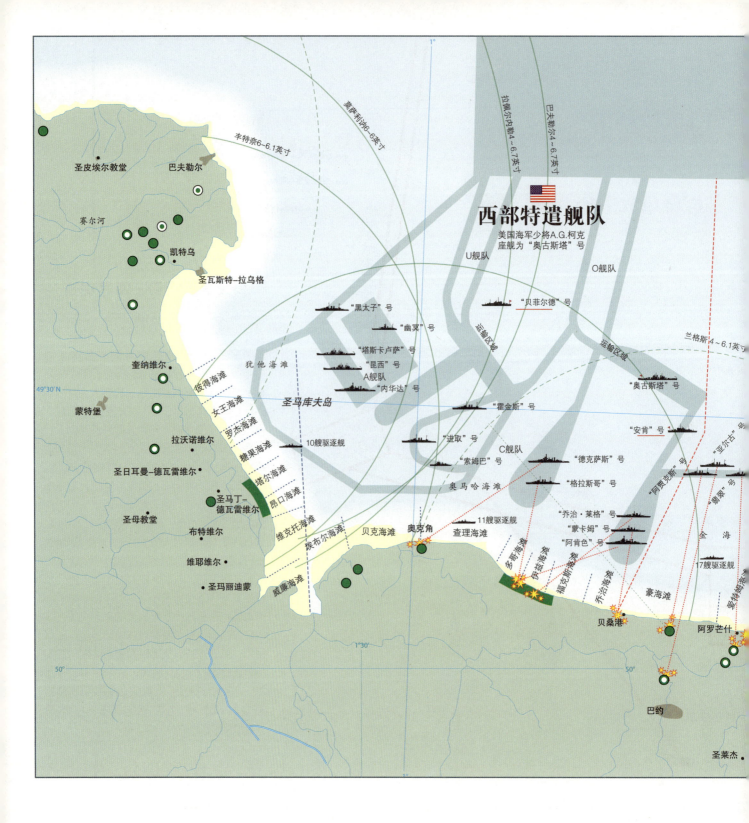

圣皮埃尔教堂
巴夫勒尔

塞尔河

凯特乌

圣瓦斯特-拉乌格

奎纳维尔

蒙特堡

拉沃诺维尔

圣日耳曼-德瓦雷维尔

圣马丁-德瓦雷维尔

圣母教堂

布特维尔

维耶维尔

圣玛丽迪蒙

49°30′N

犹他海滩

彼得海滩

女王海滩

罗杰海滩

糖果海滩

塔尔海滩

昂口海滩

克克托海滩

维布尔海滩

威廉海滩

贝克海滩

奥克角

查理海滩

丰特奈6-6.1英寸

翼萨利沙6-6英寸

拉佩尔内勒4~6.7英寸

巴夫勒尔4~6.1英寸

兰格斯4~6.1英寸

U舰队

O舰队

运输区域

运输区域

"黑太子"号

"幽冥"号

"塔斯卡卢萨"号

"昆西"号

A舰队

"内华达"号

"霍金斯"号

"进取"号

"索姆巴"号

C舰队

10艘驱逐舰

圣马库夫岛

🇺🇸
西部特遣舰队

美国海军少将A.G.柯克
座舰为"奥古斯塔"号

"贝菲尔德"号

"奥古斯塔"号

"安肯"号

"德克萨斯"号

"格拉斯哥"号

"乔治·莱格"号

"蒙卡姆"号

"阿肯色"号

"阿贾克斯"号

"翡翠"号

"亚尔古"号

金 海

11艘驱逐舰

17艘驱逐舰

多哥海滩

阿达海滩

福克斯海滩

乔治海滩

豪海滩

星特姆海滩

贝桑港

阿罗芒什

1°30′

50°

50°

巴约

圣莱杰

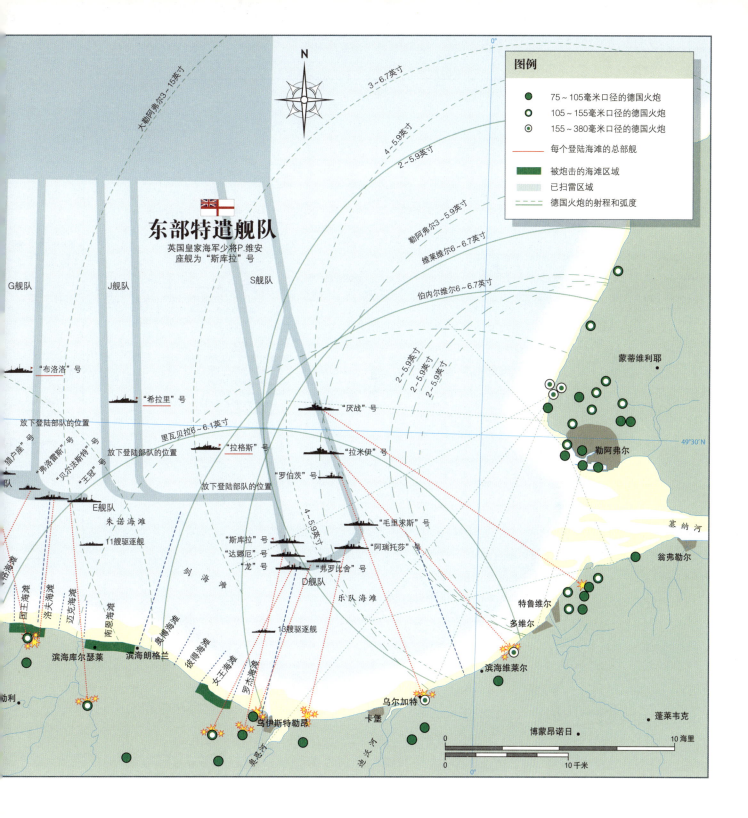

图例

- ● 75～105毫米口径的德国火炮
- ◎ 105～155毫米口径的德国火炮
- ◉ 155～380毫米口径的德国火炮
- —— 每个登陆海滩的总部舰
- ■ 被炮击的海滩区域
- ░ 已扫雷区域
- ╌ 德国火炮的射程和弧度

东部特遣舰队

英国皇家海军少将P.维安
座舰为"斯库拉"号

G舰队   J舰队   S舰队

大勒阿弗尔3～15英寸

3～6.7英寸

4～5.9英寸

2～5.9英寸

勒阿弗尔3～5.9英寸

维莱维尔6～6.7英寸

伯内尔维尔6～6.7英寸

"布洛洛"号

"希拉里"号

"厌战"号

放下登陆部队的位置

里瓦贝拉6～6.1英寸

"拉格斯"号

"拉米伊"号

"猎户座"号

"弗洛雷斯"号

"贝尔法斯特"号

"王冠"号

放下登陆部队的位置

"罗伯茨"号

2～5.9英寸
2～5.9英寸
2～5.9英寸

蒙蒂维利耶

勒阿弗尔

49°30′N

塞纳河

翁弗勒尔

E舰队

朱诺海滩

11艘驱逐舰

放下登陆部队的位置

"毛里求斯"号

4～5.9英寸

"斯库拉"号

"达娜厄"号

"龙"号

"阿瑞托莎"号

"弗罗比舍"号

D舰队

乐队海滩

特鲁维尔

多维尔

13艘驱逐舰

滨海维莱尔

"宝"海滩

国王海滩

洛夫海滩

迈克海滩

南恩海滩

奥博海滩

彼得海滩

女王海滩

罗杰海滩

滨海库尔瑟莱

滨海朗格兰

卡堡

乌尔加特

蓬莱韦克

勒利

乌伊斯特勒昂

奥恩河

迪沃河

博蒙昂诺日

剑海滩

0   10海里

0   10千米

277

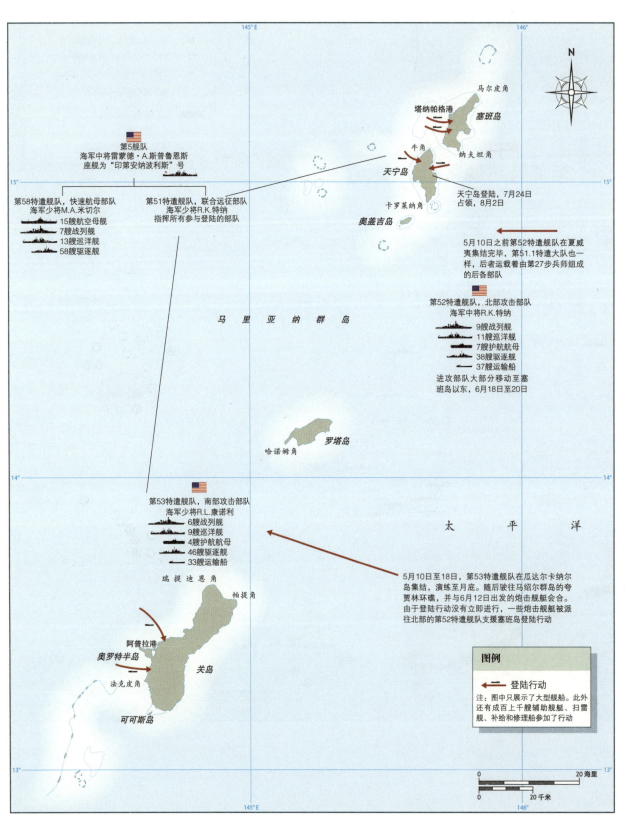

第5舰队
海军中将雷蒙德·A.斯普鲁恩斯
座舰为"印第安纳波利斯"号

第58特遣舰队，快速航母部队
海军少将M.A.米切尔
15艘航空母舰
7艘战列舰
13艘巡洋舰
58艘驱逐舰

第51特遣舰队，联合远征部队
海军少将R.K.特纳
指挥所有参与登陆的部队

马尔皮角
塔纳帕格港
塞班岛
牛角
纳夫坦角
天宁岛
卡罗莱纳角
奥盖吉岛

天宁岛登陆，7月24日
占领，8月2日

5月10日之前第52特遣舰队在夏威
夷集结完毕，第51.1特遣大队也一
样，后者运载着由第27步兵师组成
的后各部队

第52特遣舰队，北部攻击部队
海军中将R.K.特纳
9艘战列舰
11艘巡洋舰
7艘护航航母
38艘驱逐舰
37艘运输船

进攻部队大部移动至塞
班岛以东，6月18日至20日

马里亚纳群岛

哈诺姆角
罗塔岛

第53特遣舰队，南部攻击部队
海军少将R.L.康诺利
6艘战列舰
9艘巡洋舰
4艘护航航母
46艘驱逐舰
33艘运输船

太平洋

5月10日至18日，第53特遣舰队在瓜达尔卡纳尔
岛集结，演练至月底。随后驶往马绍尔群岛的夸
贾林环礁，并与6月12日出发的炮击舰艇会合。
由于登陆行动没有立即进行，一些炮击舰艇被派
往北部的第52特遣舰队支援塞班岛登陆行动

瑞提迪恩角
帕提角
阿普拉港
奥罗特半岛
关岛
法克皮角
可可斯岛

图例

登陆行动

注：图中只展示了大型舰船。此外
还有成百上千艘辅助舰艇、扫雷
舰、补给和修理船参加了行动

第52特遣舰队，
北部攻击部队
海军中将R.K.特纳

两栖部队
H.M.史密斯少将
(H. M. Smith)

海军陆战队第2师
师长沃

第27步兵
师长史密斯
（后来部署在天宁岛）

海军陆战队第4师
师长施

牛角

天宁岛

"征粮者"行动，马里亚纳群岛，1944年6月

夺取马绍尔群岛之后，美国人决定绕过太平洋中部的其他日军据点，直指马里亚纳群岛。这是一个大约由15个岛屿组成的岛群，其中最南边的4个岛屿是重要的空军基地，并扼守着通往日本本土和石油丰富的东印度群岛的水道；最大的岛屿——关岛在战前一直处于美国的控制之下。美国航母已经在2月对马里亚纳群岛进行了空袭，并于3月决定在6月登陆岛屿。塞班岛是美国人的主要目标，因为夺取其空军基地将使得远程B-29轰炸机能够打击日本本土。日本帝国海军也刚刚将其潜艇部队——第6舰队的总部迁到该岛。这次行动是一个相当大的挑战，因为涉及的距离非常遥远，马里亚纳群岛距离最近的美国基地大约1000英里。

登陆塞班岛之前的两个星期里，第58特遣舰队的航母空袭了马里亚纳群岛周围所有的日本空军基地，随后密集空袭塞班岛。2个师在一支大规模炮击舰队的掩护下上岸，但夺取滩头堡花了两天。日军没有预料到塞班岛会成为美军的登陆目标，他们以一次大规模舰队作战作为回应，并在菲律宾海海战中达到高潮。在此之后，日本海军的回应仅限于潜艇作战，取得的战果很少，到7月底，21艘潜艇已经损失了13艘。在陆地上，日军的抵抗非常激烈，67500人的美军部队耗时3个多星期才占领塞班岛。这导致登陆关岛推迟了1个月，战区后备师也被从珍珠港运送过来，使之成为3个师的两栖突击。登陆行动之前，关岛也遭受了2个星期的海军炮击和空军轰炸。

279

菲律宾海海战，1944 年 6 月 19 日—21 日

　　3 月，日本人重组了他们的舰队，所组建的第 1 机动舰队将航空母舰、战列舰、巡洋舰和驱逐舰集结在一起，其方式类似于美国人的特遣舰队体系。预料到美国人会穿过马里亚纳群岛、雅浦岛和帕劳群岛直奔东印度群岛突击日本内层防御圈，日本人提出了"阿号作战"。该计划打算进行一场决战，为了弥补日军在舰载航空兵数量上的劣势，在大规模交战前，用陆基航空兵削弱美军舰队将是至关重要的。5 月，第 1 机动舰队开始集结，这是日军部署的最大规模的编队之一。然而，尽管它的 9 艘航母和其他军舰搭载了 435 架舰载机和 45 架水上飞机，舰队规模类似于曾部署在珍珠港的那支，但是其对手——单是第 58 特遣舰队的 15 艘航母就搭载了大约 950 架飞机。

　　日本人期望美国人向帕劳群岛移动，这样他们就会被关岛和雅浦岛上的航空大队以及日军舰队拦截。尽管塞班岛遭到攻击的可能未被忽视，但是当美军真的于 6 月 15 日在塞班岛登陆时，仍然让日军大吃一惊，随后"阿号作战"启动。美国人部署了大量潜艇和巡逻飞机掩护航道，6 月 17 日晚上 9 点刚过，美国"竹荚鱼"号潜艇报告一支大规模日军舰队正驶向塞班岛。海军上将斯普鲁恩斯命令米彻尔的航母在 6 月 18 日晚上向马里亚纳群岛靠近，接近突击舰船，并避免夜间水面战。虽然日军飞机发现了美国舰队，但是日本海军中将小泽治三郎也倾向于等到 6 月 19 日再发动进攻。整个早上，他向第 58 特遣舰队发动了 4 次大规模突袭，但都被击退了，第一次是被美国战斗机击退，后来是被美国舰队密集的防空火力击退。关岛基地的飞机发挥的作用不大，

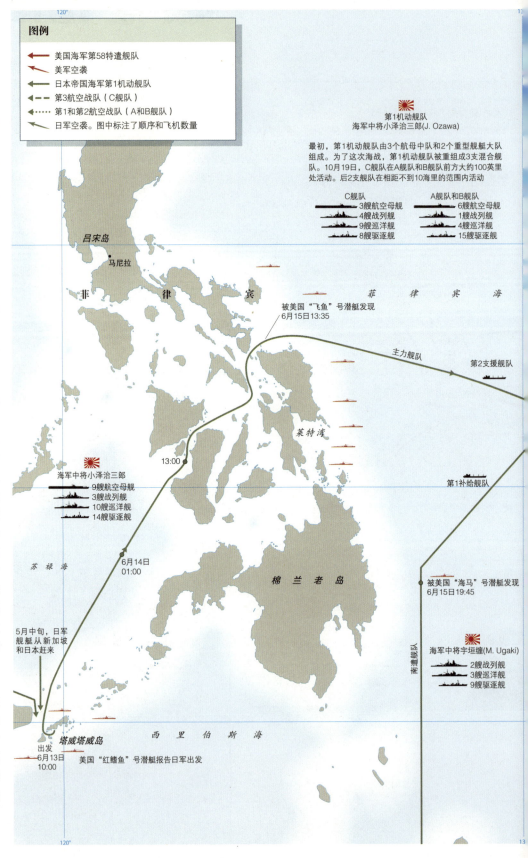

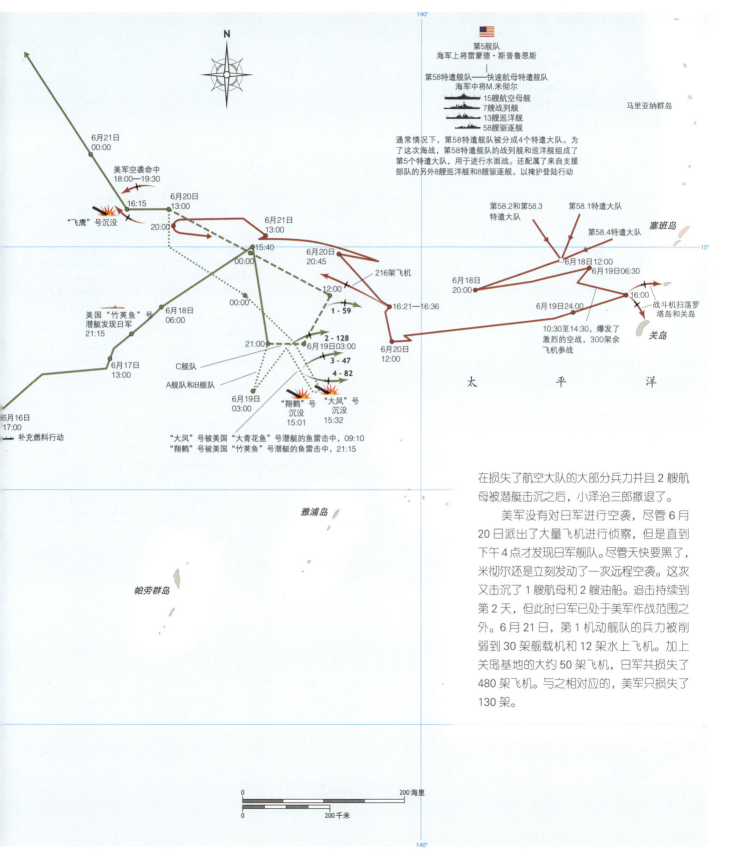

第5舰队
海军上将雷蒙德·斯普鲁恩斯

第58特遣舰队——快速航母特遣舰队
海军中将M.米彻尔
15艘航空母舰
7艘战列舰
13艘巡洋舰
58艘驱逐舰

马里亚纳群岛

通常情况下，第58特遣舰队被分成4个特遣大队。为了这次海战，第58特遣舰队的战列舰和巡洋舰组成了第5个特遣大队，用于进行水面战。还配属了来自支援部队的另外8艘巡洋舰和8艘驱逐舰，以掩护登陆行动

6月21日
00:00

美军空袭命中
18:00—19:30

16:15   6月20日
13:00

"飞鹰"号沉没   20:00

6月21日
13:00

15:40
00:00

6月20日
20:45

216架飞机

12:00

美国"竹荚鱼"号
潜艇发现日军
21:15

6月18日
06:00

16:21—16:36

1 - 59

2 - 128

6月19日03:00

3 - 47

4 - 82

6月17日
13:00

C舰队

00:00

21:00

6月20日
12:00

A舰队和B舰队

6月16日
17:00
补充燃料行动

6月19日
03:00

"翔鹤"号
沉没
15:01

"大凤"号
沉没
15:32

"大凤"号被美国"大青花鱼"号潜艇的鱼雷击中，09:10
"翔鹤"号被美国"竹荚鱼"号潜艇的鱼雷击中，21:15

第58.2和第58.3
特遣大队

第58.1特遣大队

第58.4特遣大队

塞班岛

6月18日12:00

6月19日06:30

6月18日
20:00

6月19日24:00

16:00

战斗机扫荡罗
塔岛和关岛

关岛

10:30至14:30，爆发了
激烈的空战，300架余
飞机参战

太   平   洋

雅浦岛

帕劳群岛

在损失了航空大队的大部分兵力并且2艘航母被潜艇击沉之后，小泽治三郎撤退了。

美军没有对日军进行空袭，尽管6月20日派出了大量飞机进行侦察，但是直到下午4点才发现日军舰队。尽管天快要黑了，米彻尔还是立刻发动了一次远程空袭。这次又击沉了1艘航母和2艘油船。追击持续到第2天，但此时日军已处于美军作战范围之外。6月21日，第1机动舰队的兵力被削弱到30架舰载机和12架水上飞机。加上关岛基地的大约50架飞机，日军共损失了480架飞机。与之相对应的，美军只损失了130架。

0   200海里

0   200千米

"深红"行动，1944 年 7 月 25 日

到 1944 年 7 月，东方舰队的航母力量已经增长到 3 艘，使其能够对安达曼和尼科巴群岛的偏远日军据点进行更多的两栖行动。盟军计划对苏门答腊岛北端的沙璜进行一次联合航母袭击和海军炮击，此次行动有两个目的：削弱日军的航空力量，破坏石油设施。战列舰将炮击港口和岸上设施，巡洋舰和驱逐舰则应对沿岸防御力量。对日军机场的空袭将消除空中威胁，此外一些飞机还将执行航空侦察任务，以收集情报。这非常重要，因为与其他战场相比，盟军掌握的有关印度洋日军据点信息非常有限。

舰队于 7 月 22 日起航，海军上将萨默维尔乘坐"伊丽莎白女王"号，于 7 月 25 日早上到达沙璜海岸线外。航空母舰在距离海岸较近的地方活动——在大约 35 英里外发起空袭。当"海盗"战斗机到达机场时，发现天还太黑，无法识别地面目标，因而造成的破坏有限。当它们返回之后，海军炮击开始了。荷兰巡洋舰"特罗姆普"号和 2 艘英国驱逐舰脱离主力舰队，进一步靠近海岸，并在近距离平射射程内炮击港口和岸上设施。这几艘军舰都被击中了，但损伤不大。总体而言，日军的回应有限，直到下午才派出一支大约 10 架 A6M 零式战斗机的机群，试图袭击撤退的英军舰队，但是很快就被防御掩护的战斗机击退。这是萨默维尔最后一次作为东方舰队司令指挥的行动。

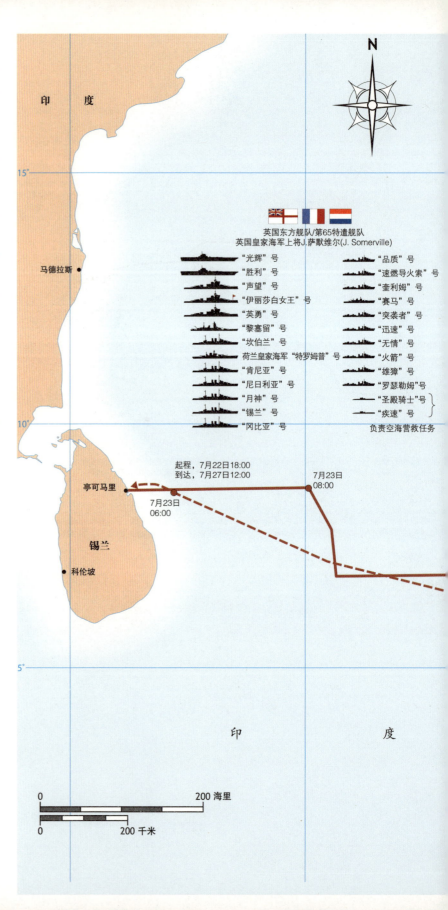

孟加拉湾

缅甸

15

安达曼群岛

10

卡尔尼科巴岛

楠考里岛

尼科巴群岛　大尼科巴岛

"特罗姆普"号、"品质"号、"速燃导火索"号和"奎利姆"号离开编队，去炮击海港

7月24日
08:00

7月26日
08:00

7月25日04:00

沙璜

韦岛

7月25日
12:00

7月25日
9:00离开

哥打拉惹

洛克雅

5

苏门答腊岛

洋

图例

第65特遣舰队，出航

第65和第66特遣舰队，归航

90°

"宴会"行动，1944 年 8 月 24 日

东方舰队的下一个航母打击目标是巴东，沿着苏门答腊海岸继续向南，这使得特遣舰队需要进行海上补给。行动正好赶上海军上将萨默维尔向海军上将弗雷泽移交指挥权，所以海军少将穆迪——掌管东方舰队航母的将官，行使作战指挥权。空袭目标是巴东的机场、埃玛港和 1 个水泥厂。他们还希望对印度洋日军据点的频繁空袭能将日军的注意力和一些资源从西南太平洋的其他前线吸引过来。最终，这些空袭规模太小，未能影响日军的整体部署。

与大部分英军行动相比，参与"宴会"行动的舰队规模较小。它于 8 月 19 日沿着通往目标的航线航行，整个过程一直保持在日军空中掩护的范围之外。空袭推迟了 1 天，因为分配去营救被击落的飞行员的潜艇出现了故障而不得不替换。空袭当天，即 8 月 24 日的天气近乎完美。然而，结果却令人失望，目标区域几乎没有任何活动，后来才知道，日军基本没有将巴东用作基地。几乎没有抵抗，只有为新飞行员提供一些战斗经验的目标部分实现了。新抵达的"豪"号，虽然是英国皇家海军最现代化的战列舰之一，却被发现在空袭行动中很难跟上航母，并且比预期的更加耗油，迫使特遣舰队在返回时以低于计划的航速航行。

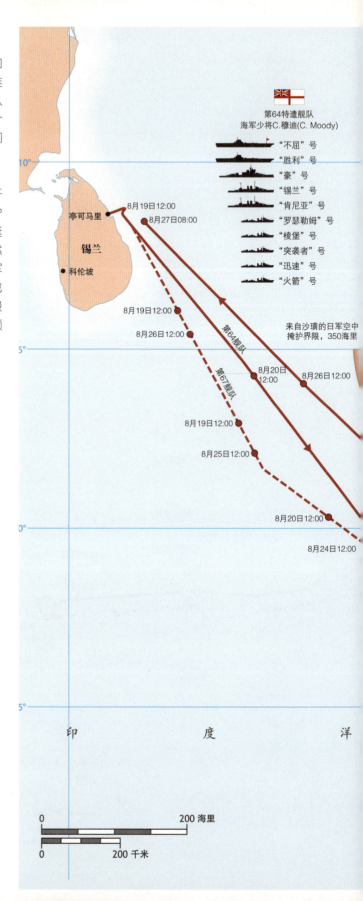

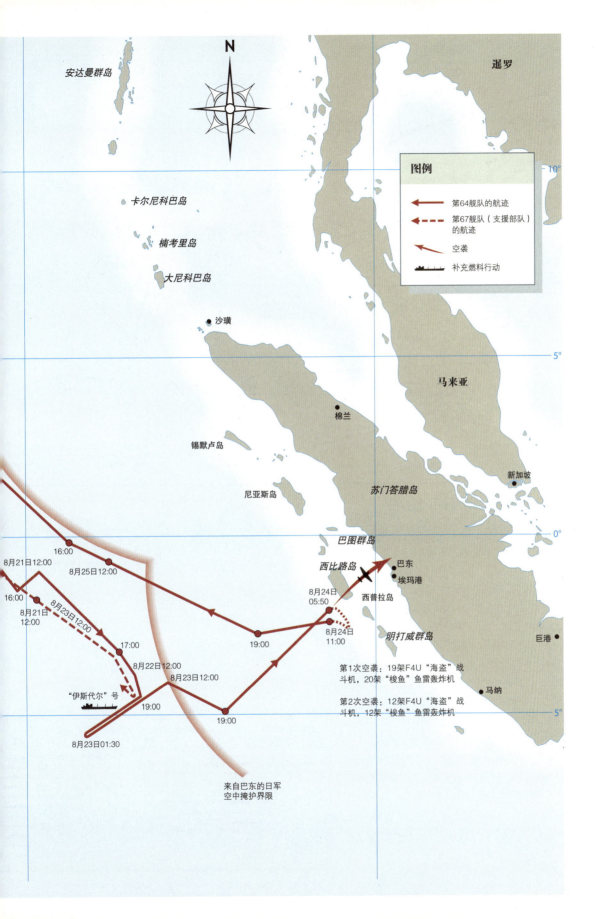

安达曼群岛

遥罗

卡尔尼科巴岛

楠考里岛

大尼科巴岛

沙璜

图例

第64舰队的航迹

第67舰队（支援部队）
的航迹

空袭

补充燃料行动

10°

5°

马来亚

棉兰

锡默卢岛

新加坡

尼亚斯岛

苏门答腊岛

巴图群岛

0°

西比路岛

巴东

埃玛港

8月24日
05:50

西普拉岛

8月24日
11:00

明打威群岛

巨港

16:00

8月21日12:00

8月25日12:00

16:00

8月21日
12:00

8月23日12:00

17:00

8月22日12:00

8月23日12:00

19:00

"伊斯代尔"号

19:00

8月23日01:30

马纳

19:00

第1次空袭：19架F4U"海盗"战
斗机，20架"梭鱼"鱼雷轰炸机

第2次空袭：12架F4U"海盗"战
斗机，12架"梭鱼"鱼雷轰炸机

5°

来自巴东的日军
空中掩护界限

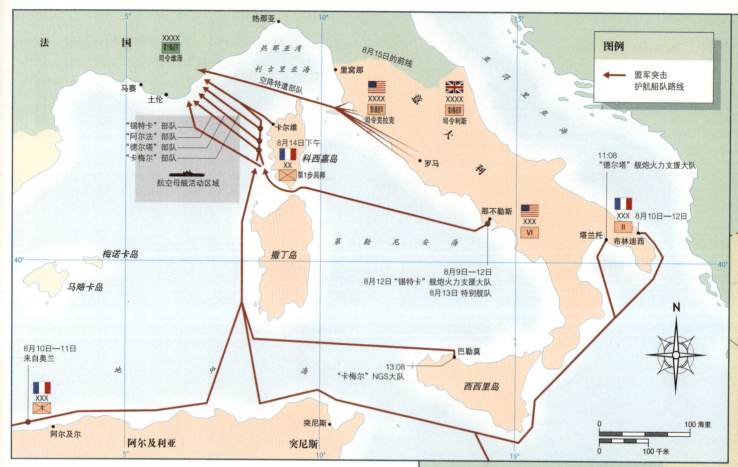

"龙骑兵"行动，1944 年 8 月 15 日—28 日

　　"霸王"行动对两栖突击舰船的需求阻碍了在法国的第二次登陆行动，比美国人和法国人最初设想的时间推迟了很多。直到 7 月 2 日，才开始制定"龙骑兵"行动（最初命名为"铁砧"行动）计划。行动计划由美军 3 个师在法国东南部一条 65 公里长的宽阔前线率先登陆，法军 7 个师和支援部队在后续波次登陆。这是欧洲战场上最后一次大规模两栖行动，它的实施很大程度上得益于以前积累的经验。此外，德军防御较弱，兵力分布薄弱。然而，安齐奥战役已经证明了即便有限的德国飞机和海军小型战斗舰艇也能给脆弱的运输船造成巨大的破坏。大约 60 艘盟国军舰为此次行动提供掩护和舰炮火力支援，还有额外的护航舰艇和后续船队从北非带来第 2 波法国部队和补给。整个入侵舰队包括 881 艘军舰、大型突击舰艇和运输船，此外还有 1370 艘小型登陆艇。海滩在大多数盟军战斗机的作战范围之外，所以由一支英国护航航母舰队提供近距离空中掩护。8 月 15 日的登陆行动按照计划进行，只遭到德军轻微抵抗。与以前两栖突击模式稍有偏差的是，主要登陆行动开始得相对较晚，即上午 8 点，以便进行更长时间的海军炮击。第 1 天结束的时候，86575 名官兵、12520 辆车辆和 46140 吨物资成功登陆。

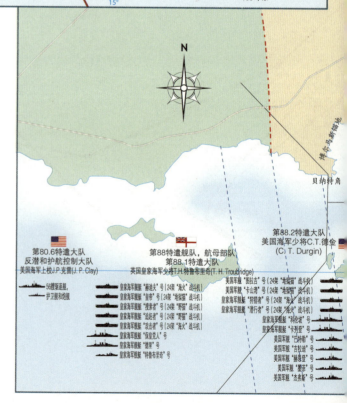

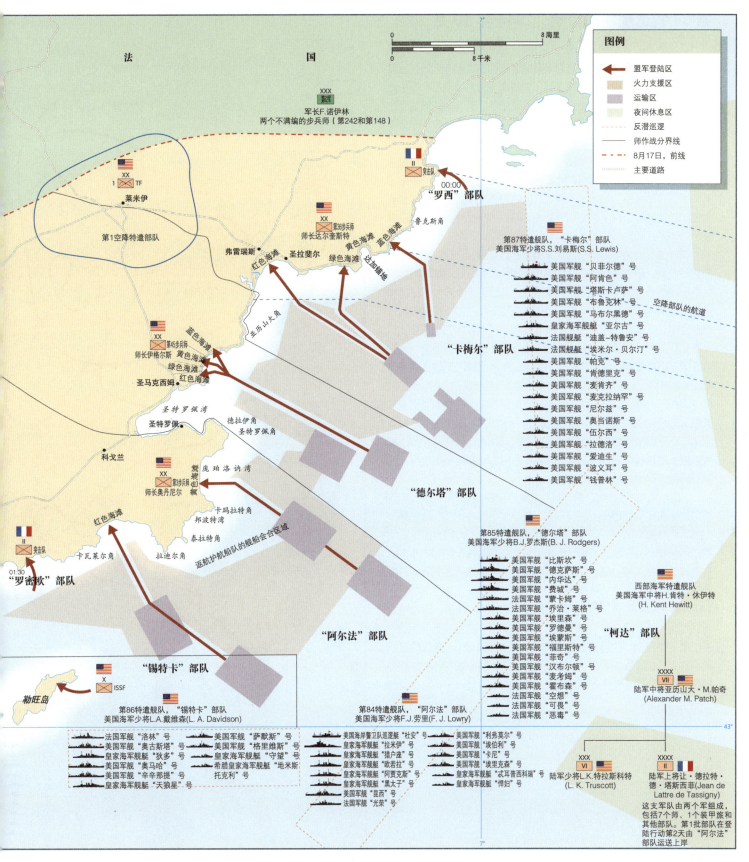

法　国

图例
盟军登陆区
火力支援区
运输区
夜间休息区
反潜巡逻
师作战分界线
8月17日，前线
主要道路

0　　　　　8 海里
0　　　　　8 千米

XXX
军长F.诺伊林
两个不满编的步兵师（第242和第148）

XX 1 TF
莱米伊

第1空降特遣部队

XX 第36步兵师
师长达文奎特

"罗西"部队
00:00
鲁克斯角

弗雷瑞斯
圣拉斐尔
红色海滩
黄色海滩
绿色海滩
蓝色海滩
达加辐地

亚历山大角

XX 第45步兵师
师长伊格尔斯
蓝色海滩
黄色海滩
绿色海滩
红色海滩

圣马克西姆
圣特罗佩湾
圣特罗佩
圣特罗佩角
德拉伊角
科戈兰

XX 第3步兵师
师长奥丹尼尔
炭港
庞珀洛讷湾
红色海滩

卡瓦莱尔角
卡玛拉特角
邦波特湾
泰拉特角
拉迪尔角

返航护航船队的舰船会合区域

II 突击队
"罗密欧"部队
01:30

X ISSF
"锡特卡"部队
勒旺岛

第86特遣舰队，"锡特卡"部队
美国海军少将L.A.戴维森(L. A. Davidson)

第87特遣舰队，"卡梅尔"部队
美国海军少将S.S.刘易斯(S.S. Lewis)

美国军舰"贝菲尔德"号
美国军舰"阿肯色"号
美国军舰"塔斯卡卢萨"号
美国军舰"布鲁克林"~号
美国军舰"马布尔黑德"号
皇家海军舰艇"亚尔古"号
法国舰艇"迪盖–特鲁安"号
法国舰艇"埃米尔·贝尔汀"号
美国军舰"帕克"号
美国军舰"肯德里克"号
美国军舰"麦肯齐"号
美国军舰"麦克拉纳罕"号
美国军舰"尼尔兹"号
美国军舰"奥当诺斯"号
美国军舰"伍尔西"号
美国军舰"拉德洛"号
美国军舰"爱迪生"号
美国军舰"波义耳"号
美国军舰"钱普林"号

"卡梅尔"部队

空降部队的航道

"德尔塔"部队

第85特遣舰队，"德尔塔"部队
美国海军少将B.J.罗杰斯(B. J. Rodgers)

美国军舰"比斯坎"号
美国军舰"德克萨斯"号
美国军舰"内华达"号
美国军舰"费城"号
美国军舰"蒙卡姆"号
法国军舰"乔治·莱格"号
美国军舰"埃里森"号
美国军舰"罗德曼"号
美国军舰"埃蒙斯"号
美国军舰"福里斯特"号
美国军舰"菲奇"号
美国军舰"汉布尔顿"号
美国军舰"麦考姆"号
美国军舰"福兰森"号
法国军舰"空想"号
法国军舰"可畏"号
法国军舰"恶毒"号

"阿尔法"部队

"德尔塔"部队

第84特遣舰队，"阿尔法"部队
美国海军少将F.J.劳里(F. J. Lowry)

西部海军特遣舰队
美国海军中将H.肯特·休伊特
(H. Kent Hewitt)

"柯达"部队

XXXX VII
陆军中将亚历山大·M.帕奇
(Alexander M. Patch)

XXX VI
陆军少将L.K.特拉斯科特
(L. K. Truscott)

XXXX II
陆军上将让·德拉特·
德·塔斯西菲(Jean de
Lattre de Tassigny)

这支军队由两个军组成，
包括7个师、1个装甲旅和
其他部队。第1批部队在登
陆行动第2天由"阿尔法"
部队运送上岸

法国军舰"洛林"号
美国军舰"奥古斯塔"号
皇家海军舰艇"狄多"号
美国军舰"辛辛那提"号
皇家海军舰艇"天狼星"号

美国军舰"萨默斯"号
美国军舰"格里维斯"号
皇家海军舰艇"守望"号
希腊军舰"黑子"号

美国海岸警卫队巡逻艇"杜安"号
皇家海军舰艇"拉米利"号
皇家海军舰艇"猎户座"号
皇家海军舰艇"欧若拉"号
皇家海军舰艇"阿贾克斯"号
皇家海军舰艇"黑太子"号
美国军舰"昆西"号
法国军舰"光荣"号

美国军舰"利弗莫尔"号
美国军舰"埃伯利"号
美国军舰"卡尼"号
美国军舰"埃里克森"号
希腊军舰"忒耳普西科瑞"号
皇家海军舰艇"悍妇"号

皇家海军舰艇"地米斯托克利"号

287

第 38 特遣舰队的行动，1944 年 10 月

在进攻菲律宾期间，海军上将威廉·哈尔西的第 3 舰队的角色是掩护陆军上将道格拉斯·麦克阿瑟麾下的西南太平洋部队，以及摧毁该区域的日本海军和空军部队。如果消灭日本帝国海军残余水面舰队主力的机会出现的话，这将是首要任务。第 3 舰队最重要的组成部分是第 38 特遣舰队，即海军中将马克·米切尔麾下的快速航母舰队。该舰队得到了新型快速战列舰的加强，并得到一支大规模后勤舰队持续提供燃料、弹药和补充飞机的支援。在菲律宾群岛中部登陆的准备阶段，第 38 特遣舰队将首先空袭冲绳岛、中国台湾岛和莱特岛北部的日本空军基地。之后它将集中力量压制菲律宾群岛中部的机场，并在 10 月 20 日的登陆行动正式开始后继续在需要它的地方活动。

10 月初，西太平洋的天气状况很糟糕，这不利于进行补给行动；但另一方面，这也减少了日军的航空侦察。然而，对南鸟岛的牵制性炮击没能分散日军的注意力，美军对冲绳岛的第 1 波预定空袭也没有起到奇袭的作用。在攻击吕宋岛北部之后，第 38 特遣舰队转向台湾岛，并进行了一次为期 3 天（10 月 12 日至 14 日）的行动，以摧毁岛上的日军航空力量。台湾空战给日军造成沉重损失，大约 550 架飞机被摧毁。日军在琉球群岛与菲律宾群岛之间驻扎的 4 个航空舰队共计约有 1200 架飞机。2 艘盟军巡洋舰在空袭中遭受重伤并丧失行动能力，所以哈尔西派一支由巡洋舰、轻型航母和驱逐舰组成的小规模特遣舰队将它们拖回乌利西环礁。虽然也不是微不足道，但是与战争期间的一些最激烈的空袭相比，美军此次伤亡相对较轻。这次战斗还证明舰载海军航空兵能够对抗陆基航空兵，而在战争前，这被认为是不可能的。

从 10 月 17 日开始，第 38 特遣舰队在菲律宾群岛海岸线外支援即将到来的登陆行动。由于日本舰队主力还没有出现，哈尔西计划把几个特遣大队逐一送到乌利西环礁进行休整和补给。海军航空兵的目标是群岛北部的机场，而来自太平洋西南司令部的陆基飞机负责攻击群岛南部，基地在中国的重型 B-29 轰炸机负责轰炸群岛西部。第 7 舰队的护航航母大队为莱特岛海滩提供直接空中掩护。10 月 20 日登陆之后的前几天里，日军的空中回应有限，因为他们正在准备即将到来的莱特湾海战。10 月 24 日，随着"捷号作战"主体部分的开始，空袭越来越密集，半上午的时候，1 架日军轰炸机成功避开美军空中防御，并给轻型航母"普林斯顿"号造成致命损伤，迫使该舰被放弃并沉没。

288

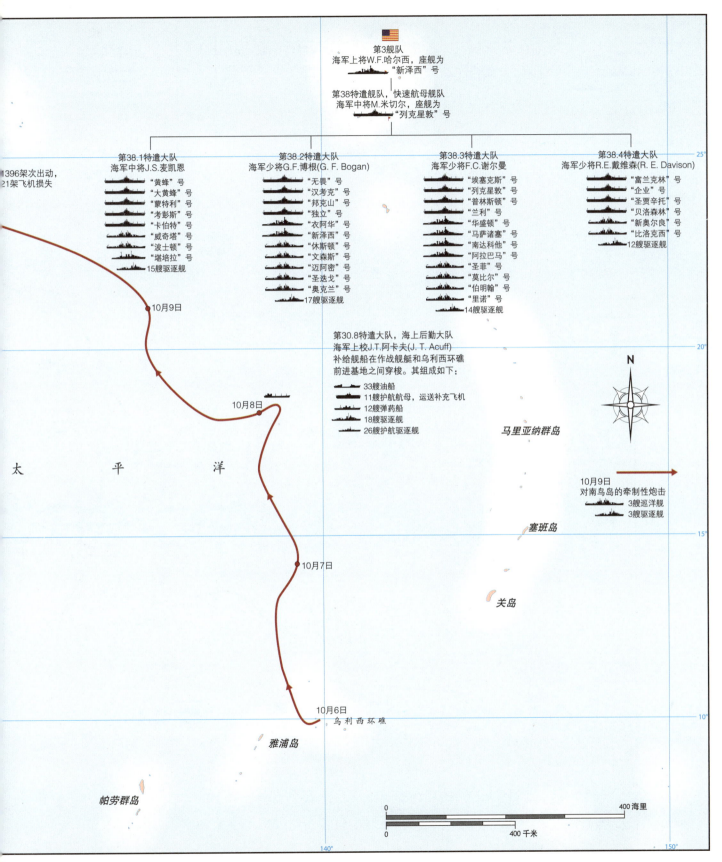

第3舰队
海军上将W.F.哈尔西，座舰为
"新泽西"号

第38特遣舰队，快速航母舰队
海军中将M.米切尔，座舰为
"列克星敦"号

第38.1特遣大队
海军中将J.S.麦凯恩
"黄蜂"号
"大黄蜂"号
"蒙特利"号
"考彭斯"号
"卡伯特"号
"威奇塔"号
"波士顿"号
"堪培拉"号
15艘驱逐舰

第38.2特遣大队
海军少将G.F.博根(G. F. Bogan)
"无畏"号
"汉考克"号
"邦克山"号
"独立"号
"衣阿华"号
"新泽西"号
"休斯顿"号
"文森斯"号
"迈阿密"号
"圣迭戈"号
"奥克兰"号
17艘驱逐舰

第38.3特遣大队
海军少将F.C.谢尔曼
"埃塞克斯"号
"列克星敦"号
"普林斯顿"号
"兰利"号
"华盛顿"号
"马萨诸塞"号
"南达科他"号
"阿拉巴马"号
"圣菲"号
"莫比尔"号
"伯明翰"号
"里诺"号
14艘驱逐舰

第38.4特遣大队
海军少将R.E.戴维森(R. E. Davison)
"富兰克林"号
"企业"号
"圣贾辛托"号
"贝洛森林"号
"新奥尔良"号
"比洛克西"号
12艘驱逐舰

1396架次出动，
21架飞机损失

第30.8特遣大队，海上后勤大队
海军上校J.T.阿卡夫(J. T. Acuff)
补给舰船在作战舰艇和乌利西环礁
前进基地之间穿梭。其组成如下：
33艘油船
11艘护航航母，运送补充飞机
12艘弹药船
18艘驱逐舰
26艘护航驱逐舰

马里亚纳群岛

N

10月9日
对南鸟岛的牵制性炮击
3艘巡洋舰
3艘驱逐舰

太 平 洋

塞班岛

10月9日

10月8日

10月7日

关岛

10月6日
乌利西环礁

雅浦岛

帕劳群岛

0   400 海里

0   400 千米

289

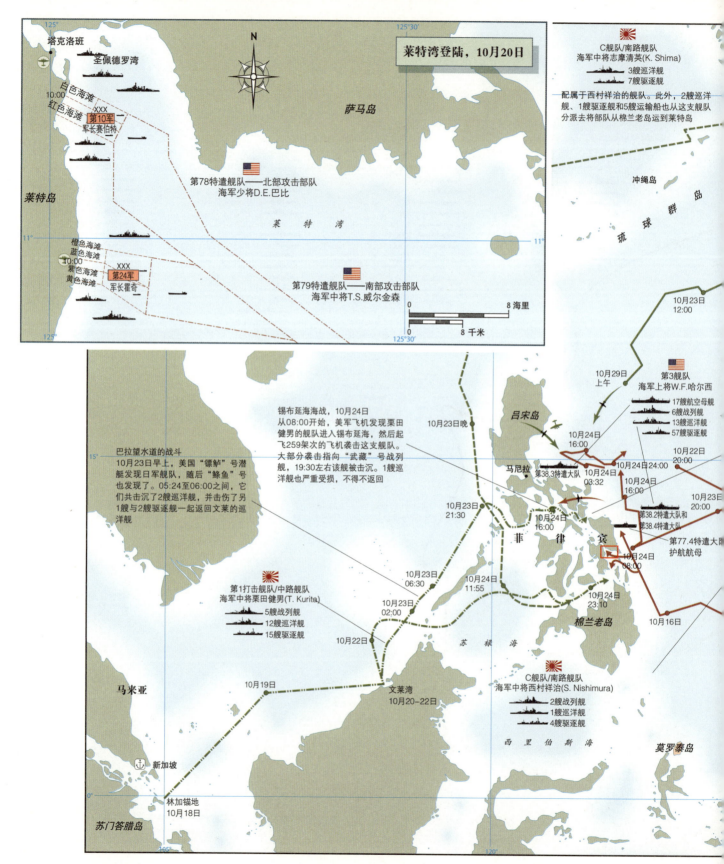

莱特湾登陆，10月20日

第78特遣舰队——北部攻击部队
海军少将D.E.巴比

第79特遣舰队——南部攻击部队
海军中将T.S.威尔金森

0   8 海里
0   8 千米

塔克洛班
圣佩德罗湾
萨马岛
白色海滩
10:00
红色海滩
XXX 第10军
军长赛伯特
莱特岛
莱 特 湾
11°
橙色海滩
蓝色海滩
10:00
紫色海滩
黄色海滩
XXX 第24军
军长霍奇

C舰队/南路舰队
海军中将志摩清英(K. Shima)
3艘巡洋舰
7艘驱逐舰

配属于西村祥治的舰队。此外，2艘巡洋舰、1艘驱逐舰和5艘运输船也从这支舰队分派去将部队从棉兰老岛运到莱特岛

冲绳岛
琉球群岛

10月23日
12:00

10月29日
上午

第3舰队
海军上将W.F.哈尔西
17艘航空母舰
6艘战列舰
13艘巡洋舰
57艘驱逐舰

10月23日晚

吕宋岛

10月23日
21:30

10月24日
16:00

马尼拉

第38.3特遣大队

10月24日
03:32

10月24日
16:00

10月24日24:00

10月22日
20:00

10月23日
20:00

第38.2特遣大队和
第38.4特遣大队

10月24日
08:00

第77.4特遣大队
护航航母

菲 律 宾

锡布延海战，10月24日
从08:00开始，美军飞机发现栗田健男的舰队进入锡布延海，然后起飞259架次的飞机袭击这支舰队。大部分袭击指向"武藏"号战列舰，19:30左右该舰被击沉。1艘巡洋舰也严重受损，不得不返回

巴拉望水道的战斗
10月23日早上，美国"镖鲈"号潜艇发现日军舰队，随后"鲦鱼"号也发现了。05:24至06:00之间，它们共击沉了2艘巡洋舰，并击伤了另1艘与2艘驱逐舰一起返回文莱的巡洋舰

10月23日
06:30

10月23日
02:00

第1打击舰队/中路舰队
海军中将栗田健男(T. Kurita)
5艘战列舰
12艘巡洋舰
15艘驱逐舰

10月22日

10月24日
11:55

10月24日
23:10

棉兰老岛

苏 禄 海

10月16日

马来亚

10月19日

文莱湾
10月20-22日

C舰队/南路舰队
海军中将西村祥治(S. Nishimura)
2艘战列舰
1艘巡洋舰
4艘驱逐舰

西 里 伯 斯 海

莫罗泰岛

新加坡

林加锚地
10月18日

苏门答腊岛

莱特湾，1944 年 10 月 20 日—24 日

　　虽然美国人在西太平洋的大规模秋季攻势是不可避免的，但是日本人还不确定他们将会打击哪里。为了应对各种可能性，日本人在 8 月制定了一系列应急计划——1 至 4 号"捷号"计划，其中（1）是攻击菲律宾群岛，（2）是攻击台湾岛和琉球群岛，（3）是攻击本州岛，（4）是攻击北海道和千岛群岛。应对每种情况的基本方式是相似的。首先，所有可用的日本航空力量将集中在受威胁的地区，以击破航母为其他美军舰艇提供的防空保护伞。在菲律宾海遭受惨重损失后，日本人被迫主要依赖陆基航空兵。与此同时，舰队剩余的兵力将集中起来，然后进攻美国部队。虽然日军还能集结一支强大的舰队，但是美军在数量上的优势是巨大的，所以日军需要分散美军舰艇。从日本向南驶来的残余航母将作为诱饵，吸引海军上将哈尔西的快速航母远离舰队其他舰艇，从而增加水面舰艇取胜的概率。

　　战役开始后，日本人的计划很快就明朗了。当第 38 特遣舰队攻击台湾岛并消灭日本航空力量的大部分兵力时，似乎美国人的目标不是菲律宾。1 个星期之后，更多的舰艇——海军上将金凯德的第 7 舰队出现在棉兰老岛海岸线外并进行袭击，在 10 月 20 日的莱特岛主要突击行动前登陆外围岛屿。这使得日军启动"捷 1 号作战"。海军中将栗田健男的主力舰队已经从平常驻地——林加锚地北上，驶向文莱。美国人并不知晓日本人的全局计划，但是他们利用潜艇和空袭在历史上最大规模的海战开始之前成功地消耗了栗田健男的舰队。

10月20日晚

机动舰队/北路舰队
海军中将小泽治三郎(J. Ozawa)
4艘航空母舰
2艘战列舰
3艘巡洋舰
8艘驱逐舰

太 平 洋

10月24日，11艘日军潜艇在菲律宾西岸活动。实际上它们对战役没有产生任何影响，仅仅击沉了1艘护卫舰

第38.1特遣大队
补充燃料

第7舰队
海军中将T.金凯德
6艘战列舰
8艘巡洋舰
29艘驱逐舰
45艘巡逻鱼雷艇
外加16艘护航航空母舰及其护航舰艇为登陆提供掩护

10月15日

第3两栖舰队
海军中将T.S.威尔金森(T. S. Wilkinson)
来自马努斯

10月14日

第7两栖舰队
海军少将D.E.巴比(D. E. Barbey)
来自霍兰迪亚

10月14日

0		400 海里

0	400 千米
15° 纬度比例尺	

图例

日军移动路线

美军移动路线

日军的主要空袭

美军的主要空袭

135°　　　　　　　　　　　　　　150°

15°

0°

第79特遣舰队，火力支援部队
海军少将J.B.奥尔登多夫(J. B. Oldendorf)
座舰为"路易斯维尔"号

战列线——海军少将韦勒(Weyler)
"宾夕法尼亚"号   "密西西比"号
"加利福尼亚"号   "马里兰"号
"田纳西"号   "西弗吉尼亚"号
03:30   03:56
04:17   04:01

莱特湾

右翼舰队
海军少将伯基(Berkey)
"什罗普郡"号
"博伊西"号
"凤凰城"号
03:00
03:40
03:30
09:20
03:57
04:00
04:25

左翼舰队——海军少将奥尔登多夫(Oldendorf)
"哥伦比亚"号   "丹佛"号
"明尼阿波利斯"号   "波特兰"号
"路易斯维尔"号

03:24
02:43
04:07

大卡布甘岛

小卡布甘岛

第56/3驱逐舰中队
3艘驱逐舰
03:58
04:00
04:00

第56/2驱逐舰中队
3艘驱逐舰
04:04

希布松岛

第47/1驱逐舰中队
3艘驱逐舰

第56驱逐舰中队
3艘驱逐舰
03:55

04:19 "山城"号被击沉

第47/2驱逐舰中队
3艘驱逐舰

莱特岛

第54/2驱逐舰中队
3艘驱逐舰

03:23
03:25
03:59
03:42
03:48
02:55

第54/1驱逐舰中队
3艘驱逐舰

04:30
志摩清英下令撤退时，"那智"号
与"最上"号相撞，给后者造成不可
修复的损伤，并于上午沉没

04:30
04:12
03:30
03:33

03:40
03:30
05:00

03:02

迪纳加特岛

03:09

03:00

图例

美军战列线
右翼舰队航线
左翼舰队航线
驱逐舰攻击
日军航线

"满潮"号
03:19

04:30

03:12

"山云"号
03:19

南部舰队
海军中将西村祥治(S. Nishimura)

"山城"号
"扶桑"号
"最上"号
"满潮"号
"朝云"号
"山云"号
"时雨"号

03:09
"扶桑"号
被鱼雷击中

03:40~03:50
"扶桑"号
沉没

03:00

注：此图只展示了日本帝国海军第2打
击舰队的简化航线。美军巡逻鱼雷艇在
南部的进攻没有展示。美军驱逐舰的攻
击以中队和小队的形式展示，因为攻击
并不总是以分队级编队进行的

第2打击舰队
海军中将志摩清英(K. Shima)

"那智"号
"足柄"号
"阿武隈"号
"曙"号
"潮"号
"霞"号
"不知火"号

"朝云"号沉没

07:21

苏里高海峡海战，
1944 年 10 月 25 日

美国人预计一支日军舰队将沿苏里高海峡北
上发动攻击，海军少将奥尔登多夫奉命准备防御
工作。美军将用一支由 39 艘巡逻鱼雷艇（PT 艇）
组成的舰队在海峡南端伏击日军，随后当战列舰
和巡洋舰在海峡北端出口交火时，用驱逐舰进行
鱼雷攻击。日军一方，海军中将西村祥治提前行
动，所以他的舰队的行动没有与日军北部舰队协
调一致。美军巡逻鱼雷艇几乎未影响到日军前进，
但快到凌晨 3 点的时候，负责警戒的美军驱逐舰
发现日军，并成功用鱼雷击中"扶桑"号战列舰。
从此时开始，日军遭受了大量的鱼雷攻击，凌晨
3 点 51 分，美军战列舰向残余日军舰队进行了长
达 16 分钟的密集炮火射击。值得注意的是，这次
海战是双方战列舰之间的最后一次交锋。

03:48

潘达浓岛

0   4 海里
0   4 千米

萨马岛海战，1944 年 10 月 25 日

甚至在日本海军中将栗田健男在萨马岛海岸线外与美军舰艇交战之前，他就已经损失了 1 艘战列舰、4 艘巡洋舰和 4 艘驱逐舰，另有 6 艘军舰受损。然而，在 10 月 25 日日出时分，他发现自己处于极为有利的位置——他正逼近一支保护力量薄弱的美国护航航母舰队。最初，日军认为这是一支由各种军舰组成的混合舰队，然后迎风驶向美军，以阻止美军起飞飞机。海军少将斯普雷格（第 77.4.3 特遣部队的指挥官，该部队也被称为 Taffy 3）迅速意识到了形势的严峻，调头向南并请求立即支援。追逐随即展开，日军逼近美军；在随后的混战中双方都有伤亡。然而，在 Taffy 3 接近覆灭的时候，栗田健男撤退了，并转向他的主要目标——莱特岛海岸线外的船只。与此同时，来自其他护航航母的美军空袭逐渐增多，下午 1 点刚过，栗田健男放弃了这次行动。

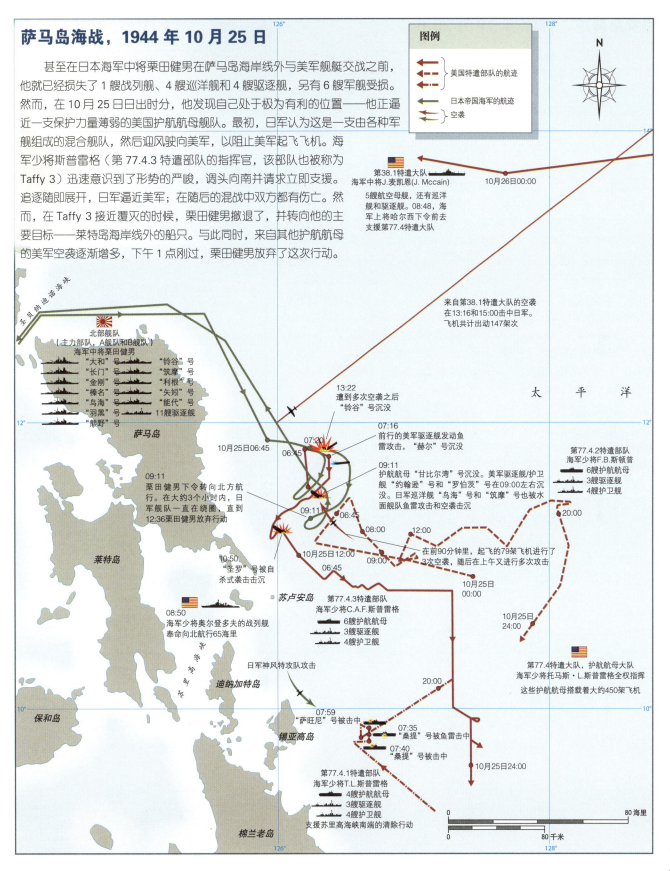

图例

美国特遣部队的航迹

日本帝国海军的航迹

空袭

第38.1特遣大队
海军中将J.麦凯恩(J. Mccain)
5艘航空母舰，还有巡洋舰和驱逐舰。08:48，海军上将哈尔西下令前去支援第77.4特遣大队

10月26日00:00

来自第38.1特遣大队的空袭在13:16和15:00击中日军。飞机共计出动147架次

太 平 洋

北部舰队
（主力部队，A舰队和B舰队）
海军中将栗田健男
"大和" 号　　"铃谷" 号
"长门" 号　　"筑摩" 号
"金刚" 号　　"利根" 号
"榛名" 号　　"矢矧" 号
"鸟海" 号　　"能代" 号
"羽黑" 号　　11艘驱逐舰
"熊野" 号

萨马岛

13:22
遭到多次空袭之后
"铃谷" 号沉没

07:16
前行的美军驱逐舰发动鱼雷攻击，"赫尔" 号沉没

10月25日06:45
06:45
07:30

09:11
栗田健男下令转向北方航行。在大约3个小时内，日军舰队一直在绕圈，直到12:36栗田健男放弃行动

09:11
护航航母 "甘比尔湾" 号沉没。美军驱逐舰/护卫舰 "约翰逊" 号和 "罗伯茨" 号在09:00左右沉没。日军巡洋舰 "鸟海" 号和 "筑摩" 号也被水面舰队鱼雷攻击和空袭击沉

第77.4.2特遣部队
海军少将F.B.斯顿普
6艘护航航母
3艘驱逐舰
4艘护卫舰

20:00

09:11

06:45

08:00

12:00

10月25日12:00

06:45

10月25日
00:00

在前90分钟里，起飞的79架飞机进行了3次空袭，随后在上午又进行多次攻击

10月25日24:00

莱特岛

10:50
"圣罗" 号被自杀式袭击击沉

苏卢安岛

第77.4.3特遣部队
海军少将C.A.F.斯普雷格
6艘护航航母
3艘驱逐舰
4艘护卫舰

08:50
海军少将奥尔登多夫的战列舰奉命向北航行65海里

日军神风特攻队攻击

迪纳加特岛

07:59
"萨旺尼" 号被击中

07:35
"桑提" 号被鱼雷击中

07:40
"桑提" 号被击中

20:00

第77.4特遣大队，护航航母大队
海军少将托马斯·L.斯普雷格全权指挥
这些护航航母搭载着大约450架飞机

保和岛

锡亚高岛

第77.4.1特遣部队
海军少将T.L.斯普雷格
4艘护航航母
3艘驱逐舰
4艘护卫舰
支援苏里高海峡南端的清除行动

10月25日24:00

棉兰老岛

0　　　　　　　　80 海里

0　　　　　　　　80 千米

恩加尼奥角海战，1944 年 10 月 25 日

在对台湾岛和菲律宾北部进行空袭之后，海军上将哈尔西重组了第 38 特遣舰队，派海军中将麦凯恩的第 38.1 特遣大队返回乌利西环礁的前进基地进行补给。哈尔西本打算向中国南海推进，或向北逼近日本，但是奉命在登陆期间留在菲律宾以西，以支援海军上将金凯德的第 7 舰队和陆军上将麦克阿瑟的上岸部队。考虑到战斗损失和麦凯恩暂时离开战场，在战斗前夕，第 38 特遣舰队的兵力从搭载大约 1100 架飞机的 19 艘航母下降到搭载 600 架飞机的 10 艘航母。

10 月 24 日在锡布延海对栗田健男的舰队的空袭大部分是由第 38.3 特遣大队起飞的飞机进行的，另外 2 个大队在更靠南的地方活动。下午 2 点左右，美军飞机发现栗田健男的舰队正在向西移动。实际上，他不是撤退，而只是游荡，日落之后，其穿过圣贝纳迪诺海峡向东驶去。这种机动，再加上对白天空袭的过高估计以及在北部又发现两支日军舰队，导致美国人将注意力从中部舰队移走。在北部，小泽治三郎的逼近仍未被发现，哈尔西这时命令他的 3 个特遣大队向日军的航母舰队移动。虽然他打算组织一支水面打击舰队——第 34 特遣舰队，由经验最为丰富的美国战列舰指挥官海军中将李指挥，以应对日军水面舰队，但直到 10 月 25 日凌晨才得以实现。尽管有兵力损失和分遣，哈尔西手中仍有一支相当强大的舰队，但是他选择集中兵力，而不是分成几个大队。因此，圣贝纳迪诺海峡的出口没有防卫，并且由于通信混乱，第 7 舰队和在珍珠港的海军上将尼米兹都不知道这个情况。

与此同时，小泽治三郎已经派出一支舰队接近美军，试图诱使他们北上。当栗田健男的舰队调头返回时，他简单地认为行动已经被放弃了，但到清晨时，很明显，哈尔西已经上钩了。小泽治三郎几乎没有飞机提供掩护。哈尔西亲自率领第 34 特遣舰队在航空母舰前方行动，海军中将米切尔则负责空袭的战术控制。黎明之前，空中侦察机已经派了出去，米切尔在雷达发现敌舰之前发动了第 1 波空袭，飞机在航母上空盘旋，这样就不会浪费任何时间。正在第 2 波空袭打击日军舰队时，哈尔西得知栗田健男的舰队在萨马岛海岸线外。最初，他只命令海军中将麦凯恩的特遣大队从西侧靠近，但是在尼米兹施加压力之后，他率领他的战列舰和 1 个航母大队调头向南。由于很多伴航的驱逐舰需要补充燃料，直到半下午，舰队才得以全速前进，而此时栗田健男的舰队已经撤离了。一支战列舰 - 巡洋舰舰队被派去并穿过圣贝纳迪诺海峡，但是毫无发现。

剩下的 2 个航母大队继续追击小泽治三郎，并在当天剩下的时间里又发动了 4 次空袭。空袭架次总计超过 500。一支更小规模的巡洋舰 - 驱逐舰舰队也被派到北部去消灭所有被击伤的日军舰船。小泽治三郎再次调头向南，此时他清楚自己的舰队有多么弱小，并希望与美军进行一场夜战；但此时，美军已经撤离了。尽管给日军造成了巨大的损失，但这只是一次局部胜利；大部分日军舰艇逃走了，而美军在萨马岛海岸线外也差点失败。

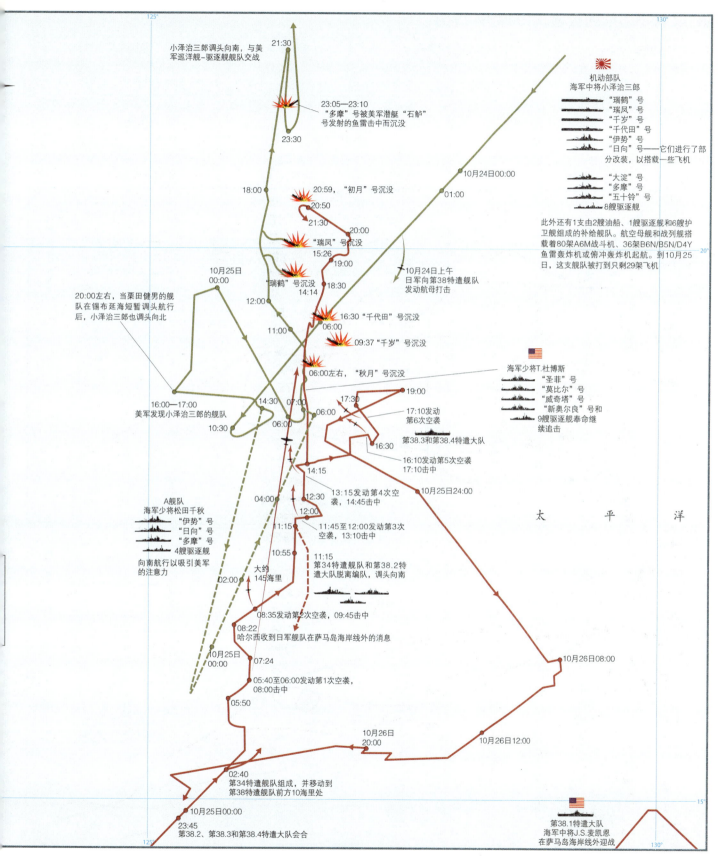

小泽治三郎调头向南，与美
军巡洋舰-驱逐舰舰队交战

23:05—23:10
"多摩"号被美军潜艇"石鲈"
号发射的鱼雷击中而沉没
23:30

21:30

20:59，"初月"号沉没
20:50
21:30
20:00
"瑞凤"号沉没
15:26
19:00
"瑞鹤"号沉没
14:14
18:30
16:30"千代田"号沉没
06:00
09:37"千岁"号沉没
06:00左右，"秋月"号沉没

18:00

10月25日
00:00

20:00左右，当栗田健男的舰
队在锡布延海短暂调头航行
后，小泽治三郎也调头向北

16:00—17:00
美军发现小泽治三郎的舰队

10月24日00:00
01:00

机动部队
海军中将小泽治三郎
"瑞鹤"号
"瑞凤"号
"千岁"号
"千代田"号
"伊势"号————它们进行了部
"日向"号————分改装，以搭载
一些飞机
"大淀"号
"多摩"号
"五十铃"号
8艘驱逐舰

此外还有1支由2艘油船、1艘驱逐舰和6艘护
卫舰组成的补给舰队。航空母舰和战列舰搭
载着80架A6M战斗机、36架B6N/B5N/D4Y
鱼雷轰炸机或俯冲轰炸机起航。到10月25
日，这支舰队被打到只剩29架飞机

10月24日上午
日军向第38特遣舰队
发动航母打击

海军少将T.杜博斯
"圣菲"号
"莫比尔"号
"威奇塔"号
"新奥尔良"号和
9艘驱逐舰奉命继
续追击

17:30
19:00
17:10发动
第6次空袭
第38.3和第38.4特遣大队
16:30
16:10发动第5次空袭
17:10击中

太　平　洋

14:15
13:15发动第4次空
袭，14:45击中
12:30
12:00
11:45至12:00发动第3次
空袭，13:10击中
11:15
11:15
第34特遣舰队和第38.2特
遣大队脱离编队，调头向南

10月25日24:00

A舰队
海军少将松田千秋
"伊势"号
"日向"号
"多摩"号
4艘驱逐舰
向南航行以吸引美军
的注意力

10:30

14:30
06:00
07:00
06:00

04:00

10:55

大约
145海里

02:00

08:35发动第2次空袭，09:45击中
08:22
哈尔西收到日军舰队在萨马岛海岸线外的消息

10月25日
00:00
07:24
05:40至06:00发动第1次空袭，
08:00击中
05:50

10月26日08:00

10月26日
12:00

10月26日
20:00

02:40
第34特遣舰队组成，并移动到
第38特遣舰队前方10海里处

10月25日00:00
23:45
第38.2、第38.3和第38.4特遣大队会合

第38.1特遣大队
海军中将J.S.麦凯恩
在萨马岛海岸线外迎战

295

第 38 特遣舰队的行动，1944 年 11 月

　　莱特湾海战最直接的后果就是第 38 特遣舰队的快速航母被要求去为岸上部队提供空中掩护，因为陆基飞机还需要几天才能到达。尽管日本海军失败了，但是日军空中威胁依然存在，对航母的袭击每天都在发生，所以美军航母空袭了整个菲律宾北部的机场。10 月底，日军增援部队开始到达，到 11 月初，他们已经重新夺回了制空权。美国第 3 舰队已经连续作战 1 个多月，需要一段时间的休整。舰船和飞机在前线和乌利西环礁的前进基地之间来回穿梭，但是到 11 月 1 日时，第 38 特遣舰队的兵力下降到只剩 1 个特遣大队。后来由于日军重新发起一次水面攻击的可能性不能排除，美军又增加了 1 个快速战列舰大队。

　　最初，海军上将哈尔西计划在莱特湾登陆之后，用第 38 特遣舰队袭击日本本土。日本在菲律宾的抵抗程度使这一计划显得很不明智，而且在美国人在莱特岛建立更多的空军基地之前，来自快速航母的空中支援是至关重要的。因此，第 38 特遣舰队对吕宋岛上的日军机场又进行了几轮空袭。

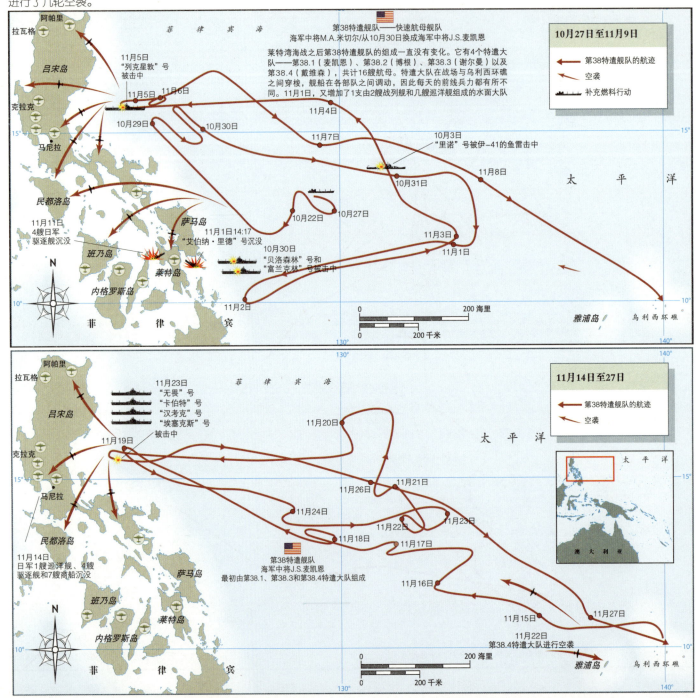

近岸潜艇战役，1944 年 8 月—1945 年 5 月

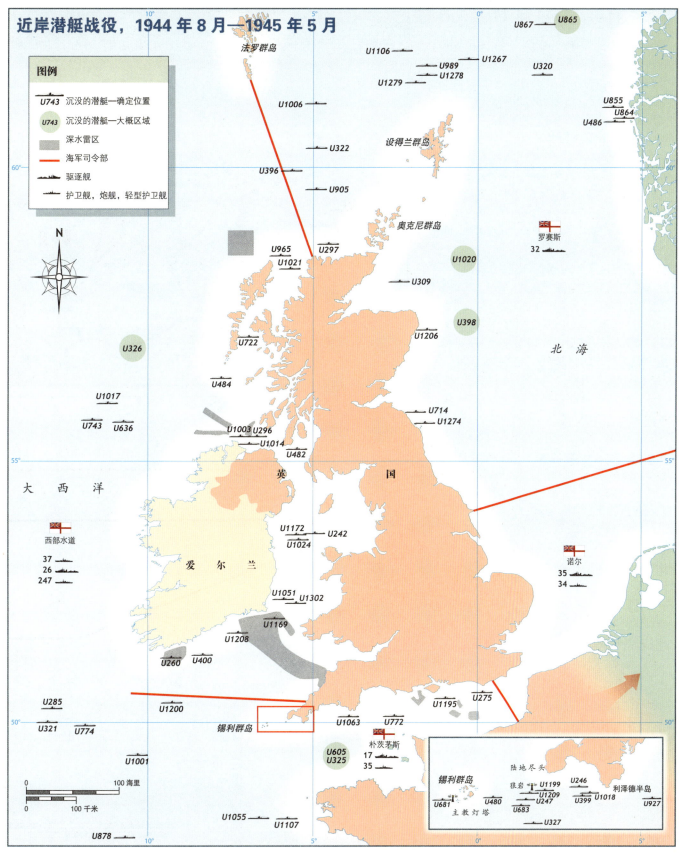

图例

U743 ─ 沉没的潜艇─确定位置

U743 ─ 沉没的潜艇─大概区域

▨ 深水雷区

━━ 海军司令部

⛴ 驱逐舰

⚓ 护卫舰，炮舰，轻型护卫舰

N

法罗群岛

U867 ─ U865

U1106 ─

U989 ─ U1267

U1279 ─ U1278

U320

U855 ─ U864

U486 ─

U1006 ─

设得兰群岛

U322 ─

奥克尼群岛

罗赛斯
32

U396 ─

U905 ─

U965 ─ U297

U1021 ─

U309 ─

U1020

U398

U1206 ─

北 海

U722 ─

U326

U1017 ─

U484 ─

U743 ─ U636

U1003 U296

U1014 ─

U482 ─

英 国

U714 ─

U1274 ─

大 西 洋

西部水道
37
26
247

爱 尔 兰

U1172 ─

U1024 ─ U242

诺尔
35
34

U1051 ─

U1302

U1169 ─

U1208 ─

U260 ─ U400

U285 ─

U1200 ─

U321 ─ U774

U1195 ─

U275 ─

锡利群岛

U1063 ─

U772 ─

朴茨茅斯
17
35

U605
U325

U1001 ─

0   100 海里

0   100 千米

U1055 ─ U1107

U878 ─

锡利群岛

陆地尽头

猿岩 ─ U1199

U246

U681 ─ U480

U1209

U247

U399 U1018

利泽德半岛

U927

主教灯塔

U683

U327

297

"迷恋"行动，1944 年 11 月 1 日

夏末秋初，在法国境内向东推进中，盟国陆军面临的最大困难之一是补给链条的严重延误和阻塞。开放更多的港口以保证持续扩大的盟军部队补给是首要任务。在所有的法国 – 比利时港口中，安特卫普被认为是最具价值的，但它同时也是防御最为严密的，并且德国已经把瓦尔赫伦岛变成了堡垒，该岛把守着穿过斯海尔德河的通道。9 月中旬，盟军最高司令部认为有必要在冬季之前夺取安特卫普和鹿特丹。"市场花园"行动中在阿纳姆失败之后，英格兰 – 加拿大军队的重点任务是守住安特卫普周围区域。除非开放一个合适的港口，否则补给只能通过登陆艇运送，而登陆艇的运输能力非常有限。

夺取瓦尔赫伦岛是一项艰巨的任务，因为它与南贝弗兰岛的唯一陆地通道易守难攻。最初，奉命进行行动的加拿大军队想在空降突击的支援下从南贝弗兰岛发起攻击，但是不久之后他们发现有必要进行某种形式的两栖行动。英国皇家海军同意提供海军舰艇，还派出了英国皇家海军陆战队突击旅的部队。

计划预计有两次登陆：第 1 次由陆军突击队在法拉盛登陆，第 2 次由英国皇家海军陆战队在韦斯特卡佩勒地区登陆。"厌战"号、"幽冥"号和"罗伯茨"号的 15 英寸口径火炮，再加上布雷斯肯斯周围布置的大量地面火炮提供密集的火力支援。其余的海军部队在奥斯坦德集结，主要由两栖和近岸舰艇组成。11 月 1 日的情况很糟糕。南部突击实现了奇袭，但主要登陆行动遇到了严重问题。起初，恶劣的天气导致炮击舰队的校射飞机无法起飞，也让战术空中支援无法实现。直到上午 9 点才与德军炮兵阵地交火，但由于没有提前对其进行压制，德军以密集而精准的火力回击突击舰艇。海军陆战队在上午 09:45 左右开始登陆，在这一整天里，他们奋力穿过德军据点，摧毁炮兵阵地。德国在斯海尔德河的抵抗持续了数天，但在 3 个星期内，盟军补给物资开始从安特卫普运来。

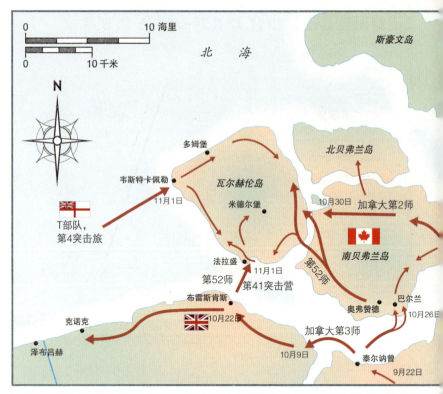

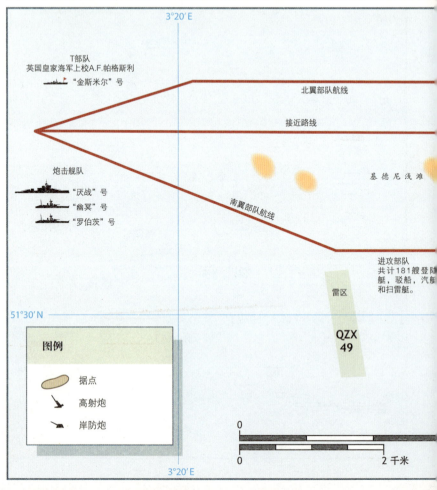

298

北海

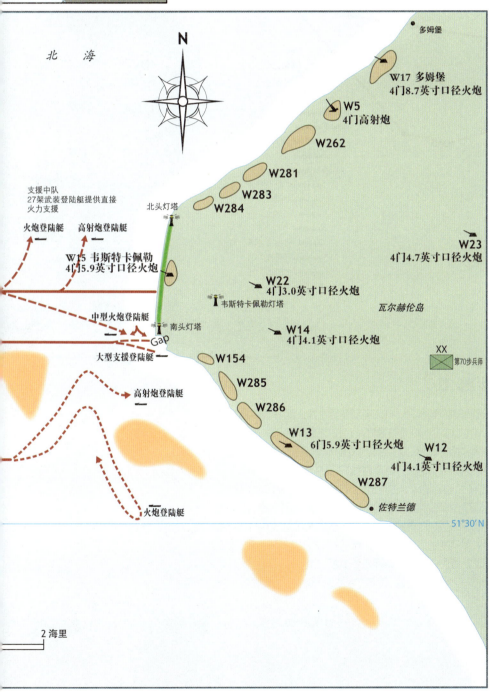

北 海

N

支援中队
27架武装登陆艇提供直接
火力支援

火炮登陆艇　高射炮登陆艇

中型火炮登陆艇

大型支援登陆艇

高射炮登陆艇

火炮登陆艇

多姆堡

W17 多姆堡
4门8.7英寸口径火炮

W5
4门高射炮

W262

W281

W283

W284

北头灯塔

W15 韦斯特卡佩勒
4门5.9英寸口径火炮

W22
4门3.0英寸口径火炮

韦斯特卡佩勒灯塔

南头灯塔
Gap

W23
4门4.7英寸口径火炮

瓦尔赫伦岛

W14
4门4.1英寸口径火炮

XX
第70步兵师

W154

W285

W286

W13
6门5.9英寸口径火炮

W12
4门4.1英寸口径火炮

W287

佐特兰德

51°30′N

2 海里

299

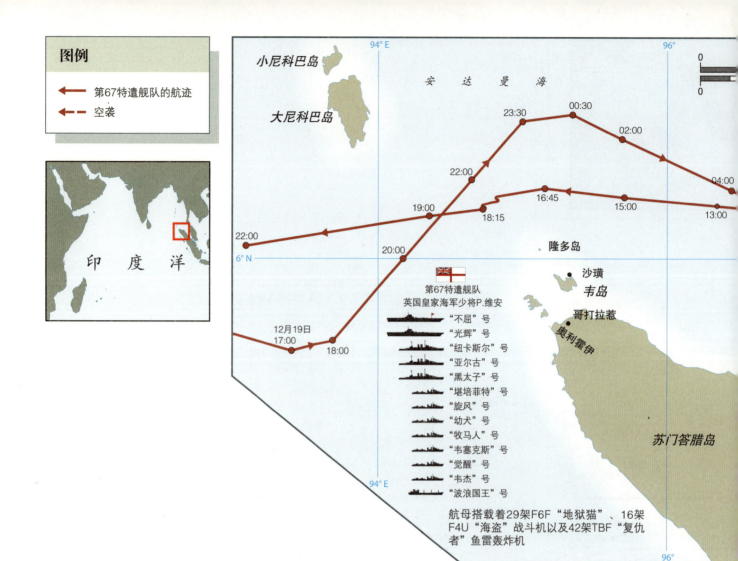

图例

第67特遣舰队的航迹

空袭

小尼科巴岛

大尼科巴岛

安 达 曼 海

94° E

96°

23:30

00:30

02:00

22:00

19:00

16:45

04:00

18:15

15:00

13:00

20:00

隆多岛

6° N

22:00

第67特遣舰队
英国皇家海军少将P.维安

沙璜

韦岛

哥打拉惹

奥利霍伊

"不屈"号

"光辉"号

"纽卡斯尔"号

"亚尔古"号

"黑太子"号

"堪培菲特"号

"旋风"号

"幼犬"号

"牧马人"号

"韦塞克斯"号

"觉醒"号

"韦杰"号

"波浪国王"号

苏门答腊岛

12月19日
17:00

18:00

94° E

96°

航母搭载着29架F6F"地狱猫"、16架
F4U"海盗"战斗机以及42架TBF"复仇
者"鱼雷轰炸机

印 度 洋

"罗布森"行动，1944 年 12 月 20 日

当海军少将维安于11月中旬接过舰队的航空母舰中队指挥权时，英国在印度洋的海军部队指挥结构再次发生重大变化。11 月 22 日，英国太平洋舰队正式成立，下一阶段的磨合包括攻击苏门答腊岛的在战略上具有重要意义但被严密防守的石油设施。外围目标的保护相对较弱，也比不上太平洋战场的作战环境。与此同时，舰载航空大队还接收了性能更强的"复仇者"鱼雷轰炸机，取代了之前性能有限的"梭鱼"。

"罗布森"行动，作为此类袭击的第一次行动，目标是庞卡兰 – 布兰丹的炼油厂。第 67 特遣舰队于 12 月 17 日离开锡兰，另外由 1 艘油船及其护航驱逐舰组成的第 69 特遣舰队为其提供补给支援。这一次，"不屈"号和"光辉"号航母搭载的航空大队全部是美国飞机。这支舰队在发起袭击之前将穿过苏门答腊岛北端，然后飞机在海上向南飞行，再转向内陆攻击目标。不幸的是，糟糕的天气状况迫使攻击机领队转向次要目标，即巴拉望港的港口和铁路设施。低能见度还阻碍了对毁伤效果的准确评估。然而，没有飞机损失。返回途中，一些护航战斗机袭击了沙璜附近的机场，并摧毁了一些日军飞机。第 67 特遣舰队调头向西返航，并于 12 月 22 日到达锡兰，然后立即准备下一次袭击行动。

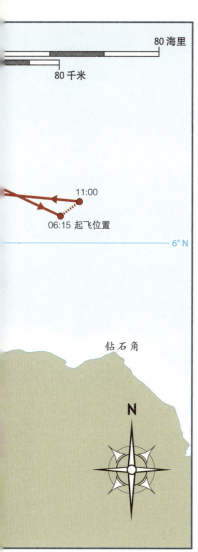

80 海里

80 千米

11:00

06:15 起飞位置

钻石角

N

起飞位置

07:12

10:28

10:26

07:22

07:26

07:30

98° E

6° N

攻击机群
28架F6F "地狱猫" 和
F4U "海盗" 战斗机
27架TBF "复仇者" 鱼雷
轰炸机

钻石角

07:43

N

07:48

07:53

5° N

07:55

09:45

09:38

马 六 甲 海 峡

08:01

5° N

08:03

08:07

08:11

淡洋角

08:18

09:10

09:09

苏 门 答 腊 岛

主要目标——
被糟糕的天气遮蔽

庞卡兰-布兰丹

09:07

次要目标

08:25

09:03

巴拉望

0   20 海里

0   20 千米

棉兰

98° E

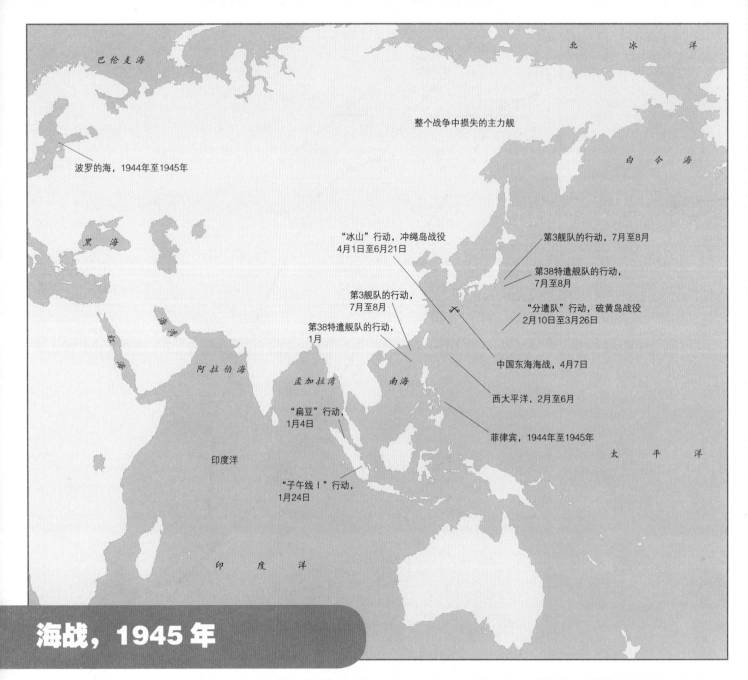

巴伦支海

北 冰 洋

波罗的海，1944年至1945年

白 令 海

整个战争中损失的主力舰

黑 海

"冰山"行动，冲绳岛战役
4月1日至6月21日

第3舰队的行动，7月至8月

第3舰队的行动，
7月至8月

第38特遣舰队的行动，
7月至8月

红海

第38特遣舰队的行动，
1月

"分遣队"行动，硫黄岛战役
2月10日至3月26日

阿拉伯海

孟加拉湾

南海

中国东海海战，4月7日

"扁豆"行动，
1月4日

西太平洋，2月至6月

菲律宾，1944年至1945年

太 平 洋

印度洋

"子午线Ⅰ"行动，
1月24日

印 度 洋

海战，1945 年

　　在欧洲海域，盟国海军在低地国家、意大利北部海岸和布列塔尼地区支援地面部队，这些地方有大量的德国守军坚守在孤立的袋形阵地。盟军非常担心新型德国潜艇会导致商船损失的增加，所以花费了大量精力布设新的防御雷区，并在反潜战中增加了飞机和军舰数量。潜艇战役回到了 1939 年开始时的状态，当时潜艇各自单独在不列颠群岛周围近岸海域活动。在新型潜艇对战役产生影响之前，战争就结束了。纳粹德国海军在欧洲战事尾声阶段最重要的角色是为波罗的海国家、东普鲁士和波兰的德国部队提供支援，并组织大量官兵和平民从苏联军队推进到的地方撤离。

　　1945 年海战的焦点是在太平洋。这一年以在菲律宾林加延的大规模登陆行动为开端，随后在这一年里为了夺取菲律宾群岛又进行了大量的登陆行动。到这个阶段时，盟军针对日本海上交通线的海－空战役已经几乎击沉了全部日本商船队，并导致日本经济的崩溃。然而，日本人不愿意投降，他们战斗至死导致在硫黄岛和冲绳岛的战役时间持久且代价高昂。在冲绳岛战役期间，严重的物资损失和人员伤亡在美军内部引起对 1945 年年底进攻日本本土计划可行性的担忧。到了夏季，虽然盟国海军舰艇在日本海岸线外不受干扰地活动，但也没有发起进攻行动，美国人依靠原子弹让日本人最终投降。

西太平洋，1945年2月—6月

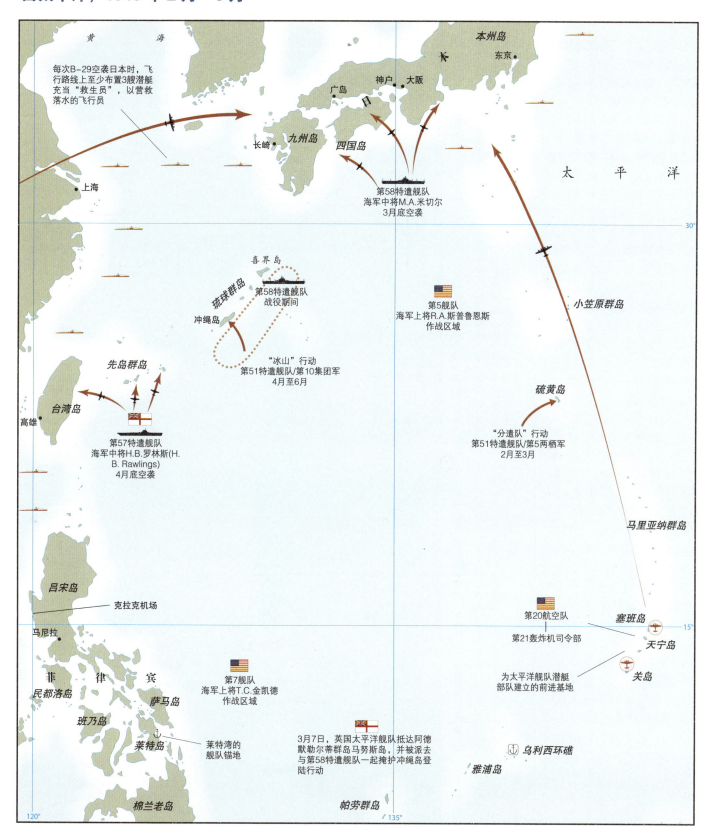

黄 海

本州岛

东京

每次B-29空袭日本时，飞行路线上至少布置3艘潜艇充当"救生员"，以营救落水的飞行员

神户 大阪

广岛

长崎 九州岛

四国岛

上海

第58特遣舰队
海军中将M.A.米切尔
3月底空袭

太 平 洋

30°

喜界岛

琉球群岛

第58特遣舰队
战役期间

小笠原群岛

冲绳岛

第5舰队
海军上将R.A.斯普鲁恩斯
作战区域

"冰山"行动
第51特遣舰队/第10集团军
4月至6月

先岛群岛

硫黄岛

台湾岛

第57特遣舰队
海军中将H.B.罗林斯(H.
B. Rawlings)
4月底空袭

"分遣队"行动
第51特遣舰队/第5两栖军
2月至3月

高雄

马里亚纳群岛

吕宋岛

克拉克机场

塞班岛

第20航空队

15°

马尼拉

第21轰炸机司令部

天宁岛

菲 律 宾

第7舰队
海军上将T.C.金凯德
作战区域

为太平洋舰队潜艇
部队建立的前进基地

关岛

民都洛岛

萨马岛

班乃岛

莱特岛

莱特湾的
舰队锚地

3月7日，英国太平洋舰队抵达阿德
默勒尔蒂群岛马努斯岛，并被派去
与第58特遣舰队一起掩护冲绳岛登
陆行动

乌利西环礁

雅浦岛

棉兰老岛

帕劳群岛

120°

135°

303

波罗的海，1944—1945 年

直到 1944 年夏季，波罗的海都牢牢地处于德国人的控制之下。海上补给行动大部分都畅通无阻，更重要的是，纳粹德国海军能够进入安全水域去训练潜艇新艇员。将近一半的潜艇训练都在赫尔和利巴瓦之间的水域进行。这种情况很快就发生了变化，因为苏联在9月发动了波罗的海攻势。德国军队在2月从列宁格勒撤退之后，苏联海军已经在芬兰湾进行更多的进攻行动。整个夏季，纳粹德国海军试图增援芬兰湾的防御力量，7月底苏联军队向图库姆斯的推进被在海军舰炮火力支援下的德国装甲部队击退。当9月初芬兰退出战争并且苏联推进波罗的海国家时，德国人的制海权崩溃了。超过 100000 名官兵和平民通过海运从爱沙尼亚撤离，在芬兰的剩余德军也是通过海运撤离。到10月的时候，苏联潜艇在芬兰人的支援下在波罗的海活动，并且到年底时他们已经击沉了 14 艘舰船。在苏联军队的推进下撤离军队和平民成为纳粹德国海军的首要任务，而其他所有军舰都被用于为地面部队提供火力支援。在西面，英国皇家空军轰炸机司令部加强了航空布雷行动，这开始严重阻碍德国人的活动。1945年，纳粹德国海军进行了海洋史上最大规模的人口迁移行动，即从库尔兰和东普鲁士撤离。

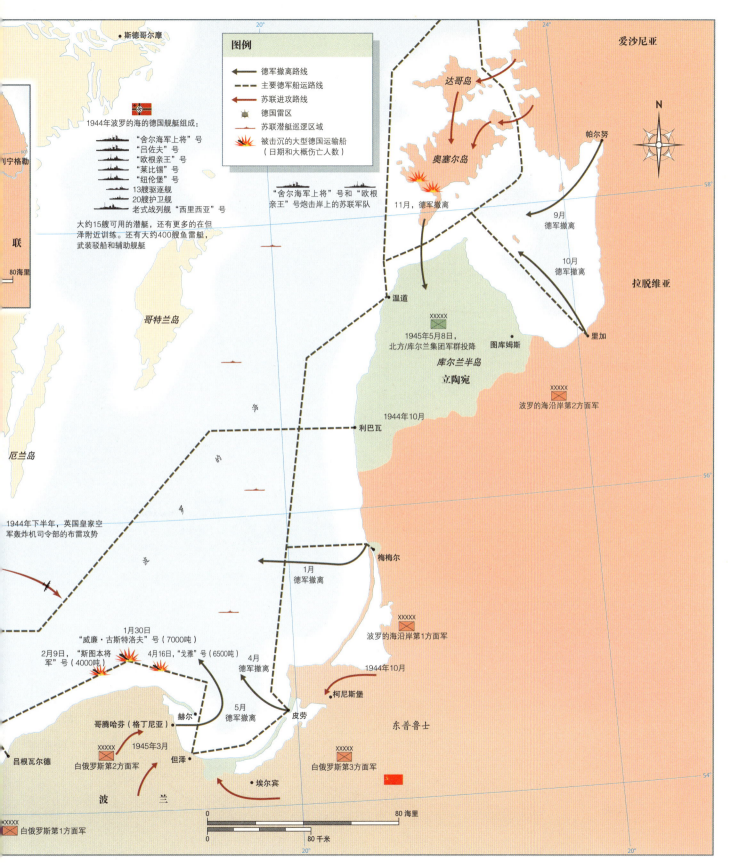

斯德哥尔摩

图例

德军撤离路线
主要德军船运路线
苏联进攻路线
德国雷区
苏联潜艇巡逻区域
被击沉的大型德国运输船（日期和大概伤亡人数）

1944年波罗的海的德国舰艇组成：
"舍尔海军上将"号
"吕佐夫"号
"欧根亲王"号
"莱比锡"号
"纽伦堡"号
13艘驱逐舰
20艘护卫舰
老式战列舰"西里西亚"号

大约15艘可用的潜艇，还有更多的在但泽附近训练。还有大约400艘鱼雷艇，武装驳船和辅助舰艇

"舍尔海军上将"号和"欧根亲王"号炮击岸上的苏联军队

爱沙尼亚

达哥岛

奥塞尔岛

11月，德军撤离

帕尔努

9月德军撤离

10月德军撤离

里加

拉脱维亚

哥特兰岛

温道

XXXXX
1945年5月8日，北方/库尔兰集团军群投降

图库姆斯

库尔兰半岛

立陶宛

厄兰岛

1944年10月

利巴瓦

XXXXX
波罗的海沿岸第2方面军

列宁格勒

联

80海里

1944年下半年，英国皇家空军轰炸机司令部的布雷攻势

梅梅尔

1月德军撤离

XXXXX
波罗的海沿岸第1方面军

1月30日
"威廉·古斯特洛夫"号（7000吨）

2月9日，"斯图本将军"号（4000吨）

4月16日，"戈雅"号（6500吨）

4月德军撤离

柯尼斯堡

1944年10月

5月德军撤离

皮劳

东普鲁士

哥腾哈芬（格丁尼亚）

吕根瓦尔德

XXXXX
白俄罗斯第2方面军

1945年3月

赫尔

但泽

埃尔宾

XXXXX
白俄罗斯第3方面军

波   兰

0   80 海里

0   80 千米

XXXXX
白俄罗斯第1方面军

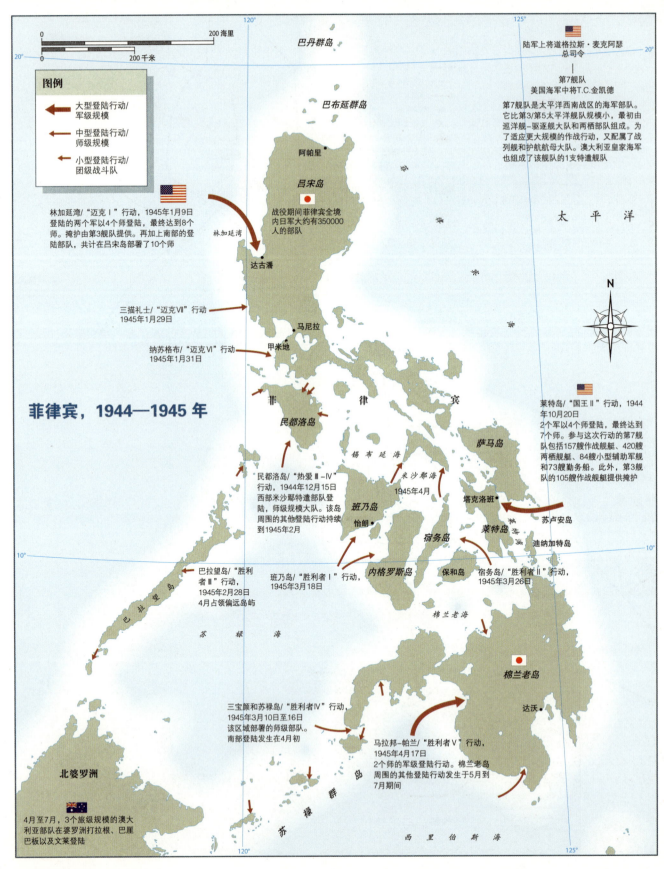

菲律宾，1944—1945 年

林加延湾/"迈克 I"行动，1945年1月9日登陆的两个军以4个师登陆，最终达到8个师。掩护由第3舰队提供。再加上南部的登陆部队，共计在吕宋岛部署了10个师

三描礼士/"迈克VII"行动 1945年1月29日

纳苏格布/"迈克VI"行动 1945年1月31日

"民都洛岛/"热爱III－IV"行动，1944年12月15日西部米沙鄢特遣部队登陆，师级规模大队。该岛周围的其他登陆行动持续到1945年2月

巴拉望岛/"胜利者III"行动，1945年2月28日 4月占领偏远岛屿

班乃岛/"胜利者I"行动，1945年3月18日

宿务岛/"胜利者II"行动，1945年3月26日

三宝颜和苏禄岛/"胜利者IV"行动，1945年3月10日至16日 该区域部署的师级部队。南部登陆发生在4月初

马拉邦－帕兰/"胜利者V"行动，1945年4月17日 2个师的军级登陆行动。棉兰老岛周围的其他登陆行动发生在5月到7月期间

4月至7月，3个旅级规模的澳大利亚部队在婆罗洲打拉根、巴厘巴板以及文莱登陆

陆军上将道格拉斯·麦克阿瑟总司令

第7舰队 美国海军中将T.C.金凯德

第7舰队是太平洋西南战区的海军部队。它比第3/第5太平洋舰队规模小，最初由巡洋舰－驱逐舰大队和两栖部队组成。为了适应更大规模的作战行动，又配属了战列舰和护航航母大队。澳大利亚皇家海军也组成了该舰队的1支特遣舰队

战役期间菲律宾全境内日军大约有350000人的部队

莱特岛/"国王II"行动，1944年10月20日 2个军以4个师登陆，最终达到7个师。参与这次行动的第7舰队包括157艘作战舰艇、420艘两栖舰艇、84艘小型辅助军舰和73艘勤务船。此外，第3舰队的105艘作战舰艇提供掩护

图例

大型登陆行动/军级规模

中型登陆行动/师级规模

小型登陆行动/团级战斗队

巴丹群岛

巴布延群岛

吕宋岛

阿帕里

林加延湾

达古潘

马尼拉

甲米地

菲

律

宾

民都洛岛

班乃岛

怡朗

内格罗斯岛

保和岛

宿务岛

萨马岛

莱特岛

塔克洛班

苏卢安岛

迪纳加特岛

米沙鄢海 1945年4月

锡布延海

棉兰老海

棉兰老岛

达沃

北婆罗洲

巴拉望岛

苏禄海

苏禄群岛

西里伯斯海

太平洋

N

第 38 特遣舰队在中国南海的袭击，1945 年 1 月

　　1944 年 12 月，在为林加延湾登陆的最初阶段提供掩护之后，海军上将尼米兹允许哈尔西为其渴望已久的以快速航母进入中国南海袭击行动作准备。第 3 舰队于 12 月 30 日离开乌利西环礁，并在 1 月的前几天里袭击了吕宋岛和台湾岛的日军机场以支援麦克阿瑟将军的登陆行动。鉴于日军在菲律宾战役期间采用的神风特攻队自杀战术，舰载航空大队的组成进行了修改，以容纳更多战斗机。冬季的暴风雨严重阻碍了该区域的美国海军行动。美国人曾预计残余的日军水面舰队将试图切断美军通往林加延湾的漫长补给线。最终日军没有这样尝试，哈尔西得以继续他的作战行动。

　　1 月 9 日至 10 日夜间，第 3 舰队进入中国南海，而为其提供支援的快速油船正穿过菲律宾从南面赶来。目标是接近金兰湾，并利用空袭和水面舰队沿着海岸线扫荡，希望找到日军战列舰"伊势"号和"日向"号。它们并不在这里，密集的空袭转而击沉了 44 艘舰船，大部分都是商船。此后，哈尔西向北沿着中国海岸搜索，并再次袭击了台湾岛的机场。天气继续制造困难，特别是驱逐舰发现在恶劣的天气条件下很难补充燃料。11 天的袭击被认为是一次胜利，尽管日本人已经将其战列舰转移到了直接打击距离以外。

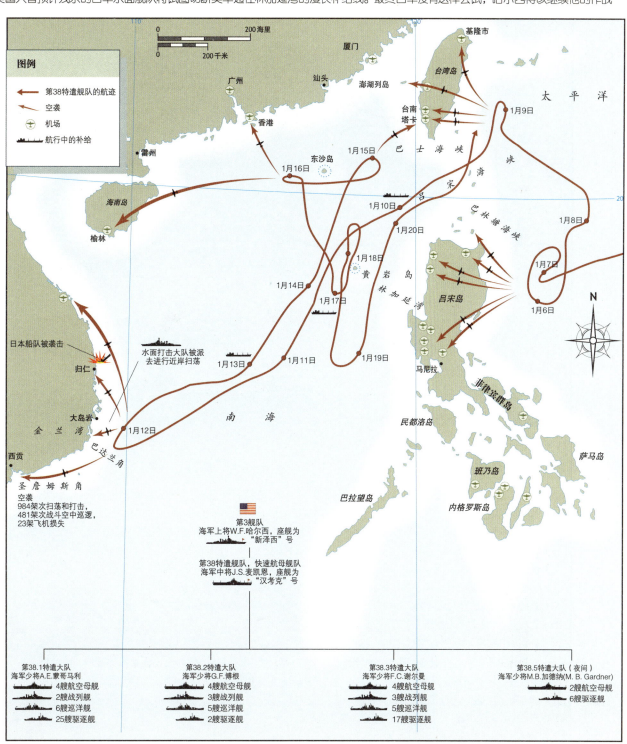

307

主要的盟军行动

航母空袭
潜艇巡逻
航空布雷
两栖行动

加尔各答
缅甸

1月，阿拉干海岸的两栖
登陆增长到师级部队

印度

孟加拉湾

仰光

"德古拉"行动，1944年夏季
的1次两栖行动，设想夺取仰
光，但突击舰船不足。最终，5
月2日，1个师登陆，占领仰光

南海

马德拉斯

安达曼群岛
安达曼海

遇罗

曼谷

中南半岛

连续扫荡，以阻止
日军对外围岛链的
补给

尼科巴群岛

遇罗湾

西贡

巴拉望岛

亭可马里

锡兰

科伦坡

东印度舰队
海军上将A.鲍尔
2艘战列舰
9艘巡洋舰
4艘护航航母
24艘驱逐舰
70艘护卫舰

马六甲海战。5月15日至16日，日
军巡洋舰"羽黑"号被击沉

槟城

马来亚

计划在9月进行的两栖登
陆行动。

3月，战列巡洋舰"声望"号返回
英国，4月，1艘巡洋舰、3艘护航
航母和6艘驱逐舰加入舰队

棉兰

1月4日，"扁豆"行动

马六甲

新加坡

苏门答腊岛

6月8日，日军巡洋舰"足柄"号被
皇家海军潜艇"锋利"号击沉

巨港

婆罗洲

马辰

印

度

洋

荷
属
东
印
度
群
岛

爪哇海

1月24日，"子午线 I"行动
1月29日，"子午线 II"行动

巴达维亚（雅加达）

爪哇岛

泗水

0   800 海里

0   800 千米

印度洋，1945 年

　　这一年以继续对苏门答腊岛日本石油设施进行航母袭击为开端。首先，"扁豆"行动的目标是庞卡兰炼油厂。空袭从印度洋上发起，飞机横跨苏门答腊岛，因为盟军认为马六甲海峡依然处于日军的严密控制之下，航母特遣舰队难以在那里活动。接下来的两次"子午线"行动标志着航母在印度洋磨合的高潮，也是英国人在战争期间进行的单次最大规模的此类行动。两次空袭都投入了近 130 架飞机。巨港的基础设施对日本人是至关重要的，因为这里占据了他们大约四分之三的航空汽油产量。同样重要的是，特遣舰队将留在海上，从支援大队获取补给，而不撤回基地，这样可以更真实地模拟太平洋的作战环境。

　　英国太平洋舰队撤离之后，焦点落到了东印度舰队身上，后者主要沿着缅甸海岸线发动进攻行动，因为轴心国对印度洋的盟国船运的威胁已经大幅下降了。盟军舰艇的数量稳步增长，而日军则在下降，大范围的布雷行动也对日军很大程度上依赖海运的后勤保障造成了严重的影响。最后一次大规模两栖行动，"德古拉"行动于 5 月进行，并与在缅甸中部向南推进的英国第 14 集团军相呼应。不久之后，该战区的最后一次水面作战爆发，当时日军巡洋舰"羽黑"号在 5 月 16 日早上与 5 艘英国驱逐舰的交战中被击沉。最后 1 个重大损失是"足柄"号的沉没，它在邦加海峡被英国潜艇"锋利"号击沉。当战争结束时，在马来半岛沿岸进行一次大规模两栖行动的准备工作仍在进行中。

英国太平洋舰队

"子午线"行动之后，舰
队先是到了弗里曼特尔，
然后到了悉尼，准备在西
太平洋的部署任务

3月，英国皇家海军第
4支队到达弗里曼特
尔，与驻扎在那里的英
美潜艇部队一起作战

澳大利亚

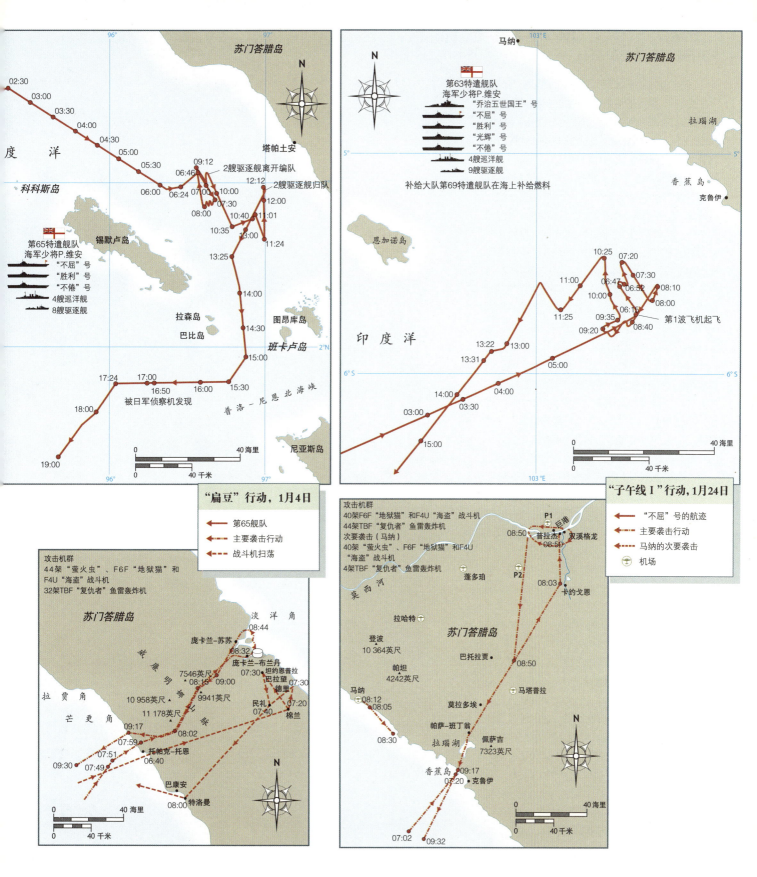

左上地图（"扁豆"行动，1月4日 - 第65舰队航线）：

苏门答腊岛

度 洋

科科斯岛

02:30
03:00
03:30
04:00
04:30
05:00
05:30
06:00
06:46
09:12
06:24
07:00
07:30
08:00
10:00
10:40
10:35
11:01
13:00
11:24
13:25
14:00
14:30
15:00
15:30
16:00
16:50
17:00
17:24
18:00
19:00

2艘驱逐舰离开编队
2艘驱逐舰归队
12:12
12:00

塔帕土安

锡默卢岛

第65特遣舰队
海军少将P.维安
"不屈"号
"胜利"号
"不倦"号
4艘巡洋舰
8艘驱逐舰

拉森岛
巴比岛

图昂库岛
班卡卢岛

普洛－尼恩北海峡

被日军侦察机发现

尼亚斯岛

0 40 海里
0 40 千米

右上地图（第63特遣舰队）：

马纳

苏门答腊岛

拉瑙湖

第63特遣舰队
海军少将P.维安
"乔治五世国王"号
"不屈"号
"胜利"号
"光辉"号
"不倦"号
4艘巡洋舰
9艘驱逐舰

补给大队第69特遣舰队在海上补给燃料

恩加诺岛

印 度 洋

香蕉岛
克鲁伊

10:25
07:20
07:30
11:00
06:47
06:52
08:10
10:00
06:15
08:00
09:35
08:40
09:20
第1波飞机起飞
11:25
13:22
13:00
13:31
05:00
14:00
03:30
03:00
04:00
15:00

0 40 海里
0 40 千米

"扁豆"行动，1月4日

- 第65舰队
- 主要袭击行动
- 战斗机扫荡

左下地图：

攻击机群
44架"萤火虫"、F6F"地狱猫"和
F4U"海盗"战斗机
32架TBF"复仇者"鱼雷轰炸机

苏门答腊岛

淡洋角
08:44
庞卡兰－苏苏
08:32
庞卡兰－布兰丹
07:30
坦约恩普拉
巴拉望
07:30
德里
08:15 09:00
7546英尺
10 958英尺
9941英尺
11 178英尺
民礼
07:20
棉兰
07:40
09:17
08:02
07:59
07:51
06:40
托帕克－托恩
07:49
09:30
巴康安
08:00 特洛曼

拉贾角
芒更角

0 40 海里
0 40 千米

右下地图（"子午线I"行动，1月24日）：

攻击机群
40架F6F"地狱猫"和F4U"海盗"战斗机
44架TBF"复仇者"鱼雷轰炸机
次要袭击（马纳）
40架"萤火虫"、F6F"地狱猫"和F4U
"海盗"战斗机
4架TBF"复仇者"鱼雷轰炸机

P1
巨港
08:50
普拉杰
双溪格龙
08:50
08:03
卡约戈恩
P2
蓬多珀
奚西河
拉哈特
登波
10 364英尺
帕坦
4242英尺
巴托拉贾
马塔普拉
08:50
马纳
08:12
08:05
莫拉多埃
帕萨－班丁翁
08:30
拉瑙湖
佩萨吉
7323英尺
香蕉岛
09:17
08:20 克鲁伊

苏门答腊岛

07:02 09:32

"子午线I"行动，1月24日

- "不屈"号的航迹
- 主要袭击行动
- 马纳的次要袭击
- ✈ 机场

"分遣队"行动，1945 年 2 月 10 日—3 月 26 日

　　美国人决定占领硫黄岛是为了给从塞班岛起飞空袭日本目标的 B-29 战略轰炸机提供紧急降落场所，并作为给轰炸机护航的战斗机的基地。反过来说，占领该岛也会阻止日军将其用作战斗机基地。更通常地说，该岛将成为对日本本土发动攻击的安全基地。人们总是认为琉球群岛岛链上的硫黄岛和冲绳岛被占领后将作为前进基地，但硫黄岛会被首先占领，因为它是两者中更容易攻占的。尽管将部署不同的突击部队，但运送他们上岸的海军舰艇是相同的，所以突击行动不可能同时进行。从 1944 年 6 月开始，日军就在等待美军的两栖突击，该岛的防卫力量进行了加强，并挖掘了很多地下工事。该岛被证明是战争期间美军两栖突击的最坚固的据点之一。

　　航空轰炸早在 1944 年 8 月就开始了，但从 12 月 8 日起，美军开始进行日常空袭，偶尔还有海军炮击作为补充。考虑到日军的顽强防御，负责突击的美国海军陆战队想要为期 10 天的准备性海军炮击。然而，海军上将斯普鲁恩斯想在登陆之前用快速航母袭击日本以消除空中威胁，由于菲律宾周围的行动还在进行，最终只计划了一次时间更短——为期 3 天的炮击。第 58 特遣舰队从 2 月 10 日至 18 日对日本进行袭击，而第 51 特遣舰队于 2 月 16 日早上到达硫黄岛海岸线外。首先，扫雷舰清扫了航道及周围区域，以便火力支援舰艇进行射击。该岛被划分为不同区域，每个区域分配给 1 艘战列舰或巡洋舰。航空侦察确定了大约 700 个目标，炮击期间，军舰接近到距离海滩大约 1 英里之内。

　　2 月 19 日早上，即登陆当天，第 58 特遣舰队从北面进入射程。日出前不久，早上 6 点 40 分，战争中最猛烈的登陆前炮击开始了，舰炮炮击和空中打击按照精心安排的时间间隔交替进行。第一批部队于上午 9 点上岸，几乎没有遇到抵抗。然而，日军的抵抗很快开始增多，该岛的战斗持续了 1 个多月。整个过程中，军舰和航母持续支援海军陆战队，而护航航母则提供了大部分空中支援。战斗期间，来自日本本土的空袭也增加了，导致护航航母"俾斯麦海"号沉没，大量舰船重伤。2 月底，第 58 特遣舰队对日本又进行了一次袭击，随后于 3 月 4 日返回乌利西环礁潟湖，为突击冲绳岛作准备。

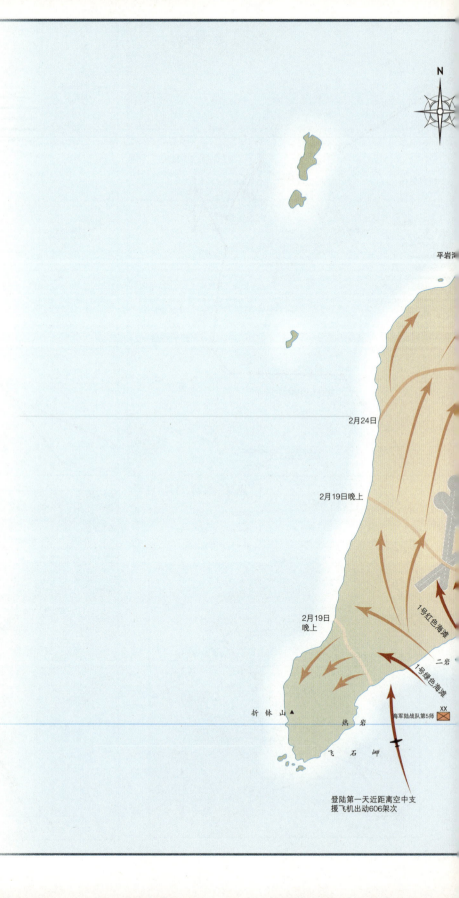

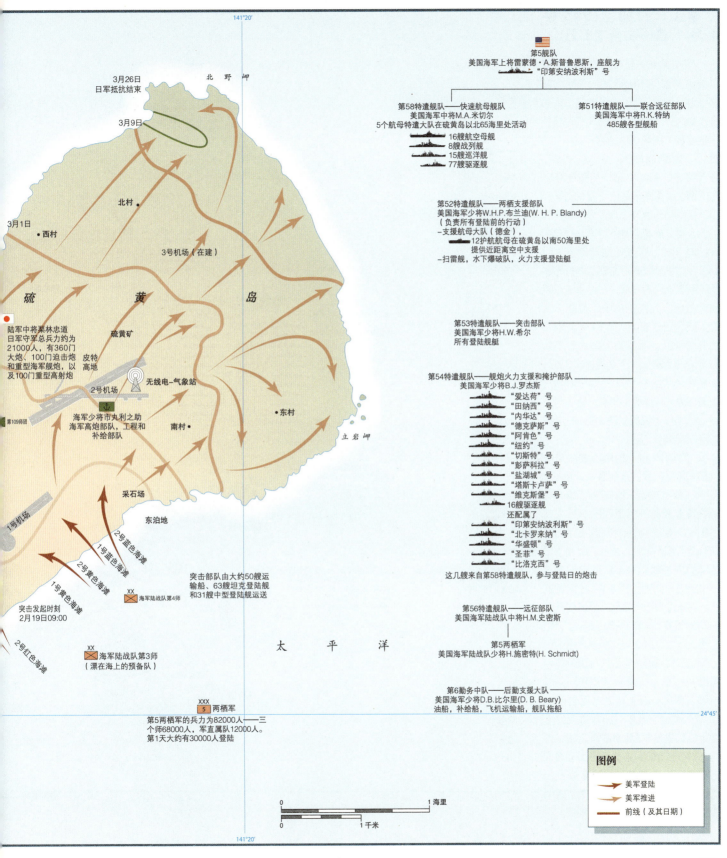

141°20′

北野岬

3月26日
日军抵抗结束

3月9日

北村

3月1日
西村

3号机场（在建）

硫 黄 岛

陆军中将栗林忠道
日军守军总兵力约为
21000人，有360门
大炮、100门迫击炮
和重型海军舰炮，以
及100门重型高射炮

硫黄矿

皮特
高地

第109师团

2号机场

无线电–气象站

海军少将市丸利之助
海军高炮部队，工程和
补给部队

南村

东村

立岩岬

采石场

1号机场

东泊地

2号蓝色海滩

1号蓝色海滩

2号黄色海滩

XX
海军陆战队第4师

1号黄色海滩

突击发起时刻
2月19日09:00

1号紫色海滩

突击部队由大约50艘运
输船、63艘坦克登陆舰
和31艘中型登陆舰运送

2号红色海滩

XX
海军陆战队第3师
（漂在海上的预备队）

XXX
5 两栖军

第5两栖军的兵力为82000人——三
个师68000人，军直属队12000人。
第1天大约有30000人登陆

太 平 洋

第5舰队
美国海军上将雷蒙德·A.斯普鲁恩斯，座舰为
"印第安纳波利斯"号

第58特遣舰队——快速航母舰队
美国海军中将M.A.米切尔
5个航母特遣大队在硫黄岛以北65海里处活动
16艘航空母舰
8艘战列舰
15艘巡洋舰
77艘驱逐舰

第51特遣舰队——联合远征部队
美国海军中将R.K.特纳
485艘各型舰船

第52特遣舰队——两栖支援部队
美国海军少将W.H.P.布兰迪(W. H. P. Blandy)
（负责所有登陆前的行动）
– 支援航母大队（德金）
12护航母在硫黄岛以南50海里处
提供近距离空中支援
–扫雷舰，水下爆破队，火力支援登陆艇

第53特遣舰队——突击部队
美国海军少将H.W.希尔
所有登陆舰艇

第54特遣舰队——舰炮火力支援和掩护部队
美国海军少将B.J.罗杰斯
"爱达荷"号
"田纳西"号
"内华达"号
"德克萨斯"号
"阿肯色"号
"纽约"号
"切斯特"号
"彭萨科拉"号
"盐湖城"号
"塔斯卡卢萨"号
"维克斯堡"号
16艘驱逐舰
还配属了
"印第安纳波利斯"号
"北卡罗来纳"号
"华盛顿"号
"圣菲"号
"比洛克西"号
这几艘来自第58特遣舰队，参与登陆日的炮击

第56特遣舰队——远征部队
美国海军陆战队中将H.M.史密斯
第5两栖军
美国海军陆战队少将H.施密特(H. Schmidt)

第6勤务中队——后勤支援大队
美国海军少将D.B.比尔里(D. B. Beary)
油船，补给船，飞机运输船，舰队拖船

24°45′

图例

美军登陆
美军推进
前线（及其日期）

0   1海里
0   1千米

141°20′

311

"冰山"行动，1945 年 4月1日—6月21日

　　面积远大于硫黄岛的冲绳岛可以提供进攻日本的更好的基地和舰队锚地。因此，守卫该岛的日本军队规模更大，"冰山"行动也成为战争中规模最大的两栖行动之一。4 个师进行了最初的突击，另外 2 个师在海上待命，第 7 个师正在驶往冲绳岛的路上。由于该岛位于盟军陆基飞机的作战范围之外（除了 B–29 轰炸机），海军舰艇不得不为登陆行动提供所有支援。作战行动开始于 3 月 14 日，当时第 58 特遣舰队离开鸟利西环礁驶向日本海域，在那里快速航母将袭击九州岛的机场以及濑户内海的残余日军舰队。第 51 特遣舰队的先遣部队，即从整个太平洋集结过来的两栖部队，于 3 月 19 日离开鸟利西环礁。3 月 24 日，扫雷舰开始清扫通往冲绳岛的航道，第 2 天，登陆行动从冲绳岛以南大约 15 英里的庆良间列岛开始。

　　"冰山"行动的炮击舰队是战争期间集结的最大规模舰队，它从 3 月 26 日开始炮击日军防御工事，并与快速航母和护航航母的航空大队相配合。面对如此强大的火力，日军在海滩上毫无机会。相反，岛内坚固的防御阵地让美军部队的进攻慢了下来，同时空袭也削弱了美国海军舰队。由于没有进行其他大规模作战，日军得以集中他们所有剩余的空中力量，大约 3000 架飞机。4 月 1 日的登陆进展顺利，但很快战役就在地面部队和海上特遣舰队的激烈交战中陷入僵局。在 4 月到 6 月进行的 10 次大规模空袭中，日军每次投入的飞机数量在 50 至 300 架之间。大约 90 艘盟国军舰遭受重伤或沉没；岛屿周围成扇形散开的驱逐舰人员伤亡特别高，因为它们作为雷达哨舰为即将来临的空袭提供早期预警。

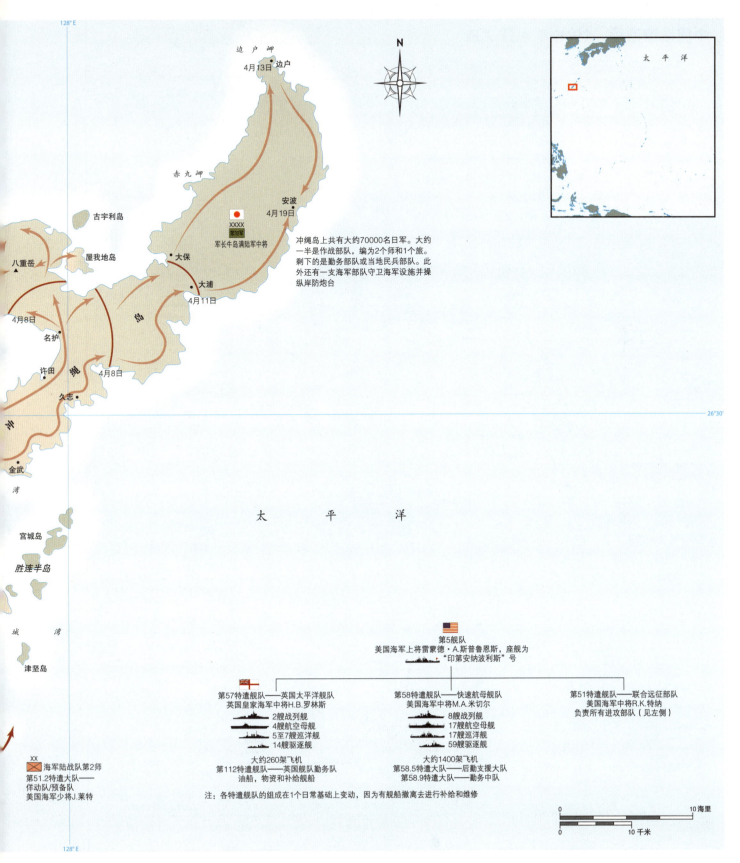

128°E

N

太平洋

边户岬
4月13日 边户

赤九岬

安波
4月19日

古宇利岛

屋我地岛

八重岳

大保

XXXX
第30军
军长牛岛满陆军中将

大浦
4月11日

4月8日

名护

4月8日

许田

久志

冲绳岛上共有大约70000名日军。大约
一半是作战部队，编为2个师和1个旅。
剩下的是勤务部队或当地民兵部队。此
外还有一支海军部队守卫海军设施并操
纵岸防炮台

26°30'

金武湾

宫城岛

胜连半岛

城湾

太　平　洋

津坚岛

第5舰队
美国海军上将雷蒙德·A.斯普鲁恩斯，座舰为
"印第安纳波利斯"号

第57特遣舰队——英国太平洋舰队
英国皇家海军中将H.B.罗林斯
2艘战列舰
4艘航空母舰
5至7艘巡洋舰
14艘驱逐舰

大约260架飞机
第112特遣舰队——英国舰队勤务队
油船，物资和补给舰船

第58特遣舰队——快速航母舰队
美国海军中将M.A.米切尔
8艘战列舰
17艘航空母舰
17艘巡洋舰
59艘驱逐舰

大约1400架飞机
第58.5特遣大队——后勤支援大队
第58.9特遣大队——勤务中队

第51特遣舰队——联合远征部队
美国海军中将R.K.特纳
负责所有进攻部队（见左侧）

XX
海军陆战队第2师
第51.2特遣大队——
佯动队/预备队
美国海军少将J.莱特

注：各特遣舰队的组成在1个日常基础上变动，因为有舰船撤离去进行补给和维修

0   10海里

0   10千米

中国东海海战，1945年4月7日

为了应对美军在冲绳岛的登陆，日本帝国海军于4月6日启动了"天号作战"。该计划是"大和"号战列舰和一小支护航舰队对冲绳岛海岸线外的美军两栖舰船进行的单程作战行动。这次行动也没有空中掩护。舰队刚离开濑户内海，1艘美军潜艇就发现它了。海军中将米切尔立即开始在冲绳岛东北方集结所有可用的舰艇。4月7日破晓的时候，攻击机已经在航空母舰的甲板上作好战斗准备了。发现"大和"号之后，各攻击大队于上午10点起飞，1个半小时的空袭之后，"大和"号消失在海浪之中。大约3500到4000名日军在这场海战中丧生，与之相对的是美军10架飞机被击落，12名机组成员丧生。

4月6日
15:00

瀬户内海

四国岛

被B-29发现

九州岛

17:10

下午

日军特遣舰队被发现
"马鲛鱼"号
"锯齿背鱼"号

22:00

第58.1和58.3特遣大队
飞机的搜索区域

水面特种攻击舰队
海军中将伊藤整一
"大和"号
"矢矧"号
8艘驱逐舰

被2架巡逻机尾随

甑岛列岛

08:23
日军特遣舰队被来自"埃塞克斯"号的搜索机发现

10:17

"浜风"号
"矢矧"号

12:00

12:32 第1次美军空袭

13:00

午夜

13:00—14:17
持续攻击

13:22

13:33

14:23
"大和"号被10枚鱼雷和3枚炸弹击中而沉没。"矢矧"号和4艘驱逐舰也被击沉

13:44 14:07

06:00

4月7日03:30

大隅群岛

种子岛

屋久岛

"矶风"号
"朝霜"号
"霞"号

吐噶喇列岛

太 平 洋

图例
日军特遣舰队的航线
计划中的航线
第58特遣舰队

奄美群岛

10:00
主要打击力量，将近280架飞机

德野岛

次要打击力量，将106架飞机

琉球群岛

09:00
第1批战斗机掩护力量，16架飞机

冲永良部岛

15:00

14:00

10:00

18:00

12:00

15:43

08:00

11:00

07:00

06:00

19:00

17:00

4月7日20:00

05:00

04:00

4月7日午夜

02:00

03:00

01:00

第54特遣舰队——掩护舰队
海军少将M.L.迪约
6艘战列舰
7艘巡洋舰
21艘驱逐舰
做好了战斗准备，但到15:30才离开登陆区

第58特遣舰队
海军中将M.米切尔
大概兵力
11艘航空母舰
6艘战列舰
11艘巡洋舰
第25、第45、第47、第54、第61、第62、第84驱逐舰中队

4月6日——第58.1特遣大队（克拉克）和第58.3特遣大队（谢尔曼）在冲绳海岸线外为登陆部队提供空中支援。第58.4特遣大队（雷福德）和第58.2特遣大队（戴维森）在更远的海域进行补给。收到潜艇发回的"大和"号离开的报告之后，米切尔命令所有的特遣大队驶往冲绳岛东北方的出发位置。第58.4特遣大队在夜间加入编队，但第58.2特遣大队没能按时到达。

0   40 海里
0   40 千米

冲绳岛

314

第 3 舰队的行动，1945 年 7 月—8 月

到 6 月时，日军在冲绳岛的有组织抵抗结束，焦点转移到日本海域。海军上将哈尔西麾下的第 3 舰队在莱特岛修整，然后在 7 月 1 日出动打击本州岛的军事和工业设施。最初，第 38 特遣舰队由 3 个特遣大队组成，每个大队由 3 艘大型"埃塞克斯"级航母、2 艘轻型航母、两艘战列舰、1 艘巡洋舰和多艘驱逐舰组成。在接下来的几个星期里，第 38 特遣舰队在整个东海岸活动，并在南北两端来回巡航以发挥最大的作用。后来另外 2 个特遣大队（第 37 特遣舰队是美国特遣大队规模的舰队）加入进来。每次袭击之后，航空母舰都退回到远海进行补给。与此同时，一支巡洋舰舰队于 7 月 16 日至 23 日在黄海活动，但是几乎没有发现日本海上运输。日军的抵抗已经崩溃，盟军可以毫无阻碍地活动了。

图例

第38特遣舰队的航迹

空袭

加油和补给

战列舰或巡洋舰的对岸炮击

主力舰的损失，1939—1945 年

损失日期和原因

英国

"勇敢"号，1939 年 9 月 17 日，潜艇攻击
"皇家橡树"号，1939 年 10 月 14 日，潜艇攻击
"光荣"号，1940 年 6 月 8 日，水面作战
"胡德"号，1941 年 5 月 24 日，水面作战
"皇家方舟"号，1941 年 11 月 13 日，潜艇攻击
"巴勒姆"号，1941 年 11 月 25 日，潜艇攻击
"威尔士亲王"号，1941 年 12 月 10 日，空袭
"反击"号，1941 年 12 月 10 日，空袭
"竞技神"号，1942 年 4 月 9 日，空袭
"鹰"号，1942 年 8 月 11 日，潜艇攻击

法国

"布列塔尼"号，1940 年 7 月 3 日，水面作战 / 炮击港口
"普罗旺斯"号，1942 年 11 月 27 日，自沉

意大利

"加富尔伯爵"号，1940 年 11 月 11 日，空袭
"罗马"号，1943 年 9 月 9 日，空袭

美国

"亚利桑那"号，1941 年 12 月 7 日，空袭
"俄克拉荷马"号，1941 年 12 月 7 日，空袭
"列克星敦"号，1942 年 5 月 8 日，空袭 / 自沉
"约克城"号，1942 年 6 月 7 日，空袭 / 潜艇攻击
"大黄蜂"号，1942 年 10 月 26 日，空袭 / 水面作战
"黄蜂"号，1942 年 9 月 15 日，潜艇攻击
"普林斯顿"号，1944 年 10 月 24 日，空袭

德国

"施佩伯爵"号，1939 年 12 月 17 日，自沉
"俾斯麦"号，1941 年 5 月 27 日，空袭 / 水面作战
"格奈森瑙"号，1942 年 2 月 26 日至 27 日，港口轰炸
"沙恩霍斯特"号，1943 年 12 月 26 日，水面作战
"提尔皮茨"号，1944 年 11 月 12 日，空袭
"舍尔海军上将"号，1945 年 4 月 9 日，空袭
"德意志"号，1945 年 5 月 4 日，自沉

日本

"祥凤"号，1942 年 5 月 6 日，空袭
"加贺"号，1942 年 6 月 4 日，空袭 / 自沉

"苍龙"号，1942 年 6 月 4 日，空袭
"赤城"号，1942 年 6 月 5 日，空袭 / 自沉
"飞龙"号，1942 年 6 月 5 日，空袭 / 自沉
"龙骧"号，1942 年 8 月 24 日，空袭
"比睿"号，1942 年 11 月 13 日至 14 日，水面作战 / 空袭
"雾岛"号，1942 年 11 月 15 日，水面作战
"陆奥"号，1944 年 6 月 8 日，内部爆炸
"翔鹤"号，1944 年 6 月 19 日，潜艇攻击
"大凤"号，1944 年 6 月 19 日，潜艇攻击
"飞鹰"号，1944 年 6 月 20 日，空袭
"武藏"号，1944 年 10 月 24 日，空袭
"山城"号，1944 年 10 月 25 日，水面作战
"扶桑"号，1944 年 10 月 25 日，水面作战
"瑞鹤"号，1944 年 10 月 25 日，空袭
"瑞凤"号，1944 年 10 月 25 日，空袭
"神鹰"号，1944 年 11 月 17 日，潜艇攻击
"金刚"号，1944 年 11 月 21 日，潜艇攻击
"信浓"号，1944 年 11 月 29 日，潜艇攻击
"云龙"号，1945 年 2 月 20 日，潜艇攻击
"大和"号，1945 年 4 月 7 日，空袭
"日向"号，1945 年 7 月 27 日，搁浅
"天城"号，1945 年 7 月 28 日，港口轰炸
"榛名"号，1945 年 7 月 28 日，港口轰炸
"伊势"号，1945 年 7 月 28 日，港口轰炸

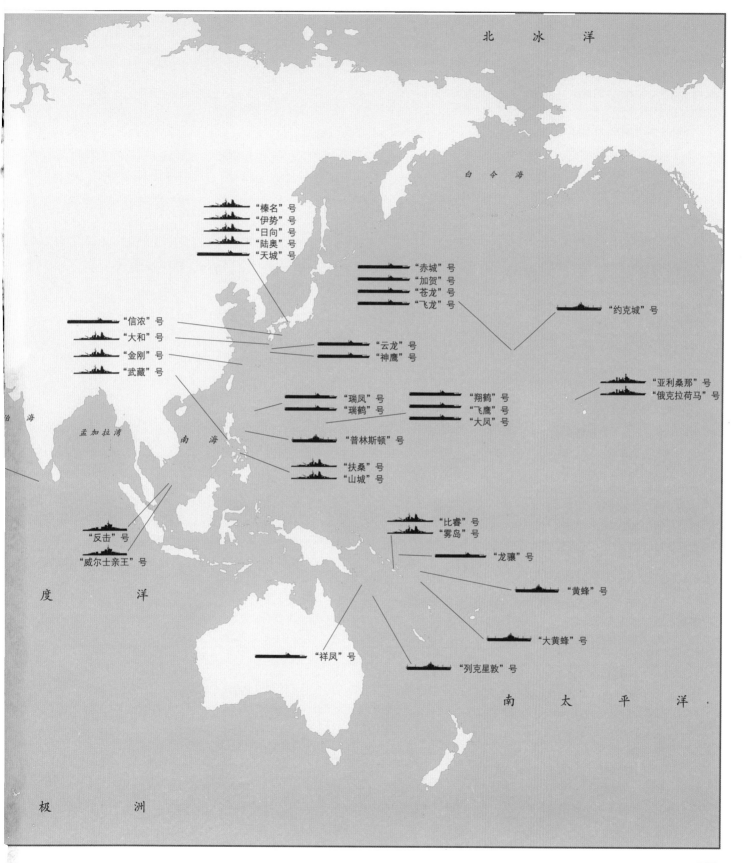

北 冰 洋

白 令 海

"榛名"号
"伊势"号
"日向"号
"陆奥"号
"天城"号

"赤城"号
"加贺"号
"苍龙"号
"飞龙"号

"约克城"号

"信浓"号
"大和"号
"金刚"号
"武藏"号

"云龙"号
"神鹰"号

"亚利桑那"号
"俄克拉荷马"号

孟加拉湾

南 海

"瑞凤"号
"瑞鹤"号

"翔鹤"号
"飞鹰"号
"大凤"号

"普林斯顿"号

"扶桑"号
"山城"号

"比睿"号
"雾岛"号

"反击"号

"龙骧"号

"黄蜂"号

"威尔士亲王"号

"大黄蜂"号

度 洋

"祥凤"号

"列克星敦"号

南 太 平 洋

极 洲

图书在版编目（CIP）数据

地图上的第二次世界大战之大海战/（英）马库斯·福克纳著；王志波，石健译. —上海：上海三联书店，2024.1

ISBN 978-7-5426-8188-1

Ⅰ. ①地… Ⅱ. ①马… ②王… ③石… Ⅲ. ①第二次世界大战战役—海战—史料 Ⅳ. ①E195.2

中国国家版本馆CIP数据核字（2023）第144656号

版权登记号：09-2021-0319号
地图审图号：GS（2022）4265号

地图上的第二次世界大战之大海战

著　　者 / [英] 马库斯·福克纳
译　　者 / 王志波　石　健

责任编辑 / 李　英
装帧设计 / 千橡文化
监　　制 / 姚　军
责任校对 / 张大伟　王凌霄

出版发行 / 上海三联书店
　　　　　（200030）中国上海市漕溪北路 331 号 A 座 6 楼
邮购电话 / 021-22895540
印　　刷 / 固安兰星球彩色印刷有限公司

版　　次 / 2024 年 1 月第 1 版
印　　次 / 2024 年 1 月第 1 次印刷
开　　本 / 787 × 1092　1/16
字　　数 / 400 千字
印　　张 / 21.5
书　　号 / ISBN 978-7-5426-8188-1/E · 27
定　　价 / 196.00 元
敬启读者，如发现本书有印装质量问题，请与印刷厂联系 0316-5925887

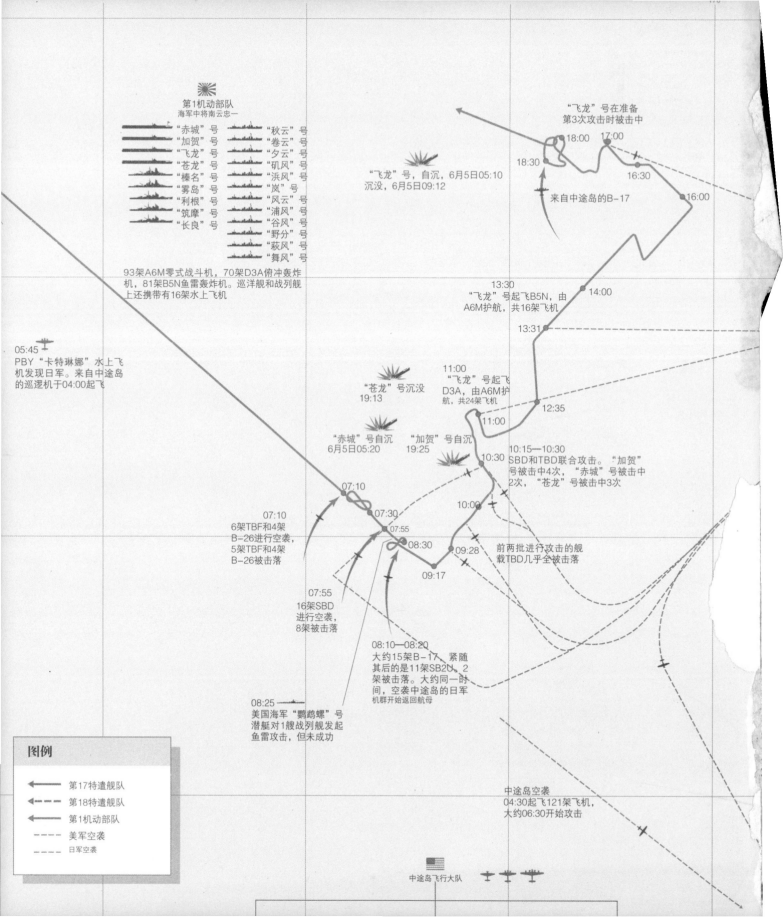

第1机动部队
海军中将南云忠一

"赤城"号　　　"秋云"号
"加贺"号　　　"卷云"号
"飞龙"号　　　"夕云"号
"苍龙"号　　　"矶风"号
"榛名"号　　　"浜风"号
"雾岛"号　　　"岚"号
"利根"号　　　"风云"号
"筑摩"号　　　"浦风"号
"长良"号　　　"谷风"号
　　　　　　　"野分"号
　　　　　　　"萩风"号
　　　　　　　"舞风"号

93架A6M零式战斗机，70架D3A俯冲轰炸机，81架B5N鱼雷轰炸机。巡洋舰和战列舰上还携带有16架水上飞机

"飞龙"号在准备
第3次攻击时被击中

18:00 17:00
18:30
16:30
16:00

来自中途岛的B-17

"飞龙"号，自沉，6月5日05:10
沉没，6月5日09:12

13:30
"飞龙"号起飞B5N，由
A6M护航，共16架飞机
14:00
13:31

05:45
PBY "卡特琳娜"水上飞机发现日军。来自中途岛的巡逻机于04:00起飞

11:00
"飞龙"号起飞D3A，由A6M护航，共24架飞机
12:35
11:00

"苍龙"号沉没
19:13

"赤城"号自沉　"加贺"号自沉
6月5日05:20　19:25

10:15—10:30
SBD和TBD联合攻击。"加贺"号被击中4次，"赤城"号被击中2次，"苍龙"号被击中3次
10:30
10:00

07:10
07:30
07:55

07:10
6架TBF和4架B-26进行空袭，5架TBF和4架B-26被击落

08:30
09:28
09:17

前两批进行攻击的舰载TBD几乎全被击落

07:55
16架SBD进行空袭，8架被击落

08:10—08:20
大约15架B-17，紧随其后的是11架SB2U，2架被击落。大约同一时间，空袭中途岛的日军机群开始返回航母

08:25
美国海军"鹦鹉螺"号潜艇对1艘战列舰发起鱼雷攻击，但未成功

图例

→ 第17特遣舰队
◄-- 第18特遣舰队
→ 第1机动部队
-- 美军空袭
-- 日军空袭

中途岛空袭
04:30起飞121架飞机，大约06:30开始攻击

中途岛飞行大队